글로벌 시대 재미한인의 삶과 활동

태평양을
넘어서

이 저서는 2016년도 대한민국 교육부와 한국학중앙연구원(한국학진흥사업단)의
해외한인연구사업의 지원을 받아 수행된 연구임(AKS-2016-SRK-1230005)

글로벌 시대 재미한인의 삶과 활동

태평양을 넘어서

정은주 엮음

유철인·한경구·정은주·이재협
박정선·김현희·박계영·이정덕 지음

學古房

글로벌화가 심화되는 현재의 세계인들은 국민국가라는 테두리로만 한정되지 않는 정체성과 자기 인식(subjectivity), 그리고 활동의 범위를 경험하고 있다. 특히 국가의 영토성 규정이 분산되고 약해질 수밖에 없는 이주민과 디아스포라, 혹은 잠정적으로 이주자가 될 수 있는 사람들의 범위는 이제 '한국인'이나 '미국인'의 범주만큼이나 커지며 국경을 넘나드는 관계와 활동과 소속감의 확장을 가속화하고 있다. 이 책은 이러한 현대 이주의 환경에서 미국에 거주하는 한인들을 초기 이민 정책과 연구에서 바라보듯, 정착국으로의 완벽한 동화를 지향하거나, 모국에 대한 민족적 애착을 잃지 않는 단일한 범주의 공동체로 이해하기 힘들다는 인식을 공유하는 여덟 명의 학자들이 의기투합하여 시작되었다. 한국학지원사업단의 2016년도 한국학 특정 분야 기획연구 해외한인연구 사업의 지원을 받아 진행한 연구에 토대를 두고 있다.

재미한인은 1903년 100여 명의 이주로 시작된 인구가 2019년에 이르러 254만6982명으로 증가하며, 180여 개국에 분포하는 재외한인 중 가장 큰 인구로 전체의 약 34%를 차지하고 있다. 이주 역사가 깊지는 않으나 이주 인구가 성장하는 과정에서 재미한인은 각자가 처한 이민세대, 계급적 상황, 그리고 미국 내 정착 지역 및 삶의 여정의 차이에 따라 점차 단일하지 않은 소속감과 정체성, 문화적 특성을 드러내고 있다. 대체로 한인 1세대에 비해 1.5세 이하 후대의 한인들 및 새롭게 미국 땅에 삶의 터전을 꾸리는 한인들은 국적과 민족성에 대해 유연해지는 국제적 환경 속에서, 미국 아니면 한국이라는 한 국가에의 소속에 집착하기보다는 각자의 거주지와 직업, 인간관계, 그리고 앞으로 펼쳐질 삶의 향방에 대해 보다 유연한 자세를 보이고 있다. 미국 주류사회에 성공적으로 진출한 이들이 증가하고 있는 한편, 스스로를 문화적으로 미국인 혹은 한국인이라는 단일 범주에 한정하는 이들보다, 혼성적인 모습을 보이면서 '미국에 거주하는 한인', '미국 시민', 혹은 '미국인'으로서의 정체성을 선택적으로 활용하는 이들이 증가하고 있다. 이는 1980년대 중후반 이래 전 지구적으로 다문화적 정체성을 긍정적으로 받아들이는 담론의 영향을 배경에 두고 있기도 하지만, LA 폭동이 촉발한 각성이라든가 글로벌 경제 재편 과정에서 한국 자본의 미국 유입, 한류의 영향 등 한인이라는 특수한 이민 집단이 겪어온 역사 속에서 추동된 모습이기도 하다. 이에 따라, 미국 사회로의 동화 요구가 존재하는 동시에, 모국의 언어와 대중문화를 알고 구사하는 것을 더 이상 부적응자의 징후로 여기거나 거부하지 않고 기꺼이 수용하고자 하는 후세들이 증가하고 있음을 목격하게 된다. 이는 또한 한국의 친지 및 지인들과의 교류와 소통이 기술의 진전과 함께 증가해왔고 그를 통해 형성되고 축적되는 초국가적 연계와 네트워크가 점차 중요해지고 있는 가운데 재미한인의 일상생활을 조직하고 정체성을 형성하는 방식이 영향 받고 있음을 지시하고 있다.

그런데, 이 같은 재미한인의 현 상황에 대한 학문적, 정책적 연구는 빠르게 변화하며 다각화되는 현실에 비해 극히 부족한 상황이다. 종래 재미한인은 스스로를 '공동체'로 인식하고자 했고, 재미한인 연구자들 역시 공동체라는 기본 인식의 틀을 공유했다. 재미한인을 내부적으로 단일하고 결속되는 공동체론에 입각하여 파악하는 방식은 미국 내 소수집단으로서 재미한인의 특성과 그들 간 상호관계를 이해하고 집단적 적응과 차별 등 고전적인 이민사회의 이슈들을 파악하는 데 유용한 접근이었다. 그러나 그러한 접근은 글로벌 미디어의 발달과 이동성의 폭발적 확대로 인해 거주지 로컬에 한정되지 않고 다변화되고 있는 현 인구를 파악하는 데에는 한계가 있다. 이 책의 토대가 되는 연구는 재미한인을 마이너리티 혹은 이민 이론에 기반하여 적응과 동화, 한인 고유의 특성과 연대의 양상을 분석하는 데에서 진전된 새로운 패러다임과 연구틀이 필요하다는 공통의 요구에서 출발했다.

　연구 책임을 맡은 필자(정은주, 인천대학교 중국학술원 교수)를 비롯, 김현희(연세대학교 법학연구원 연구교수), 박계영(UCLA 인류학과 교수), 박정선(캘리포니아 주립대학 도밍게스 힐즈, 아시아태평양학과 교수), 유철인(제주대학교 철학과 교수), 이재협(서울대학교 법학전문대학원 교수), 이정덕(전북대학교 문화인류학과 교수), 한경구(서울대학교 자유전공학부 교수) 8인의 연구진이 관점의 전환을 위해 가장 먼저 주목한 점은 초국가성(transnationalism)의 확대이다. 즉, 현대 이주민으로서 재미한인의 삶이 전개되는 사회적 장을 하나의 국가 경계 속에 묶어 사고하는 방법론적 민족주의(methodological nationalism)를 극복해야 한다는 현실적, 학문적 요구 하에, 상호 연관되는 지역적, 국가적, 초국가적 조건들을 탐구의 주요 변수로 두고 분석하고자 했다. 연구팀은 국제이주가 처음부터 초국가성과 연관되어 있었음을 인식하되, 무엇보다 글로벌화가 심화되면서 본국과의 물리적, 정서적, 상징적 왕래가 빈번해지는 양상, 그리고 순환이주(trans-migration)가 증가함에 따라 이주 모국과 정착국 사회를 연결하는 다선적 사회관계가 재미한인의 삶과 행동에 제공할 수 있는 맥락을 읽어내고자 했다. 미국 내 타민족 이주민에 대한 연구의 경우, 이주자들이 다수의 국가적 현실에 주의를 기울이고 있는 데 주목한 연구들이 이미 1990년대부터 등장했다. 이주자들이 이주 후에도 본국에서 여전히 활동한다는 점이 제기되었고, 정착지에 속하기 위해 노력하면서도 국경 너머의 정치적, 경제적, 문화적, 종교적 과정에 참여하고 있음이 묘사되어왔다(Basch et al. 1994; Faist 2000; Glick-Schiller et al 1992). 연구진은 이주 기원국과의 초국적 연대가 단순히 모국을 그리워하는 첫 세대에 그치는 것이 아니라, 정보화 시대의 기술적 진전 및 21세기 글로벌 정치·경제 상황이라는 시대적 조건의 진전에 의해 다수의 재미한인에게 태평양을 넘어 한국과 미국을 넘나드는 초국가적 관계 형성과 활동이 현실적으로 또는 가능성으로 어떻게 드러나고 있는지를 포착하고자 했다.

재미한인의 삶의 맥락을 하나 이상의 국가에 관여하며 삶을 사는 사람들의 사회적 장, 즉 초국가적 장(transnational social field)으로 간주하는 접근은 재미한인들이 각자의 생활세계 내에서 어떤 삶의 선택과 실천을 하는지에 주목하게 한다. 연구자들은 종래 해외한인을 이민 정책의 대상 혹은 재외동포 정책의 대상으로만 보는 시각과 접근방식에서 벗어나, 재미한인 개인과 집단, 다양한 단체와 조직이 드러내는 행동의 역학, 행위주체성(agency)에 주목했다. 지역 거주지 내에서의 참여 활동부터 초국적 목표를 지닌 활동과 정치 참여 등 재미한인이 드러내는 다양한 삶의 전략과 개별 실천들을 분석하고자 했다.

연구팀이 공유한 또 하나의 목표는 초국가적 장에서 행동하는 이주민으로서 재미한인을 한인이라는 공통의 민족적 특성을 지니는 단일한 공동체로 보기보다는, 각 개인과 집단의 선택의 향방과 실천의 결과 드러나는 한인 내부의 다양성을 포착하는 것이었다. 연구진은 재미한인을 1세와 이후 세대로 구분하고 이들의 성격을 이분법적으로 대비시켜 이해하는 고정적인 시각에서 벗어나, 각 세대 내부에서도 가정의 분위기, 거주지, 교육 정도, 직업 및 계급적 차이, 한국과의 왕래 정도 등의 요인에 따라 한국과의 관계나 미국의 사회문화적 가치의 내면화 정도, 미국 시민으로서의 정체성과 활동, 지역 내 교류하는 인종 및 민족 집단의 크기 등에 드러나는 차이의 스펙트럼에 주목하였다.

세대 및 성별에 따른 다양성 뿐 아니라 미국 내 지역의 성격과 이주 역사에 따라 달라지는 다양한 면모를 파악하기 위해 연구팀에서는 뉴욕, 로스앤젤레스, 시카고–피닉스, 하와이를 연구지역으로 설정하는 다지역 연구방식을 채택했다. 이 지역들은 각각 미국 내 한인 거주 인구가 가장 많거나 한인 이주 역사가 상대적으로 깊은 미국의 동부, 서부, 중부, 도서 지역의 대표 지역이다. 조사지를 선정하는 과정에서 애틀란타 등 새로이 한인 인구가 증가하고 있는 도시를 인력과 시간의 한계 때문에 포함시키지 못하여 아쉽지만, 이에 대한 연구로 다양성의 스펙트럼이 채워지는 것은 후속 연구에 기대하기로 한다. 이와 같은 다지역 연구는 휴 거스터슨(Hugh Gusterson 1997)이 다형의 개입(polymorphous engagement)이라 부른 방식과 유사하다. 거스터슨은 정책 생산에 대한 연구가 단순히 상층부 연구(study-up)을 수반하는 것이 아니라 엘리트의 정책 결정이 어떻게 공적으로 정당화되며 그 효과를 생산하는 더 넓은 담론의 범위가 무엇인가를 살펴야 한다고 주장한 바 있다. 본 연구 또한 특정 지역에서 두드러지는 한인의 모습을 일반화하거나 활동이 두드러지는 엘리트 한인의 모습에 대표성을 부여하기보다는, 다수의 지역과 상황에서의 한인에 대한 다형의 개입을 통해, 재미한인 다양성의 스펙트럼을 천착하고 재미한인 사회를 입체적으로 파악하고자 노력하였다.

연구진은 모두 문화인류학자로서 한국과 미국의 대학에서 훈련을 받았으며, 질적, 양적 연구방법을 포함한 인류학적 현장연구 방법을 활용하여 각기 독립된 연구주제에 대한 조사를 진행하는 한편, 현재를 사는 재미한인의 모습과 목소리를 담고자 했다. 연구진의 다수는 이전에 재미한인에 대한 장기 현지조사를 수행하여 박사논문을 작성한 경험이 있거나 한인 이외의 이주민에 대한 연구를 수행한 경험이 있으며, 모두 미국 내 여러 지역에서 현지조사를 수행하거나 장기 거주한 바 있다. 이 연구과제는 연구자들의 이러한 다양한 생애사적 경험, 지리적 분포, 주제와 관심사 및 이론적 시각의 다양성을 기반으로 설계되고 수행되었으며, 어떻게 하면 다양한 재미한인 차세대의 시각과 행동과 경험을 제한된 시간과 인력을 활용하여 가장 잘 포착할수 있을 것인가를 고민한 결과이다. 연구진 모두가 민족지적 현장연구가 요구하는 엄밀성과 조사·연구를 위한 시간과 자금의 부족 사이에서 타는 줄다리기에 사뭇 익숙한 이들이지만, 상당한 시간과 공력을 요구하는 인류학적 현장조사를 양껏 해내지 못하는 조건들에 대한 아쉬움은 늘 그러하듯 남아 있다. 목표했던 수준의 지역적, 계층적, 세대별 다양성을 포착하기에 충분한 연구를 진행하기 힘들 것이라는 한계를 점차 인식하였고, 이러한 한계에 대응하고자 미국과 한국을 오가며 진행한 수 차례의 연구진 간 세미나, 타 연구진 및 미국 현지 학자들과의 학술대회와 간담회가 연구를 점검하고 다듬는 역할을 했다. 이러한 노력을 담아 이 책을 초국가적 환경을 살아내는 당대 재미한인의 다양한 모습과 그 실천을 탐구하는 새로운 패러다임의 시도로 제시하고자 한다.

이 책에는 총 8편의 글을 세 개 영역으로 나누어 담았다. 현재의 재미한인을 이해하는 데 필요한 문제의식과 연구방법, 그리고 주제별 현상의 탐구에 대한 논의를 독립적인 주제를 가진 각 편에 담았고, 독자의 필요에 따라 재미한인의 초국가적 배경과 다양성, 그리고 그들의 실천과 사회활동에 대해 참조할 수 있도록 구성하였다. 각 글에서 두드러지는 주제 영역에 따른 구분이지만, 각 글은 초국가성, 다양성, 행위주체성의 탐구라는 세 가지 공동 아젠다를 모두 염두에 두고 작성되었다.

1부 '재미한인의 초국가적 삶'에서는 초기 이민 시기의 재미한인과 현재 재미한인의 초국가성을 논한 두 편의 글을 통해 국제이주의 초국가성에 대한 성찰을 담았다. 초국가주의 논의가 본격적으로 등장한 것은 글로벌화와 탈영토화가 가속화된 1990년대부터이고, 본 연구진의 대다수도 최근 정보화 사회의 기술적 진전 이후 전개된 초국가적 움직임에 주목한 연구를 진행했다. 그러나, 이주 이후에 국경을 넘어 지속되거나 새로이 형성되는 관계와 상호작용은 20세기 초의 국제이주에서도 크게 주목되지 않았을 뿐 분명히 존재했고, 현재와 같이 일상화되고 광범위한 양상이 아닐지라도 국경을 넘어 연계가 유지되고 정보가 교환되며 새로운 이주를 촉발하고 있었던 점은 이주 체계 이론과 네트워크 이론을 통해서도 확인할 수 있다.

유철인의 「초기 재미한인 가족의 초국가적 삶: 메리 백 리의 자서전 읽기」는 일종의 무관심 속에 가려져 있던 이민 초기 재미한인의 초국가성에 주목한 글이다. 1905년 하와이로 이주한 메리 백 리의 자서전(Lee 1990)에서 저자는 일제강점기의 고국과 남겨진 가족에 대한 염려, 그들에게 경제적 도움을 주고 한인 교회를 통해 독립운동 자금을 보낸 일에서 한국과 지속되는 소통을 읽어낸다. 또한 이러한 이민자 1세의 초국가적 삶과 고국에 대한 관심은 아시아개발은행에서 일한 차세대 한인인 아들에게로 전수되었음을 제시한다.

한경구의 「LA 지역 재미한인의 초국가주의 정치: 상상된 영토를 위한 투쟁」은 2018년 로스앤젤레스 재미한인 사회에서 발생한 '리틀 방글라데시 주민의회 분리안 사건'을 통해 현 재미한인 사회의 초국가적 성격을 분석한다. LA 코리아타운은 4·29 폭동 이후 형성된 일종의 '상상된 영토(imagined territory)'로, 이 사건은 LA 지역 한인들의 정치적·사회적·경제적 거점이자 '마음의 고향'이며 '위장의 고향'에 대한 공격에 대한 저항이었으며, "또다시 당할 수 있다"는 트라우마에 대한 반응이었다. 이 사건에 대처하는 과정은, 상황을 인식하고 운동을 전개하는 방식, 정보를 공유하거나 차단하는 방식, 조직 내부에서의 주도권과 역학관계 등 여러 측면에서 한국에서의 정치적 경험 및 정치사회화 과정과 밀접히 관련되어있다. 저자는 한국에서의 정치문화적 경험이 한편으로는 동원에 매우 효과적이었으나 재미한인 사회 내에서 상당한 긴장도 야기하였다고 지적한다.

1부의 글들이 초국가적 움직임에 초점을 두고 있다면 2부 '재미한인의 생활세계, 관계와 활동의 다양성'에서는 재미한인에 대한 고정적 연구영역에서 비껴있었던 삶과 활동에 대한 고찰을 통해 드러나는 재미한인 삶의 다양성에 주목하고 있다.

정은주의 「거주지 동화론과 미국 서부 교외의 한인 집중 거주지를 통해 본 재미한인 사회」는 특정 거주 지역의 장소성과 연관된, 이주자이자 거주자로서 한인의 삶을 고찰한다. 먼저 이주민 거주지 분리 및 집중에 대한 논의를 검토한 후, LA 교외의 전형적인 백인 타운에 거주하는 한인들이 맺는 타민족과의 관계, 한인 내의 연대와 분화, 한인 정체성과 동화의 스펙트럼을 고찰하고, 본국과의 관계가 어떻게 그 과정에 개입되며 영향을 미치고 있는지를 분석한다. 종래 교외 도시에 거주한다는 것이 동화의 증거로 논의되었지만, 해당 지역 한인 거주자들은 단일하게 동화된 모습이 아니라 이주세대, 언어능력, 한국문화에 대한 익숙함과 불편함의 정도, 그리고 로컬의 사회적 조건과 문화의 수용 혹은 저항의 정도에 따라 서로를 다르다고 여기고 범주화하는 모습을 보여준다. 이러한 분화양상을 통해 저자는 한인으로서의 정체성이 로컬, 미국, 국제성 등의 스케일 속에서 단일한 모습이 아닌 차이의 스펙트럼을 구성하고 있음을 분석하였다.

이재협의 「하와이의 한인 법조집단의 형성과 구조」는 하와이 한인 법률가들의 형성과 직역 구조를 살펴봄으로써 미국 주류사회에 진출한 차세대 한인의 일면을 조명하고 있다. 초창기 이민의 후예가 로펌 등 사적 부문보다는 검찰이나 정부 변호사 등 공직에서 활동하다가 판사에 임용된 경우가 많았던 반면, 1965년 이민법 개정 이후 새로운 이민이 유입되면서 이에 따라 법률서비스의 수요가 다양화되었다. 또한 1970년대 초에 개원한 하와이대 로스쿨에서 교육받은 로컬 출신의 변호사들이 대거 하와이 법조시장에 진출하면서 한인법률가 집단 내에서도 경력지향성, 활동범위, 교민사회와의 관계 등에 있어 과거와는 다른 역동적인 모습이 진행되고 있음을 포착했다. 이를 통해 저자는 미국 법조계 내에서 아시아계 법률가의 위치와 하와이라는 특수한 로컬의 맥락에서 한인법률가의 직업적 삶이 종족정체성과의 연관성 속에서 어떻게 전개되고 있는가를 분석한다.

박정선의 「초국가 시대 재미 한인의 한국 대중문화 소비」는 한국 대중문화 소비가 재미한인의 정체성 및 공동체 형성에 미치는 영향을 분석하며, 초국가 시대 한인 디아스포라가 가지는 정체성의 다층성, 유동성 및 복합성을 고찰하고 있다. 저자는 한류 이전부터 미주 한인이 초국가적 문화 흐름에 기여해 온 부분에 주목하였고, 세대나

성별 등에 따라 초국가적 대중문화 소비가 갖는 영향력과 의미가 다르다는 점을 고찰하면서 재미한인 사회 내의 다양성이 지시하는 의미를 강조한다. 디지털 시대의 기술적 진전으로 인해, 차세대 한인들이 한국 대중문화 소비의 매개자로서 갖는 중요성은 다소 줄어들고 있지만, 한인 사회를 넘어서 비한인과의 접점이 넓어지는 등 다양한 초국가적 상상력의 공동체를 통한 관계 형성이 가능해졌다는 점은 차세대 한인의 활동과 관계에 있어 새로운 함의가 되고 있다고 주장하였다.

3부 '재미한인의 실천과 행위주체성'에서는 재미한인의 시민 교육과 시민 활동, 나아가 정치 진출에 주목하여 초국가적 맥락에서 한인의 정체성과 한국과의 관계, 그리고 그들의 사회적 실천이 어떻게 교차되며 한인 디아스포라의 행위주체성을 표출하고 있는지를 분석한다.

김현희의 「소수민족에서 미국 시민으로: 뉴욕 한인의 시민참여 활동과 시민 교육」은 뉴욕의 시민참여센터와 민권센터의 차세대 양성 방식을 통해 한인이 선택할 수 있는 미국 시민권의 여러 모습에 대한 고찰을 담고 있다. 한인 시민단체의 차세대 지도자 양성 계획은 한인을 주체적인 시민으로 탈바꿈시키고 정치력 신장에 동원하려는 노력의 일환으로서, 지도자 양성 방식은 이들 단체가 한인이 체화해야 할 미국 시민의 개념을 어떻게 상정하고 있는가를 직접적으로 반영한다. 저자는 두 단체의 서로 다른 기획이 한인으로부터 서로 다른 모습의 미국 시민 또는 시민 주체를 만들어내는 작업이라고 분석한다. 한인과 미국 시민을 정의하고 규정하는 문제는 초국가적 맥락에서 미국 시민으로서 한국과의 관계를 어떻게 설정할지 또는 새로운 이주자들을 어떻게 이해하고 포용할지에 대한 고려를 수반한다.

박계영의 「정체성 포용하기: 사회운동이 불러온 뜻밖의 결과」는 종래 이주자의 정체성을 보존 혹은 손실이라는 측면에서 다루는 시각에서 벗어나, 그들의 정체성이 생산되고 표출되는 방식에 초점을 두고 분석한다. 특히 한인의 모국 정치 참여에 대한 기존의 논의가 1세 지도자들의 정치 참여 활동에 국한되었던 반면, 이 글은 2세들이 한국 관련 이슈로 정치·사회 운동을 하는 사례에 역점을 두었다. 저자는 한인 2세 사회운동가들이 초국가적 정치 조직 활동에 적극적으로 참여하는 과정에서 민족정체성이 퍼즐처럼 연계되어 드러나고 그에 따라 이들의 행동양식도 달라지게 된 점, 그리고 이들이 참여 활동을 통해 한국계 미국인, 코리안 디아스포라, 아시아계 미국인, 소수민족, 퀴어 등 다양한 방식으로 정체성의 차원을 생산하는 양상을 고찰했다.

끝으로 이정덕의 「재미한인 2세의 미국 사회로의 편입과 그 성격: 정치 진출과 인종의식을 중심으로」는 한인 2세가 미국사회에 편입되는 양상의 특성과 그 과정에서 차별을 극복하기 위한 시민단체의 활동과 정치적 참여에 대해 서술한다. 저자는 LA와 뉴욕에서의 한인의 정치 진출 현황을 서술하고, 한인 2세의 특성에 대한 논의와 연계하여, 한인이 어떻게 시민활동과 인권운동, 유권자등록 운동에 적극적으로 참여하고 있으며 정계에 진출하고 있는지, 그리고 이러한 활동은 한인이 미국인, 아시아계 미국인으로서의 정체성을 획득하고 있는 모습과 어떻게 연계되고 있는지를 논의하였다.

이 책의 공동연구자들은 미국의 여러 지역에서의 조사 연구를 바탕으로 다양한 관점에서 재미한인에 대한 연구를 고민해왔지만, 체계적인 재미한인 연구서를 기대한 독자들에게는 이 책이 실망을 안겨줄 수도 있다. 그러나, 재미한인을 이해하고 연구하는 갈래길들과 그 길을 가는 여정의 즐거움을 살피고자 하는 독자에게는 이 책이 신선

한 자극이 될 수도 있을 것이다. 앞서 언급한 바와 같이 연구 과정 내내 현지 연구를 양껏 하기 힘든 여러 조건의 제한은 연구 완성도의 측면에서 매우 안타깝고 아쉬울 수 밖에 없다. 그런데 코로나 팬데믹으로 인해 유례없는 삶의 재편을 겪고 있는 지금 처지에서는 2019년 여름까지 3년에 걸쳐 현지로 날아가서 연구 조사를 할 수 있었다는 것이 그저 다행스럽고 감사하게 느껴진다. 부족하고 아쉬운 부분이 많을지언정 이 책이 재미한인을 연구하는 이들에게 작은 길잡이가 되길 기대한다.

필자들을 대신하여
정은주 씀

| 목차 |

제3부 재미한인의 실천과 행위주체성

제 1부

재미한인의 초국가적 삶

초기 재미한인 가족의 초국가적 삶

: 메리 백 리(Mary Paik Lee)의 자서전 읽기

유철인

이 글은 메리 백 리(Mary Paik Lee)의 자서전인 『차분하고 긴 여정: 개척자 재미한인여성』(Lee 1990)에 나타난 초국가적(transnational) 삶을 읽고자 한다. 다른 나라로 이주한 이민자 중 많은 사람이 고국과 거주국이라는 두 세계에 살고 있다. 이민자 개인과 가족의 삶에서 일상활동, 관심, 두려움, 성취 등이 씨와 날로 만들어지면서, 고국과 거주국의 두 세계에 사는 초국가적 과정과 행위는 경제적, 정치적, 사회적 및 문화적 분야에서 나타난다(Glick Schiller et al. 1995: 50; Al-Ali et al. 2001: 581).

초국가성(transnationalism)이라는 용어는 국제기구와 다국적 조직의 활동이 본격화하기 시작한 1970년대 초 국제관계학자들에 의해 소개되었다(Levitt and Waters 2002: 7). 이민자들의 초국가성에 대한 인류학적 논의는 글로벌화와 정보화에 따라 1990년대에 등장했다. 그러나 국제이주는 항상 초국가적 성격을 가지고 있었기 때문에 이민자의 초국가적 삶은 오랜 역사를 가졌다는 주장도 있다.

민츠(Mintz 1998)는 오늘날의 초국가성이 가져온 변화는 이전 역사에서도 비슷하게 발견할 수 있으며, 대규모의 국제이주로 이민자들이 여러 세계에 사는 것도 수 세기의 역사를 가지고 있다고 주장한다. 예를 들어, 19세기 후반과 20세기 초반에 미국으로 이주한 유럽인 이민자들은 편지와 송금으로 유럽에 남아있는 가족과 연결 관계를 유지했다. 그러나 이민자들의 초국가성에 대한 논의가 본격적으로 있기 전에는 국가라는 내러티브가 이러한 연결 관계를 무시하여 이민자들은 고국에서 뿌리째 뽑혔다는 가정하에 이민역사를 기록해 온 것이다(Glick Schiller et al. 1995: 51). 비록 초국가성을 비교적 최근에 일어난 현상으로 보더라도 초국가성의 측면에서 국제이주의 역사적 맥락을 살펴보는 것은 중요하다(Al-Ali et al. 2001: 579-580). 물론 이전의 이민자의 초국가성은 정도나 규모 면에서 오늘날 이민자의 초국가성과는 다르다(Portes et al. 1999: 225). 그렇다면 20세기 초 미국으로 이주한 초기 한인 이민자들에게는 어떠한 초국가적 삶이 나타날까.

1. 자서전

메리 백 리는 1983년에 쓴 「미국의 한 한인 가족」(One Korean Family in America)이라는 제목의 자서전 원고의 저작권을 1984년 미국 의회도서관에 등록했고(등록번호 TXu 169-794), 추가 자료를 덧붙여 「캘리포니아의 한 한인 가족」(One Korean Family in California)이라는 제목의 자서전 원고의 저작권도 1985년에 미국 의회도서관에 등록했다(등록번호 TXu 207-193).[1]

---

1) United Sates Copyright Office Catalog Database, https://cocatalog.loc.gov/cgi-bin/Pwebrecon.cgi(2019.6.14 접근).

메리 백 리는 1977년 소냐 신 선우(Sonia Shinn Sunoo)와 인터뷰를 했을 때, 어떻게 가족의 이야기를 기록하게 되었는지 이야기했다 (Sunoo 2002: 237). 아버지가 가족에 대해 기록했는데, 1922년경 친정 가족이 유타주로 이사 갔을 때 모든 기록을 잃어버렸다고 한다. 1932년 친정 가족이 캘리포니아주 휘티어(Whittier)로 와서 살 때, 그녀는 오빠와 함께 가족 이야기를 아버지에게 들어 기록했다.

메리 백 리의 자서전인 『차분하고 긴 여정』의 편집자인 수쳉 찬 (Sucheng Chan)은 캘리포니아대 산타바바라 분교의 역사학과 및 아시아계 미국인 연구학과의 교수이다. 수쳉 찬은 더 완벽한 자서전을 펴내기 위해 저자인 메리 백 리에게 기억나는 것 모두를 적게 했고, 10시간 동안 인터뷰도 했다. 추가로 적은 내용과 인터뷰 내용의 약 90%는 메리 백 리가 이미 써놓은 자서전의 내용과 같았다. 『차분하고 긴 여정』에 추가로 보완된 내용은 남편의 어린 시절과 젊은 시절, 세 아들의 경력, 그리고 형제자매들의 성년 시절에 대한 보다 세세한 부분이다(Chan 1990a: 135-136).

『차분하고 긴 여정』을 젠더, 인종, 역사적 주체성의 관점에서 읽은 글(이소희 2016)은 메리 백 리가 일상생활에서 겪은 다양한 인종 차별에 주목했다. 그녀 아버지는 그럴 때마다 딸에게 기독교의 박애 정신으로 다른 사람을 대하라고 충고했지만, 그녀는 인종 차별을 받아들이기 힘들었고 나아가서 이에 적극적으로 대항했다. 따라서 자서전의 편집자(Chan 1990a: 137)는 자서전을 쓰고 출판하려는 메리 백 리의 바람을 기독교인이라는 정체성과 미국의 아시아계 이민자라는 정체성 간의 긴장 관계를 타협하려는 노력으로 이해했다.

미국으로 이민 온 아시아인들이 토지를 소유할 수 없었던 20세기 전반에 농사를 짓기 위해 캘리포니아의 여러 지역을 전전한 것이 메리 백 리의 자서전에 두드러지게 나타난다(Fujita-Rony 2013: 31-32). 자서전의 편집자는 메리 백 리의 둘째 아들인 알렌과 인터뷰를 하여 1930년대 후반부터 1950년까지 그녀 가족이 어떻게 농사를 지었는지 「부록 B」(Chan 1990b)에 정리했고, 기록을 통해 그녀의 아버지와 남편을 비롯한 재미한인들이 새크라멘토 계곡(Sacramento Valley)에서 쌀농사를 짓기 위해 백인 지주와 농지를 계약한 내용을 「부록 C」 (Chan 1990c)에 적고 있다.

자서전의 편집자는 마지막 인터뷰 때 독자들에게 전할 메시지가 무엇인지 메리 백 리에게 물어보았다(Chan 1990e: XVII). 그녀는 젊은 이들이 아시아계 이민자가 겪은 고통을 알고 오늘날의 축복을 고마워하기를 바라면서 자서전을 썼다고 말했다. 그러면서 현재의 재미한인 세대들이 좋은 교육을 받기를 원했다. 왜냐하면, 그녀 아버지가 오래전에 이야기한 대로 배운 것은 물질을 소유한 것과는 달리 다른 사람이 절대로 뺏어가지 못한다고 믿기 때문이라는 것이다. 메리 백 리의 자서전은 재미한인의 차세대들이 1세의 희생과 3·1운동을 기억하기를 바라는 것으로 끝을 맺었다.

> 편안한 가정에서 자라나면서 모든 기회가 열려있는 4세 젊은 한인은 1세들의 희생을 실감하기 어려울 것이다. 우리 가족이 가난에서 벗어나 오늘날의 모습으로 발전한 것을 보니 매우 기쁘다. 우리 가족의 발전에 극적인 일은 없었으나, 우리의 미래세대는 꿈을 이루기가 쉬울 것이라는 확고한 믿음은 있다.
> 1919년 3월 1일, 33명의 용감한 애국자들은 일본 군인들이 죽일지도 모른다는 것을 알면서도 독립선언서에 이름을 올렸다. 매년 3월 1일에 우리는 한국의 독립뿐만 아니라 그들의 용기와 희생을 기억한다 (Lee 1990: 134).[2]

재미한인 1세 대부분은 다른 세대의 재미한인들이 1세의 고통과 희생의 역사와 고국에 대한 향수를 이해해 주기를 바라고 있다(Kim & Yu 1996: XIII). 메리 백 리가 3·1운동에 대해 기억한다는 것으로 자서전의 끝을 맺은 것에서 그녀의 생애사와 고국의 역사가 어떻게 기억되어 기록으로 남기를 바라는지 알 수 있다. 그녀 가족은 러일전 쟁(1904.2-1905.7)의 와중에 일본군에게 쫓겨나서 미국에 오게 되었 고, 부모는 1919년 3·1운동 당시 평양에 있는 조부모와 큰아버지, 그 리고 친척들이 모두 잡혀갔다는 이야기를 자녀들에게 해주었다.

2. 이민과 결혼

『차분하고 긴 여정』은 메리 백 리의 결혼 전후로 장(章)의 제목이 달라진다. 1장의 제목인 '뿌리'로 시작하여 2장부터 7장까지는 시기 별로 그녀 가족이 살던 곳의 지명이 장의 제목으로 되어 있다. 8장 부터는 '결혼', '쌀농사', '농산물 판매', '농사 재개', '2차 세계대전', '인종차별', '아들', '노년기', '회고' 등의 제목으로 그녀의 결혼생활 이 시기별, 주제별로 편집되었다. 누구에게나 삶의 중요한 전환기 (Mandelbaum 1973)가 있다. 자서전의 편집자는 이민자에게는 이민과 정이, 결혼한 여성에게는 결혼이 중요한 전환기라고 해석했다.

자서전의 편집자는 메리 백 리의 삶을 글로벌 맥락(global context) 에서 살피기 위해(Chan 1990e: XVII), 「머리말」(Chan 1990d)에 그녀

---

2) 이후 『차분하고 긴 여정』이라는 자서전을 인용할 때는 '(책 몇 쪽)'의 형식으로 쪽수만을 밝힐 것이다.

가족을 비롯한 수천 명의 한인이 미국에 오고, 많은 역경에도 불구하고 미국에 남게 된 복잡한 상황을 자세하게 적었다. 1900년 평양에서 출생한 후 부모와 오빠랑 함께 1905년 5월 하와이로 이주한 백광선 (메리 백 리의 본명)은 1960년에 미국 시민권을 획득하면서 이름을 메리 백 리로 바꾸었다(Lee 1990: 119).3) 자서전에서 백광선의 가족이 하와이로 이민 가는 과정을 읽어보자.

1905년 어느 오후, 내(백광선)가 할아버지를 기다릴 때 이상한 옷차림을 한 남자 두 명이 우리 집으로 왔다. 그들이 대문 앞에 멈췄을 때 할머니를 부르러 안으로 뛰어갔다. 몇 분 후 할머니는 매우 심각한 표정으로 우리가 이사를 가야 한다고 말했다. 낯선 남자들은 일본인 관리였고, 우리 집을 일본군 주둔소로 사용하니까 우리보고 집을 나가라는 것이다. 할머니가 일본군에 대해 이야기할 때 우리 가족은 망연자실한 채 침묵에 쌓였다. 뉴스는 놀랄 만한 것은 아니었지만 하늘이 무너진 느낌이었을 것이다. 그 후 이웃들이 와서 어떻게 해야 하는지 물었다. 방법은 [일본군이 오는] 그날 밤으로 집을 떠나든지 군인과 함께 지내는 것이다. 아무도 군인과 함께 지내는 것을 원하지 않았다. 그날 밤 구체적으로 어떤 일이 있었는지 기억하지 못한다. 며칠 동안 저녁 먹을 때마다 가족들은 다른 지역에서 들려오는 불안한 소문에 대해 이야기했다. 나도 불안하기는 했지만 너무 어렸기 때문에 이 일의 심각성을 알지 못했고 곧 잊어버렸다. 우리 가족은 군인들이 도착했을 때 어떻게 해야 할지 결정을 해야 했는데, 나는 나중에야 알았다.

우리 가족은 가장 가까운 항구도시인 인천으로 가서 그곳에서 어떻게 살 수 있는지 보기로 결정했다. 제대로 쉬지도 못하면서 며칠 밤낮

---

3) 이 글에서 자서전의 저자를 가리키는 경우와 미국 시민권자일 때의 이야기에서는 '메리 백 리'라는 이름을 사용했고, 시민권자가 되기 이전의 이야기에서는 '백광선'이라는 이름을 사용했다.

으로 걸어서 도착했다. 침구와 옷가지, 그리고 도착할 때까지 먹을 음식만 가지고 갔다. 아버지는 등에 나를 업고 갔을 텐데, 그 여정에 대해 아무 것도 기억하지 못하는 걸 보면 나는 대부분 잠들었던 것 같다. 많은 친구와 이웃들이 동행했다. 어머니는 하나님이 우리를 바른 길로 인도해줄 것이라고 말했다.

　마침 인천항에는 일꾼을 구하기 위해 하와이 사탕수수 플랜테이션 농장에서 보낸 배 두 척이 있었다. 사람들이 남자가 1년간 계약을 하면 가족 모두 하와이까지 무료로 간다고 말했다. 그 후(계약이 끝난 후)에는 가고 싶은 어디나 갈 수 있으며, 새벽부터 일몰까지 일하고 일당 50센트를 받는다는 것이다. 아버지가 계약서에 사인을 하고, 시베리아호(S. S. Siberia)를 타고 하와이에 1905년 5월 8일에 도착했다.

　우리는 한국을 떠나기 전 가족사진을 찍었다. 다시는 만나지 못할 것을 알았기에 이별의 순간은 매우 슬프고 고통스러웠을 것이다. 한국을 떠날 때 아버지는 서른두 살, 어머니는 스물여섯 살, 오빠인 명선은 여덟 살, 나는 다섯 살이었다. 많은 친구들이 우리와 함께 떠났다(책 6-8쪽).

백광선의 가족은 러일전쟁(1904.2.-1905.7.)의 와중에 일본군에게 쫓겨난 셈이다. 그녀 아버지는 미국인 장로교 선교사인 모페 박사(Dr. Moffett)에게 한국어를 가르친 사람 중 하나였다. 그녀가 태어나기 전 가족 모두는 기독교인이 되었으며, 오빠와 그녀는 모페 박사로부터 세례를 받았다. 갑자기 하와이로 떠나게 되었을 때 그녀 아버지는 막 목사가 되려던 참이었고, 큰아버지는 목사이면서 평양의 고등학교 교장이었다. 할머니는 "강한 퍼스낼리티와 인내심, 그리고 지역에서의 할아버지의 영향력 덕분에 남자들의 많은 반대와 비판에도 불구하고"(책 5쪽) 평양 최초로 여학교를 세운 사람이다. 백광선이 할머니에 대해 유일하게 기억하는 장면은 할머니 등에 업힌 채 여학교 수업을 참관한 것이다.

백광선의 가족은 1906년 12월 하와이에서 샌프란시스코로 이주했다. 하와이에 살았을 때 어머니는 왜 가족 중 그녀 가족만 한국을 떠났는지 이야기해주었다.

어머니의 말로는 내(백광선)가 할머니에게 같이 가자고 간청했다고 한다. 그러나 할머니는 학생들이 자신에게 의지하고 있기 때문에 학교를 떠날 수가 없었다. 할머니는 위험이 닥치는 데도 용기를 낸 매우 훌륭한 여성임에 틀림이 없다. 반대에도 불구하고 일을 시작하고 불가능할 것 같은 결실을 이루어 낸 여성이다. 자신의 꿈이 이루어지는 것을 볼 때까지 할머니가 살았다는 것이 기쁘다. 할머니는 학생들을 자신의 자식처럼 사랑했고, 도움이 필요할 때 그들을 저버리지 않았다. 큰아버지도 학교의 학생들이 있었고, 돌보아야 할 부인과 여러 명의 자녀가 있었다. 물론 할아버지는 할머니 없이 떠나지 않겠다고 했다. 따라서 아버지만 부인과 두 명의 자녀를 제외하면 돌보아야 할 사람이 없었다.

우리가 한국을 떠나기로 최종적으로 결정될 때까지 며칠 동안 많은 논의가 있었다고 한다. 아버지는 떠나기를 주저했으나, 조부모는 아버지가 그들을 도울 수 없을 것이라며 떠나라고 우겼다. 조부모는 그들에게 곧 닥칠 일을 알았던 것이다. 그들은 고통을 받을 준비가 되었지만, 적어도 가족 중 한사람이라도 살아남아 어느 곳에서든지 잘 살기를 바랐다. 위험이 닥친 상태에서 평범한 사람의 강하고 차분한 용기는 놀랄 만한 것이며 항상 기억할 만한 것이다(책 9-12쪽).

백광선이 평양에 살았을 때 그녀가 살던 집에 가족 중 누가 같이 살았는지 분명하지 않다. 그녀가 부모뿐만 아니라 조부모와 같이 산 것은 분명하나, 큰아버지네 가족도 같이 살았는지 잘 알 수 없다. 평양을 떠날 때 그녀 가족은 "인천으로 가서 '그곳에서' 어떻게 살 수 있는지 보기로 결정했다." 그러나 "한국을 떠나기 전 가족사진을 찍었다. 다시는 만나지 못할 것을 알았기에 이별의 순간은 매우 슬프고 고통스러웠을 것이다"라고 회고하고, "우리가 한국을 떠나기로 최종적으로 결정될 때까지" 많은 논의가 있었다는 이야기를 어머니한테 들은 것을 보면, 그녀 가족은 평양을 떠날 때부터 하와이에 이민을 갈 작정을 했었던 것으로 보인다. 가족 중 그녀와 오빠 그리고 부모만 하와이에 이민을 가게 되면서 이산가족이 되었다. 이산가족이라는 것이 그녀 가족의 초국가적 삶의 바탕이 되었다.

백광선은 캘리포니아에서 이민 1세 한인 남성인 이흥만과 결혼을 한 후 한국에 사는 남편의 이복동생네 가족을 경제적으로 도와주게 된다. 이흥만은 1892년 서울에서 출생하여 1905년 혼자 멕시코로 갔다. 이흥만의 아버지는 미국인 장로교 선교사인 게일 박사(Dr. Gale)가 기독교 신문을 만드는 것을 도와주었다. 이흥만은 게일 박사의 자녀들과 친하게 지내면서 영어를 배웠다. 어머니가 그를 낳으면서 죽자 아버지는 재혼했다. 새어머니의 구박에 그는 집에서 도망 나올 궁리를 했다. 어느 날 이웃집인 전 씨 가족이 멕시코로 떠난다는 것을 알았다. 멕시코의 〈유카탄 상공 및 농업회의소〉에서 일꾼을 실을 배를 항구에 정박해 놓았다는 것이다. 그는 심부름을 가던 길에 전 씨 아저씨와 가족들은 조금 뒤에 온다고 말하고 그 배에 올라탔다. 배 밑에 숨어있던 그는 몇 시간 뒤에 전 씨 가족을 찾기 위해 갑판으로 올라왔다. 그의 나이 열두 살 때였다. 배에 탄 한인은 천여 명이었다.

이흥만이 농장에서 일하기에는 너무 어렸기 때문에 후원자는 그를 학교에 보냈다. 멕시코시에서 고등학교를 졸업하여 스페인어를 어느 정도 익히자 후원자는 그를 농장의 통역자로 일하게 했다. 또한, 그는 한인회(Korean National Association)에서 통역사로 일하면서 한인에게 일자리를 찾아주고 한인 노동자의 노동여건을 개선하기 위해 멕시코 정부와 중재하는 일을 했다. 멕시코시의 위생감독관으로도 일한 이흥만은 스무 살 때 결혼했지만, 아내가 사고로 화상을 입고 죽었다. 그다음 해인 1914년 그는 샌프란시스코로 왔다. 백광선은 캘리포니아주 윌로우즈(Willows)에서 쌀 농장의 십장으로 일하던 이흥만을 만났다. "둘 다 어린 나이에 한국을 떠났기에 많은 공통점을 발견한"(책 62쪽) 그들은 1919년 1월 1일에 결혼했다.

3. 초국가적 삶

초국가성은 경계를 넘는 사회적 관계의 형성, 고국과 거주국에 대한 의식(consciousness), 문화적 재생산, 경제적 자본의 흐름, 정치적 참여의 장, 초국가적 로컬리티의 형성 등으로 나타난다(Vertovec 1999). 메리 백 리의 자서전에는 가족관계와 의식과 경제라는 측면에서 초국가성이 드러난다. 미국에 사는 메리 백 리의 가족에게는 일제강점기 고국과 고국에 남겨진 가족에 대한 관심과 염려, 고국에 남겨진 가족에게 준 경제적 도움과 교회를 통해 보낸 고국의 독립운동 자금, 그리고 2세의 국제활동으로 생겨난 대한민국 정부 수립 이후의 한국에 대한 관심 등과 같은 초국가적 삶이 나타난다.

1) 고국에 대한 관심

『차분하고 긴 여정』에는 고국에 남겨진 가족에 대한 부모의 걱정이 여러 이야기에 나온다. 미국에 온 지 10년 가까이 될 무렵, 백광선

은 어머니로부터 고국에 남겨진 다른 가족에 대한 이야기를 들으면
서 처음으로 일제강점에 대해 알게 되었다.

아이드리아(Idria)에 살 때(1914-1916), 어머니는 우리(백광선과 그
녀의 형제자매)에게 이야기해준 적이 있다. 우리는 조부모와 큰아버지
가 한국에서 어떻게 지내는지 알고 싶어 했다. 우리가 1905년에 떠나
온 이래 [한국에서] 벌어진 비극적인 사건들을 그때 처음으로 알았다.
[1910년] 일본이 한국을 점령한 후 한인들은 이등 시민의 대접을 받았
다. 한인들은 어떤 무기도 소지할 수 없었으며, 가족 당 한 개의 부엌
칼만 허용되었다. 모든 재산을 빼앗겼으며, 새로운 일본의 법에서는
어떤 권리도 없었다. 도시, 거리, 사람 등의 이름이 일본으로 바뀌었으
며, 모든 학교의 선생들은 일본어 교과서를 가지고 일본어로 가르쳐야
했다. 모든 한글 책과 태극기를 없앴다. 한 국가 전체의 굴욕이었다.
한국에서 보내는 모든 편지는 검열을 받았기 때문에 비극은 세상에
[잘] 알려지지 않았다. 그러나 중국이나 다른 곳으로 피신한 사람들의
편지는 있었다. 단지 고통 속에서 기도를 하는 것 이외에 사랑하는 가
족을 도울 길이 없었다. 삶이란 위기의 연속이다(책 42쪽).

검열 때문에 고국에 남겨진 가족은 편지로 가족에 대한 이야기만
할 수 있었기에, 일제강점에 관한 이야기는 재미한인들에게 "중국이
나 다른 곳으로 피신한 사람들로부터 뜨문뜨문 전해졌다"(책 58-59
쪽). 재미한인 2세 여성인 염도라(Dora Yum Kim)의 생애 내러티브
(Chin 1999)를 읽어보면, 초기 재미한인 사회에서 다른 가족들도 자
녀들에게 일제강점에 관한 이야기를 해주었다. 1904년에 캘리포니아
로 온 아버지와 1920년에 사진 신부로 온 어머니가 캘리포니아주 디
누바(Dinuba)에서 샌프란시스코로 가는 도중 염도라는 1921년에 태
어나 샌프란시스코 차이나타운에서 살았다. 염도라는 일제강점에 대

해 다음과 같이 이야기하고 있다.

어머니와 어머니의 친구들이 내게 들려주던 이야기가 생각난다. 일본사람들이 어떻게 예쁜 한인 여자아이를 납치하고 죽이는지, 그리고 어떻게 언어(한국어)를 없애려고 애쓰는지 이야기해주었다. 내가 어디선가 이야기했던 것이 기억나는데, 한인들은 아일랜드사람처럼 완강해서 언어를 지킬 수 있었다고 내가 사람들에게 이야기했다. 놀라운 일이다. 그들은(청중들은) 일제강점기에 [고국에] 살았었고 지금은 여기에 있는 한인들이 [지금 여기에 있는] 일본사람보다 일본어를 더 잘 말한다고 내게 이야기해주었다. 그러면서도 한인들은 아직도 한국어를 유창하게 구사한다. [일제강점기 때 한인들이] 한국어를 말하면 일본인들이 죽였다. 일제강점기 때 한인들이 겪었던 이야기를 기억한다. 따라서 비록 내가 그곳에 없었지만, 일제강점기는 내게 주입되었다 (Chin 1999: 32-33).

메리 백 리는 부모가 말해준 3·1운동 이야기도 자서전에 기록했다. 3·1운동에 대한 비교적 자세한 이야기는 부모가 고국에 남아있는 가족에 대한 걱정을 끊임없이 하고 있었고, 슬프게도 부모의 걱정이 사실로 드러났다는 이야기에 이어 나왔다.

부모가 우리에게 다음과 같이 이야기해주었다. 일본이 처음으로 한국에 발판을 구축하려고 시도했던 1895년에 일본은 영향력과 권력을 가진 민비를 제거해야 할 첫 번째 방해물로 생각했다. 일본 군인들이 궁에서 그녀를 죽이고 석유를 부어 태웠다. 그녀의 세 시녀들도 죽임을 당했다. 왕(고종)은 백성들과 접촉할 수 없는 곳으로 보내졌으며, 왕세자는 일본으로 보내진 후에 일본여자와 결혼을 시켰다. 그러나 왕이 살아있는 한, 백성들은 왕이 자기들을 도와줄 수 있으리라는 희망을 품고 행동을 억제했다. 1919년 2월 조선총독부가 왕이 뇌일혈로 사망했다고 발표했지만, 모든 백성들은 왕이 독살되었다고 믿었다. 왕의 사망 소식에 백성들은 억눌렸던 감정이 폭발한 듯 자제력을 포기했다.

1919년 3월 3일이 왕의 장례식 날인데, 3월 1일에 예행연습이 잡혀 있었다. 한인들은 일본의 강한 힘에 움츠린 것처럼 보였지만, 적당한 때가 오면 행동에 옮길 준비를 비밀스럽게 하고 있었다. 수백만의 사람이 모일 수 있도록 수많은 계획이 일본경찰들도 눈치 채지 못할 정도로 참을성 있게 준비되었다. 고려해야 할 수많은 사항이 입에서 입으로 전달되었다. 잡히면 생명이 위험하다는 것을 알면서 그렇게 거대한 계획이 성공했다는 것은 관계된 모든 이가 찬사를 받을 만하다.

비밀장소에서 여러 번 회합을 갖고 숙의 끝에, 사형을 당할 것이라는 것을 충분히 아는 33명의 애국지사가 미국의 독립선언서를 본떠 대한독립선언서를 작성하고 서명했다. 1919년 3월 1일에 시위를 할 장소를 따라 대한독립선언서는 비밀리에 복사되었다. 이(시위)에 대한 정보는 모든 가정에 전달되었고, 보이스카우트와 걸스카우트를 비롯한 여러 사람들이 태극기를 나눠주었다. 누구도 무기를 소지하지 않았기에, 전 세계가 지켜보는 평화로운 시위였다.

일본인 통치자들은 매우 놀랐다. 군중을 진압하려고 서두르는 가운데 그들은 온갖 종류의 가혹한 수단을 동원했다. 군중을 향해 총을 쏘는 것만으로는 아무 성과도 없었기에 그들은 학교 선생, 목사, 의사, 법률가 등 지역사회에서 영향력이 있는 사람들에게 집중했다. 언더우드 박사는 미국에 있는 친구에게 편지를 써서, 일본 군인이 찾을 수 있는 한 모든 사람들을 체포하여 교회로 몰아간 뒤 총을 쏘아 죽였다는 이야기를 했다. 비슷한 일이 전 지역에서 일어났다. 평양에 있는 조부모와 큰아버지, 그리고 친척들이 모두 잡혀갔다. 학생들에게 시위에 참여하도록 종용한 것을 시인하라면서 고문을 했다. 할머니는 눈이 멀게 되었다. [잡혀간] 친척들이 더 이상 버티지 못하자 집으로 데려가라고 했다. 일본은 잡혀온 사람들이 감옥에서 죽었다는 보도를 원하지 않았다.

그러나 수많은 비극적인 사건과 희생의 결과, 민족주의 운동은 조직화되었다. 대한민국 헌법이 공포되었고, 임시정부의 대표들이 선출되었다. 대표들은 1919년 4월 23일 [미국] 워싱턴에 있던 이승만 박사를 대통령으로 선출했다. 헌법은 목판에 새겨서 동굴이나 멀리 떨어진 묘지에서 수만 부를 찍어냈다.

우리는 한국에서 전해오는 비극적인 뉴스에 슬픔과 고통을 느꼈다. 그러나 우리의 삶을 최선을 다해 살 수밖에 없었다(책 59-61쪽).

백광선의 가족은 평양에 사는 할머니와 큰아버지로부터 몇 장의 사진과 여러 통의 편지를 받았다. 그렇지만 그녀 부모는 항상 고국에 남아있는 가족들을 염려했다. 다행스럽게도 그녀 아버지는 평양에서 알고 지냈던 선교사 모페 박사를 미국에서 다시 만나, 두고 온 가족에 대한 이야기를 듣는 기쁨을 누리게 된다. "[1932년 이후] 부모 가족이 휘티어(Whittier)에 살 때 아버지는 오랜 친구인 선교사 모페 박사가 한국에서 은퇴하여 근처에 산다는 것을 들었다. 아버지는 그를 찾아가 하루 종일 이야기를 나누었다. 아버지는 한국에 남아있는 가족에 대해 많은 것을 알게 되었다. 아버지는 오랜 친구를 만났다는 기쁨에 젖어 집으로 돌아왔다"(책 90-91쪽). 미국인 선교사 모페 박사는 1893년에 평양에 정착했으며, 1934년에 은퇴하여 1939년에 사망할 때까지 캘리포니아주 몬로비아(Monrovia)에서 살았다(Chan 1990a: 140, 142). 몬로비아는 휘티어에서 북쪽으로 약 19킬로미터 떨어진 곳에 있다.

메리 백 리의 자서전은 일제강점기 고국에 남겨진 가족과 이웃들의 혹독한 상황에 대한 인식이 초기 재미한인들의 민족주의를 형성했다는 것을 말해준다(Fujita-Rony 2013: 27). 19세기 후반과 20세기 초반에 미국으로 이주한 유럽인 이민자 중에 체코인, 슬로바키아인, 헝가리인, 아일랜드인 등이 미국에서 강력한 민족주의 운동을 전개한(Glick Schiller et al. 1995: 51) 것처럼 초기 재미한인들도 미국에서 민

족주의 운동을 전개했다. 메리 백 리의 자서전을 읽어보면, 초기 재민
한인들의 민족주의 운동의 출발은 재미한인사회에서 일제강점기 고
국의 역사를 공유하고 고국의 언어를 지켜내는 것이라 할 수 있다.
백광선의 아버지는 자녀들에게 일제강점과 3·1운동에 대해 이야기
를 해주었을 뿐만 아니라 한글을 가르쳤다. 자서전의 마지막 장에서
그녀가 아버지를 회상할 때의 이야기를 읽어보자.

> 아버지는 하루 종일 농장에서 일을 한 후 저녁에는 우리가 누구였
> 는지를 알려주기 위해 우리에게 한글을 가르치고, 한국의 역사를 이야
> 기하고, 할아버지의 농토를 지나가는 개울에서 송어를 잡던 어린 시절
> 의 이야기를 해주었다. 나이가 들수록 부모를 자랑스럽게 여기게 되
> 고, 부모가 우리에게 쏟아 부었던 노력과 사랑이 얼마나 큰지 알게 되
> 었다. [아버지] 친구들 중에 아버지는 자녀들에게 한글 신문을 읽도록
> 가르친 유일한 사람이었다. [한글 신문을 읽으면] 내가 모든 것을 이해
> 할 수는 없겠지만 어떤 내용인지는 알 수 있다. 나는 지금도 한글을
> 어느 정도 읽고 쓸 수 있다(책 131-132쪽).

백광선은 첫아이를 낳은 후 1926년에 유타주에 있는 친정을 방문
했다. 자서전에는 친정집에서 그녀 자신의 가족과 친정 가족 모두가
함께 찍은 가족사진(책 80쪽)뿐만 아니라 한글이 쓰여 있는 칠판 앞
에서 그녀가 동생들하고만 찍은 사진(책 81쪽)도 실려 있다. 백광선
은 아버지가 그때까지도 동생들에게 한글을 가르치고 있다는 것에
감명을 받은 모양이다.

> [친정]집에는 벽의 큰 칠판에 한글이 쓰여 있었다. 나와 오빠가 처
> 음으로 한글을 읽고 쓰는 것을 배웠던 리버사이드(Riverside)에 살 때
> (1907-1910)가 생각났다. 아버지는 불가능한 일을 지금도 시도하고 있

었다. 아버지의 끊임없는 노력 덕분에 우리 자식들 모두 윗사람과 그
럭저럭 지낼 만큼 우리 언어(한국어)를 말할 수 있다(책 80쪽).

일제강점에 대한 이야기에서 소개했던 재미한인 2세인 염도라
(1921년생)도 일제강점에 관해 이야기하면서 고국에서 한국어를 지
킨 이야기뿐만 아니라 미국에 사는 한인들이 아직도 한국어를 유창
하게 구사한다고 강조했다. 메리 백 리의 자서전이나 염도라의 생애
내러티브를 읽어보면, 초기 재미한인의 고국에 대한 의식에서 가장
중요했던 것은 한글과 한국어를 잊지 않는 것임을 알 수 있다.

2) 경제적 도움

백광선의 부모는 고국에 남겨진 가족에 대해 끊임없이 걱정했을
뿐만 아니라 경제적 도움도 주고자 했다. 평양에 있는 할머니의 환갑
때 미국에 사는 아버지가 어떻게 경제적으로 도움을 주었는지 메리
백 리는 다음과 같이 이야기하고 있다.

> [내가 결혼 전] 윌로우즈(Willows)에 살 때(1917-1918), 어머니는 아
> 버지가 아이드리아의 [수은 광산] 용광로에서 일하는 것이 얼마나 위
> 험하며 건강을 해치는지 알면서도 왜 그 일을 했는지 내게 말했다. 할
> 머니의 60번째 생일인 환갑잔치 때 300불을 보내기 위해 그 일을 했다
> 는 것이다. 한국 돈으로 환전을 하면 작은 돈일지 모른다. 동양 국가에
> 서는 60번째 생일이 가장 중요해서 축하를 해야 한다. 딸들도 돕지만,
> 가능한 큰 잔치를 벌이는 것이 아들의 도리이다. 큰아버지 혼자서는
> 큰 잔치를 할 수 없다는 것을 아버지는 알았기에 도와야 한다고 강하
> 게 느꼈다. 아버지의 희생은 건강을 해쳤지만, 도리를 했다는 것으로
> 위안을 받았다. 사랑과 고마움을 담은 할머니의 편지로 아버지는 자신

의 고생을 보람으로 느꼈다. 할머니의 학생들과 친구들을 비롯하여 온 동네사람들이 환갑을 축하해 주었다는 것이다. 할머니의 환갑은 모든 사람이 기억하는 매우 행복한 순간이었다(책 58쪽).

백광선이 결혼을 한 후 그녀 가족은 경제적으로 친정을 도왔을 뿐만 아니라 한국에 있는 시댁 식구인 남편의 이복동생도 도왔다. "한국에 있는 남편의 이복동생이 도와달라는 편지를 보내오면 도와줄 수밖에 없었다. 오랫동안 우리는 친정, 서울의 시댁, 그리고 우리 가족 등 세 가족을 돌봐야 했다. 어떻게 해냈는지 잘 모르겠지만 여하튼 해냈다"(책 101쪽). 남편의 이복동생네 가족을 경제적으로 도와준 이야기를 하기 전, 메리 백 리는 남편의 나이 일흔세 살 때(1965년)를 회상했다. 남편은 처갓집, 서울의 이복동생네, 그리고 자신의 가족을 돌보느라 정신적인 고통 속에서 제대로 쉬지도 못하고 일만 열심히 하여 겨우 버틸 정도로 건강이 나빠졌다는 것이다.

서울에 있는 남편의 이복동생은 항상 더 많은 돈을 요구했다. 가능할 때마다 도와주었다. 한국전쟁 때 이복동생의 집은 폭격을 맞아 두 아들과 딸, 그리고 집에 있던 친척 몇 명이 죽었다. 그날 이복동생과 그의 부인, 그리고 또 다른 딸은 마침 집에 없었다. 도움을 청하는 편지가 오자, 남편은 1905년 떠나온 이래 처음으로 한국을 방문했다. 이복동생네 가족이 임시 거처에 있는 것을 보고 남편은 2층집, 가구, 옷, 먹을 것 등을 사주었는데, 미화 4,000불을 썼다. 한국 돈으로 치면 거금이었다. 남편은 노쇠한 상태에서 자신을 제대로 돌보지 못했다. 여러 번 설사로 고생을 한 끝에 거의 걷지 못할 상태로 로스앤젤레스로 돌아왔다. 집에 오자마자 한 달 동안 아팠다.

1년 뒤 이복동생은 유일한 딸이 수술을 받아야 한다고 편지를 보내왔다. 남편은 500불을 보내주면서 더 이상은 도와줄 수 없다고, 자기가 베풀 수 있는 한계라고 이야기했다. 그리고 한참 후 이복동생이 손자 결혼식의 청첩장을 보내왔는데, 남편은 한국에 다시 간다는 것을 두려워했다. 그러나 한참을 생각하다가 이번이 자신의 가족에게 마지막 이별을 고하는 것이 될 것이라며 1,000불의 축의금을 들고 한국에 갔다. 남편은 가족사진과 결혼식 사진을 가지고 왔다. 돌아왔을 때 너무 약해져서 남편은 서 있지도 못할 상태였다. 곧바로 침대로 가서 몇 주간을 누워 지냈다(책 119-120쪽).

남편이 결혼식을 다녀오면서 가족사진을 가지고 왔다고 이야기했는데, 서울에서 남편이 이복동생과 조카랑 함께 찍은 사진(책 126쪽)의 캡션에는 1972년에 찍은 것으로 기록되어 있다. 그러나 자서전에서 메리 백 리는 남편이 이복동생네 가족을 보러 처음으로 한국에 간 때와 결혼식에 참석하기 위해 다시 한국을 방문한 때를 정확하게 기록하지 않았다. 남편이 첫 방문 때에는 거의 걷지 못할 상태가 되어 돌아왔고, 두 번째 방문 때에는 서 있지도 못할 상태로 돌아왔을 정도로 남편의 건강상태가 좋지 않았다는 것만을 강조했다.

백광선은 결혼을 한 후 1930년대 후반부터 1950년까지 농사를 짓는 동안 한인 교회에 꼬박꼬박 헌금을 냈다. "농사를 짓는 동안 우리는 로스앤젤레스 제퍼슨(Jefferson Boulevard) 가에 있는 한인장로교회(Korean Presbyterian Church)에 헌금을 했다. 매년 300달러를 십일조 헌금으로 냈고, 추수감사절, 크리스마스, 어머니날에 특별 헌금도 했다. 헌금의 상당 부분은 교회의 운영자금으로 사용되었다. 일요일은 농장에서 가장 바쁜 날이기에 예배는 참석할 수 없었다. 그러나 오랫동안 교회를 도왔다"(책 101쪽).

현재 로스앤젤레스 제퍼슨 가에는 〈나성한인연합장로교회〉가 있다. 교회 연혁에 따르면, 교회가 제퍼슨 가의 부지를 구입한 것은 1936

년이고, 교회 건물은 1938년에 완공되었다.[4] 『나성한인연합장로교회 70년사』(1976, 유의영 2002: 416에서 재인용)에 의하면, 평양의 선교사로 있는 모페 박사가 안식년 휴가차 왔다가 재미한인인 방화중을 만나 교회설립에 관한 논의를 했다. 한인장로교회는 미국 북장로교 로스앤젤레스 노회의 협조를 받아 1906년 미션(mission)으로 시작되었다. 선교사 모페 박사는 백광선과 오빠에게 세례를 준 사람이다.

백광선은 비록 예배에는 참석할 수 없었으나 교회에 꼬박꼬박 헌금을 냈다는 것을 자랑스럽게 이야기했다. 그녀는 헌금의 상당 부분이 교회의 운영자금으로 사용되었다고만 이야기하나, 해방 전 미국 내 한인 교회들은 조국의 독립운동을 교회의 사회참여 의무로 생각하여 헌금의 상당액을 독립운동 자금으로 보냈다(김찬희 2002: 162). 일제강점에 대한 이야기에서 소개했던 재미한인 2세인 염도라(1921년생)는 그녀의 생애 내러티브에서 초기 재미한인 사회에서 독립운동 자금을 보내는 일은 매우 중요했다고 분명하게 이야기했다.

> 나(염도라)의 아버지는 오랫동안 샌프란시스코의 「국민회」의 대표였다. 국민회는 로스앤젤레스 제퍼슨 가에 자체 회관을 지었다.[5] 우리 모두 회관 준공식에 참석한 것을 기억한다. 캘리포니아의 모든 한인들은 서로를 정말로 도왔다. 왜냐하면 처음에는 [한인의] 숫자가 많지 않았고, 또 내 생각에는 언어, 관습, 문화, 전통 – 뭐라고 부르든지

---

4) 나성한인연합장로교회 홈페이지, http://www.kupcla.com/cont/0103.php(2019.10.1. 접근).

5) 나성한인연합장로교회가 보유하고 있는 대한인국민회기념관의 연혁에 의하면, 대한인국민회가 로스앤젤레스 제퍼슨 가에 회관을 준공한 때는 1938년이다. (나성한인연합장로교회 홈페이지, http://www.kupcla.com/cont/0104.php, 2019. 10.1. 접근)

간에 - 의 측면에서 공통점을 가지고 있었기 때문이다.

당시 누구도 돈이 많지 않았지만 모든 [재미]한인들은 한국에 돈을 보냈다. 사진 신부를 데리고 올 [경제적] 능력이 되지 않은 총각들도 있었다. 그들은 부잣집에서 일을 하면서, 매주 쉬는 날에 한인들을 만나기 위해 교회를 왔다. 나는 그들이 얼마나 버는지 모르지만, 큰돈은 아닐 것이다. 그들까지도 한국의 독립운동 자금을 보냈다. 모든 사람이 [독립운동 자금을 보내는 데] 열성적이었다는 것을 기억한다. 내가 어렸을 때 인상 깊었던 것은 우리(재미한인들)는 돈이 없었다는 것을 아는데 사람들 모두 그러한 돈을 냈다. [재미]한인들이 모일 때면 한국의 독립운동이 주요 관심사였다고 생각한다(Chin 1999: 33).

백광선의 가족이 경제적인 측면에서 초국가적 삶을 보여준 것은 부모가 할머니의 환갑 때 송금한 것, 그녀가 결혼한 후 남편의 이복동생을 여러 차례 도와준 것, 그리고 한인 교회에 헌금을 낸 것 등이다. 그녀 부모가 할머니의 환갑 때 송금한 것은 일회성에 불과하지만, 아버지가 건강을 해치면서까지 송금할 돈을 모았다는 것은 "아들의 도리"를 하겠다는 한국인의 가족윤리를 강력하게 보여준다. 더군다나 아버지가 수은 광산의 용광로에서 일했던 이유를 어머니가 자녀들에게 이야기해줬다는 것은 한국인의 가족윤리를 자녀들에게 가르친 것이다.

백광선의 남편인 이홍만은 한국전쟁(1950-1953) 중 폭격 피해를 본 이복동생을 경제적으로 도와주기 위해 고국을 떠나온 이래 처음으로 한국을 방문하기까지 했다. 이홍만이 열두 살 때인 1905년에 새어머니의 구박을 피해 혼자 고국을 떠났음에도 불구하고 그는 고국에 남아 있는 가족과 관계를 계속 유지했던 것이다. 백광선의 아버지가 할머니 환갑 때 송금을 위해 건강을 해치면서까지 일을 한 것처럼 백광선의 남편도 처갓집, 서울의 이복동생네, 그리고 자신의 가족을 돌보느라 정신적으로 고통을 겪었을 뿐만 아니라 육체적인 건강도 몹시

해쳤다고 그녀는 회고했다. 그녀의 회고를 떠올리면 고국의 가족에게 경제적인 도움을 주는 것 자체도 초국가성을 보여주지만, 가족을 경제적으로 도와주어야 한다는 한국인의 가족윤리 역시 의식의 측면에서 초국가적 삶을 드러낸다.

백광선은 그녀 가족이 한인 교회에 정기적으로 헌금한 것에 대해 "헌금의 상당 부분은 교회의 운영자금으로 사용되었다"고만 이야기했다. 그녀는 교회의 운영자금이 어디에 쓰이는지 정말 몰랐을까. 예배 때 교회의 운영자금이 대체적으로 어디에 쓰이는지 교인들에게 직접 알려주거나 주보를 통해 알려주었을 것이다. 그러나 농사일이 바빠 그녀 가족은 예배에 참석할 수 없었다. 그녀가 알든 모르든 그녀 가족이 낸 헌금이 고국의 독립운동 자금으로 쓰였을 것이기에 결과적으로 그녀 가족은 고국의 정치적 장에 일정 부분 참여한 셈이다.

3) 2세와 한국

백광선은 어렸을 때부터 부모를 통해 일제강점기의 고국과 고국에 남겨진 가족에 대한 이야기를 들었다. 그녀 가족이 해방 후 한국과 연결된 것은 남편의 이복동생을 경제적으로 도와준 일이지만 2세인 큰아들 헨리(1925년생)를 통해서도 한국과 연결되었다.

> 헨리는 일본에서 군복무를 할 때 한국어 통역관을 했다. 〈중략〉 우리는 조지타운대학교를 다니는 헨리에게 매달 100불씩 보냈다. 그러나 충분하지 않기 때문에 그는 방학 때 잡다한 일을 했다. 언젠가, 우리가 [로스앤젤레스] 라살레 애비뉴(La Salle Avenue)에 살 때, 헨리가 서울에서 로스앤젤레스로 온 국회의원 20명을 데려왔다. 미국정부가 그들의 미국여행 비용을 지불했다. 그들이 이상한 미국음식에 질렸을 것이

라 생각해서 몇몇 친구들과 함께 한국음식을 저녁으로 준비했다. 그들은 확실하게 모든 음식을 즐겼다. 우리는 생각을 나누면서 밤새 이야기를 했다(책 110쪽).

큰아들 헨리는 조지타운대학교에서 석사학위를 받고 펜실베이니아대학교에서 박사학위를 취득했다. 박사학위를 받은 후 "아마도 동양인으로는 최초로"(책 111쪽) 미국의 연방준비은행(Federal Reserve Bank)에 들어갔다.

그는(헨리는) 아시아 여러 국가에 출장을 많이 갔는데, 어떻게 하면 미국의 해외원조를 받을 수 있는지, 자신의 나라에서 생산된 품목으로 이를 어떻게 갚을 수 있는지 설명하러 다녔다. 이러한 것은 작은 국가들이 자급자족할 수 있도록 '가내공업'을 시작하는 데 도움이 되는 것이다. 언젠가 헨리가 우리에게 말했다. 친구인 김살선 씨가 헨리에게 한국에서 섬유산업을 시작할 수 있도록 미국정부에 협조요청을 해달라고 부탁했다는 것이다. 미국정부는 섬유공장들에게 오래된 설비를 한국에 보내면 새로운 설비를 주겠다고 했다. 한국의 섬유산업은 천천히 시작되었지만 [한국]전쟁 후 부흥에 대단히 공헌하는 큰 성공을 거두었다. 헨리는 한국에 충분한 목화를 보내기 위해 전 세계를 다녔는데, 인도까지 다녀왔다. 헨리는 [한국의] 섬유산업 벤처의 성공을 매우 기뻐했다. 오늘날 미국 내 가게의 봉제완구 대부분은 '한국산' 표시를 붙이고 있다. 또한 온갖 종류의 한국제 옷이 미국에서 팔리고 있다. 얼마나 놀라운 발전인가!
헨리는 가는 곳마다 조지타운대학교나 펜실베이니아대학교 동창인 관리들이 있어 일을 수월하게 할 수 있었다고 말했다. 아시아 국가의 사람들은 동양인이 미국을 대표하여 이렇게 중요한 일을 하고 있다는 사실에 고마워했다(책 112-113쪽).

재미한인 2세인 큰아들 헨리가 한국과 연결된 첫 계기는 한국어 통역관으로 일본에서 군대 생활을 한 것이다. 그가 석사과정을 다닐 때 한국의 국회의원 일행을 안내하고 통역을 해주는 아르바이트를 한 일도 있다. 메리 백 리의 자서전은 그녀의 세 아들에게 한글이나 한국어를 어떻게 가르쳤는지에 대해서 언급하지 않았다. 그러나 그녀 아버지가 자녀들에게 한글과 한국어를 가르쳤던 것에 대해 깊이 감사하게 생각한다는 이야기에서 그녀 자신도 아들들에게 한글과 한국어를 강조했을 것이라 짐작된다. 헨리는 미국 연방준비은행에서 일할 때 여러 아시아 국가에 출장을 가서 미국 내 학연의 도움을 받았고, 같은 "동양인"이라는 점이 유리하게 작용했다.

헨리는 베트남 전쟁(1960-1975) 때 미국 국무부에서 일하기도 했는데, 필리핀 마닐라에 있는 아시아개발은행의 부총재로 근무하던 중 1976년에 비행기 사고로 갑자기 죽었다. 큰아들 헨리가 미국 정부기관에서 동양인으로서 성공적으로 일을 수행했다는 사실은 동양인에 대한 미국인의 태도가 변화했다는 것을 반영한다고 메리 백 리는 술회했다. 미국 사회에서 동양인에 대한 태도가 변화하기를 그녀 가족은 "1906년 [미국 본토에 온] 이래 꿈꾸어왔다"(책 113쪽)는 이야기에서 메리 백 리는 아시아계 미국인이라는 정체성을 분명하게 보여주고 있다.

메리 백 리는 일제강점기 때 부모의 영향으로 고국과 연결 관계의 고리를 계속 유지했지만, 1960년에 미국 시민권을 획득하면서 이름을 바꿀 정도로 거주국의 성원권에도 관심이 컸던 것으로 보인다. 미국 시민권을 획득하기 이전 성장 과정에서도 일상생활에서 겪는 다양한 인종 차별에 대해서 그녀는 많은 이야기를 했다. 그러나 큰아들 헨리가 미국 정부기관과 국제기구에서 성공적으로 일을 수행했기에 그녀는 동양인에 대한 인종 차별이 어느 정도 해소되었다고 생각했다.

큰아들 헨리가 미국 연방준비은행에서 일할 때나 아시아개발은행에서 일할 때나 아시아의 여러 신생국가를 도와줬지만, 한국의 섬유산업을 도운 이야기를 할 때는 헨리가 부모에게 구체적으로 해준 이야기를 특별하게 언급했다. 메리 백 리가 1905년 고국을 떠난 후 1975년에 처음으로 다시 고국 땅을 밟은 것도 큰아들 헨리 덕분이었다. 헨리가 아시아개발은행에 부임하는 여정 중간에 헨리는 일을 보고 동행한 헨리의 가족과 메리 백 리는 관광을 즐기게 된다. 로스앤젤레스에서 합류한 헨리 가족과 메리 백 리는 하와이와 도쿄를 거쳐, 마닐라로 가기 전 마지막 중간기착지로 서울을 방문한다.

> 우리(헨리의 가족과 메리 백 리)가 서울을 구경하는 동안 헨리는 일을 하느라 바빴다. 모든 도시들이 비슷해져 갔고, 세계는 확실히 모든 곳이 발전되고 있었다. 우리는 호텔의 저녁 파티를 즐겼고, [한국]정부로부터 많은 선물을 받았다. 그러나 우리는 설사로 아프기 시작했고, 드디어 마닐라에 도착하게 되어 기뻤다(책 125쪽).

2세인 큰아들 헨리가 미국 연방준비은행과 국제기구인 아시아개발은행에서 일하면서 한국을 비롯한 아시아 여러 나라를 도와준 것이나 메리 백 리가 어린 나이에 고국을 떠난 이래 처음으로 고국인 한국을 방문했다는 것은 그녀가 고국에 대한 의식을 새롭게 할 수 있는 계기가 되었을 것이다. 그러나 그녀의 의식에서 고국은 여전히 평양에 있던 가족과 3·1운동이기에 한국 방문에 대해 자세하게 이야기하지 않았다. 모든 도시가 비슷하게 발전되고 있다는 소감은 떠나온 고국과 달리 방문한 고국은 분단된 한국이라서 그녀의 '고국'이 너무 다르다는 이야기에 불과하다. 그녀 남편이 처음으로 서울을 방문했을 때 설사로 고생한 것처럼 헨리의 가족과 그녀도 서울에서 설사로 고생했다는 이야기는 고국을 떠나 미국에 이민을 간 때가 너무 오래전 일이라는 것만을 상기시켜준다.

4. 맺음말

지금까지 메리 백 리의 자서전에 나타난 초국가적 삶을 초기 한인 이민자 1세의 고국에 대한 관심, 고국에 남겨진 가족에 대한 경제적 도움, 2세로 이어진 한국과의 연결 관계 등 세 가지 측면에서 읽었다. 러일전쟁(1904.2-1905.7)의 와중에 평양의 집이 일본군 주둔소가 되면서 "가족 중 한사람이라도 살아남아 어느 곳에서든지 잘 살기를" 바라는 조부모의 뜻에 따라 1905년 5월 백광선은 부모와 오빠랑 하와이로 이주했다. 1910년 일제가 한반도를 강점한 후 1919년 3·1운동이 일어났을 때 백광선의 가족은 "평양에 있는 조부모와 큰아버지, 그리고 친척들이 모두 잡혀갔다"는 사실을 전해 들었다.

이러한 역사적 상황에서 고국에 남겨진 가족에 대한 걱정과 염려가 백광선네 가족의 초국가적 삶의 핵심이다. 농사를 짓기 위해 캘리포니아의 여러 지역을 전전하면서 매우 어렵게 살면서도 그녀 가족은 고국에 남겨진 가족을 항상 생각했다. 그러나 메리 백 리는 "단지 고통 속에서 기도를 하는 것 이외에 사랑하는 가족을 도울 길이 없었다"고 안타까워하면서 "우리의 삶을 최선을 다해 살 수밖에 없었다"고 회고했다. 고국에 남겨진 가족에 대해 항상 걱정을 하면서 거주국에서 최선을 다해 살 수밖에 없다는 것은 고국과 거주국에 대한 의식의 측면에서 초국가성을 보여준다. 나아가서 20세기 초 미국으로 이주한 초기 재미한인 1세들의 의식의 측면에서 보여주는 초국가적 삶은 이들의 민족주의를 형성한 바탕이 되었다. 초기 재민한인들의 민족주의는 고국에 남겨진 가족을 걱정하고 염려하는 차원에서 고국의 독립을 돕고 고국의 언어를 지켜내는 것이라 할 수 있다.

평양에 있는 할머니가 환갑을 맞이하자 아버지는 환갑잔치에 돈을 보내기 위해 아이드리아의 수은 광산 용광로에서 위험하고 건강을 해치는 일을 했다. 백광선이 결혼을 한 후에는 1930년대 후반부터 1950년까지 농사를 짓는 동안 한인 교회에 헌금을 냈고, 교회 헌금의 상당액은 조국의 독립운동 자금으로 쓰였다. 대한민국 정부 수립 후 백광선의 남편은 서울을 방문하여 이복동생네 가족을 경제적으로 도와주거나 미국에서 서울의 이복동생에게 송금했다. 고국의 가족에게 경제적인 도움을 주거나 한인 교회를 통해 독립운동 자금을 보낸 일은 구체적인 초국가적 경제행위로 읽힌다.

메리 백 리의 큰아들인 헨리에 대한 이야기는 헨리 본인의 직접적인 이야기가 아니라 어머니의 입장에서 아들의 성공에 대해 이야기한 것이다. 더군다나 그녀가 미국 의회도서관에 등록했던 자서전 원고에 있는 이야기가 아니라 자서전의 편집자인 수쳉 찬이 인터뷰를 통해 끄집어낸 이야기인 듯하다. 헨리는 미국 연방준비은행에서 제3세계 원조를 담당했고 국제기구인 아시아개발은행에서 일을 한 사람이다. 2세인 헨리에게 모국인 한국이 어떤 의미였는지를 메리 백 리의 자서전에서 제대로 읽어내기는 어렵다. 그러나 큰아들 헨리의 국제활동으로 어머니인 메리 백 리는 아시아계 미국인이라는 정체성을 뚜렷하게 가지면서도 대한민국 정부 수립 후 한국에 대한 의식을 새롭게 할 수 있는 계기가 되었을 것이다.

메리 백 리의 자서전에 나타난 1920년대 초국가적 의식은 1920년대 일본계 미국인 2세들의 생애사에 나타난 초국가적 의식(Ueda 2002)과는 사뭇 다르다. 1920년대 하와이 거주 일본계 미국인 2세 고등학생의 생애사는 미국인 사회학자가 일본계 미국인의 정체성에 초점을 맞춰 수집한 것이다. 일본계 미국인 2세의 생애사를 읽어보면, 1920년대 당시의 초국가적 의식은 오늘날의 초국가적 의식과 다르게 작동했다는 것을 알 수 있다(Ueda 2002: 34). 일본계 미국인 2세들의 1920년대는 시민권과 아메리카니즘(Americanism)으로 이민자의 동화를 강조하는 학교 교육을 받으면서, 일본어 학교와 1세를 통해 일본의 유산에도 노출된 시기이다. 일본계 미국인 2세의 생애사는 모국인 일본의 문화적 유산을 접하게 되는 초국가적 연결 관계가 2세의 일본계 미국인이라는 정체성에 영향을 주면서 거주국인 미국의 민주주의, 동화론, 다원주의 등에 기여한다는 것을 보여준다(Ueda 2002: 41).

초기 재미한인 1세인 메리 백 리의 가족에게 1920년대는 일제강점기 고국과 고국에 남겨진 가족으로 대표된다. 고국에 대한 의식의 측면에서 보여주는 초국가적 삶은 초기 재미한인의 민족주의를 형성한 바탕이 되었다. 이에 반해 1920년대 일본계 미국인 2세에게 초국가성은 오히려 미국인이라는 정체성을 상징적으로 강화해주었다. 초국가성의 내용과 결과는 매우 다르지만, 메리 백 리의 자서전과 1920년대 일본계 미국인 2세들의 생애사는 이민자의 초국가성이 오랜 역사를 가졌다는 것을 뒷받침해준다.

LA 지역 재미한인의 초국가주의 정치

: 상상된 영토를 위한 투쟁

한경구

1. 머리말

이 글은 2018년 로스앤젤레스의 재미한인사회에서 발생했던 하나의 사건을 통하여 이민사회의 초국가적 현실이라는 맥락 속에서 재미한인의 정치 과정을 이해하려는 시도이다. 이 사건은 확립된 공식 명칭이 없으므로 편의상 '리틀 방글라데시 주민의회 분리안 사건'이라 부를 것이며 'LA 한인타운 노숙자 임시 쉼터 설치 문제'라 부를 수 있는 다른 하나의 사건과 시기적으로 겹쳐있기도 하다. 이들 두 사건은 재미한인의 초국가적 성격을 이해하는 매우 흥미로운 창문을 제공해 준다.

비록 리틀 방글라데시 주민의회 분리안 사건이나, LA 한인타운 노숙자 임시 쉼터 설치 문제는 이민 자체를 규율하는 법안이나 이민자의 권익과 관련된 것은 아니며[1] 미국의 지방자치 문제라고 할 수 있

---

1) 1994년 불법 이민자들에게 사회서비스, 의료, 공공교육 등을 거부하는 캘리포니아 주민발의(California Proposition 187)이 통과되었을 때나 2006년의 국경보호, 반테러, 불법 이민 통제법(Border Protection, Anti-terrorism and Illegal Immigration Control Act of 2005(H.R. 4437, 소위 Sensenbrenner Bill))의 경우 등이 있다.

다. 그러나 이러한 사건을 통하여 과거에는 투표는커녕 미국 국내 정치에 목소리를 내는 것을 주저하던 한인들이 집회와 시위에 참여하거나 조직적인 노력에 자원봉사나 헌금을 함으로써 정치적 각성을 하게 되고 자신들이 집단으로 발언하거나 행동할 때 발휘할 수 있는 잠재력과 가능성을 깨닫게 되었다면 이는 매우 중요한 것이다. 한편 이러한 정치적 각성의 효과가 지속되어 향후 한인들의 정치적 참여가 활성화되고 보다 적극적으로 정치적 목소리를 내면서 지역의 주민으로서 공적 의무를 부담하고 권리를 행사할 것인지, 혹은 위기에 대한 일회성 대응에 그치고 4·29 이후에 그랬던 것과 마찬가지로 구체적이며 지속적인 움직임으로 발전하지 못할 것인지는 지켜보아야 한다. 또한, 이러한 과정에서 한인들이 자신들을 이민자들의 일부로 인식하고 이들과 공감하며 향후 협력과 연대의 가능성까지도 생각하게 되었는지는 불분명하다.

또한, 이 사건은 LA에 거주하는 재미한인들이 주체적으로 참여했지만 아담슨의 '이산자 정치(diasporic politics)'의 범주에 속하는 것도 아니다. 아담슨은 초국가주의에 주목하면서 이산자 정치를 '정치적 야심을 가진 사람들이 특정한 아이덴티티의 범주에 기반한 초국가적 "상상된 공동체"를 창조하려고 시도하는 전략적인 사회적 아이덴티티 구성의 한 형태'라고 보고 있다(Adamson 2012). 이 사건에 참여한 사람들 가운데 일부는 한국에 있는 사람들의 평가를 중시하기도 하고 초국가주의적 상상된 공동체의 창조에 관심을 가지고 있었으나, 대다수는 그러한 관심을 가졌던 것으로 보이지 않았다.

리틀 방글라데시 주민의회 분리안 사건은 2018년 초에 LA한인타운 내에 거주하던 일부 방글라데시 주민이 LA코리아타운을 포함한 기존의 월셔센터 – 코리아타운 주민의회 구역을 둘로 분리하여 방글라데시 주민회의를 설치해달라는 청원을 제출하고 뒤늦게 이를 알게 된 재미한인들이 LA한인회와 여러 조직을 중심으로 대대적인 캠페인을 통해 주민투표에서 압승을 거두어 이러한 분리 움직임을 저지한 것을 말한다. 이는 주류사회에 소수민족 간의 땅 가르기 전쟁으로 비추어지기도 했고 재미한인들의 대응이 과잉이었다거나 동원 및 투표 과정에서 무리가 있었다는 등 문제를 지적하는 목소리도 있었다. 그렇지만 재미한인의 정치적 동원력과 결집력을 보여주었다는 점에서 대체로 긍정적으로 평가를 받고 있다. 그 내용은 "한인타운은 우리 손으로 지킨다!"는 제목으로 2018년 10월 3일 서울에서 개최된 세계한인회장대회에서 모범사례로 발표되기도 하였다.

리틀 방글라데시 주민의회 분리안 사건은 LA한인타운 노숙자 임시 쉼터 설치 문제와 거의 비슷한 시기에 쟁점화되기 시작했으며 LA 한인들에게 정치적 각성과 동원의 계기가 되었고 '우리 손으로 한인타운을 지킨다'는 의식을 공유하고 있다. 이 과정에서 LA한인회를 비롯하여 한인상공회의소 등 한인조직은 물론, 한미연합회를 비롯한 1.5세와 2세들이 관여하고 있는 한인단체들도 중요한 역할을 했다. 이 두 가지 사건은 단순히 시기적으로만 일치하고 있는 것이 아니라 한인타운에 대한 의식과 한인타운 리더십에 대한 견해 등에서 서로 밀접히 관련되어있으며 또한 운동의 역학이라는 면에서도 긴밀히 상호작용하였으므로 하나의 총체적 현상의 두 측면으로 이해하는 것이 두 사건을 각기 개별적으로 검토하는 것보다 더 많은 시사점을 얻을 수도 있을 것이다. 그러나 지면 관계로 LA한인타운 노숙자 임시 쉼터 설치 문제는 부득이 다른 별도의 글로 발표하며, 여기서는 일단 리틀 방글라데시 주민의회 분리안 사건에 집중하기로 한다.

이 글에서 다루는 사건에 대한 조금 상세한 이야기는 2018년 11월

UCLA에서 개최되었던 "트럼프 시대 재미한인의 사회 – 정치적 조직화 (Socio-Political Organizing of Korean-Americans in the Age of Trump)" 학술발표회에 참가했다가 접하게 되었다. 현지 조사는 2019년 2월에 이루어졌다. 현지 지인들의 도움을 받아서 두 가지 사건 관련 핵심 인물들 가운데 상당수를 포함한 여러 사람을 면담했다. 1시간에서 2시간 정도였지만 3시간 넘게 이야기를 들은 경우도 있었고, 2번 이상 면담을 한 경우도 있었다.

2. 리틀 방글라데시 문제
: 코리아타운의 주민의회 분리와 관련한 캠페인

주민의회(Neighborhood Council)는 매우 독특한 제도로서 미국에서도 LA시에만 존재한다[2]. 현재 LA시 전체에 99개가 있다고 알려진 주민의회는 1999년의 투표로 주민권한과(Department of Neighbor Empowerment)와 함께 설립 근거가 마련되었다. 이는 정부에 시민들이 더욱 적극적으로 참여하고 정부가 현지의 수요에 훨씬 민감하게 반응하도록 한다는 취지에서 만들어진 것으로서 주민의회는 'LA시 정부에 속한 자문기관'이며 '시의 주요 정책의 기초가 되는 주민 의견을 수렴하는 공식 채널'이라 할 수 있다. 이를 적극적으로 추진한 것은 리들리 – 토머스(Mark Ridley-Thomas, 1954년 출생)라는 진보적 흑인 정치가로 알려져 있다.

그런데 주민의회에 대해서는 평가가 엇갈린다. 주민의회는 매년

---

2) 미국 로스앤젤레스 한인회 "한인타운은 우리 손으로 지킨다!" 2018.10.3. 세계 한인회장대회 모범사례발표 자료.

LA시에서 예산을 5만 달러 지급받고 있었는데, 4만2천 달러로 축소되었다가 현재는 3만7천 달러로 축소되었다고 한다.[3] 매월 1회 정도 타운미팅을 하며 다양한 의제를 두고 토론도 하고 결정도 하는데, 해당 지역의 영업시간, 지역개발, 치안, 학교, 노숙자 문제 등 주민들의 실생활과 직결되는 정책들과 관련하여 주민들을 대표하여 시 정부에 의견을 전달하는 등 작은 것들, 상징적인 것들을 관할한다. 비즈니스의 인가 등 조금 중요한 사안은 모두 시의회가 장악하고 있다고 한다. 주민의회는 초보 정치인의 양성 코스 역할도 하며 정치에 진출하려는 사람들은 먼저 이곳에서 활동을 시작하기도 한다. 주민의회의 구역 인구는 최저 2만 명이며 평균 3만8천 명 정도라고 하는데, 주민의회가 없는 구역도 있다. 이번에 문제가 되었던 윌셔센터·코리아타운은 매우 큰 구역이며 5개의 소 구역(district)으로 나뉘어 있다.

주민의회는 현재는 '아는 사람들간의 클럽처럼' 운영되고 있다고 한다. 주민의회 의원 선거에 직접 참여한 경험이 있는 사람에 의하면, 과거에는 예를 들어 5명을 뽑는 선거에 후보가 10명 나왔을 경우 표를 많이 받는 순으로 5명을 뽑는 방식으로 진행된다. 주민의회는 연방법에 근거가 있는 조직은 아니며 LA시의 것이다. 입후보하거나 투표하는 자격 요건도 참여하기 쉽도록 완화되어 있다.

주민의회의 분리 시도를 충격으로 받아들이고 적극적으로 대응한 사람들도 있지만 이를 단순하게 볼 수도 있다고 한다. 즉, 한 구역에 연간 4만 달러(현재는 3.7만 달러)씩 지원한다고 할 때 2개로 분리하면 연간 8만 달러의 지원금을 받는 것이고 6개로 분리한다면 연간

---

3) Neighborhood Councils-Emposer LA홈페이지, http://empowerla.org/about-neigh borhood-councils/(2019.5.22. 검색)

24만 달러를 받게 되는 셈이므로 좋은 측면도 있다고 할 수 있다. 또한, 시의회 선거는 중선거구제이므로 주민의회 구역이 여럿으로 갈리더라도 크게 불리한 영향이 없다는 의견도 있었다.

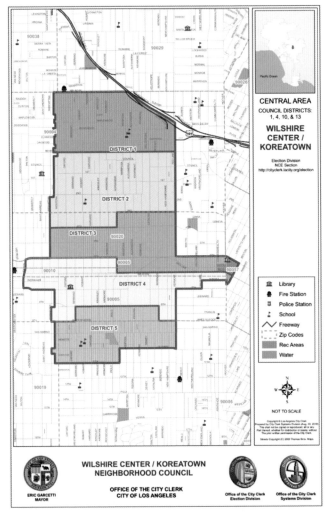

지도 1. 윌셔센터·코리아타운 주민의회 구역 지도

1) 사건의 개요

코리아타운은 2003년에 설립된 윌셔센터·코리아타운 주민의회라는 하나의 주민의회 구역으로 되어 있었다. 『선데이저널』의 보도[4]에 따르면 방글라데시 커뮤니티가 자신들의 구역을 설정해달라는 요구는 이미 10년 전부터 제기된 것이다. 즉, 2008년 10월 방글라데시 커뮤니티가 '남북으로 3가－월셔, 동서로 버몬트－웨스턴에 이르는 구역을 리틀 방글라데시'로 지정해 달라고 청원했었다고 한다. 이는 코리아타운의 중심 지역을 공유하자는 것으로서 한인 대책위에서는 '한인타운 주변에 방글라데시 타운을 설립하는 것은 적극적으로 지원할 수 있지만, 한인타운 안에 들어서는 것은 용납할 수 없'고 또한 '105년 이민역사 속에서 4·29 폭동을 막아내는 등 한인들이 지켜 낸 한인타운을 분할하는 것은 불가능하다'는 입장을 밝히고 이러한 움직임을 저지하려는 노력에 나섰다.

이후 방글라데시 커뮤니티 대표단은 2008년 12월 12일 LA한인회관에서 한인타운대책위원회와 합동 기자 회견을 하며 양측 커뮤니티의 입장을 밝혔고, 2008년 12월 30일에는 한인 커뮤니티 대표들에게 구역을 새로 설정해 추진할 계획이라며 한인사회의 지지를 요청했다. 한인 커뮤니티 대표들 역시 구역 설정에 대한 서로 간의 입장을 공감하며 향후 상호 간의 교류를 발전시키기 위해 노력하기로 했으며 2009년 1월 6일에는 한인사회 대표들과 방글라데시 커뮤니티 대표들이 잠정 합의에 도달하여, 버몬트 4가와 샤토 레크레이션 센터 지역에 리틀 방글라데시 설정에 합의하고 월셔센터·코리아타운 주민의

---

4) "방글라데시 타운 설정 주민의회 투표만이 최후의 보루"『선데이저널』2018. 5.31(2019.7.6. 최종 검색)

회를 방문하여 리틀 방글라데시 구간(Corridor) 설정에 대한 지지 당부하기도 했다[5].

그런데 이러한 과정에서 LA 한인사회는 LA 코리아타운의 구역이 공식적으로 확정되지 않았다는 사실을 발견하고 크게 당황했고 2009년 2월 LA 한인회에서 LA시의회에 LA 코리아타운 구역안을 청원하였다. 이러한 노력이 결실을 거두어 2010년 8월 20일 LA시의회에서 두 가지 결의안이 통과되었다. 하나는 코리아타운 구역을 확정(북쪽으로 3가, 남쪽으로 올림픽 블루버드, 동쪽으로 버몬트 애비뉴, 서쪽으로 웨스턴 애비뉴)했고 또 하나는 리틀 방글라데시 거리를 확정(3가의 알렉산드리아와 뉴 햄프셔 구간)하는 것이었다.[6]

이후 한인 커뮤니티는 리틀 방글라데시 문제에 관심을 가지지 않았다고 한다. 한인언론 기사는 윌셔센터·코리아타운 주민의회가 "한인들이 주도권을 잡고 있었으니 한인 커뮤니티 권익보다는 개개인들의 명예나 이해상관에 몰두" 했다고 비난했다. 주민의회의 의장이던 한인이 사퇴한 가운데 의장을 대신하던 주민의회 부의장 방글라데시인 재린 이슬람(Jarin Islam)이 2017년 말부터 주민의회를 2개로 분리하는 안을 준비했다고 한다. 공청회 등의 절차가 2018년 2월 중 그대로 진행되었으며 주민투표 날짜가 확정되었다.

LA 한인회와 LA한인상공회의소는 2018년 4월에야 뒤늦게 이러한 사실을 알게 되었고, 대책 마련을 위한 회의를 5월 7일에 소집하였다. 그런데 5월 2일에 코리아타운에 노숙자 임시 쉼터를 건립하겠다는

---

5) "방글라데시 타운 설정 주민의회 투표만이 최후의 보로" 『선데이저널』 2018. 05.31(2019.7.6. 최종 검색)

6) "방글라데시 타운 설정 주민의회 투표만이 최후의 보로" 『선데이저널』 2018. 05.31(2019.7.6. 최종 검색)

시장과 시의장의 기자회견이 있었다. 이를 한인언론의 보도[7]로 알게 된 많은 한인이 '사전 협의와 절차가 없이 진행되다니 우리를 무시했다'는 등 분노하였다. 이에 따라 5월 7일 회의에서는 두 가지 사안에 대해 각각 강력히 대응하게 되었는데, 이 둘은 서로 상승 작용을 한 것으로 판단된다.

엄밀히 말하자면 주민의회를 둘로 나누는 것이었는데, 북쪽 주민의회의 이름을 리틀 방글라데시로 하겠다는 것에 대하여 많은 한인은 코리아타운의 절반이 방글라데시타운이 되는 것으로 이해하고 격하게 반응하기 시작했다. 이에 대해 크게 흥분할 일이 아니며 여유 있게 대처하면 된다는 한미연합회(KAC, Korean American Coalition)의 방준(Joon Bang) 사무국장의 견해 등 신중론도 약간 있었으나 많은 한인은 코리아타운을 지켜야 한다는 위기의식이 강하게 대두되었고, 이에 한인회와 한터지킴이 등을 중심으로 주민투표에서 압승을 거두기 위한 캠페인이 조직적으로 전개되었다고 한다.

투표일을 앞두고 6월 14일에는 테라 코타(Terra Cotta)라는 술집에서 해피아워를 하며 유권자 등록을 독려했고 15일과 16일에는 코리아타운 야시장(KTOWN Night Market) 행사를 했으며 투표일 바로 전날인 18일에는 월드컵 이벤트를 하였다. 또한, 마당코트야드, 가주마켓, 올림픽 갤러리아 마켓, 시온 마켓, 파이퍼스 레스토랑 등에 투표용지 수집소를 설치한 것은 물론 세리토스(Cerritos), 팜데일(Palmdale), 코로나(Corona), 랜초 쿠카몽가(Rancho Cucamonga), 풀러턴(Fullerton), 롤랜드 하이츠(Rowland Heights). 가든 그로브(Garden Grove), 토런스(Torrance), 어바인(Irvine), 발렌시아(Valencia), 라 크

---

7) SBS의 이브닝 뉴스 보도가 큰 역할을 했다.

라센타(La Crescenta), 샌 퍼넌도 밸리(San Fernando Valley). 빅터빌(Victorville) 등 외곽 지역에도 투표용지 수집소를 설치했다[8].

당시에 적극적으로 참여했던 한인회의 한 간부는 열심히 노력하여 3만 명 가까이 등록을 했는데 1만 명 가까운 사람이 투표 통지를 받지 못했다고 술회하였다. 다만 이는 무슨 음모 때문이 아니라 단지 주민의회 투표 사상 이렇게 많은 사람이 투표에 참여하겠다고 나선 것이 처음이라서 시에서 사무적으로 감당을 못했기 때문일 것으로 추정하였다. 웨스트우드 분리안 때 5천 명이었는데 이번에는 3만 명이나 등록하려고 하니 투표용지가 모자랐다는 것이다.

이렇게 열심히 캠페인을 하면서도 캠페인을 주도한 한인들은 다소 불안했다고 한다. 실제로 이 한인회 간부는 투표 며칠 전인 6월 15일에 방글라데시인인 것처럼 신분을 숨기고 "그쪽" 페이스북에 들어가서 보았더니 인원을 대거 동원하기 위해 전날부터 투표장 근처에서 캠핑한다는 이야기가 있어서 긴장했었다고 한다. 그래서 6월 18일 새벽 3시에 차를 운전하여 현장 근처를 답사했더니 아무도 없어서 안심했고 이를 단톡방에 전달했다고 술회하였다.

투표 참가자 대부분은 우편으로 했고 당일 투표장에 나온 것은 3천 명 정도였는데[9], 그 가운데 방글라데시인은 50명 정도로 기억하고 있었다. 한인회에서는 방글라데시계 거주자가 코리아타운 내에 약 4천 명 정도로 3%를 점하고 있는 것으로 추산하고 있었다고 한다. 코리아타운의 인구를 13만 5천 명이라고 할 때 히스패닉이 3만 명으로 22%,

---

8) http://www.keepkoreatown.org/bcs.html(2018.5.21. 접근)

9) 인원에 대한 추정치는 매우 상이하여 『선데이저널』은 7천 명이었다고 보도하였다.

한인이 2만8천 명으로 21%로 보고 있었다.

거의 두 달 정도 계속된 캠페인의 결과 3만 명 가까운 한인들이 투표를 위한 등록을 했고 투표 당일인 6월 19일 화요일에는 저녁 늦게까지 투표장 앞에서 길게 줄을 서서 서너 시간씩 기다리며 투표했다. 결과는 19,126명이 투표에 참가, 18,844명이 분리안에 반대한 것으로 나타났다. 찬성은 282표였다. 98.5%의 반대[10]라는 압승이었다.

2) 사건의 발단과 전개에 대한 문제 지적과 비판

현재 리틀 방글라데시라는 팻말이 붙어있는 곳에는 기껏해야 방글라데시 식당이 4~5개 정도 있을 뿐이라는 이야기를 코리아타운에서 오래 활동한 어느 한인에게서 듣고 2019년 2월에 조사자가 직접 현장을 방문해보았더니 이보다는 확실히 더 많았다. 코리아타운 분리 문제가 발생하기 전에 코리아타운 주민의회에는 한인들이 많았고 의장도 한인이었다고 한다. 다만 사업상 무슨 문제가 있어서 의장직을 사임하였고 방글라데시인 재린 이슬람이 부의장으로서 회장을 대행하고 있었다고 한다. 주민의회 의원은 27명으로[11] 그 가운데 한인이 19명인가 꽤 많았는데 아무도 진지하게 보지 않아서 일이 그대로 진행되었다는 지적도 있었다.

LA한인회가 작성한 세계한상대회 발표 자료에는 "민주적인 절차 없이 일부 방글라데시 주민들이 시 정부에 분리안을 상정하여 커뮤

---

10) http://empowerla.org/70379-2/Neighborhood Council EMPOWER LA 홈페이지 (2019.5.22. 접근)

11) KA01은 26명이라고 기억. 인원수는 공석인 경우도 있고 변동하는 것으로 보인다.

니티 간 대립을 자초"했다고 하고 있으나, 한인 주민의회 의원들이 공청회에 나가서 활동하지 않았고, 2명인가 가기는 갔다는데 가만히 있었다는 이야기를 들었다는 사람도 있었다.[12] 이러한 견해에 따르면 분리안은 형식적으로 최소한의 절차는 거쳐서 상정되었다고도 볼 수 있다.

일부 한인들은 LA의 한인들이 공민으로서의 참여가 없었기 때문에 이런 일이 일어났다고 보고 있었다. 그러나 이 경우는 주민의회의 내부자로서 의장 대행을 하고 있던 부의장이 신청서를 낸 것이기 때문에 한인들이나 한인회를 탓하는 것은 부적절하다는 견해도 있다.

로라 전(Laura Jeon, 전수연) 등 한인회 간부들은 4월 말에야 제보를 통해 알게 되었다고 하고 있으나, 일부에서는 몇몇 한인이 한인회에 이야기했는데 한인회가 묵살했다는 말을 들었다고 주장하기도 하고 또 누군가가 이를 페이스북에 올려서 한인들이 알게 되었다고 하는 이도 있다. 아무튼, 한인회가 경각심을 갖게 된 것은 4월 말이었다.

주민투표를 하게 되었다는 것에 대하여 한인들 사이에서는 노숙자 쉼터 문제도 있으므로 "당할 수는 없다"는 의견이 팽배해서 적극적으로 대응해야 한다는 의견이 우세하게 되었다. 일각에서는 이 일을 주동한 재린 이슬람과 그 남편 마루프 이슬람(Maruf Islam)[13]이 방글

---

12) 이는 한인 의원이 다수 있는 주민의회에서 활발하게 논의가 되었더라면 공청회 등의 절차를 그렇게 쉽게 마치고 주민투표가 확정되는 일은 없었을 것이며, 결국 LA의 한인들이 공민으로서의 참여가 없었기 때문에 이런 일이 일어났다는 결론이 나온다. 다만, 주민의회의 내부자로서 의장 대행을 하고 있던 부의장(방글라데시인 재린)이 신청서를 낸 것이기 때문에 한인들이나 한인회를 탓하는 것은 부적절하다는 견해도 있다.

13) 마루프 이슬람(Maruf Islam)이 시경찰위원회(Police Commission)에서 일을 했다는 이야기를 하는 한인도 있었는데, LAPD 홈페이지에는 시경찰위원회의 부

라데시인을 3만 명을 동원한다니[14] "우리는 (한인을) 6만 명을 동원해야" 한다고 흥분했다고 한다. 과거에 UCLA 캠퍼스가 있는 웨스트우드(Westwood)에서 학생회가 분할을 신청했고 학생들 5천 명이 투표에 참가하여 승리를 거두었다는 사실이 이러한 불안에 영향을 끼쳤을 수도 있다.

이에 대해 한미연합회의 방준 사무국장은 냉정하게 분석해보면 그리 떠들 것 없다는 의견을 제시했다고 한다. 한인들 3천~5천 명만 투표에 참여하면 쉽게 이길 것이며, 요란하게 캠페인을 하고 싸우면 오히려 우리가 창피하다는 것이었다. 더구나 요란하게 싸우면 오히려 저쪽을 키워주는 꼴이 된다는 우려까지 표명했다고 한다.

그러나 다수의 한인은 방글라데시인들이 '몰려온다'는 것에 겁이 난 것 같았다는 관측도 있다. 한인들이 많이 나오지 않으면 큰일이므로 투표를 독려해야 한다는 주장이 우세했다는 것이다. 이와 관련하여 논의 과정에서 별의별 이야기가 다 있었다고 한다. "벌떼처럼 달려와서 집어 먹을 것이다"거나, 이것이 통과되면 "식당에서 돼지고기도 못 팔게 된다"거나 "술집도 못 하게 된다"거나 "교회도 못 하게 된다"는 등의 유언비어가 쉽게 확산되었다고 한다. "최근 미국에서 한국인이 방글라데시 사람한테 쫓겨나게 생긴 이유"라는 제목의 동영상도 유튜브에 게시되었으며 이 동영상은 리틀 방글라데시 지정과

속 기구로서 카페 유흥공연장, 영화관 등의 허가를 발급하는 경찰인가심의패널 (Police Permit Review Panel)의 위원으로 나와 있다. 슬그머니 분리안을 제출하면 시장도 무슬림들의 표를 의식하고 그렇게 해줄 것이라는 기대가 있었는지 모르겠다고 추측하는 한인도 있었다.

14) LA한인회 자료에 의하면 코리아타운 북쪽 3가 길 중심으로 약 1만5천 명의 방글라데시 출신 주민들이 거주하고 있다고 한다.

노숙자 임시 쉼터 설치는 코리아타운의 몰락을 초래할 가능성이 있다고 경고하고 있다[15].

또한, 한인의 투표를 독려하기 위한 전단도 상당히 자극적으로 만들어졌다. 투표에 참여하지 않으면 코리아타운을 빼앗기게 된다고 선전을 했다. 아래 사진을 보면, 분홍색 코리아타운의 절반 이상이 시커먼 방글라데시타운이 될 것이라고 하고 있다. 주민의회 구역을 분할

사진 1. 투표 독려 포스터

---

15) Travel Tube 제작. https://www.youtube.com/watch?v=ckdLx-wboSk

하는 것이 마치 코리아타운의 경계를 바꾸고 축소하는 것처럼 보이도록 한 것이다. 또한, 코리아타운을 즐기는 사람이며 주소나 거주 지위에 상관없이 누구나 투표할 수 있다고 강조하고 있다. 한인회에서 활동한 간부는 "한인 대부분에 의하면 주민의회가 무엇인지 모르는 상황에서 각자 자기 나름의 가정에 따라 사태를 받아들였던 것 같으며, 미디어도 어느 정도는 그렇게 광고를 해주었다"고 술회하였다.

주민의회 투표 캠페인에서 한인회는 중요한 역할을 했다. 또한, 한타지킴이[16] 등의 조직도 등장했다. 많은 한인 1세들이 두 달 동안 마켓에서 한인들에게 투표를 독려하는 캠페인을 벌였다. 2세들도 많이 참가했다. 학원을 경영하는 한 여성은 저녁에 학원의 컴퓨터를 사용하도록 하여 유권자 등록 작업을 도왔다. 투표자 등록은 5월 말이 마감이었으므로 캠페인은 매우 바쁘게 진행되었다.

한타지킴이는 투표를 독려하고 유권자 등록 방법을 안내하는 동영상도 제작했다[17] 한타지킴이가 만든 홈페이지는 코리아타운 내 4개 블록에 있는 리틀 방글라데시 지역 소수의 이해관계자들이 윌셔센터 · 코리아타운 주민회의(Wilshire Center · Koreatown Neighborhood Council, WCKNC)의 65%를 떼어내서 새로운 윌셔센터 · 리틀 방글라데시 주민의회를 만들겠다고 시에 청원을 했고, 시의 승인을 받아 주민투표가 실시되는데, 통과되면 이들이 "리틀 방글라데시"라고 간주하는 지역이 생기는 것이고, 한국 업체들이 1천 개가 넘고 방글라데시 레스토랑은 8개에 불과한 지역의 75%를 리틀 방글라데시라고 부르는 것은 잘못이다 등의 내용을 게시했다.

---

16) 한타지킴이 www.keepkoreatown.org(2019.2.16. 최종 검색)

17) https://www.youtube.com/watch?v=U0sL2MTmMrg

분리안의 신청을 LA한인회 간부들을 비롯한 상당수 한인은 재린과 마루프 이슬람 부부의 독립적인 돌출행동으로 보고 있었다. 방글라데시 커뮤니티와 충분한 논의가 없이 진행되었던 일로서, "방글라데시 커뮤니티는 이들을 버리고 한인 커뮤니티에 사과하며 접근을 했다"고 조사자에게 이야기해준 사람도 있었다. 캠페인이 전개되는 동안에 한인 건물주가 세 들어 사는 방글라데시인에게 60일 안에 나가라고 통고를 하고 쫓아낸 사례도 있었다고 한다. 방글라데시 커뮤니티 지도자들은 처음부터 반대했으며 그 두 사람이 정치적 야심 등 이기적인 이유로 그렇게 행동한 것이라 해명했다는 것이다. 그러나 한편에서는 '왜 몰랐겠는가?'라고 의문을 표시하는 사람들도 있다. 리틀 방글라데시를 갖겠다는 꿈이 있으나, 한인들이 들고일어나자 두 사람에게 뒤집어씌우는 것으로 마무리한 것 아니냐는 견해이다.

3) 인종차별적 발언과 다른 민족에 대한 인식과 배려의 부족 문제

그런데 한발 물러나서 차분히 생각해보면 주민의회 구역 분리안은 너무나 갑작스럽게 쟁점화되었고 사전 협의가 부족했던 것은 문제이지만, 자신들의 구역을 갖고자 하는 방글라데시인들의 희망 자체를 비난할 수는 없다는 목소리도 코리아타운 내에 존재한다. 한인타운노동연대(구 한인노동상담소: KIWA, Koreatown Immigrant Workers Alliance)의 알렉산드라 서 관장은 코리아타운이 경제적, 상업적으로는 물론 문화적, 정신적으로 한인의 중심이기 때문에 독특한 의미가 있으며 1992년 폭동의 기억 때문에 코리아타운을 지켜야 한다는 구호가 설득력 있는 것도 사실이나, 코리아타운은 여러 민족과 역사가 중층적인 곳으로서 하나의 이름을 강요하는 것도 문제라고 한다. 코리아타운은 항상 다수의 정체성이 있었던 곳이고 대개는 잘 지내고 있었는데 리틀 방글라데시 문제로 '우리 대 그들'이라는 구도가 되어 버렸다는 것은 슬픈 일이며, 절반을 나누는 것도 이상한 일이지만 방글라데시 사람들도 자신들이 거주하는 지역을 리틀 방글라데시라고 부를 권리가 있다는 사실도 인정할 필요가 있다고 지적했다.

한편, 투표를 독려하는 캠페인의 이면을 살펴보면 재미한인들의 부끄러운 인종 차별과 편견이 드러난다는 지적하는 한인들도 있었다. 표면적으로는 다양한 문화와 민족이 어울리는 코리아타운을 하나로 지키자는 것이지만 그 이면에는 여러 가지 이야기가 있었다는 것이다. 특히 인터넷이나 카톡방에는 "까무잡잡한 놈들, 잘못하는 놈들이 깝치는 것이 보기 싫다"거나 "이것들이 한인사회 주도권에 도전한다"는 것에 대한 불만이 표출되었었다고 한다. 또한, 분리안이 통과될 경우 치안 불안이 걱정된다는 우려도 표시되었고 심지어는 학교에서 무슬림 예배의식을 강요할 것이라는 터무니없는 이야기도 떠돌았다고 한다.

수면 위에서는 깨끗한 캠페인처럼 보였지만 그 이면은 그렇지 않았다는 사실에 우려를 표하는 한인들도 있었다. 인종과 종교에 대한 편견과 차별이 표출되었다는데, 비록 의도하지는 않았다 하더라도 투표 독려 캠페인이 이러한 편견과 차별에 상당한 도움을 받은 것은 부정하기 어렵다는 것이다. 특히 이러한 편견과 차별을 직시하고 개선하려는 가시적인 노력을 찾아보기 어려웠다는 점을 우려하는 목소리도 들을 수 있었다.

사실 코리아타운은 LA시에서 관광에 도움이 된다는 등의 이유에서 명칭을 준 것이지 그 지위는 뚜렷한 근거가 있는 것도 아니라고 한다. 한인들의 요청으로 시의회에서 결의해주기는 했으나 경계가 공식지도에 명확히 나오는 것도 아니다. 거주 인구 가운데 한인이 다수인 것은 아니고 비즈니스만 많은 것에 불과하다고 할 수 있다. 심지어 코리아타운 경계는 큰 의미가 없으며 실제 한인들의 생활은 코리아타운의 지정 범위와는 무관하다고 지적하는 한인도 있다.

그러므로 '리틀 방글라데시 문제는 자존심 싸움이었다'고 해석하는 한인도 만날 수 있었다. 말하자면 한국인들끼리 살고 싶었는데 거기에 방글라데시인들이 간판을 거는 것이 싫어서 그렇게 반대했다는 것이다. 이 한인은 만일 프랑스인 등 백인들이 간판을 걸려고 했다면 그렇게까지 반대했을지 스스로 질문해볼 필요가 있다고 말했다.

편견이나 무시는 일부 언론 보도에도 나타났다고 한다. 한인언론이 방글라데시 사람과 국가로서의 방글라데시를 구분하지 않고 혼용했다는 것이다. 물론 영어로는 구분이 되지 않는다고 변명할 수도 있지만, 명칭같이 기본적인 것조차 제대로 표기하려는 관심과 노력이 없었던 것 같다고 한다. 심지어는 줄여서 "방글라"라고 표현하는 사례들도 있었다면서 무시하고 업신여기는 태도가 표출된 것이라 보고 있다.

4) 의미와 평가

많은 한인이 캠페인 전개 과정에서 경험한 적극적인 참여와 호응, 격려, 동원력과 결집력에 스스로 놀라고 기뻐했으며 한인들이 정치적으로 각성하고 힘을 보여주었다는 사실에 감격해 했다. 이러한 기쁨과 의미 부여는 "눈물이 날 정도로 한국인의 결집력을 보여줬다"거나 "미주이민 135년 역사 새로 쓰다" 등의 언론 보도가 이를 뒷받침하고 있다.[18] LA한인회장은 2018년 가을에 서울에서 재외동포재단이 개최한 세계한인회장대회에서 이를 우수사례로 발표하고 기념패도 받았다.

그러나 일각에서는 한인들이 "정신 줄을 놓고 있다가 뒤늦게야 허둥지둥 난리를 친 것"이라는 비판의 목소리도 들린다. 게다가 조금 여유 있게 대처해도 될 것을 "마치 비상사태인 것처럼" 소란을 피우며[19] "6만 명을 동원해야" 한다고 캠페인을 벌였는데, 막상 상대방이 너무 적게 나오는 등 "어처구니없는 결과"가 되었으니 "앞으로 정말 나와야 할 때 또 나오겠느냐? 마치 양치기 소년 같은 꼴이 되었다"며 우려를 표명하는 한인도 만날 수 있었다.

더구나 투표 과정에서 미국의 주류사회 사람들이나 다른 민족집단 구성원들이 보기에 "해도 너무 한다"는 말을 들을 정도로 무리하거나 부자연스러운 일도 발생했다는 지적도 있다. 정보를 왜곡하는 캠페인 전단을 대량 살포하거나 이해당사자임을 입증하기에 필요한 마켓 영수증을 투표 현장에서 나누어주거나 부동산회사 유니폼을 입은 사람들이 조직적으로 오렌지 카운티(Orange County)같이 먼 곳으로부터 사람들을 실어 나르는 장면들이 목격되었다고 한다.

일부 한인들은 이것이 "인종 갈등"으로 비추어지는 것을 우려했고 미국 주류사회나 타민족 구성원들 사이에서 재미한인의 이미지가 손상된 것을 안타까워했다. 2018년 7월 2일 주류 언론의 하나가 다큐멘터리를 통해 이것이 인종 전쟁이 아닌가 하는 문제를 다루기도 했

---

18) 〈선데이 저널〉 20180621(2019.7.6. 최종 검색)
19) LA 한인회의 모범사례 발표 자료에는 "관련 현황과 문제점 파악 후 긴급 커뮤니티 단체장 회의 개최 및 대책 논의(2018.5.8.)" 및 "각 단체 및 교계, 한인사회 모두가 총력을 기울여 유권자 등록과 투표 참여 등 비상대응 체제 돌입"이라는 표현이 있다.

다[20]. 일부는 코리아타운의 존재와 본질 자체에 대한 의문이 제기될 수도 있다는 점을 우려하기도 했다.

이 캠페인에는 1세만이 아니라 1.5세와 2세도 다수 참여했는데, 캠페인의 전개 방식이나 연락 방법은 다분히 "한국적"이라고 할 수 있는 것처럼 보였다. 캠페인 자체는 초국가적으로 전개되지 않았고 국내에서 크게 보도가 되지도 않았지만, 방법이나 자세는 한국의 여러 운동에서 흔히 볼 수 있는 모습들이 드러났다는 점에서 한국에서의 정치사회화 경험과 세계관 형성 과정이 LA에서 초국가적으로 작동한 것으로 볼 수 있다.

여러 문제가 있었음에도, 이와 관련한 한인들의 대응에 대해 많은 사람이 긍정적으로 평가했다. 로라 전 LA 한인회장은 〈모범사례 발표〉를 통해서 그 의미를 다음과 같이 정리했다. 첫째, 한인 모두가 '우리도 할 수 있다'는 큰 동기를 부여했다. 둘째, 미국 사회에 결집한 한인사회의 투표력이 얼마나 큰 것인지를 보여주었다. 셋째, 우리 사회의 현안에 있어 한인 스스로가 참여하여 힘을 모아야 한다는 의미를 부여했다. 넷째, 약 7주간의 짧은 기간에도 불구하고, 자원봉사자, 단체와 교계, 한인 1세와 영어권 2세들, 한인 언론사 등 모든 한인사회 구성원이 하나 되어 연합한 계기가 되었다. 다섯째, 한인 선거 참여 사상 최고의 투표율을 기록한, 이민사에 길이 남을 승리였다. 여섯째, 한인사회에 눈을 뜨고 참여할 차세대 인재가 확보되었다[21].

----

20) HBO Vice News가 제작한 "Koreatown Stands Up in Face of Proposed Neighborhood Council Split"라는 제목의 동영상(https://www.youtube.com/watch?v=MTmTvRTyvnM)은 유튜브에서 시청할 수 있다.

21) 미국 로스앤젤레스 한인회 "한인타운은 우리 손으로 지킨다!" 2018.10.3. 세계 한인회장대회 모범사례발표 자료.

2만 명 가까운 한인들이 투표한 것은 한인들의 결집력과 동원능력을 보여준 것이 노숙자 임시 쉼터 부지와 관련한 협상에서도 현실적으로 크게 도움이 되었다는 견해는 타당한 것으로 보인다. 웨슨 시의장이 협상 초기의 강경한 입장에서 선회한 것도 이러한 한인들의 정치력을 보았기 때문이라거나 LA시장실에서도 투표 이후 한인을 대하는 태도가 달라졌다고 한인들은 해석하고 있다. 실제로 로라 전 한인회장도 투표 후에 시장과 시의원들의 태도가 달라졌다고 회상하였다. 시장이 자신의 고위 참모들을 모두 모아놓고 한인회장과 이사장을 초빙해서 브리핑을 하기도 했다고 한다. LA시장은 한국에서 온 사람들을 그리 잘 만나주지 않았으며 일본총영사 면담시간은 30분이지만 한국총영사 면담시간은 겨우 15분 정도였던 것을 생각하면, 한인회장과 한인회 이사장에 대해 1시간을 할애한 것은 투표의 영향 때문일 것이라고 했다. 또한, 시장이 먼저 한미자문협의회(Korean American Advisory Council) 같은 것을 만들어 직접 소통을 하자는 제안도 했다. 로라 전 한인회장 판단에 2만 표라는 숫자는 선거에서 시장을 바꿀 수도 있는 숫자로서 "한인들이 집결하면 이 정도 하는구나" 하는 것을 보여주었기 때문에, 즉 파워를 표출했기 때문에 한인회를 대하는 태도가 달라졌다고 한다.

한편 비영리단체 지도자 등 1.5세 재미한인 가운데는 리틀 방글라데시 문제에 대한 대응과정에서 나타난 투표 독려 행동에 대해 많은 사람이 눈살을 찌푸린 것이 사실이며 이것이 한인사회의 이미지를 손상시켰다고 우려를 표시하는 사람들도 있다. 그러나 이와 관련하여 시청에 보좌관으로 활동하고 있는 로버트 박은 "사람들의 기억이 그리 오래가지 않으며 심각한 타격은 아닐 것이다"고 평가했다. 주류사회는 노숙자 임시 쉼터 문제보다 리틀 방글라데시 문제에 대해 더

동정적이었다는 것이다. 다만, 로버트 박도 이러한 주민투표에 나타났던 열정과 참여가 과연 이후의 다른 선거들로 이어질 것인가는 확신하기 어렵다며 아쉬워했다.

5) 과제: 코리아타운의 지속 가능성 문제

리틀 방글라데시 사건은 인종차별적 태도의 표출, 소수민족의 바람직한 공존 방식에 대한 고민, 캠페인 및 동원 과정에서의 문제 등 여러 가지 논란도 있었지만, 대대적인 캠페인을 통해 인원 동원에 성공하여 투표에서 압승하였고 다수의 참여자가 감동과 자부심을 느끼는 결과를 도출했다. 그러나 장기적으로는 과제를 남기고 있다.

한인들 가운데 일부는 리틀 방글라데시 사건이 재미한인사회가 얼마나 지적으로 또한 정치적으로 게으르고 무기력한가를 보여주는 것이라 해석하고 있다. 이들은 재미한인사회가 4·29에 대한 정리를 제대로 하지 못한 것이 큰 문제라면서, 한인 부모들이 4·29에 대해 "흑인이 코리아타운을 침략한 사건"이라거나 "흑인이 한인을 위협한 사건"이라고 이야기를 하는 경우가 많다는 사실을 우려하고 있다. 이러한 상황에서 리틀 방글라데시 문제가 발생하자 이번에는 "방글라데시가 코리아타운을 침범한 것"이라는 주장이 나왔다는 것이다. 이러한 상황은 4·29에 대해 재미한인사회가 축적한 상황 판단과 분석 능력이 얼마나 빈약한가를 의미하는 것이라 우려하는 목소리로 이어진다.

일단은 코리아타운 주민의회 구역의 분리를 막는데 성공했으나, 과연 이것이 장기적으로 지속가능한가에 대해서도 우려하는 목소리도 있다. 코리아타운 주민의회 구역은 매우 큰 것은 물론 실제 거주하는 한인의 수가 적기 때문에 이를 분리하자는 움직임은 향후 다시 등장할 수 있기 때문이다. 2018년에는 분리안 추진이 그리 조직적이지도 못하고 광범위한 지지를 확보하는 데 실패했기 때문에 한인타운을 지킨다는 논리로 동원과 저지가 가능했다. 그러나 향후 보다 조직적이고 논리적으로 강력한 분리안 추진 움직임이 일어난다면, 그때도 2018년과 같은 동원 방식으로 대응을 하는 것이 효과적이고 바람직한 것인지는 미지수라는 것이다.

오히려 선제적으로 이와 같은 움직임에 대응하는 것이 바람직하다는 의견도 들린다. 한인타운의 정체성을 유지하면서 적절한 방식으로 구역을 나누는 것도 검토해볼 수 있다는 것이다. 한편 여러 다른 소수민족이 공존하는 공간으로서 코리아타운의 정체성을 어떻게 발전시키고 다른 소수민족들의 정체성 정치(identity politics)에 대한 요구를 수용할 것인가에 대한 진지한 고민과 방법의 모색도 필요하다고 한다.

3. 맺음말: 상상된 영토 코리아타운을 위한 투쟁과 초국가성

이주에 대한 연구에서 초국가성이란 다양하게 개념화될 수 있다. 초국가성을 매우 좁게 개념화할 경우, 이는 명확하고 구체적인 조직이나 네트워크가 국경을 넘어 형성되고 작동하는 것을 의미한다. 즉, 이주민들과 이들이 떠나온 지역에 있는 사람들이 국경을 넘어 조직적으로 연결되어 의사결정을 의한 의견의 수렴이나 자금의 모집, 명령과 지시, 복종과 실행, 행동을 위한 계획과 인력과 자금의 지원 등이 존재할 경우를 의미한다.

한편 초국가성을 보다 넓게 생각해볼 수도 있다. 즉, 국경을 넘는 조직이나 네트워크의 구체적 연계가 형성되거나 작동하지는 않더라도 정치적 사회화와 정치문화를 사람들이 공유할 수 있으며 또한 선거의 승리나 항의 시위를 위한 인원과 자금 동원 등, 경험의 공유를 포함하는 것이다. 그리고 이러한 공유와 경험은 국경을 넘어 확산될 수 있으며 기억과 해석, 정치적 상징과 담론과 활동 방법이 재생산되고 전략적으로 활용될 수 있다.

'조직/네트워크 초국가성'과 '담론/상징/방법 초국가성'은 일종의 이념형(ideal type)으로서 현실은 이들의 다양한 복합으로 나타난다. 두 가지 초국가성은 인간의 이주 역사와 함께 존재했던 것이지만, 인터넷과 항공산업의 발전 등 정보통신 및 운송의 기술과 수단의 현저한 발전과 비용의 절감은 두 가지 초국가성을 모두 크게 변화시켰는데 특히 담론/상징/방법 초국가성의 변화는 매우 흥미롭다[22].

이는 과거 이주민들이 자신들의 정치·문화적 행태를 새로운 이주지에서 보여주는 것(흔히 동화와 적응의 지체로 해석되었던)과는 어떤 의미에서 매우 다르다. 이들은 출신국의 정치·문화에 사로잡혀있는 등 지체된 것이 아니라 끊임없이 출신국의 정치문화와 상호작용하면서 다른 경로로 진화하고 있다.

큰 피해를 보았지만, 위험을 무릅쓰고 코리아타운을 지켰던 4·29

---

22) '담론/상징/방법 초국가성'의 대표적인 사례로 비록 국제이주와 관련된 것은 아니지만 아시아 민주주의 시위에서 광범하게 등장했던 "노란색"의 사용이 있다. 필리핀에서 1983년 아키노가 귀국하자마자 살해되고 1986년 조기 대통령 선거 후 분출한 민주화 운동에서 성공적으로 사용되었고 한국에서도 필리핀에 인력을 파견하여 이러한 시위 방법과 과정을 상세히 공부하고 돌아와서 사용하였다.

를 일종의 "조국수호전쟁"으로 해석하고 기억하면서 코리아타운에 특별한 의미를 부여하려는 시도는, 4·29를 우리의 생존과 한국의 문제 해결을 위한 노력에 매몰되지 않고 다른 민족과의 공존의 필요성과 미국 사회에서 살아남기 위한 노력의 중요성을 일깨워준 충격적 사건으로 해석하려는 시도와 겹치면서도 서로 충돌한다. 그러나 시각의 차이가 1세 vs. 1.5세와 2세의 구분과 일치하는 것은 아닌 것 같다.

앞에서 살펴본 리틀 방글라데시 주민의회 분리안 사건을 둘러싼 LA지역 재미한인들의 정치적 행동은 한편으로는 감동과 성취감을 가져왔지만, 다른 한편으로는 우려도 남겼다. 한편 이와 비슷한 시기에 진행되었던 LA한인타운 노숙자 임시 쉼터 설치 문제는 감동과 성취감과 함께 참여한 주요 행위자들 사이에 상당한 인식 차이의 확인과 함께 상처도 남겼다.

많은 재미한인이 이들 두 사건을 경험하면서 정치적으로 각성했고, 주류사회와 정치인들에게 재미한인의 결집력과 동원능력을 보여주었으며, 코리아타운이라는 장소성에 대한 의미 부여와 정체성에 대한 자각 등 다양한 성과가 있었다고 평가하고 있다. 이에 대한 자료를 수집하고 검토한 결과 다음과 같은 점을 강조할 수 있을 것이다.

첫째, 이들 두 사건은 재미한인이 상당한 수준의 인구와 경제력, 사회적 성장, 정치 헌금의 액수 등에도 불구하고 정치적으로 존재감이 없고 목소리를 내지 못하고 있는 상황에서 코리아타운이라는 물리적 상징적 공간을 지켜내야 한다는 공동의 인식을 만들어내고 이를 위해 주민투표 참가 및 반대 시위 등을 통해서 연령과 세대, 사회경제적 배경 등을 초월한 풀뿌리 수준의 정치적 동원을 경험했다는 점에서 매우 의미가 크다.

둘째, 주민투표를 통해 코리아타운 분리안을 좌절시키고 리틀 방글라데시 구역의 출현을 저지함으로써 코리아타운을 지켜낸다는 목적은 일단 달성했다. 홍보와 동원 및 투표 과정에서 일부 문제가 있었고 방글라데시인에 대한 편견과 소수민족 문제 일반에 대한 이해 부족도 노정되었다. 또한, 주류 언론에 소수민족 간의 충돌로 비추어지기도 했으나 리틀 방글라데시의 추진 방식이 그리 적절하지 않았기 때문에 백인이나 라틴계 주민 대부분이 현상 유지를 지지한 것으로 보인다. 실질적으로 재미한인이 조직적 대응을 통하여 메시지를 전달하고자 했던 대상은 방글라데시계 주민들이 아니라 LA시와 LA시의 모든 시민이었다. 다만 현재의 코리아타운이 장기적으로 지속 가능할 수 있는 비전을 제시하지는 못한 것으로 보인다.

셋째, 이 과정에서 LA지역의 재미한인사회는 풀뿌리 수준에서의 자발적인 참여와 감동적인 결집을 경험하고 동원력을 과시했지만 동시에 다른 민족과의 공존 문제와 관련하여 상당한 이해 부족과 차별적 태도가 드러나기도 했다. 인종 갈등이 심각한 수준에 이르거나 당혹스러운 방식으로 표출되기 전에 주민투표에서 압도적인 승리를 거두면서 사건이 일단 신속하게 마무리되기는 했지만, 여러 곤혹스러운 문제들도 드러났다.

넷째, 리틀 방글라데시 주민의회 분리안 사건이 LA한인타운 노숙자 임시 쉼터 설치 문제와 시기적으로 거의 동시에 발생한 데다가 조직적인 동원 노력도 중요했지만 재미한인 스스로가 놀랄 정도의 대규모의 자발적 참가가 가능했던 것은 그 동안에 오랜 기간에 걸쳐 불안감과 불만, 피해의식, 공동의 이해관계에 대한 인식 등이 축적되면서 실제 거주 여부나 이용과 참가 정도에 상관없이 '우리는 코리아타운 사람들'이라는 일종의 이산자 자각의식(diasporic awareness)이 발전했기 때문이라고 할 수 있다[23]. 이러한 의미에서 이 사건은 1992

년 4·29 폭동을 겪으면서 구성되었다가 침체되어있던 LA 지역 재미한인들의 코리아타운이라는 '상징적 공동체(symbolic community, Cohen 1985)'의 존재와 힘을 재확인하고 부흥시키는 계기가 되었다고 할 수 있다.

2018년에 일어난 리틀 방글라데시 주민의회 분리안 사건은 LA한인타운 노숙자 임시 쉼터 설치 문제와 함께 LA 지역 재미한인에게 엄청난 사건이었으며 많은 이가 이를 긍정적으로 평가하고 있다. 진행 과정에서 드러난 문제점을 지적하고 심각한 우려를 표하는 사람들도 일단 대규모 참여를 통한 한인들의 잠재력 과시와 함께 한인들의 정치적 자각이 있었다는 긍정적 효과에는 동의하고 있다.

그러나 그 내용을 자세히 들여다보면 반드시 긍정적인 효과가 지속될 것이라 기대하는 것은 다소 성급할 수도 있다는 것을 알 수 있다. 한인들의 동원과 결집은 4·29라는 집단 기억과 트라우마에 기반을 두고 있기는 하지만 다소 과장되거나 때로는 왜곡된 정보, 미국 정치에 대한 이해의 부족과 무관심, 다른 민족집단에 대한 편견과 차별, 여기에서 관찰한 LA지역 재미한인의 행동은 어느 의미에서는 초국가적이라고도 볼 수 있다. 이들 한인의 상당수는 코리아타운에서 비즈니스를 하는 등 사회경제적으로 밀접한 이해관계를 가지고 있고, 그렇지 않은 경우에도 다수의 한인이 정서적, 문화적으로 코리아타운에 강한 관심과 애착을 가지고 있으면서 민족주의 정서에 호소하면서 이민족의 "침입"으로부터 "우리의 코리아타운을 지켜야 한다"는

---

23) 베이저에 따르면, 이산자 자각의식이란 하룻밤에 갑자기 형성되는 것이 아니며 오랜 세월에 걸쳐 불만과 공동의 이해관계가 축적된 결과로 등장한다.(Diasporic awareness does not evolve overnight but is the result of the accumulation of grievances and common interests over time…)(ibid.)

등 한국에서 익숙했던 정치적 슬로건과 담론, 그리고 조직과 선전의 기법을 동원하여 미국의 지방자치 문제를 해결하려 하였기 때문이다.

LA의 재미한인들이 지키고자 한 것은 코리아타운이라는 지리적 구획이었는데, 비록 코리아타운은 국제법적으로나 미국 국내법상으로나 '영토'는 전혀 아니지만, 많은 한인이 코리아타운이라는 상징적 공간에 대해 일종의 '영토 의식' 비슷한 것을 가지고 있었던 것으로 보인다. 앞에서 언급했듯이 코리아타운은 법적인 성격이나, 경계도 상당히 애매하며, 실제로 거주하고 있는 사람 가운데 한인은 최대 소수민족집단도 아니다. 시 당국이나 주류사회 그리고 다른 소수민족집단들이 용인해주고 있는 일종의 소수민족 집거지(ethnic enclave)라고도 할 수 있지만, 한인들 가운데 압도적 다수는 코리아타운 외부에 거주하고 있으며, 이들에게 코리아타운은 사업을 하거나 식사하거나 쇼핑을 하거나 문화 활동을 하러 오는 곳이다.

그렇지만, 한인들 사이에서는 코리아타운과 관련하여 '우리가 정착해서 이곳을 이 만큼 가꾸어냈다. 1992년 LA 폭동 때는 경찰이나 주 방위군의 보호도 받지 못하고 우리가 총을 들고 피를 흘리고 목숨을 바쳐가며 지켜낸 곳이다. 잿더미 속에서 땀과 눈물을 흘려가며 한인의 손으로 다시 건설한 곳이다. 미국은 여러 민족이 같이 어울려 살아야 하는 곳이지만 LA코리아타운은 아주 특별한 곳'이라는 공감대가 폭넓게 형성되어 있었다. 특히 4·29 폭동 때 코리아타운이 공격을 받고 상점들이 불타는 광경을 목격하거나 기억하고 있는 사람들은 한인이 코리아타운에 대한 이러한 특별한 감정을 가지는 것에 대해 어느 정도 이해하고 있다고도 할 수 있다.

그러므로 민족을 상상된 공동체(imagined communities, Anderson 1983)라고 부를 수 있다면 LA 코리아타운과 같은 곳은 "상상된 영토

(imagined territories)"의 대표적 존재라고 해도 좋을 것이다. 상상된 영토는 물론 현실적 영토가 아니다. 그러나 LA코리아타운은 이주민들의 정신적 고향이고 결집의 지점(rallying point)이다. 한국에 거주하고 있는 한국인들이나 세계 여러 곳의 재외한인들에게 LA코리아타운은 본국인 한국과는 전혀 다르지만 사회적, 경제적, 문화적, 정서적으로는 한민족 공동체의 '상상된 영토'로 간주되고 있는 것으로 보인다.

그러므로 리틀 방글라데시 주민의회 분리안 사건은 거의 동시에 진행되었던 LA한인타운 노숙자 임시 쉼터 설치 문제와 함께 LA지역 한인들의 정치적·사회적·경제적 거점에 대한 공격인 동시에 '마음의 고향'이며 '위장(胃腸)의 고향'24)에 대한 공격에 대한 저항이었으며 "또다시 당했다·당한다"라는 트라우마에 대한 반응이었다. 투표를 독려하는 캠페인 과정에서 영토를 방위하는 애국 전쟁의 전형적 담론과 정서가 등장한 것도 그 때문이었다. 코리아타운이 비록 상징적인 수준에서이지만 영토라는 인식은 LA폭동 이후에 서서히 등장하기 시작하여 2018년의 사건들을 겪으면서 LA지역 한인들의 가슴 속에 '상상된 영토'로 자리를 잡았다고 할 수 있다.

이 사건은 LA코리아타운이라는 특수한 지역에서 발생한 매우 특수한 사건이며 Neighborhood Council의 구획 재조정이 다른 곳에서 이와 같은 방식으로 일어날 가능성은 거의 없을 것이다. 그러나 디지털 시대에 초국가적 이주자들이 특정한 장소를 문화적, 정서적 거점으로 갖는 경향은 향후 점차 증가할 것이다. 디지털 시대는 시간과

---

24) 음식 민족주의(food nationalism, gastronationalism)에 대한 논의들(DeSoucey 2010, Appadurai 1988, Leitch 2003, 한경구 1995, Ichijo et Ranta 2016)을 고려한다면 코리아타운 등 소수민족 집결지는 위장의 고향이며 국가 이미지와 문화를 투사하는 연성권력(soft power)의 거점이기도 하다.

공간을 초월하는 것 같지만 무장소성(placelessness)이 아니라 장소성을 갈망할 수도 있기 때문이다. 그러한 의미에서 '상상된 영토'는 이주의 시대의 특징이며 이를 방어하기 위한 투쟁은 정도의 차이는 있으나 앞으로 빈번히 일어날 것이라 기대할 수 있다.

제 2 부

재미한인의 생활세계,
관계와 활동의 다양성

거주지 동화론과 미국 서부 교외의 한인 집중 거주지를 통해 본 재미한인사회[1]

정은주

1. 들어가며

사회정의 및 환경정의 이슈를 다루는 미국의 잡지 퍼시픽 스탠다드(*Pacific Standard*)지 2016년 8월호에는 근간 아시아인이 집중적으로 거주하는 곳에서 백인이 떠나가는 양상이 과거의 인종주의적 망령을 떠올린다("Ghosts of White People Past: Witnessing White Flight from an Asian Ethnoburb")고 토로하는 글이 실렸다. 유색인종과 이민자들, 그중에서도 특히 아시아인들이 몰리는 특정 교외 도시에서 백인 인구가 빠져나가는 '백인 공동화 현상'을 다루면서 저자는 이제 미국에서 인종적 분리가 이루어지는 것이 도시 내부가 아니라 교외 지역별로 이루어지고 있다는 점을 확인하고 있다:

---

1) 이 글은 『비교문화연구』 25-2(2019.12)에 게재한 졸고 「"라코리아(La Korea)": 미 서부 교외의 한인 집중 거주지 형성과 교육담론에 투영된 재미한인사회의 다양성」을 수정, 보완한 글이다.

"과거 오랫동안 미국의 거주지 분리는 공원이나 도로 등을 경계로 한 도시 내부의 인종적 분리였다. 최근 들어 이러한 도시 내의 분리는 감소하였으며, 도시 중심지 바깥에서 생성되는 새로운 계통의 분리, 즉 교외 지역 간의 분리로 대체되고 있다. 이제 미국의 여러 대도시 지역에서 소수민족집단은 교외 인구의 다수를 형성한다. 이를 두고 교외가 점점 포용적인 장소가 되어간다고 믿는 이들도 있겠다. 현실은, 소수민족 거주 비율이 높아지는 교외 지역에서 대량의 백인 인구 유출이 진행되고 있으며 그 어느 때보다 더 (인종적) 분리가 진행되고 있다는 것이다"(Enjeti, August 2016, updated June 2017)

여기서 윗글의 저자는 지리학자 웨이 리(Wei Li)가 중국인의 교외 집중 거주지를 관찰하며 제시한 용어인 '에스노버브(ethnoburb, Li 1998)'[2]를 종래 도심에 있던 유색인종 거주지를 대체하는 교외에서의 인종주의적 지형으로 논하고 있다. 과거 유색인종 이주자의 거주지가 대체로 도심의 척박한 환경에 정해지는 구조 속에서, 도시 내부에 인종 및 민족별(ethnic) 거주지 분리가 이루어졌었다면, 이제는 교외 도시 간에 인종과 민족에 기초한 거주지 분리가 이루어지고 있고, 그 현상의 근저에는 과거의 망령이 되살아나는 듯, 잠재해 있다가 드러나는 인종주의가 도사리고 있다는 것이다. 캘리포니아 쿠퍼티노(Cupertino), 산 가브리엘(San Gabriel) 등 아시아인이 밀집한 교외 도시들에서의 백인 이탈에 대해 백인 주민들은 "아시아인이 초래하는 학업에 대한 과도한 경쟁, 목적 없는 성공을 향한 질주" 때문이라고

---

2) 다음 장에서 서술할 에스노버브의 번역어는 교외민족지 혹은 교외집거지 등으로 표기할 수 있겠다. 그러나 민족, 집거 등이 드러낼 수 있는 배타적이거나 고립적인 이미지를 강조하지 않기 위해서 이 글에서는 원어의 음차어를 사용하겠다.

하지만, 그들이 아시아인이 많은 교외 도시에서 빠져나와 똑같이 경쟁적 교육환경을 지닌 옆 동네로 이사하는 모습을 보며, 그와 같이 진보적인 양하는 발언의 뒤편에는 아시아인과 이웃하며 살아야 하는 것에 대한 인종적 스트레스가 있지 않은가 저자는 묻는다.

그런데, 모든 에스노버브에서 위의 글에서 지적한 백인 이탈 현상이 수반되는 것은 아니다. 또한, 교외에 이민자를 비롯한 특정 민족 출신 사람들이 모여 사는 양상은 이전 도심의 집거지(ethnic enclave) 형성 시와는 다른 정치·경제적 맥락 속에 이루어지고 있다. 과거와 같이 배타적이고 분명한 민족성을 드러내지 않고, 전혀 다른 장소의 성격을 형성해간다는 점에서 에스노버브를 과거 도심에 형성된 엔클레이브에서 장소만 옮겨 대체한 인종주의적 지형으로만 해석하는 것은 무리가 있다. 그렇지만 퍼시픽 스탠다드의 글은 백인 중산층을 공간적으로 상징한다고 여겨졌던 교외에의 거주가 이미 비 백인 이주자들에게도 자연스러운 주거 선택지가 되었음을 잘 보여준다. 나아가 특정 민족집단 – 주로 아시아계 미국인과 아시아 이민자들 – 이 특정 교외 도시에 집중되는 새로운 민족 집거의 형태가 선점자의 심적 불편을 야기할 정도로 드러나고 있음을 말해준다.

한인들 역시, 이민 세대나 계급적 위치, 언어 및 문화의 숙달도를 막론하고 많은 수가 현재 도심에 위치한 코리아타운을 벗어나 교외로 지칭되는 도심의 바깥 지역에 흩어져 거주하고 있다. 이 글의 연구 지이자 미국 내 한인 인구가 가장 많은 남가주(Southern California)의 경우3), 이미 1970년대부터 로스앤젤레스 코리아타운(LA Koreatown)

---

3) 2010 미국 인구조사(United States Census)에 따르면 한인 인구가 가장 많은 미국 도시는 LA이다. 또한, 인구 25만 이상의 대도시 중 한인 인구가 가장 많은 10개

이 크게 성장하는 와중에도 교외로의 이주 움직임이 포착되었다. 일찍이 1975년 저작에서 '미국에서 태어나거나 오래전에 이민 온 한인 중, 재정 상태가 나은 이들이 도시 바깥 지역과 교외에 살고 있다'(Kim 1975:50)는 점이 관찰되었고, 미디어에서도 "코리안 아메리칸 중 예전에 이민 온 사람들은 벨 에어(Bel Air)나 베벌리 힐즈(Beverly Hills) 등의 부유한 거주지로 이주했다"(Sherman 1979, Los Angeles Times Feb. 25)고 보도된 바 있다. 엘에이(LA) 한인 인구 연구에 선도적인 역할을 한 사회학자 유의영의 글에서도 1980년대 초에 들어 엘에이 카운티(LA County) 한인들의 탈도심화가 증가(Yu 1982:30)하고 있었다는 점이 확인된다. 1990년대로 접어들면, 이제 부유한 지역으로 밀려드는 한인들로 인해 그들이 이주한 지역이 변모하고 있다는 기사가 엘에이 타임즈(Milican 1992, LA Times Feb. 2)에 등장할 정도로 90년대 초에 이미 한인의 교외 거주는 점증해왔고, 눈에 띄는 현상이 되었다.

이와 같은, 한인의 교외 거주지 분산은 캘리포니아가 선도한 20세기 미국 사회 전반의 교외화 움직임(Suburbanization of the U.S., Fishman 1987; Jackson 1987; Garreau 1991)의 일환이라 볼 수 있다. 위에 상술한 저서 및 미디어 보도에서 알 수 있듯, 남가주 한인의 교외 분산은 미국 이민자 일반의 교외 거주가 대거 주목되기 시작한 1990년대 초[4] 이전부터 시작되었다. 한인의 교외 진출을 일찍부터 추동한 것

도시에는 4개의 남가주 내 도시가 포함된다. 미국의 연방 인구 센서스는 10년 단위로 이루어지는데, 2010년 이후의 여타 다른 자료들을 감안할 때, 2020년 조사 결과에서도 최다 한인 인구를 보유한 곳은 남가주일 것이라 추정된다.

4) 이민자들이 교외에 정착하는 현상을 다룬 연구로는 Alba and Logan 1991; Allen and Turner 1996; Green 1997; Zelinski and Lee 1998 등이 있다.

은, 에이블만과 리(Abelmann and Lie 1995:105)의 지적처럼 과거 코리아타운으로 한인을 모이게 한 것이 민족연대가 아니라 가난이었다는 점과 관련이 있다. 즉, 도심의 코리아타운에서 한인들끼리 모여 사는 것은 다수의 한인에게 좀 더 나은 교육환경과 넓은 집보다 매력적인 요인이 되지 못했다. 지금은, 1990년대 후반부터 가속화된 도심 재개발과 젠트리피케이션(gentrification)으로 인해 도심의 코리아타운을 매력적인 거주지로 보는 한인들이 오히려 조금씩 늘고 있지만, 과거 코리아타운은 라틴계와 아프리카계 미국인이 이웃하고 있어서 '살기 좋은 곳'이라 여겨지지 못했기 때문이다. 아메리칸 드림을 시각화하는 드넓은 땅, 그곳에 세운 내 집과 좋은 학교 시스템을 향유할 수 있다는 매력 외에도 이민 초기에 교외로 한인이 이주해간 요인 중에는 "도시(LA) 남쪽 지역에 흑인이 많아졌기 때문"이라는 지적도 있다.(Lee 1969:65).

"한인이 많은 곳에 굳이 살 필요가 없다"고 말하는 1990년대의 인터뷰(Abelmann and Lie ibid.) 내용을 뒤집듯, 이제 한인들의 교외 분산은 1990년대 말 무렵부터 교외에 민족별로 다시 집거하는 양상, 즉 한인들이 모여 사는 교외의 동네가 가시화되는 새로운 양상으로 드러난다. 이는 이민자의 교외 분산을 백인 주류사회문화에의 동화의 증거이거나 동화되기를 목적으로 하여 이루어진 것으로만 해석할 수 없게 하는 근거이기도 하다.

이 글은 이처럼 일찍이 도심의 민족집거지를 벗어나 교외에 모여 살게 된 한인의 미국 이민사 맥락 속에서 주류 중산층과 상징적으로 연관된 교외 거주지 내에서의 한인사회의 역학에 주목한다. 위에 언급한 베벌리 힐즈 등 부유한 지역 외에도 한인의 거주지는 남가주 전체에 걸쳐 확산되어 왔다. 글렌데일(Glendale), 토랜스(Torrance), 다이아몬드 바(Diamond Bar), 라 크레센타(La Crescenta), 라카냐다 플린트리지(La Cañada Flintridge), 플러턴(Fullerton), 세리토스(Cerritos), 어바인(Irvine) 등 한인들이 거주하는 교외 지역의 거주지마다 밀집도는 다르지만, 한국식 슈퍼마켓이나 한식당, 한국교회, 학원과 은행, 의원, 법률 서비스 등 한인의 수요를 충족시켜줄 서비스 업체들이 들어서고 있어서 해당 교외 지역 내 한인 인구는 이와 상호 시너지를 가지며 성장하고 있다. 그러나 고전적 엔클레이브와 달리 이들 교외의 한인 거주 지역에서 한인은 지역 내 최다 인구(majority)를 형성하고 있지 않다. 캘리포니아의 많은 교외 거주지들은 특정 민족 라인(ethnicity)을 따라 뚜렷이 구획되는 경향을 보이며 백인공동화 현상을 드러내는 곳도 있지만, 한인 밀집 거주지의 경우 2010년 센서스에서 교외 도시 중 가장 한인의 밀집도가 높은 것으로 드러난 플러턴도 한인 인구가 플러턴 전체 인구의 11.5% 수준이었다.[5] 이러한 인구 및 상업 구성을 지닌 공간에서 재미한인의 삶을 고찰하는 것은, 한인 사회를 단일한 공동체로 상정하는 시각에서 탈피하여 그 내부에서의 관계와 활동뿐만 아니라 타인종 및 타민족 집단과의 일상적 관계를 살피고 그 대응의 차이가 다시 한인 내부의 다양한 모습과 어떻게 관련되는가를 볼 수 있게 한다는 점에서 현 시대 다양화되는 한인 이민의 모습을 연구하는데 필요한 접근법이라 보인다.

구체적으로 이 글은 LA 근교의 소도시 라카냐다 플린트리지(이후 라카냐다)의 한인사회 연구에 기초하고 있다. LA 북동부에 위치한 전

---

5) 지난 10여 년간 한국에서 미국의 초중고교로 유학하는 인구가 큰 증가폭을 보이며, 미국으로의 이주 인구에 큰 흐름을 형성하고 있는 점을 고려할 때, 2010년 조사 이후로 캘리포니아 교외로의 한인 이주 인구는 더 증가했으리라 예상된다.

형적인 부유한 백인 동네인 라카냐다에는 30여 년 전부터 거주 한인 수가 증가하기 시작하면서 한인 생활에 필요한 상업 시설들도 꾸준히 증가해왔다. 2010년 센서스 기준 약 2만의 전체 인구 중 69%를 차지하는 백인 인구 다음으로 아시안이 25.8%를 점하고 있고(2010 US Census) 그중에서도 한인이 14.1%로 가장 큰 비중을 차지하고 있다[6]. 플러턴 등 몇몇 도시들과 비교할 때 라카냐다는 한인 인구가 가장 많다고 손꼽히는 교외 도시는 아니지만, 옆 동네인 라크라센타와 연결되어 한인 인구 밀집과 상권이 두드러지게 드러나는 곳 중 하나이다. 이러한 환경 속에서 라카냐다는 '한인으로서의 일상'을 사는 것이 편리하지만 한편으로는 "한국이나 다름없는" 캘리포니아의 한인타운이 아니라, 오히려 한인이 다수가 아니면서 밀집된 분포를 보이는 지역이라는 특성을 지니고 있어, 미 주류사회와의 소통 및 모국 민족집단의 영향을 함께 볼 수 있는 지역이다.

이 특정 교외 도시는 한인들에게 어떤 유인을 가지고 있으며, 거주 한인들은 이곳을 어떤 특성의 교외 집거지로 만들어가고 있는가? 이 글의 바탕이 된 연구에서는 한인 교외 집거지 형성의 요인을 살펴보는 한편, 전형적인 백인 중산층 거주지인 라카냐다에 한인이 집중되며 형성되는 장소의 성격은 어떻게 이들의 일상을 다시 구성해 가는지, 교류하는 사람의 폭과 관계의 양상, 정체성에 미치는 영향은 어떠

---

6) 미 연방 센서스는 10년 단위로 이루어지는데다가 구체적인 민족 구분(ethnicity) 에 따른 인구조사 자료를 제공하지는 않으므로 그를 통해 한인 인구의 정확한 추이를 파악하기는 어렵다. 다만 같은 연방기관(US Census Bureau)의 조사 자료 인 아메리칸 커뮤니티 서베이(American Community Survey, ACS)에 따르면, 2010년 라카냐다의 한인 인구는 14.1%로 지역 내 아시아 인구 중 가장 큰 비중을 차지한다.

한지를, 즉 거주지가 형성하는 재미한인 삶의 맥락들을 분석한다.

2016년부터 2018년까지 3년간 1월 혹은 1~2월에 현장연구를 진행하였다. 학부모회, 교회, 교구 모임, 봉사 모임, 지역 선거 캠페인 등에 대한 참여관찰과 더불어 센서스 및 지역 통계, 지역 역사서를 분석하고 지역 신문 아웃룩(Outlook)과 밸리선(Valley Sun)에 3년여에 걸쳐 실린 한인 관련 기사를 분석했다. 심층면담과 포커스 그룹 면담은 미국 거주기간 1년부터 3세대에 이르는, 1세, 1.5세, 2세 이민 세대 중 20대부터 60대까지 약 40여 명의 성인과 진행했고 면담 언어는 영어와 한국어를 면담 대상에 따라 선택하거나 병행하였다.

2. 공간의 인종적 민족적 분리, 거주지 동화론과 새로운 집거지 모델

종래의 거주지 관련 이주 논의는 미국의 도심과 교외를 유색인종 이민자와 백인 중산층 거주지의 이항대립 속에서 인식하는 데서 출발한다. 미국과 캐나다에서 이민자가 교외에 거주하는 것을 백인 중산층 정체성의 위기로 인식하며 생겼던 갈등 상황에 대한 연구는 (Ray, Halseth and Johnson 1997; Ley 2008; Brettell and Nibbs 2010), 도심의 이주자 대 교외의 백인 중산층이라는 이항 분리 속에서 이민자의 교외 거주가 자연스러운 것이 아닌, 설명되어야 하는 현상으로 여겨져 왔음을 말해준다. 교외를 주류 중산층의 삶의 터전이자 그들의 삶이 모델이 되는 아메리칸 드림의 공간적 상징이라 여겼던 가정 속에서, 이민자가 교외를 거주지로 선택한다는 것은 곧 주류 사회문화에의 동화 정도를 반영하거나 동화를 목적으로 하여 이루어진다는 설명으로 연결되었다. 이미 1990년대 이후부터는 이민 시기와 관계없이 미국 내 수많은 이민자가 교외에 거주하고 있음에도 불구하고, 교외 거주를 동화의 지표로 여기는 이상의 논의는 최근까지도 재생산되고 있다[7]. 그러나, 이민자들이 대체로 사회경제적으로 안정되면서 중상류층 거주지역인 교외로 이주하기 시작했던 경제적 조건의 변화에 의한 움직임을 이민자 집단에 대한 구체적인 점검 없이 주류문화에의 동화라고 일반화하여 해석하는 것은 문제가 있다. 주택가격이 높고 백인 인구가 우세한 라카냐다 지역 한인의 경우에도 한인이라는 민족성(ethnicity)보다 미국인으로서의 정체성이 앞서는 이들이 있는가 하면, 해당 지역에 20-30여 년을 거주해왔어도 영어를 거의 쓰지 않거나 지역의 사회적 요청에 공감하지 않는 이가 있는 등 거주기간이나 사회경제적 지위가 동화 정도 및 동화 열망과 정비례한다고 보기는 어렵다.

  역으로 미국 사회 내 이민자들의 거주지가 도심 속에서 인종적·민족적으로 분리되었던 현상 역시 도시 내 인종지리학에 의해 이민자의 정착지 선택에 제약이 부여되고 있던 상황에서 형성된 것이기에, 이민자들의 거주지 분리와 민족별 밀집 현상을 단순히 미국 사회에의 동화 노력 혹은 동화 과정 부재의 결과라고 단정하는 것도 타당하지 않다. 거주지의 분리 및 집거와 동화 정도를 연결 짓는 이 같은 맥락에서, 이주민이 미 주류사회에 적응하면 민족별 거주지 분화는 소멸할 것이라 예견했던 논의(Massey 1985)도 한때 등장했었다. 그러

---

7) 예컨대 재미한인의 경우, Yu and Myers(2007), 신지연(2014), 박원석(2015) 등의 연구에서 모두 백인 거주지인 교외로의 이동은 해당 이민자들의 삶에 대한 구체적 분석 없이 공간적 동화를 시도한 것이라 주장한다.

나 현재 동화 정도에 관계없이 이민 1세, 2세를 모두 포함하여 교외에 새로이 민족별 집중이 이루어지는 것을 볼 때 이는 설득력을 잃고 있다. 과거 도심의 낙후한 지역으로 이민자 거주지 격리 및 분리를 발생시켰던 주요 요인인 제도적인 차별 즉 주택시장에서 대출기관이나 부동산 중개업자들에 의해 백인 중산층 지역에의 접근이 차단되었던 점8)은 이민자의 거주지가 전적으로 자발적 선택에 의해 도심에 정해졌던 것이 아님을 말해준다. 거주지 분리의 또 다른 주요 요인으로 클라크(Clark 1991)는 소수집단 성원들이 서로 가까이 거주하려는 자발적 선택과 그보다 강하게 작동한 백인 중산층의 이탈, 즉 지역 내 인종이 일정 정도 이상으로 다양해지면 백인들이 지역을 이탈하는 현상을 지적했는데, 백인의 이탈(white flight)은 서론에 소개한 칼럼에서 드러나듯 과거의 이슈만은 아니다.

동화과정의 진전에 의한 또는 동화를 목적으로 한 주거지 선택이든 아니든, 현재 미국 전역의 대도시 주변 교외에는 특정 인종·민족 집단의 집중이 두드러지는 지역이 늘고 있다. 그들 지역에서 본토 출신 백인이 이탈해 나오는 현상을 동반하기도 하면서 미국 거주지의 인종적·민족적 분리 현상은 새로이 진행되고 있다. 특히 LA를 포함한 주변 지역(metropolitan LA)은 미국에서 가장 먼저 탈중심화된 산업도시로 알려진 곳이자, "서로 녹아들지 않거나 오로지 차이를 지닌 상태로만 녹아들 수 있는 사람들이 많은 지역"(Rand 1967:102)이라는

---

8) 1968년 공평주거권리법(Fair Housing Act)이 시행되기 전까지 부동산업계에서는 인종차별적 관행이 빈번했다. 해당 법이 시행된 이후에도 노골적인 차별은 없어졌지만, 유색인종 특히 흑인 고객과의 접촉을 피하고 가격을 올려 부르거나, 있는 매물을 없다고 하는 등의 미묘한 방식으로 현재까지도 인종적 차별이 지속적으로 발생하고 있음이 관찰되었다(Massey 2001).

묘사에서 드러나듯 인종적 계급적 분리가 다른 어떤 지역보다도 거주 패턴을 통해 잘 드러나는 곳이기도 하다. 현지 조사 과정에서 만난 뉴욕, 런던 등 타 대도시 출신의 LA인들도 "다양하지만, 그 다양성이 다른 어느 곳보다 블록화되어 있는 곳"이라고 LA를 특징지으며 현재에도 진행 중인 거주지 분리 현상을 체감하고 있었다. 이는 넓은 땅과 따뜻한 기후라는 거주 조건을 가져 캘리포니아가 미국인의 교외화를 선도했던 곳이라는 점, 따라서 백인 중산층뿐 아니라 이민자의 교외화를 함께 이끌었던 곳이라는 점과 관련이 있다. 특히 캘리포니아는 아시아 이민자가 가장 많이 분포된 지역으로서, 1965년 이후 몇 차례의 이민법 개정을 통해 고숙련, 고소득 아시아인 이민자가 밀려 들어와 주거환경이 좋은 교외에 정착하면서 거주지 분리를 주도한 곳이기도 하다. 미국의 이민법 개정은 교외에서의 동족 간 집중 거주를 선도한 교육받은 중산층 아시아 이민자들을 대거 불러들였고, 이는 글로벌 경제의 재편 과정에서 미국 사회 산업구조가 전반적으로 재구조화되는 환경에서 가능했다.

지리학자 웨이 리(Wei Li, 1998; 2009)는 캘리포니아 교외에 중국인 이민자와 중국계 미국인들이 모여 사는 타운이 형성되는 것에 대해, 초국가주의 도시연구의 이중도시 논의(i.e. Castells 1989; Sassen 1991) 맥락에서, 에스노버브(ethnoburb)라 개념화했다. 초국가주의 도시연구 논의는 미국 대도시의 제조업이 무너지고 서비스업과 하이테크 산업이 중심이 되며 글로벌 경제가 재편되는 과정에서, 저임금 서비스직과 고임금 전문직의 수요가 동시에 상승하는 양극화가 현대 도시의 성격을 규정하는 양상을 설명한다. 이는 관련 분야 이주 인력에 대한 수요 또한 증가시켜, 중국계의 경우 교외 거주지에 동족의 고임금 이주자와 저임금 이주자가 이웃이 되는 교외집거지의 형태가 등장하는 배경을 형성했다. LA의 경우, 1990년대 국제금융 및 반도체 산업과 같은 고기술 산업과 의류 생산과 같은 저기술 산업, 그리고 엔터테인먼트, 관광 등의 서비스 부문이 섞인 상태의 경제구조가 진전됨으로써, 이러한 글로벌 경제와 연관된 전문직 및 그들에게 서비스를 제공하는 육체노동자들이 도시 내에 함께 모여 사는 형태를 촉진했다.

에스노버브는 'ethnic'과 'suburb'의 결합어로 특정 민족의 이민자들이 교외에 모여 살되 다수를 형성하지는 않는 거주지를 일컫는 용어이다. 인종·민족 집단의 집중과 분리는 동전의 양면과 같고 이에 따르는 인종주의의 유령이 과거의 에스닉 엔클레이브를 떠올리기도 하지만, 에스노버브는 교외의 차이나타운 혹은 교외의 코리아타운 등으로 개념화하기에는 거주자의 구성 및 성격과 관계맺기의 양상 등에 있어 전통적 민족집거지와 근본적인 차이가 있다. 무엇보다 교외 집거지는 하나의 민족집단이 절대다수를 점하는 곳이 아니므로 인종적, 민족적, 문화적, 언어적으로 그리고 종종 국적도 다양한 커뮤니티를 형성한다. 리의 설명처럼, 에스노버브가 등장하게 된 환경으로는 글로벌 경제의 재편 외, 전문 인력 이민자를 우대하는 1990년 이민법 개정을 통해 특히 아시아 전문 인력의 이주를 폭발적으로 증가시킨 미국 이민정책의 변화, 그리고 그에 대응케 한 1980-90년대 아시아 국가들의 정치적 변화 등 송출 환경을 들 수 있다. 새로운 이민자층은 대체로 경제적, 언어적 능력을 갖추고 사업상 네트워크를 위해 같은 민족이 많이 사는 대도시 주변의 교외를 거주지로 선택했으며, 따라서 미국 주류사회에 통합되는 것과 동등하게 본국인들과의 초국적 유대를 유지하는 것이 중요한 이민자 유형이다. 이들의 교외 집거는 거주자들의 계급적 위치 면에서, 그리고 민족적인 성격을 띠고 배타적이거나 격려된 집거가 아니라는 점에서 과거의 에스닉 엔클레이브와 구분된다.

그런데 캘리포니아 교외의 한인 집중 거주지가 중국계 에스노버브의 복사판은 아니다. 또한, 에스노버브라 볼 수 있는 라카냐다에서 관찰되는 현상을 리의 에스노버브론이 모두 설명해내지도 못한다. 리가 연구한 캘리포니아 산 가브리엘 밸리(San Gabriel Valley) 중국인들의 에스닉 기업의 경우 소비자와 노동력을 대체로 종족집단(Chinese ethnics) 내에서 충족하는 데 반해, 한인 기업들은 라티노(Latino) 노동력을 고용하는 비율이 높아, 중국계 에스노버브와 같이 높은 비율의 동족 밀집현상을 보이지 않는다. 하지만, 양자는 이민법 개정 이후 증가한 아시안 아메리칸의 성격을 공유하면서 거주지 형성의 특성을 상당 부분 공유하고 있다. 도심의 코리아타운을 거치지 않고 교외에 자가 소유 주택을 구매하고 다양한 인종과 섞여 생활하는 환경, 그러면서 지역 내에 한인의 편의를 도모할 상업 시설과 조직들을 성장시켜 가는 특징은 중국인 교외 집거지를 에스노버브라 개념화한 특징들과 유사하다는 점에서 중국인 이민자의 거주지를 모델로 한 에스노버브 개념은 한인의 교외살이를 이해하는 데에도 유용한 점이 있다고 본다.

에스노버브는 무엇보다 미국 내 타인종 및 민족 집단과의 일상적 접촉이 한인 간의 교류만큼 빈번할 수밖에 없는 환경이다. 글로벌 자본의 유입이 빈번한 현대 에스노버브의 거주자들은 초국가적 이민자 문화의 확산에도 기여한다. 문화 조직이나 주말 모국어 학교 등의 활동을 통해 기원국 문화를 유지, 재생하는 한편, 그 일부를 지역 문화와 섞으며 혼성화된 이민자-아메리칸 문화를 창조하기도 한다. 이 글에서는 리의 모델에서 설명되지 않았지만, 한국계 에스노버브 내 인구의 민족 내적 다양성을 관찰하며, 오래된 이주자와 최근 정착자 간의 혹은 로컬 규범에 동화된 이들과 저항하는 이들 간의 구분에 주목한다. 이러한 구분은 그에 따른 일상적 교류와 행동의 차이를 반영하기도 한다. 에스노버브는 민족적(ethnic) 특성에 의해 교외가 재구성되고 있음을 제시하는 개념이지만, 본 연구가 관찰한 에스노버브는 초국적인 네트워크가 일반화되고 있는 현 환경에서 서로를 다르다고 구분 짓는 한인들 간의 민족 내적 관계와 활동이 잘 드러나는 지형이기도 하다.

3. "La Korea"9)

연구대상지인 라카냐다 플린트리지는 LA 코리아타운과 다운타운에서 북동쪽으로 약 13마일 거리에 있는 LA 카운티 내 소도시이다. 스페인계 유럽인이 처음 정착하여 1930년대에 나사(NASA)의 제트추진연구소(JPL, Jet Propulsion Laboratory)가 문을 열면서 도시로 발전하기 시작했고, 1976년 라카냐다와 플린트리지가 병합되며 독립 시가 되었다. 시 진입로에 몇 개 선의 프리웨이(freeway)가 있어 LA 도심으로의 접근성이 수월한 한편, 밸리(valley) 지역의 지리적 특성상 주변이 산으로 둘러싸여 있고 주택이 들어선 거리 및 타운 내에 녹음이 우거져있는 자연경관을 자랑하는 지역이기도 하다. "숲과 나무에 둘러싸인 최고급 베드타운", "베벌리 힐즈에 버금가는 고급주택가"라

---

9) 라카냐다의 별칭이다. 지명을 가칭 혹은 기호 처리하는 것은 지역의 장소성을 이해하는데 오히려 장애가 되기에 실제 지명을 사용하기로 한다.

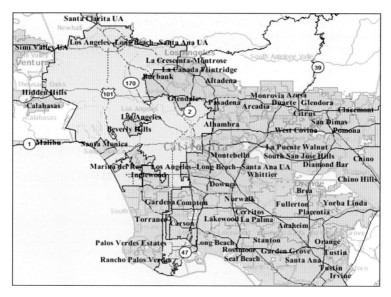

지도 1. 로스앤젤레스 대도시권

는 수식어는 "명품 학군", "한인타운 같은 편리성", "범죄율 최저도
시" 등의 소개말과 함께 한글판 미주신문과 블로그 등의 글에 자주
등장하는 라카냐다에 대한 수식어이다. 임대 거주 단위인 아파트가
없고, 임대 가능한 주택의 수도 극소수인 데다 월 3,000~6,000달러대
라 저소득층은 쉽게 접근하기 힘들다. 한때 지역 내에 아파트를 건설
하려는 움직임이 있었는데, 임대 거주자들이 많아지는 것을 우려한
지역 주민들의 반대로 인해 무산되기도 했다. 평균 주택가격은 150만
달러대(약 16억 원)이고 600~800만 달러(한화로 70억) 이상의 집들도
여럿 있는 등, 대체로 노후한 주택이 많은데도 집값이 비싸다는 것은
웬만한 고소득자가 아닌 한 경제적 진입 장벽으로 작용한다. 부동산
업자들에 따르면, 이러한 상황에도 "매물이 없어서" 못 팔 정도로 선
호되는 거주지역이기도 하다.

표 1. 2010년대 라카냐다 플린트리지 단일 인종 인종별 인구 비율

	2010	2014	2018
백인	70.7	68	60.9
아프리카계	0.2	0.2	0.6
히스패닉/라티노	4.2	6.9	8.8
아시안 전체	26.1	27.9	30.3
중국계	6.4	4.9	7.0
필리핀계	0.5	0.8	1.5
일본계	1.3	2.6	1.7
한국계	14.1	15.5	11.5
베트남계	0.7	1.0	1.1
여타 아시안	1.1	1.3	2.3

출처: https://data.census.gov/cedsci/table?d=ACS%205-Year%20Estimates%20Data%20
Profiles&table=DP05&tid=ACSDP5Y2010.DP05&g=0400000US06_1600000US0639003

2000년 기준, 지역의 연 중위 가구 소득(median household income)은 약 12만 5천 달러이고, 주민의 약 82%가 전문직 또는 사무직에 종사했으며, 약 53%가 대졸 이상의 학력 소지자였다. 2017년 중위 가구 소득은 약 16만 달러, 연 소득 20만 달러 이상인 가구가 41.9%였으며 25세 이상 성인 중 대졸 이상이 75.1%에 달하여, 동네 주민의 경제적, 교육적 지표는 계속 상승함을 보여준다. 지표에서 드러나듯 주민 중 다수가 고소득자이며 고등교육을 받았고, 지역 내에 있는 제트추진연구소(JPL)에서 근무하는 과학자를 비롯하여 변호사, 회계사, 미디어 종사자, 글로벌 기업인 등 전문직과 사무직 종사자가 많다. 인종별 인구 구성을 보면, 백인이 2010년 70.7%로 압도적인 다수를 차지하는 전형적인 백인 타운이다. 캘리포니아 타지역과 달리 히스패닉은 2010년 4.2%로 매우 적고 2017년에도 8.7%에 그친다. 아프리칸 아메리칸(African American 혹은 Black)은 2010년과 2017년 모두 0.2%로

동네에서 거의 보기가 힘들다. 백인 다음의 다수 인종은 아시안으로, 2010년 26.1%에서 2017년에는 30.2%로 증가하면서 2017년 백인의 비중이 62.7%로 줄었다. 아시안 인구 중에서도 한인이 가장 많아(2010년 14.1%, 2017년 12.6%), 백인 다음의 다수 집단을 구성하고 있다[10].

한인이 이 지역에 거주하기 시작한 것은 1970년대 말부터이고, 90년대 말부터 본격적으로 거주 한인 인구가 증가하여 2001년에는 이미 약 천 세대, 4천여 명의 한인이 거주하였다는 보도가(미주 한국일보 2001.4.19.) 발견된다. 주택 소유 면에서 볼 때, 한인 가구 수는 2008년 74가구에서 2013년 89가구로 늘어 해당 기간에 20% 증가했다. 라카냐다 북쪽에 인접한 라크레센타는 라카냐다에 비해 집값이 덜 비싸고 교육환경은 비슷하게 좋은 곳으로 알려져서, 한인 주재원 가족 등 유동 인구를 포함한 한인 인구가 좀 더 많다. 라크레센타의 한인 인구까지 합쳐져 라카냐다 한인의 존재감이 더 두드러지는 효과도 있다. 라크레센타와 라카냐다를 잇는 큰 도로인 풋힐 대로(Foothill Boulevard)를 따라 한국 슈퍼마켓, 식당, 학원, 은행, 부동산, 세탁소, 찜질방, 미용실 등이 한글과 영어를 섞어 쓴 간판을 달고 늘어서 있어 한인 인구가 많은 지역임을 확인할 수 있다.

한인의 비율은 지역 전체 인구 중 2010년 14.1%, 2017년 12.6%로 한인 비율만 봤을 때는 지역 내 다수자라고 보기 힘들다. 또한, 캘리포니아 내 도시 중 라카냐다보다 한인 인구가 많은 곳이 여럿 있어서, 남가주 내에서 손꼽을 만큼 한인의 수가 많은 지역이라 볼 수도 없다.

---

10) 2010, 2017년 아메리칸커뮤니티서베이(ACS) 자료, https://data.census.gov/cedsci/table?d=ACS%205-Year%20Estimates%20Data%20Profiles&table=DP05&tid=ACSDP5Y2010.DP05&g=0400000US06_1600000US0639003

그런데도 워낙 오랫동안 '백인 동네'로 알려졌던 곳에서 백인 다음으로 큰 비율을 차지하고 있어서 한인의 존재는 눈에 띌 수밖에 없어 "한인이 많은 동네"로 통한다. 연구자가 시청과 교육구 공무원, 그리고 라카냐다 고교 교감과 진행한 인터뷰에서 면담자들은 모두 교육구 내 한인 학생의 비율이 20%인 것에 기초하여 한인 전체 인구를 실제보다 많은 20% 정도로 추측했다. 그 외 다른 지역 거주자들의 경우는 더 많은 것으로 체감하며 "20%밖에 안 되느냐, 그보다 많은 것으로 느껴진다"고 입을 모았다. 캘리포니아의 다른 동네에서 전학 온 한인 학생의 눈에 라카냐다 학교에서의 인종 분포는 "너무 하얗다(too white)"고 여겨지는 반면, 근처 파사데나(Pasadena) 등지의 백인 학생들은 라카냐다를 가리켜 "라 코리아(La Korea)"라며 지역 명칭을 비틀어 부를 정도로, 백인이 다수인 이 지역에서 비백인 한인의 집중 거주는 두드러지는 것으로 받아들여지고 있다. 굳이 LA 코리아타운을 찾지 않아도 될 만큼 각종 한인 관련 상점과 편의시설 등이 입점하여 한인 생활권이 형성되어 있다. 시장 후보가 한인 가정에서 지역 한인들을 대상으로 정견을 이야기하거나(2017년 1월), 시장 후보 및 지역 공직자들이 북부한인협회 정기모임(2017-2018년 1월)에 참석하여 축하인사를 건네고 선거운동을 따로 벌이기도 할 만큼 한인은 지역 구성원으로서 권리(그리고 의무)를 행사할 것이 기대되는 유의미한 집단으로 여겨지고 있다.

4. 교외 한인 집중 거주지의 형성 요인

라카냐다에 거주하는 한인들이 이곳으로 거주지를 정한 요인은 살

동네를 선택하는 방식이 다 그렇듯 다양하고 복합적이다. 직장이 가까운 곳, 교육환경이 좋고 안전한 곳, 생활편의시설을 갖춘 곳 등의 요인은 그런 면에서 예측한 바와 같이 공통으로 나온 대답이었다. 그중에서도 대다수 면담자에게서 라카냐다를 선택한 첫 번째 고려 조건이었거나 주요 고려사항이었던 요인은 교육환경이었다. 위에 서술한 바와 같이 주택가격이 비싸다는 점이 진입 장벽으로 작용하는데도 교육환경이 우수하다는 점으로 인해 라카냐다가 좋은 거주지로 선호되는 것은, 비단 지역 한인들과의 인터뷰에서뿐 아니라 내셔널 미디어를 통해서도 미국 내에서 일반적으로 통용되고 있음을 확인할 수 있다. 2017년 1월 26일 자 월스트리트 저널이 집을 고를 때 가장 먼저 고려하는 조건으로 자녀들이 다니게 될 공립학교의 환경에 주목한 기사("Homeowners' Quest for the Best Schools")에서도, 대표적인 사례로 라카냐다로 이주한 가족을 들며 고가의 거주 조건에도 불구하고 선호되는 지역으로 꼽은 바 있다.

라카냐다는 우수한 몇몇 사립학교 외에도 자체 통합 교육구(La Cañada Flintridge Unified School District, LFUSD) 내에 공립 초등학교 셋, 공립 중고등학교 하나를 두고 있는데, 라카냐다 공립고교는 2018년 기준 전국 우수고등학교 전체 순위 80위, 공립학교 중에서는 23위에 랭크되어 있으며 캘리포니아 공립고교 중에서는 5위, 남가주에서는 최고 수준의 성적을 내는 것으로 알려져 있다. 라카냐다 내에서도 일부 지역은 라카냐다 교육구가 아닌 남쪽에 면한 글렌데일 교육구로 배정되는데, 이 경우 주택가격이 라카냐다 교육구에 속하는 주택보다 낮지만, 라카냐다에 거주하는 한인들은 재정적 부담이 있다 해도 라카냐다 교육구를 선호했다. 북쪽에 면한 라크레센타도 지역 내 임대 아파트도 있고 같은 한인 상권 내에 있으며 교육환경이 좋은 곳으로 알려져 있으나, 지역 고교의 랭킹이 조금 떨어지고 기타 교육 환경이 라카냐다보다 못하다고 이야기된다. 그래서 라크레센타에서 거주하다가 재정상황이 더 좋아진 후 라카냐다로 옮긴 이들도 다수 있었다. 학부모들은 모두 지역 신문 및 전국 신문에 실리는 각 학교의 학업수행지표(API)[11] 및 전국 우수고교 랭킹에 대해 잘 알고 있고, 어느 지역의 공립학교 시스템이 좋다더라는 업데이트된 정보를 교회 모임, 학부모모임, 동호회 등을 통해 주고받는다. 연구 시작 시점 (2015.12.)을 포함한 현재, '라카냐다 교육구는 남가주에서 산마리노, 어바인과 함께 API가 최고인 지역이다'라는 등의 정보가 유통되는 연망은 지역 내 혹은 미국 내 한인 사이에서 형성될뿐 아니라, 친척, 지인 및 인터넷과 한국의 유학컨설팅 학원 등을 통해 초국적으로 연결된다. 이를 통해 미국 내에서뿐 아니라 미국으로 처음 이주해오는 한국인 중에서도 라카냐다에 대해 듣고 오는 이들이 적지 않다.

거주지 선택에 있어, 자녀가 있는 가족이라면 교육환경이 중요한 결정 요인이 되는 것은 어느 정도 보편적 현상이지만, 특히 한인 가정의 경우는 이민 세대를 막론하고 거주지 선택에서의 첫 번째 요인으로 대다수가 교육환경을 꼽았다[12]. 글렌데일, 플러턴, 어바인 등 라카냐다 한인들이 전에 살았던 지역을 선택했던 이유도, 또한 현재 이 지역들에 거주하는 한인들의 거주지 선택의 기준에 있어서도 교육환

---

11) Academic Performance Index 미국 공립 초중고 학생을 대상으로 학교별, 인종별, 지역별 학력 수준을 점검한 지수
12) 면담자들은 "잘살든 못살든", "'한국적 마인드'가 남아있건, 미국사람이 되었건" 한인이라면 모두 교육에 신경을 쓰는 것 같다고 입을 모았다. 그러한 모습에 비판적인 면담자들도 다수 있었고 그 방식은 다양하지만, 교육과 학력에 대한 관심이 지대함에는 모두 동의했다.

경이 거의 모든 대화에서 첫 번째로 거론되었다. 약간의 차이나 변동이 있겠지만 해당 지역들 모두 공립학교의 학업수행지표가 훌륭한 지역이라는 뜻이다.

그렇다면 라카냐다의 교육환경이 좋다는 것은 어떤 의미에서일까? '좋은 교육환경'에 대한 라카냐다 한인들의 대답은 반드시 학교가 내는 성적만을 가리키지 않았다. 학교가 교육을 잘하는 것만큼이나(혹은 그 점보다) 아이 친구들의 가정환경이나, 부모들의 참여로 학교가 관리·감독되고 있는 측면도 언급되었다. "부모들 수준이 높아서" 혹은 "콧대 높고 기 센 엘리트 백인들이 많아서", "선생도 맘에 안 들면 갈아버릴 정도로… 학교가 잘하지 못하는 것을 그대로 내버려 두지 않는다"는 점은, 그 공격적 적극성이 익숙지 않아 한인 부모들이 고개를 내저으면서도 좋은 교육환경으로 공감하고 있다고 거론하는 점이었다.

한편 라카냐다는 "낡은 집에 터무니없는 가격을 투자해야 한다"는 단점이 있다고 이야기된다. 특히 한국의 주거 방식에 익숙한 이민 1세대 한인의 경우, 대체로 깔끔하고 큰 관리를 하지 않아도 되는 아파트와 같은 주거형태에 익숙함에도 불구하고, 오래되고 손 볼 것 많은 라카냐다를 거주지로 선택한 데에는 경제적 부담과 번거로움을 상쇄할 정도로 교육요건 외의 유인이 클 것으로 보인다. 라카냐다를 선택한 요인으로 자녀가 없는 이들도 공히 거론한 요인은 직장 출퇴근이 편하고 이웃 동네인 라크레센타부터 한인의 거주가 증가하면서 한인업소가 골고루 들어서서 "코리아타운까지 가지 않아도 생활이 해결된다"는 편리성이다. 라카냐다는 도심의 코리아타운 및 LA 다운타운과 지리적으로 멀지 않고 몇 개선의 프리웨이로 연결되어 약 15분~20분이면 도심에 갈 수 있는데, 이는 도심에 직장을 둔 많은 전문직 및 자영업자 한인들에게 큰 이점으로 꼽힌다. 백인 거주자들이 전문직 외에 대기업 간부, 엔터테인먼트나 프로스포츠계 종사자 등이 많은 데 반해, 라캬냐다 한인 거주자의 경우 코리아타운 및 파사데나 등 근처 교외 도시에 직장이 있는 변호사, 의사, 회계사, 약사 또는 다운타운에서 크고 작은 사업을 하는 사람들이 많다. 이민 1세는 물론, 1.5세 전문직 한인들도 여전히 코리아타운 혹은 한인이 많은 지역에서 한인을 고객으로 하는 직장을 가진 이들이 다수이고, 사업을 하는 이들 가운데에는 글로벌 연망을 가진 한국 기업의 분점(식당, 제과점 등)을 운영하는 이들도 있는가 하면 다운타운에서 의류도매업을 운영하는 이들도 많다. 지금은 과거와 같은 호경기에서 벗어났다고 하나, '자바(Jobber)'라 불리는 이 의류도매업자들 중 자본을 축적한 이들에게 라캬냐다는 교육환경이 좋은 다른 도시보다 적지라고 할 수 있다. 이처럼 거주 한인의 직업은 전문직뿐 아니라, 자본 규모가 큰 자영업도 많이 분포하고 있고, 자바업과 같이 여성의 역할이 커서 자녀의 일상에 함께 해야 하는 요구를 충족하기 어려운 직업군에 속하는 이들도 다수이다.

라카냐다를 한인들이 거주지로 찾는 또 다른 요인은 인종구성 상 피하고 싶은 곳이 아니라는 것이다. 거주지의 인종 및 민족 구성에 대한 고려는 본 연구의 포커스 그룹 면접에서뿐 아니라 'MissyUSA' 등과 같은 한인 정보 사이트에 실리는 상담 게시물 등에서도 자주 드러났는데, 진보적 중산층이라면 지녀야 할 다양성의 수용을 논하면서도 많은 경우 그것을 일상에서 수용하지 못하는 아이러니는 아시안 교외 집거지를 탈출하는 백인들과 다르지 않다. 단순히 특정 인종과 연관된 위험성/안전성의 이슈를 넘어서서, '어디(글렌데일)는 아르메니안(Armenian)이 많아져서', '어디(산마리노)는 중국인이 많아서',

또는 '필리피노가 많아져서' 피한다거나, '한국인이 너무 없거나 너무 많은 지역은 피하고 싶다'는 의견들은 캘리포니아의 교외 도시들이 민족(ethnic group)별로 블록화되는 모습을 반영하고 있기도 하다.

다른 한편, 주택을 손봐야 하고 띄엄띄엄 주택이 있으며 다른 지역에 비해 산이 있고 녹음이 우거진, 백인이 다수인 지역이라는 환경 조건을 선택한 것은 교외와 연계된 '중산층/상층 미국인 삶'의 전형적 표상화와 그에 대한 지향을 드러내기도 한다. "한국 사람들이 살기 좋고 공부시키기 좋다고 한" 어바인에 살다가 라카냐다로 옮겨온 한 젊은 1세 한인 학부모의 다음과 같은 비유는 그러한 지향을 잘 보여준다: "어바인이 새집이랑 고급 아파트도 많고 한국식으로 교육하긴 편해요. 근데, 어바인이 샐러리맨이라면 라카냐다는 전문직과 자영업 같달까요... 편하지 않지만 나서서 뭔가를 해야 하는 분위기를 (애들이) 크면서 그냥 알 수 있는 곳이잖아요." 그녀의 비유에서 드러나듯 라카냐다는 "진짜 미국인처럼" 살기 위한 노력이 요구되는 곳이고, 한국인이 너무 많지도 너무 없지도 않은 교외의 주거지이다.

5. '나는 그들과 다르다': 한인 간 범주화와 차별화

서술한 바와 같이 라카냐다는 절대 수치의 측면에서 한인이 다수인 곳은 아니지만 지역 내 두 번째로 큰 인구 비중을 차지하고, 다양한 한국 관련 상업시설을 갖춰 한인 생활권을 구성하며 한인 에스노버브를 형성하고 있다. 한인을 어렵지 않게 만날 수 있고 한인 업체가 많아 캘리포니아 내 한인들 간에 일종의 "K-town"으로 통하기도 하지만 어느 누구도 라카냐다를 '코리아타운'이라 칭하지는 않는다.13) 거주 한인의 비율은 높아도 그 수가 아주 많지 않다는 점 때문이기도 하지만, 무엇보다 코리아타운과 역내 한인을 연결했던 것과 같은 성격의 민족집단으로서의 정체성이 라카냐다 한인들에게서는 동일하게 우선되지 않기 때문이다. 즉, 지역 내 한인 대다수는 미국 내 한인의 특성으로 흔히 거론되는 교육에의 열정으로 라카냐다에 모여 있지만, 동일한 성격을 공유하는 공동체로 상정할 수 없는 모습들을 드러내고 있다.

동화론적 이주공간 논의에서 예측하는 바와 달리, 교외 도시 라카냐다라는 한인 에스노버브에 거주하는 한인들은 또한 단일하게 "미국문화"를 내재화하고 있거나 현재 코리아타운 거주 한인보다 한 차원 상향된 동화의 흔적을 균등하게 드러내고 있지 않다. 지역 내 한인 거주자들은 고가의 집값 혹은 렌트비를 감당할 수 있다는 것 외엔 주류사회에의 동화 정도 뿐 아니라 직업, 이민세대, 출생지, 언어 구사 능력, 그리고 국적도 다양하다. 종종 동화의 일차적인 지표로 여겨지는 언어 구사의 경우도 지역 내 한인 간 영어 능력의 스펙트럼이 크다. 글로벌·디지털 정보의 순환에 힘입어 코리아타운을 거치지 않고 바로 교외를 거주지로 선택하는 이들이 많아지는 현대 이주민의 거주지 선택 특성상, 교외에 거주한다고 하여 영어 사용이 일반적으로 우선되지는 않는다. 한국어보다 영어가 자유로운 2세와 1.5세부터 한국어가 편한 1.5세, 미국에 20년을 살았지만 90% 이상 한국어를 사용하는 1세가 있는가 하면 직업상 영어를 자주 사용하는

---

13) '라코리아'라는 별칭은 한인타운의 성격을 만들고 있어서 붙여진 것이 아니라, 오히려 백인 아닌 한인의 비중이 커지는 것에 대해 놀라움과 낯섦을 드러내며 비트는 말로 읽힌다.

1세도 있으며, 미국에 온 시기와 영어 구사 능력이 반드시 비례하지도 않았다.

그런데, 이와 같이 언어 숙달도와 문화 통합 정도가 일치하지 않는 경우도 있으나, 영어 능력의 차이는 대체로 그들이 일상적으로 교류하는 사람들과 참여하는 활동의 범위에 영향을 미친다. 예컨대, 라카냐다 교육구 내의 초·중등학교에는 모두 한인학부모회(Korean American Parent Association, KAPA, 카파)가 따로 조직되는 때가 많은데[14], 2세 한인 학부모들은 한국어가 주로 쓰이는 KAPA 모임에 잘 나가지 않는 경우가 많고, 영어가 자유롭지 않은 1세 학부모들은 전체 PTA("General Parent-Teacher Association")에 거의 참석하지 않는다. 카파는 양쪽 언어를 다 구사하는 소수의 1.5세 학부모 중 한 사람이 대표가 되고, 한국어가 가능한 1.5세 및 영어가 자유롭지 않거나 한국어가 더 편한 1세 부모들이 중심이 되어 모임을 가진다. 전체 PTA에서 나온 사항을 대표나 카파의 일원이 듣고 전달하는 등 학교와 소통하는 역할을 하고, 입시설명회를 열거나 교내에서 한국 음식 행사를 진행하는 등의 활동을 함께 하기도 한다. 전체 PTA와 KAPA에 모두 참석하는 이들은 극소수인데, 연구자를 소개하기 위해 처음 라카냐다 고등학교의 2016년 1월 KAPA에 참석해 본 한인 2세 Y의 말처럼 양쪽 학부모들의 관심 주제나 모임 형태가 다른 것도 참여 인구가 달라지는 요인의 하나이다. 한인 학부모들의 표현에 따르면 "기가 쎈" 이 동네 미국 학부모들이 학교와 교육의 발전을 위해 다양한 간섭과 요구를 한다면, KAPA는 학교에 한인의 목소리를 내고 대

---

14) 한인학부모회 조직이 늘 순조롭게 이어지지는 않는다. 때로 구성원 간 관계가 틀어지거나 회장을 맡을 학부모가 없는 해에는 중단된 적도 있었다.

변하며 언어가 익숙지 않은 한인 부모들을 돕는다는 취지로 생겼다. 카파 모임에 나온 학부모들은 어떻게 하면 존재가 두드러지면서도 소수자인 한인 학생들이 "기를 펴고 학교에 다닐 수 있을까", "한인 부모는 어떤 방식으로 기여할 수 있을까"를 의논하며 행사를 기획하기도 한다. 라카냐다 학교들의 PTA가 법정의 언어와 형식을 사용하며 상당히 엘리트주의적 분위기를 풍기며 진행되는 반면, KAPA는 교감이나 교사의 공지 전달을 마친 후 대체로 편안한 분위기에서 진행되며, 고향의 언어를 사용한다는 친근함과 비공식성의 분위기 속에서 대입을 위한 정보 등 다양한 정보와 이야기가 오간다. 카파 모임 외에도, 언어 능력을 딛고 모임에 참여하는 경우는 많지 않아서, 자녀 학교 관련 활동이든 봉사나 취미 등의 일상을 함께 하는 활동이든 모임과 활동의 범위와 성격은 영어 구사 능력에 좌우되는 경우가 많다. 따라서 모임을 구성할 한인 인구가 지역 내와 근교에 적절히 있는 이곳에서 한인 1세들의 교류 범위도 많은 경우 한인으로 제한되었다.

라카냐다는 주택가격이 진입 장벽으로 작용하여, 웨이 리가 관찰한 중국인 에스노버브와 달리, 지역 한인들 간 직업의 성격과 소득의 차이는 있을지언정 엄밀한 의미에서의 계급적 다양성은 쉽게 드러나지 않는다. 라카냐다 한인들이 서로를 다르다고 말하는 민족(ethnic) 내적 다양성은 언어 능력의 차이와 그로 인한 사회적 관계 형성과 종류의 차이를 포함하여 우회적으로는 "미국" 문화 내재화의 정도, 다시 말해 소위 '한국적 마인드'에서 얼마나 자유로운가와 자주 연관되었다. 궁극적으로 얼마나 적극적이고 주체적으로 '미국인'으로 살아가고 있는가를 형성하는 데에는 언어, 직업, 시민성 등 다양한 요소들이 개입되고 있지만, 사람들의 인터뷰에서 이는 무엇보다, 지향점으로 삼았던 교육의 모습 혹은 미국 중산층 교육에 대해 품고 있던 로망과 피하고 싶은 한국식 교육 방식의 대비 속에서 구체화되었다. 미국의 이 특정 교외 지역으로 한인들을 끌어당긴 요인이 교육문제인 것은 아이러니하게도 그렇게 모인 한인들을 교육과 관련된 사고방식 및 실천의 차이를 통해 서로를 다르다고 이야기하게 만드는 중심 이슈가 되고 있음을 볼 수 있다.

모든 인터뷰에서 교육과 관련한 대화는 라카냐다를 거주지로 택한 스토리를 풀어가는 과정에서 피하기 힘든 주제였다. 거주지 선택과 관련해서 교육 이슈는 늘 등장했는데, 교육 관련 대화가 진전되면서 '한국'은 대체로 부정적인 측면과 연관되고 부정적인 뉘앙스로 언급되었다. 한국보다 미국 쪽에 문화정체성의 소속감을 표시하는 이민 2세도 '좋은 대학에 가야 한다는 강박'에서 벗어나지 못하는 것은 "한국 부모 아래 크다 보니 어쩔 수 없는", '한국인의 유산'인 것으로 토로하였다. 자녀의 학습에 과도하게 개입하거나 학원교육, 개인 사교육(tutoring)을 "시키고", 과외활동(extracurricular activities)을 "극성스럽게" 끌어오는 것은 '타이거맘(tiger-mom)'의 교육방식, 그중에서도 특히 한국 엄마의 특성으로 이야기되었다. 자녀 친구의 성적을 궁금해하는 엄마에 대해 "too Korean!"이라고 불평하는 아이의 대답이나, 성적에 집착하는 아시아인 엄마를 희화한 유튜브 영상이 실제 한인 엄마들의 모습과 아주 다르다고만 할 수 없다고 씁쓸하게 말하는 것은 모두 한인 부모의 교육 실천에 대한 부정적인 시각과 맞닿아있다. 사실 한국과 마찬가지로 미국도 대입 경쟁이 점차 심해지는 상황에서[15] 자녀에게 사교육을 공급하고 프로그램을 관리하며 스포츠, 예

---

15) 역사적으로 교육, 입시, 계층 이동이 대체재 없이 연관되어온 한국 사회만큼 대학의 서열이나 대학 졸업장에 대한 갈망이 크지 않을지언정, 미국에서도 '좋

술, 봉사 등 '스펙' 만들기를 디자인하는 것은 백인 부모들도 크게 다르지 않다. 한인들은 미국 사회에서 흔히 아시아인 엄마에게 붙는 타이거맘이라는 고정관념성 프레임이 억울할 정도로 지역 내 '미국' 부모 중에는 더 "극성스럽게" 개입하는 부모들이 많다는 점을 말하는 이들도 있었다. 그러나, 백인의 '(적)극성'은 아이의 필요에 맞추어 개인과외를 공급하거나 어려서부터 스포츠와 봉사를 삶의 일부, 가족생활의 일부이자 네트워킹의 수단으로 삼는 데 비해, 한인 부모의 '극성'은 자녀의 필요에 앞서 성적을 챙기거나 입시를 겨냥하여 비교과 활동을 마련하는 방식의 예술, 스포츠 활동이 주가 된다는 구분을 하거나, 입시를 위해 스포츠와 예술 교육에 열을 올리는 행태에 대한 비판이 공감대를 이루기도 했다.

이처럼 '한국적' 교육 방식에 대한 비판은 라카냐다 백인 학부모의 교육 실천과의 비교 속에서 이루어졌다. 사교육을 보조하더라도 자기 자녀의 필요에 따라 하는 것과 남들이 한다고 해서 아이의 필요와 관계없이 다량의 사교육이 투입되는 것이 대비되었고, 자녀가 스스로 문제를 발견하도록 하기보다 실패를 두려워하여 미리부터 실패할 가능성을 차단하는 방식으로 도움을 주는 방식에 대한 비판이 있었으며, 훈육 및 자기단련에 중점을 두기보다 학업 성적에 중점을 두는

은 대학'에 입학하는 것은 큰 지향점이자 부담이다. 글로벌화(globalization)와 국경 이동이 일반화되고 활발해지는 것과 더불어 미국 대학으로의 입학 경쟁은 전 세계 학생 인구를 점차 더 많이 포함하며 심해지고 있다. 그에 따라 예전에는 쉽게 들어갈 수 있다고 이야기되었던 대학들도 이제는 경쟁률이 만만치 않게 되었다. 라카냐다 고교에서도 학생들이 경쟁과 (학업) 성공에 내몰리며 잠을 못 자고 마약에 손대는 것에 대해 우려하며 본 연구의 현지 조사 기간 중 'Challenge Success(성공을 다시 생각한다)' 프로그램을 도입하는 등 학교 차원에서 개선책을 마련하기도 했다.

것에 대해 '한국적'이라는 딱지가 붙었다. 또한, 라카냐다 백인 학부모들이, 혹은 라카냐다가 구현하는 보편적 중산층 '미국인' 학부모들이 팀 스포츠나 음악 동아리에서 아이가 후보 선수로 밀려나거나 잘하지 못하더라도 주말을 반납하며 시간을 내고 열렬히 응원하는 모습과 대비하여, 아이가 잘할 때만 혹은 내 아이가 참여할 때만 학교 문제에 관심을 두는 다수 한국 학부모의 모습이 '한국식' 관행이라 지칭되며 문제시되었다. 무엇이 '좋은 교육'인가에 대한 의견이 동일하지 않은 가운데, 한인 학부모들은 부정적 딱지가 붙은 '한국적'이라는 교육 실천들에 대해 한편으로는 우려와 자기반성을, 또 다른 한편으로는 다른 한인들과 달리하는 방식을 찾아내며 스스로를 차별화했다. 학업에만 비중을 두느라, 혹은 일부의 직업적 특성상 부모가 일터에서 많은 시간을 보내느라 한인 아이 중 버릇이 없다거나, 스포츠나 동아리(club) 활동 시 부모가 시간을 내어 지원하지 않는 모습을 두고 비판하기도 하며, 그런 이들과 동일시되지 않기를 바라는 구분이 이루어지기도 했다. 종종 학업에 중점을 둘수록 '한국적'이고, 스포츠 등 단체 활동 및 인간관계에 중점을 둘수록 '미국화'되었다는 평가가 이루어졌다. '나는 이러이러한 교육관행을 하는 이들과 다르다'라는 구분은 이처럼 각 가정의 교육 철학과 실천의 차이로서보다 한국적인가 미국적인가, 미국 사회에 얼마나 잘 통합되고 있는가로 표현되고 범주화되었다. 한편 조금씩 다른 교육 철학과 실천의 모습은 각 한인 가정 내의 언어 구사, 부모의 직업, 다니는 교회 혹은 모임의 성격, 관계의 연결망과도 관련 있음을 볼 수 있었는데, 이처럼 교육과 관련된 담론은 한인 가정의 직업적, 언어적, 문화적 환경의 차별성을 에둘러 드러내는 통로이기도 했다.

그런데 '미국인' 학부모의 훈육과 교육 방식으로 이야기되는 부분

중 스포츠 등에 큰 비중을 두고 그를 통해 이웃과 관계 형성을 하는 데 대해서 라카냐다 한인 모두가 동일한 관점을 공유하고 있는 것은 아니었다. 그것이 미국 사회의 힘이라는 평가 하에 그에 적극적으로 동화하지 못하는 한국적인 관행을 안타까워하는 이들도 있지만, 미국 대학 입시에서 스포츠 특기생의 이점이라든가 백인 엘리트 연결망이 주는 이점과 연관된 것으로서, 스포츠보다 학업성적에 비중을 두는 것은 그 이점을 쉽게 취할 수 없는 한인 혹은 아시아계 미국인이나 이민자의 어쩔 수 없는 선택이라는 인식도 존재했다. 미국에서 대학 입시의 다양한 선발방식과 요구조건[16]은 학생들의 다양한 배경과 다양한 능력을 고려한다는 취지 하에 어느 정도의 정당성이 인정되어 왔지만, 그것을 모방하여 들여온 역사가 짧은 한국 사회에서뿐 아니라 미국 내에서도 불평등 구조를 재생산하며 교육이 지닌 능력주의(meritocracy)를 훼손한다는 지적이 없지 않다. 특히 근간에 아시아계 학생들에 대한 차별 사례와 백인 부모의 영향력이 개입된 입시 부정 사례가 보도되면서 라카냐다 한인 중에도 백인의 방식 혹은 미국의 방식이 반드시 좋은 것이라는 사고에 균열이 드러나고 있다.

라카냐다의 한인 학부모들은 한인 학생이 많지 않은 학군과 비교할 때 지역 내 20% 정도의 한인 학생 인구가 있는 것은 자녀들이 한인 정체성을 알게 되어 좋다고도 하고 학교나 지역에서 한인이라는 점에 대해 자부심을 가질 수 있는 방도가 무엇일까 고민하기도 한다.

---

16) 예컨대 1세대(가족 중 처음으로 대학에 들어가는 학생) 우대, 특정 인종 우대, 레거시(legacy) 우대(부모가 학생이 지원하는 대학 졸업생인 경우에 특혜를 주는 것) 등의 특수 선발 기준이 있고, 전공과 무관하게 스포츠와 예술, 봉사와 관련된 기록이 있는 경우, 그러한 활동과 학업을 병행했다는 데 대한 좋게 평가되고 가산점이 주어진다.

이처럼 한국에 대해 근본적으로 부정적인 시각이 편재하고 있는 것은 아님에도 불구하고, 교육 실천과 관련해서는 끊임없는 비판과 반성이 존재한다. 위에 서술한 중산층 미국인의 관행과의 대비 외에도 무엇보다 한인 학부모들 간에 교육과 관련하여 '한국적'이라는 수식어가 공히 부정적으로 작동하는 것은 입시를 위한 정보가 배타적으로 공유된다는 점에서이다. 교육에 대한 정보가 무엇이든 "끼리끼리만" 알려고 하거나 잘 알려주려 하지 않는 모습은 한국 사교육 시장에서 회자되던 '강남엄마' 혹은 '돼지엄마'[17]와 그를 따르는 이들의 모습이 낳은 한국 교육의 병폐를 복사해놓은 듯한 모습이어서, '한국적'이라는 분류어에 부정적인 뉘앙스를 더한다. 인터뷰에 응한 많은 학부모가 "그런 게 싫어서 여기까지 왔는데 여기서도 그렇다"고 한숨을 쉬었다.

한인 시민활동을 주도했던 재미한인 1.5세 K씨는 이처럼 서로 나누지 못하고, "나만" 혹은 "내 자식만" 잘되어야 한다는 식의 모습은 누군가보다 잘 돼야 살아남을 수 있다는 이민 초기 사회의 '서바이버 멘탈리티(survivor mentality)'가 잔존하는 것이라며 한탄한다. 한인의 교육 관행과 관련된 그러한 부정적인 단면이 한인의 특성인지, 이민 사회의 특성인지, 초국적 교류가 활발한 현재 한국사회의 특정 부문이 함께 이주한 것인지는 논의의 여지가 있다. 어떻게 성격 규정을 하든 한국적이라는 수식이 부정적으로 쓰이는 것은 입시 정보에 대

---

17) 국립국어원이 2014년 신어로 선정한 단어로, 교육열이 매우 높고 사교육에 대한 정보에 정통하여 다른 엄마들을 이끄는 엄마를 이르는 말이다. 종종 돼지엄마와의 친분이 있는 엄마들에게만 혹은 그들 사이에서만 어떤 분야에 어떤 학원, 강사가 좋으며 어떤 비교과 활동(extra-curricular activities)이 좋은 평가를 받을 수 있는지 등등의 정보가 배타적으로 공유된다.

한 배타성에서 드러나듯, 종종 내 아이만을 위해 교육 활동을 하느냐 혹은 커뮤니티 전체의 교육적 향상을 위해 노력하느냐와 연관되어 판단되었다. 이는 특히 다음 장에서 설명하는 라카냐다라는 로컬리티 가 요구하는 특성과 관련하여, 언어 구사 능력이나 직업, 관계의 양상 보다 교육 관련 활동이 두드러진 잣대로 작동하고 있음을 알 수 있다.

6. 지역사회의 요구와 동화의 스펙트럼

라카냐다는 그 주민들은 부유층이라 볼 수 있지만, 시 정부는 가난 하다고 이야기된다. 하수 처리의 경우도 공공시스템이 제대로 갖추어 지지 않은 채 개별 가구에 맡겨져 있어서 각 가정이 정화조를 설치해 야 하는 등 집값이 비싼 데 더해 유지하고 보수하는 비용도 만만치 않다. 특히 라카냐다 공립학교가 속한 라카냐다 통합교육구(LCUSD) 는 상대적으로 저소득층 및 소수자의 비율이 낮아서 주민들이 내는 세금은 많아도 연방정부로부터 분배되는 교육 예산이 여타 교육구에 비해 적다. 그러다 보니 방과 후 수업을 개설한다거나 새로운 상담교 사를 채용하려 할 때 혹은 교사들에게 가위, 풀, 종이 등의 교구를 공급하는 비용도 교육구 재정으로 다 충당되지 않는 경우가 많다. 이 를 해결하기 위한 방편으로, 지역 내에는 약 35년 전 민간단체인 교육 재단(La Cañada Flintridge Educational Foundation, LCEF)이 설립되었 고, 현재에도 지역 내 공립학교의 기금을 충당하기 위한 모금 활동이 조직적으로 활발하게 이루어지고 있다.

라카냐다 교육재단은 라카냐다 학교 학부모 및 그 외 거주민이 자 원봉사자로 참여하여, 정부 예산 부족을 충당하기 위해 기금 모금을 위한 행사를 마련하고 기금을 관리하고 운영한다. 기부를 독려하기 위한 여러 방편 중 하나로 교육재단에서는 기부한 가구의 집 앞에 각 가정의 기부 금액 규모에 따라 금색, 은색, 동색의 팻말을 꽂기도 한다. 다수의 한인은 이를 적잖이 불편해하고, 일부는 좋은 공립학교에 보내기 위해 비싼 거주지에 살며 세금을 내고 있는데 왜 또다시 그 같은 방식으로 기부를 "강요받아야 하는가" 토로하는 이들도 있었다.

교육재단에서 활동하고 있거나 몸담았던 1.5세 한인들에 따르면, 지역 내 한인 학생의 비율이 높은 것에 비해 한인 학부모들의 기부가 크지 않다는 점이 재단 내 다른 위원들로부터 노골적이고 지속적으로 지적되고 있다고 한다. 그리하여 지역 내 한인의 기부를 더 독려하라는 재단 위원회의 재촉에 따라, 재단 내 한인 위원들은 한인만을 대상으로 한 설명회나 갈라(gala) 행사[18]를 따로 열기도 한다. 많은 한인에게 기부는 자발적이어야 하고 그 액수에 대해 금·은·동으로 구분하는 등 노골적인 치하가 이루어지는 것은 껄끄럽고 점잖지도 않은 일로 받아들여진다. 반면, 지역인들이 몇 십 년간 꾸려오고 있는 교육재단의 입장에서는, 즉 지역 주류사회의 입장에서 볼 때 기금은 공립학교 내 모든 학생을 위해 쓰이는 것이므로 학생 중 많은 비중을 차지하는 한인 학부모의 기여는 필수적일 뿐 아니라 수혜자의 비율에 따라 이루어져야 하고, 이에 기여하지 않는 것은 무임승차와 같다고 이야기된다. 어떤 이들은 한인에게 요구되는 것만큼의 기부 액수를 채우지 못한다고 이기적이라는 평가를 하는 데 대해 억압적이라 생각하는 한편, 교육재단의 취지에 공감하는 한인들은 일부의 무관심

---

18) 이 경우 갈라는 기부에 관심을 갖고 참여하도록, 쿠키, 티셔츠 등을 제작하여 판매하거나 공연이나 스포츠 행사를 기획하는 행사를 말한다.

과 불참으로 한인 전체가 이기적이거나 지역의 문화를 이해하지 못하는 집단으로 인식될 수 있다는 점에 대해 "계몽"의 필요가 있다는 의견을 제시하기도 했다.

교육재단에의 기부는 자녀가 학교에 다니고 있다면 피할 수 없는 요구사항인데, 교육재단을 통한 기부뿐 아니라, 여타 다른 영역에서도 라카냐는 기부와 자원봉사에 큰 비중을 두고 있는 지역이다. 다양한 봉사 모임이 있어서 모임 성원들이 정기적으로 모금 행사를 기획하는 모임을 통해 네트워킹하고, 지역 일간지에는 늘 다양한 목적의 기금 모금을 위한 갈라 파티에 참석하기 위해 차려입은 지역인들의 사진이 여러 면에 걸쳐 빠지지 않고 크게 실린다. 이러한 모습은 지역을 소개하는 역사서의 첫 챕터에서부터 도시의 전통이 자원봉사(volunteerism)라고 명시하는 대목과도 맞닿아있다. 주민들은 이처럼 "기부를 전통으로 삼는 지역문화"로 인해 동네의 동질성을 유지할 수 있다는 암묵적인 분위기가 있다고 은밀히 이야기하기도 하는바, 지역이 쌓아 온 아비투스(habitus)에 동조하지 않는 것은 공공연한 비난의 대상이 될 수밖에 없다. 따라서 공립학교를 보낸다고 기부를 부당하게 생각하는 이들은 종종 미국문화를 모르는 사람, 혹은 종종 로컬 커뮤니티에 통합될 수 없는 이로 분류되기도 한다. '한국적'이라는 수식어를 부정적으로 채색해버리는 특정 교육 방식과 같이 기부에 대한 다른 의견도 '한국적' 사고방식과 관행에서 벗어나지 못했다는 부정적인 딱지가 붙는다. 이때 '한국적'이라는 수식어는 간혹 'FOB[19])'라는 비하적인 지칭으로 발전되기도 하는데, 이러한 담론은

---

19) Fresh Off the Boat. 미국 사회에 발을 들인 지 얼마 되지 않아 현지의 실정과 문화에 익숙하지 않은 상황을 지칭하는 것으로, 종종 비하의 뉘앙스를 가진다.

지역의 백인 커뮤니티에서 통용되는 것과 다른 방식에 대한 거부감이 다른 어떤 지역보다 드러나게 소통되고 있는 지역임을 보여준다. 이러한 지역 주류집단의 요구 속에서 백인 다음으로 가장 많은 인구를 구성하고 있는 한인 집단 내에는 로컬의 요구-문화와 관련한 층위가 생길 수밖에 없다.

라카냐다에는 그러한 거부감을 인식하면서도 기부에 대한 거부감을 표현하는 한인들이 있고, 로컬의 요구를 적극적으로 수용하고 계몽하고자 한인들도 있는가 하면, 기부에 참여하면서도 그러한 질책이 부당하다고 피력하는 한인들도 있다. 거부와 부당함을 표현하는 것은, 교육재단이든 어디든 기부로 인해 연계되는 활동과 모임, 네트워킹의 이점 및 기부의 수혜가 주류집단 혹은 백인 가정들에게 자연스럽게 뿌리내릴 만큼 유색인 다수자인 한인들에게는 향유되지 못함을 간파하고 있기 때문이다. 전체 커뮤니티의 교육 향상을 위해 교육재단에 기부하라 하지만, 학교에서 종종 편파적인 우대와 보호를 받는 것은 주류집단의 아이들이고 마약사용이나 품행의 문제 등 같은 사안에 대해서도 한인은 백인 학생과 동등한 처우를 받지 못해왔다는 불만이 작용하고 있다. 갈라 행사와 모임에서의 네트워킹 과정에서도 영어가 완벽한 2세 한인이라 하여도 유리 장벽이 느껴져서 오래 지속하지 못하는 경우가 적지 않았다.

지역의 전통, 지역 정신이라고 일컬어지는 요구사항과 관행은 이처럼 지역의 다수인 집단에 최적화되어 축적되어 온 것이라는 인식이 존재한다. 그럼에도 불구하고, 로컬의 요구에 맞춤으로써 한인이 두드러지는 이 장소에서, '한인'이라는 지울 수 없는 민족성(ethnicity)의 테두리의 의미를 격상하고자 하는 이들이 존재한다. 그런가하면 '미국인'으로 행동하고 '미국문화'를 내재화하는 이면에 여전히 잠재하고 있는 유색인 미국인의 취약한 입지 때문에 '미국문화'에 저항 아닌 저항을 하는 이들도 있다. 지역이 제시하는 '미국문화'로의 동화와 통합의 조건은 따라서 단순히 한국인과 미국인, 한국문화와 미국문화를 가르는 단순한 국적성의 지표가 아니다. 언어의 차이, 이민세대의 차이, 지역에 대한 이해와 동의, 내재화의 정도 뿐 아니라, 지역 내 다수인과의 관계 속에서 보다 세분된 한인 내부의 다양성이 생성되고 있으며, 이는 한인 에스노버브라는 특수한 조건에서 두드러지게 드러나고 있다.

7. 나가며

이 글에서 고찰한 한인 에스노버브 라카냐다의 모습은 서두의 기사에서 언급한 인종적 분리(segregation)보다는 교외에의 집중과 통합의 형태에 가깝다. 남가주의 중국인 밀집 교외 지역에서 대체로 백인 인구가 빠져나감으로써 중국인이 실질적인 다수가 되는 것과는 다른 에스노버브의 모습이다. 또한, 지역의 특성상 웨이 리가 중국인 교외 집거지에서 관찰하며 일반화한 양상, 즉 교외 집거지 내에 같은 민족의 고소득 이민자와 저소득 이민자가 공존하는 현상도 동일하게 관찰되지 않았다. 그런데 에스노버브에서 관찰되는 분리와 통합이라는 양단의 현상 모두에 적용되는 핵심적인 기제는 종종 아시아 이민자에게 성공, 경쟁, 혹은 생존의 조건으로 이야기되는 교육에 대한 이슈라 볼 수 있다. 이 글에서는 특히 한인 교외 집거지 형성 역학의 큰 축을 차지하는 교육이라는 지표가 라카냐다라는 특정 로컬리티의 한인들에게 어떻게 다시 민족 내적 구분짓기의 지표가 되고 있는지에 주목하였다.

　한글 간판으로 인해 거리의 풍경이 한인의 특색을 과시하고 있고 그 가운데 한국어를 사용하는 한인들끼리의 모임이 목격된다고 하여 이곳의 한인 거주자들이 타인종 및 타민족 거주자들과 대비되며 내적으로 결속된 하나의 공동체를 구성한다고 보는 것은 현대 이주민과 재미한인에 대한 오해이다. 이 특정 교외 도시의 한인들은 미국에 온 시기, 미국 내 이전 거주지의 특성, 영어 숙련도, 한국 왕래 빈도 및 한국에 대한 지식, 한국문화와 사고방식에 대한 익숙함/불편함의 정도, 또는 아이들의 경우는 K-pop을 알고 있는지 등 여러 가지 요인에 의해 서로 조금씩 다름을 인식한다. 그러나 무엇보다 라카냐다에 다양한 한인들을 모이게 한 가장 큰 유인이 교육환경인 것과 마찬가지로 이러한 차별화의 지표들은 모두 교육철학과 실천, 교육의 장에서의 긴장과 협력이라는 형태로 수렴되어 드러났다. 교육 실천을 중심으로 범주화가 이루어진다는 것은 이주(미국 내 혹은 국경 너머) 목적의 큰 축이 교육이라는 것을 공간적으로 재현하고 있음을 의미하고, 그 과정에서 한인이 지배적이지 않으나 집거의 형태를 보이는 인구 구성 속에서 한국식 관행이 반복되는 것에 대한 긴장과 저항이 존재함을 지시한다.

　일정 비율 이상의 한인 인구가 유지되는 환경은 라카냐다 한인학부모회, KAPA의 작동과 같이 한인들 간의 협력을 이끌어내기도 하고, 한인 학부모 간 교육 방식에 따라 혹은 한인 학생 간 K-pop 인지도에 따라 일종의 파벌이 생기는 것도 가능하게 하는 환경이다. 한국과 미국을 오가는 빈도가 높은 사람들이 증가하며 초국가성이 확장되는 환경 속에서 현대 한국 사회 일부의 삶의 방식 및 교육 방식도 함께 이동하는 현상은 이 교외 도시 내 한인의 다양성을 더 확장시키고 있다. 또 한편, 여전히 존재하는 인종주의 역학 속에서 소위 주류 문화로의 무조건적 동화는 모두에게 미국살이의 해답으로 받아들여지기 어렵다. 미국 사회 내에서 인종적·민족적 요인에 의한 차이, 차별이 존재하는 것은 자기 민족집단(ethnic group)에의 소속과 가치가 지속되거나 재생될 수밖에 없는 환경을 형성하고 있으며 이 또한 한인들 간 다양성을 형성하는 데 일조한다. 라카냐다가 드러내는 한인 에스노버브 내 역학은 중국인 에스노버브의 성격과 구분되는 모습을 보여주며 이 같은 교외 집거 공간이 글로벌 연결성 속에 더욱 다원화되어가는 재미한인의 모습을 파악하는데 적절한 창이 될 수 있음을 보여준다.

하와이의 한인 법조집단의 형성과 구조

이재협

1. 머리말

영화 〈디센던트(The Descendants)〉는 주인공인 맷 킹(Matt King)을 통해 하와이에 거주하는 로컬 상류층의 모습을 보여준다. 이 영화는 아내가 보트사고로 혼수상태에 빠진 하와이의 한 변호사가 그동안 바쁜 일로 관계가 소원했던 두 딸과의 소통을 통해 관계회복을 하게 되는 이야기를 다루고 있다.[1] 그는 백인과 하와이 원주민 왕족의 후손으로 태어난 혼혈로 카우아이(Kauai)섬 해안에 2만5천 헥타르에 이르는 넓은 땅을 선조로부터 물려받아 소유하고 있다. 킹의 고조할아버지는 1860년대 하와이 왕국의 공주와 결혼한 백인 은행가이고, 이들 부부는 이 땅을 포함한 그들의 재산을 후손들을 위해 신탁을 설정하였다. 맷 킹은 신탁의 수익자 중 한 사람이며 동시에 단독 수탁자(sole trustee)인데, 영구구속금지의 원칙(Rule Against Perpetuities) 때

---

[1] 이 영화는 동명의 원작소설에 기반하였는데, 저자인 카우이 하트 게밍스(Kaui Hart Gemmings) 자신도 하와이에서 자라난, 하와이 원주민과 영국인 선교사의 후손이다.

문에 신탁의 한도가 도래하는 7년 안에 재산을 처분해야 한다.[2] 카우아이섬의 아름다운 해변을 바라보는 이 거대한 면적의 땅을 사려고 하는 구매자들은 여럿 있었는데, 그들은 모두 이 땅을 관광지로 개발하고자 하였고, 신탁의 공동수익자인 맷의 친척들은 모두 팔기를 원했다. 맷은 결국 심사숙고 끝에 땅을 처분하지 않기로 한다. 왜냐하면, 그와 그 친척들은 조상으로부터 물려받은 그 막대한 이익을 아무런 노력 없이 공짜로 향유 할 자격이 없고, 그들 역시 좋든 싫든 하와이의 한 부분이며, 조상들이 물려준 하와이라는 낙원을 보호할 책임(kuleana)이 있다고 생각했기 때문이다.

이 영화는 하와이의 한인 변호사 집단을 연구하는데 흥미 있는 시사점을 던져주고 있다. 즉 초창기 하와이 상류층 계급으로 진출한 법률가 직군이 어떻게 형성되었는지, 그들이 하와이의 역사적 변천 속에서 어떤 역할을 수행했고 뿌리내렸는지, 그들의 정체성 속에 "하와이"라는 개념이 어떻게 이해되고 있는지를 보인다. 아울러 법에는 어떻게 투영되고 있는지, 하와이의 법 실무는 어떠한 독특한 지방적 특성을 띠는지를 살펴볼 수 있다.

2. 하와이 역사 속에서의 법률가 집단

2010년 인구조사에 의하면 하와이주의 전체 인구는 137만여 명으로, 미국의 50개 주 중 40위에 해당하였다. 그중 아시아계(38.6%), 백

---

2) 영구구속금지의 원칙(Rule Against Perpetuities)은 신탁 설정 당시 현존했던 사람의 일생 및 그의 사후 21년을 한도로 신탁이 유효하고, 그것을 초과하는 장기간의 신탁은 허용되지 않는다는 미국 재산법상의 원칙을 말한다.

인(24.7%), 하와이 원주민(9.95%)의 순으로 분포하고 있으며, 백인이 소수이고 아시아계가 가장 많이 살고 있는 주이다. 아시아계 중에서 가장 많은 숫자는 필리핀계(14.5%), 일본계(13.6%), 중국계(4.03%)의 순이다. 지난 10년간 일본계와 중국계의 수는 줄어들고 백인과 필리핀계의 인구는 증가한 것으로 파악되었다(Department of Business, Economic Development & Tourism 2012). 한국계는 전체 인구 중 1.78%에 해당하여, 지금까지 항상 2% 내외를 유지해 오고 있다.

각 집단 간 경제적 상황과 고용시장에서의 격차를 나타내 주는 지표로서 실업률을 살펴보면, 하와이 전체 노동인구의 실업률은 2015년에 3.6%(남성), 3.0%(여성), 2016년에 3%(남성), 2.5%(여성)에 달하였고, 전미 평균인 4.6%에 비해 낮았다. 종족별로 구분해 볼 때 아시아계의 실업률은 가장 낮았다(남성 1.8%, 여성 1.4%, 2016년 기준). 반면 하와이 원주민과 히스패닉의 경우 실업률이 가장 높았다.

하와이에서 주요 전문직 종사자들의 민족성을 살펴보면, 단연 일본계가 현저하게 주류사회에 진출한 비율이 높음을 알 수 있다. 특히 교육기관으로 진출한 일본계는 거의 아시아계 중 압도적으로, 하와이 초등 및 중등학교의 교사들은 백인이 아니면 일본계라 하여도 무방할 정도이다. 이러한 점에서 볼 때 하와이의 직업군에는 인종/종족별 위계가 형성되어 있다고 볼 수 있다. 아시아계의 경제적 상황은 전반적으로 높은 편이다(Okamura 2008).

1) 초창기 역사 속에서의 법률가의 성장

하와이는 전 세계의 섬 중에서도 대륙과 가장 먼 거리에 위치한, 매우 고립적인 곳 중 하나이다. 미국의 한 주이지만 미국인이나 외국인의 눈에는 본토와는 다른 독자적인 문화를 가진 곳으로 인식되고 있다. 하와이는 미국 영토 내에 왕국이 존재했던 유일한 곳이고, 종종 인종적으로 조화된 낙원으로 비추어지지만, 동시에 깊은 인종적 갈등과 분열이 존재하는 곳이기도 하다. 하와이의 역사는 제국주의와 다문화주의의 서사가 공존하는 곳이다.

이러한 하와이의 특수성은 하와이 주민들의 정체성 형성에 지대한 영향을 미쳐왔다. 하와이는 1810년 카메하메하(Kamehameha I) 대왕에 의해 통일왕조가 수립된 후 근 100년 동안 왕정체제 하에 있었다. 하와이 왕실은 일찍부터 뉴잉글랜드 지역의 선교사들을 포함한 다양한 사람들을 왕실의 고문으로 임명하고 서구문물을 적극적으로 받아들였다. 이때 하와이 왕족들과 혼인을 한 백인 선교사 및 고문관들의 후손들이 지배계층의 한 축으로 등장하게 된다. 그 대표적인 인물이 찰스 비숍(Charles Reed Bishop)으로 영화 〈디센던트〉의 주인공 킹 가문의 선조로 각색되기도 하였다. 그는 하와이 왕족인 버니스 파우하니 파키(Bernice Pauhani Paki)와 결혼한 사업가로서 후에 비숍 박물관(Bishop Museum)과 카메하메하 학교(Kamehameha Schools)를 창립하였다. 비숍의 젊은 시절 친구인 윌리엄 리(William Little Lee)는 하버드 로스쿨을 졸업 후 1846년에 비숍과 함께 하와이에 왔다가 정주하게 되는데, 당시 하와이 왕이었던 카메하메하 III세의 법률고문관을 거쳐 하와이주 대법원장이 되었다. 그는 초창기 하와이주의 법률과 사법체계를 수립하는데 큰 역할을 하였다(Merry 2000: 3-4).

1840년대에 카메하메하 III세는 주도적으로 서구적 입헌군주제를 선포하는 등 근대화의 외형을 갖추는데 노력하였지만, 독자적인 전통문화와 공동체적인 토지사용의 관습은 유지되고 있었다. 입헌군주제의 도입과 더불어 그가 하와이 전통사회를 가장 크게 변화시킨 제도는 1848년에 실시한 토지개혁이다. 하와이 왕국에서는 새로운 왕이 들어서면 그가 모든 토지를 자신에게 귀속시켜서 하위의 부족장들에게 분배하는 등 토지 소유에 관한 규범이 영미의 절대적이고 배타적인 소유권 행사와는 차이가 있었다. 이 토지개혁의 핵심은 국왕이 왕실토지와 정부 토지를 나누고 부족장들과 일반인들에게 토지의 소유권을 갖게 하는 것인데, 그것은 당시 점증하는 제국주의 국가 주민들의 하와이 토지매입에 대항하는 측면도 강했다(Van Dyke 2007).

그러던 중 미국 본토의 골드러시로 미 서부지역의 인구가 급증하면서 하와이가 사탕수수 공급지로 주목을 받게 되고 사탕수수 농장이 빠르게 성장하였다. 사탕수수 플랜테이션이 경제의 중심이 되면서 각종 법률 수요 및 분쟁이 증가하였고, 이는 하와이에서 법률가 집단이 내부적으로 성장하고 본토로부터 백인 변호사들이 유입되는 계기가 되었다. 백인 사탕수수 농장주들이 최대수입국인 미국과의 결탁을 요구하면서 왕실과 백인 지주 간에 종종 권력투쟁이 발생하였고, 급기야 1893년에 하와이 거주 미국인들이 쿠데타를 일으켜 릴리우오칼라니(Liliuokalani) 제8대 여왕으로부터 왕권 포기 서명을 받아낸 후 샌포드 돌(Sanford Ballard Dole)을 수반으로 하는 하와이 공화국(1894-1898)을 수립하였다. 1898년에 미국 정부는 미국 – 스페인 전쟁으로 하와이의 군사적 중요성을 인식하고 같은 해 8월 12일 합병안을 통과시켜 1900년 정식으로 합병하였다. 하와이에서 선교사의 아들로 태어나 자란 돌은 하와이말을 할 줄 알았고, 매사추세츠주의 윌리엄스 대학(Williams College)을 졸업하고 변호사가 되었다. 합병 후 돌은 최초의 주지사로 임명되었고 1903년에는 연방 지방법원 판사로 임명되었다.

19세기와 20세기 초에 활동한 법률가들은 지금과 같은 체계적인 법학 교육과 법률가 양성의 과정을 밟은 것이 아니라 법원, 변호사 사무실 같은 곳에서 도제식 교육을 통해 만들어졌다. 1848년에 한 선교사가 쓴 기사에 따르면 당시 하와이에는 일반인들에게 각종 법률에 관한 정보를 제공해주는 '법학원(law school)'이 설립되었다고 하는데 이 시기에 '변호사' '판사'와 같은 생소한 용어가 유입되기 시작하였다(Merry 2000: 103). 심지어 법원의 판사도 법률가가 아닌 경우가 있었다. 또한 법률가의 수가 절대적으로 적은 조그마한 섬이라는 특수성 때문에 상대편 변호사가 친인척인 경우도 허다하였다. 서로가 서로를 아는 잘 아는 사회에서 이해충돌 회피의 원칙(conflict of interest)을 적용하여 엄격하게 이해관계에서 초연한 중립적인 판단을 내리기란 어려운 일이었다.

당시 지방법원(district court)과 순회법원(circuit court)의 판사는 소수의 백인 엘리트였고,3) 많은 경우, 변호사 업무를 겸업하기도 하였다. 그들은 플랜테이션 농장 소유주들과 가까웠을 뿐 아니라 그 자신이 농장을 소유한 사람도 많았다. 그들은 정치적으로 활발하게 활동하였으며 집을 소유한 장기적인 거주자들이 많았다. 이들은 모두 기독교인이었고, 선교사 집안과 가까웠고 사회적으로 존경받는 집단 중하나였다. 당시 하와이의 엘리트들은 대부분 백인이었고, 그 외에는 왕족, 원주민 귀족, 그리고 그들과 결혼한 중국인들로 구성되어 있었다. 1845년부터 1892년까지 하와이 각급 법원에서 이루어진 민사재판의 기록에 나타난 법률가들의 이름을 보면 그 중 70% 정도가 하와이

---

3) 하와이주의 1심 법원 대상사건 중 경범죄 형사사건이나 소송 가액이 적은 민사사건은 지방법원(district court)에서 관할하고, 중범죄 형사사건이나 소송 가액이 많은 민사사건은 순회법원(circuit court)에서 다루어진다.

원주민이고 30%가 백인으로 추정된다(Merry 2000: 104). 흔치 않은 아시아계 판사로는 지방법원 판사였던 죠지 워싱턴 아카오 하파이 (George Washington Akao Hapai)가 있는데, 미국 선교사 집단과 가까 우면서 하와이 원주민과 중국인의 혼혈이다. 그는 영어와 하와이어가 유창하여 사건을 하와이어로 기록하였다.

미국령 시절에는 하와이 토지의 절반을 80명 정도의 사람들이 소 유하였는데 그러한 부의 집중은 미국 본토에서도 유래를 찾아보기 힘들 정도였다(Okihiro 1991: 14-15). 1930년대에는 소위 '빅 5(Big Five)'[4]라는 회사들이 하와이의 경제를 지배했는데 하와이에 소재 한 38개의 플랜테이션 농장 중 36개가 그들의 소유였으며, 은행, 보 험, 교통, 전기, 도소매업 등 이들이 손대지 않은 업종이 없을 정도 였다.

하와이에서 가장 오래된 로펌 중 하나인 칼스미스 볼(Carlsmith Ball LLP)을 창립한 데이비드 히치콕(David Hitchcock)은 1832년 하와 이에서 선교사의 아들로 태어나 윌리엄스 칼리지에서 수학 후 1856 년 빅아일랜드 힐로(Hilo)에서 판사와 변호사를 겸업하였다. 1888년 그의 사무실에 합류한 자신의 딸인 알메다 엘리자 히치콕(Almeda Eliza Hitchcock)은 하와이 최초의 여성 변호사로 알려져 있다. 데이비 드 히치콕이 1899년 사망 후 그의 파트너 중 하나인 칼 칼스미스(Carl Carlsmith)가 사무실을 이어받아 향후 100년이 넘게 지속한 로펌의 초 석을 닦았다. 이 로펌에서 60여 년간 변호사로 활동했던 제임스 케이 스(James Case)는 로펌의 성장과정 속에 하와이 경제를 쥐락펴락했던

---

4) 빅 5는 Castle & Cooke, Alexander & Baldwin, C. Brewer & Co., American Factors, 그리고 Theo H. Davies & Co.를 말한다.

사탕수수 업체들과의 끈끈한 공생 관계를 보고하고 있다. 예컨대 그의 로펌 파트너 중 한 사람인 웬델 칼스미스(Wendell Carlsmith)가 업계 대표들과 함께 워싱턴 DC로 파견되어 1934년 설탕법(Sugar Act) 제정과정에서 연방의회 및 정부와의 성공적인 협상을 이끌어내어 향후 '빅5' 경영진들과 돈독한 관계를 형성하기에 이르렀다(Case 2017: 38). 오랫동안 칼스미스와 같은 주류 로펌의 변호사들은 전부 미국 본토의 명문 로스쿨을 졸업한 백인들로 구성되어 있었다. 그러한 전통은 현재까지도 지속되고 있다.

하와이의 백인 변호사들은 멀게는 하와이 왕조시대와 미국령 시대에 정착한 선조들의 후예로 플렌테이션 경제의 주류세력으로 입지를 굳혀왔지만, 미국의 한 주로 편입된 후에도 계속적으로 본토로부터 새롭게 유입되어 왔다. 온화한 날씨와 쾌적한 자연환경 때문에 새로이 하와이에 들어온 백인 법률가들은 하와이를 삶의 터전으로 삼고 하와이 특유의 생활방식과 문화를 받아들여 "로컬"로서의 정체성을 주장한다.

흔히 '로컬 스타일'이라고 지칭되는 섬 주민 전체에 통용되는 문화적 전통으로는 '알로하 정신(Aloha Spirit)'이 일반적으로 거론된다. 그것은 하와이법에도 규정되어 있는데, 법은 '알로하 정신'을 친절함, 조화, 겸손함, 인내심 등을 포함한 '대가를 바라지 않는' '호혜적인 호의'이며 '집단적인 삶을 영유하는데 모든 사람이 중요하게 여겨야 할 관계의 본질'이라고 정의하고 있다.5) 또한, 입법부, 행정부, 사법부의 모든 구성원이 '알로하 정신'을 적용할 것을 규정하고 있다.6) 말하자

---

5) Haw. Rev. Stat. section 5.-7.5(a)(2009).
6) Haw. Rev. Stat. section 5-7.5(b)(2009). "주민을 대신해 자신에게 부여된 의무를

면 하와이의 주류법률가라면 인종을 불문하고 이러한 하와이의 특유한 정체성을 내세워야 인정받을 수 있는 것이다. 하와이에서 가장 오래된 대형 로펌 중 하나인 굿실 앤더슨 퀸 스티펠(Goodsill, Anderson, Quinn & Stifel)의 홈페이지에는 '하와이 생활, 하와이 법(Hawaii Life, Hawaii Law)'이라는 표어가 맨 처음에 커다랗게 등장한다.

'로컬'을 어떻게 정의하느냐는 논쟁의 여지가 있다. 여기에는 크게 세 가지 범주로 나뉜다. 첫 번째는 이론적으로 백인이든, 아시아계든, 하와이 원주민이든 태평양 섬 출신이든 하와이에 오래 정주한 사람은 로컬이 될 수 있다는 것이다. 이러한 정의에 의하면 하와이 원주민(Native Hawaiian)은 로컬의 범주 안에 있으나 로컬이 반드시 하와이 원주민만을 지칭하는 것은 아니다. 두 번째로는 이와는 달리 로컬의 개념이 하와이에 얼마나 오래 살았는지와 상관없이 백인집단을 배제하는 것을 의미하기도 한다. 특히 플랜테이션 노동자 계급의 경험이 중요하게 여겨진다. 로컬이란 플렌테이션 노동자로서의 강한 공동체 의식이 결부되어 만들어진 정치화된 개념인 것이다. 즉 백인 농장주에 대항한 유색인종, 소수민족 출신의 노동자들의 연대적 정체성이 로컬 개념의 핵심으로 작용하게 된다. 마지막으로 로컬은 백인뿐 아니라 하와이의 생활양식을 따르지 않고 피진 영어(pidgin English)를 구사하지 않는 상층부의 사람들 역시 배제하는 의미로도 사용되기도 한다(Kwon 1999: 98). 하와이 주권회복 운동을 주장하는 원주민 집단은 '로컬'과 구별되는 '원주민(Native)'의 개념을 사용하여 "하와이로 온 신참 이민자가 아닌, 태어난 고향에 계속해

행사하기 위해 주의회, 주지사, 부지사, 각 부의 장관, 대법원장, 대법관, 고등법원, 순회법원, 지방법원의 판사들은 '알로하 정신'을 숙고하고 반영하여야 한다."

서 살고 대지를 가장 아끼는 문화를 키워온 고대로부터의 민족"(트라스크 2017: 300)으로서의 하와이 원주민이야말로 하와이의 진정한 주인임을 강조한다.

2) 아시아계 이민의 법조계 진출

미국령 시절에 활동했던 아시아계 법률가들에 대해서는 자세히 알려지지 않았다. 1920년대부터 아시아계 이민을 제한하는 법률[7] 때문에 미국 시민으로 귀화할 수 없었고, 미국 시민권 없이는 변호사 개업을 금지한 규정 때문에 많은 아시아계 사람들이 법률가가 되는 것을 포기하였다.

하와이에서 정식으로 법학 교육과정을 이수한 아시아계 법률가로는 일본계인 마사지 마루모토(Masaji Marumoto)가 대표적이다. 그는 일본계로서는 하와이에서 변호사면허를 받은 5번째 사람이다. 기록에 의하면 첫 일본계 변호사는 동경대 졸업생으로 1889년에 변호사 자격을 받았다. 두 번째 변호사는 하와이 출신(일본계 미국인) 미시건대 로스쿨 졸업생인 아더 오자와(Arthur Ozawa)로 1910년에 변호사로 등록하고 1917년에 사망하였다. 1930년에는 2명의 일본계 변호사가 더 있었다. 한 사람은 당시 호놀룰루시의 부법무담당관이자 후에 대법원장에 임명된 윌프레드 츠키야마(Wilfred Tsukiyama)이고,

---

7) 대표적으로 1924년 이민법(Immigration Act of 1924)이 있다. 이 법은 이민자의 상한을 1879년 인구 조사 때 미국에 살던 각국 출신의 2% 이하로 제정하는 것으로, 1890년 이후 대규모 이민이 시작된 동유럽 출신, 남부 유럽 출신, 아시아 출신을 엄격히 제한하는 것을 목적으로 하고 있다. 특히 아시아 출신에 대해서는 전면적으로 이민을 금지하는 조항이 마련되었다.

다른 한 사람은 변호사 개업을 한 로버트 무라카미(Robert Murakami)
였다(Ogawa 2007: 44).

마루모토는 아시아계로는 최초로 하버드 로스쿨을 졸업하였고(1930),
일본계로서는 최초로 하와이주 변호사협회장을 지냈으며(1954) 또한
최초의 일본계 하와이주 대법원 판사로 임명되었다(1956). 그는 1930
년에 로스쿨 졸업 후 곧장 하와이로 돌아와 그해 변호사시험을 보았
다. 그 당시 변호사시험은 실시된 지 얼마 되지 않았는데, 이전에는
로스쿨 졸업생들이 대법원에 면허를 청원하면 법원이 허가를 해주는
식이었다. 그는 변호사시험에 합격했지만, 호놀룰루의 백인 로펌 대
여섯 군데에 지원하여 번번이 낙방하고 만다. 몇 차례에 걸친 취업
시도에 실패한 그는 가족의 지인이 근무하는 백인 변호사 사무실을
소개받아 지원하여 비로소 취업하게 된다.

하와이주 변호사협회는 1899년에 설립되었다고 하나 실질적으로
아시아계 변호사들이 등록하기 시작했던 시기는 1952년 이후로 생각
된다.[8] 1959년 하와이가 미국의 주로 편입되기 이전까지 변호사로 등
록된 수는 500여 명에 달한다. 그중에서 한국 이름을 가진 법률가는
10명이 채 안 되는 것으로 파악된다.[9] 부모가 사탕수수 농장 노동자
였던 하와이 이민 2세로서 한국계 최초로 미국 연방법원 판사가 된
허버트 최(Herbert B. Choy, 한국명 최영조) 판사의 경우 하버드 로스
쿨을 1941년에 졸업하고 2차 세계대전 중 군 복무 후 1946년에 하와
이에 돌아와 변호사 사무실을 개업하였다. 그것은 '퐁, 미호, 최 법률

---

8) 1952년 이민국적법(McCarran-Walter Act)이 통과되었다. 이 법에 따라 하와이
에 재류하고 있는 아시아계 외국인들이 미국 시민권을 취득할 수 있게 되었다.
9) 하와이주 변호사협회(Hawaii State Bar Association) 2019년 온라인 회원명부
참조.

사무소'(Fong, Miho, Choy)인데 최초의 아시아계 로펌으로 알려져 있다. 각각 중국, 일본, 한국계 이민 2세 변호사들로 구성된 이 로펌은 칼스미스와 같은 주류 로펌에 비하면 규모에 있어서 보잘것없었다. 한 번도 구성원의 수가 10명을 넘지 못했던 소규모 로펌이었다.

1948년에 아시아계 로펌을 설립한 버트 코바야시(Bert Kobayashi)도 일본계 이민 2세이다. 1940년에 아버지가 빌려온 여행경비 300불을 받아 하버드 로스쿨로 향한 그는 등록금조차 낼 돈이 없어 파트타임 일을 하면서 겨우 졸업을 했다. 그는 로스쿨 졸업 후 백인이 운영하는 로펌에는 취직하기 어렵다고 판단하여 스스로 로펌을 설립하였다. 그가 설립한 로펌은 처음에는 보잘것없었지만, 그의 아들인 버트 코바야시 주니어(Bert Kobayashi Jr.)가 1971년 설립한 로펌(Kobayashi Sugita & Goda LLP)은 그동안 백인 로펌들만 수임해 왔던 하와이의 대기업 법률업무를 처음으로 맡게 되면서 이제는 하와이를 대표하는 로펌의 하나로 성장하였다.

이처럼, 미국령 시절에는 아시아계 이민들이 법조계로 진출하는 데 어려움을 겪었지만, 점차 공직에서 두각을 나타내기 시작하였다. 최영조 변호사는 1959년 하와이가 미국의 주로 편입되면서 검찰총장(attorney general)으로 활동하기도 했고 그의 뒤를 이어 1962년에는 버트 코바야시 변호사도 검찰총장이 되었다. 최영조의 법률사무소 파트너였던 히람 퐁(Hiram Fong) 변호사가 미연방 상원의원에 당선되고, 그의 지원으로 최영조는 1971년에 제9순회구 연방항소법원 판사로 임명되었다. 아시아계가 연방법원에 판사로 임명된 것은 최영조가 최초이고, 하와이 출신으로서도 처음이었다.

소수의 아시아계 변호사들이 20세기 중반부터 등장하기 시작했지만, 이들은 법률시장에서는 소수자에 속했다. 하버드 로스쿨 졸업생인 최영조와 히람 퐁도 한국계와 중국계라는 사실 때문에 호놀룰루의 주요 로펌에 취직하지 못하여 자신들의 로펌을 창설하게 된 것이다. 마사지 마루모토 변호사 역시 하버드 로스쿨을 졸업한 인재였음에도 당시 백인 일색의 퍼시픽 클럽(Pacific Club)의 회원으로 가입 신청했을 때 입회가 거부되었다. 당시 유명했던 클럽에는 퍼시픽 클럽 외에도 오아후 컨트리 클럽(Oahu Country Club)과 아웃리거 카누 클럽(Outrigger Canoe Club) 등이 있었는데 아시아계는 회원으로 받아주지 않았다. 이렇듯 아시아계 법률가들은 사회적으로 주류네트워크에 진입하지 못하는 법률가 집단이었다. 아시아계가 하와이의 주요기업의 이사회 임원이 되는 것은 1960년대까지만 하더라도 매우 드문 일이었다. 하와이의 유서 깊고 영향력 있는 기관인 카메하메하 학교(King Kamehameha School)[10]의 재단인 비숍재단(Bishop Foundation)의 이사로 아시아계가 처음으로 선임된 때는 1971년이고, 그때 임명된 마츠오 타카부키(Matsuo Takabuki)는 법률가 출신이다.

그러한 주류 엘리트 법률가들의 배타적인 측면은 여성 법률가들의 진입장벽으로도 작용했다. 기업을 주된 고객으로 삼는 주류 로펌에서 여성 법률가들이 채용되지 못하고 클럽의 회원으로 여성 변호사들이 입회하지 못하는 것은 소수민족 출신 법률가들과 마찬가지였다. 1960년대 초에 미시건대 로스쿨을 졸업한 한 한국계 3세 변호사는 하와이 주 대법원의 잭 미즈하(Jack Mizuha) 판사(1961-1968 재임)의 재판연구관(law clerk)으로 법률실무를 시작하였다. 그의 회고에 따르면 "미

---

10) 하와이 원주민의 후손만이 입학할 수 있는 학교로서 하와이 원주민 문화의 상징적 기관이다.

즈하 판사가 일본계 이민의 후손이고 미시건대 출신을 선호하였기 때문에 운 좋게 취직되었고 당시 여성 변호사들은 로펌에는 응모조차 하기 어려운 시절이었다. 주 검찰국에서는 지원서조차 받아주지 않았다"(인터뷰 #10)[11])고 한다. 여성 변호사들은 그러한 현실을 비판하기도 했지만, 대다수는 인정하고 적응할 수밖에 없었다.

하와이에서의 아시아계의 정치적, 경제적 성공은 종종 다민족적인 하와이의 예외주의적 성격을 나타내는 증거로 거론된다. 즉 플랜테이션 농장에서 만연한 인종주의를 소수민족들이 연대하여 극복하면서 조화로운 다문화주의를 탄생시켰다는 것이다. 특히 2차 세계대전 때 미군으로 참전해 혁혁한 활약을 하고 돌아온 일본계 2세 중심으로 구성된 〈442 연대전투단〉 출신들이 하와이 정치계에 투신하면서 아시아계가 점차 '로컬'의 중심으로 입성하게 되어 하와이의 주류를 형성하게 되었다. 미국령 시대에 공직자의 대부분을 차지했던 백인과 하와이 원주민의 자리에 점차 아시아계가 진입하게 되면서 명실상부한 로컬로서의 정체성을 주장하게 되었다. 이들은 주 정부 편입과정에서 권력을 민주당으로 교체하는데 큰 역할을 했다.

미국 본토에서는 민권운동의 영향으로 '아시아계 미국인(Asian American)'의 개념이 등장하여 '미국성(Americanness)'을 강조하였다면, 하와이에서는 그보다는 '로컬성(localness)'을 표방하면서 정치적 세력을 키워갔던 것으로 보인다. 특히 1970년대 초반 하와이의 급속한 도시화에 의해 주택·상업용 개발 용지로부터의 퇴거 반대 투쟁과 토지를 둘러싼 갈등이 제기되었는데, 이에 참가한 다양한 공동체들은

---

11) 이 글에서 직접 인용되는 피면접자의 이름은 모두 가명이고, 각각 전체 면접자 중 해당 일련번호로 구별하였다.

하와이 원주민과 비원주민 할 것 없이 모두 자신들의 싸움을 '로컬' 주민의 요구를 실현하는 투쟁으로 규정했다. 즉 로컬의 거주권이 주정부와 기업과 대농장주라는 토지 소유자의 개발권과 충돌하게 되었다(트라스크 2017: 221).

반면 일군의 학자들은 하와이가 미국 제국주의의 식민지이고, 일본계를 비롯한 아시아계 이민자들이 하와이의 역사 속에서 백인들의 식민지 경영을 암묵적으로 지원하는 역할을 수행했다는 '아시아계 정착민 식민주의(Asian settler colonialism)' 학설을 내세운다(Fujikane and Okamura 2008). 아시아계의 로컬 정체성의 활용은 종종 하와이 원주민들의 반감을 가져오기도 하였다. 예컨대 전술한 타카부키 변호사가 카메하메하 학교재단 이사에 선임되었을 때 하와이 원주민들이 집단 반대 시위를 하기도 했다.

3) 하와이 한인 법조계의 성장

이민 초기 한인들의 하와이 법조계로의 진출은 거의 이루어지지 않았다. 한국인 최초로 미국에서 법학박사(J.D.)를 취득한 이는 강영승이다. 그는 17세 때인 1905년에 가족과 함께 하와이로 이주해 한인 기숙학교와 고등학교를 졸업한 후 의학을 공부하러 샌프란시스코로 향했다. 향후 조국이 독립하면 정치가가 필요할 테니 법학을 전공하라는 주위의 권유를 받아 1913년경 시카고 소재 해밀턴 법률대학(Hamilton College of Law)에 통신교습생으로 법학 공부를 시작하였다 (연효진 2019: 6). 당시 시카고 해밀턴 법률대학은 통신 수학을 통해 학점을 이수하고 학위를 수여하고, 장학금 혜택과 변호사시험 응시자격을 갖출 수 있다는 내용으로 신문광고를 냈는데, 강영승은 이 광고를 보고 진학하였다고 한다. 기록에 의하면 그는 통신교습 후 해밀턴 법률대학으로부터 정식으로 입학해 공부하라는 통지를 받고 시카고로 향했다고 한다. 1920년에 그는 한국인 최초로 법학박사 학위를 받았다. 그 후 변호사시험에도 합격하였으나 시민권을 취득하지 못해 변호사 개업을 하지 못했다. 그러나 그는 교육 활동과 함께 법률 지식을 활용하여 한인들의 권익 보호에 힘쓰며 한인사회의 기틀을 마련하는데 기여하였다.

미국시민권을 받기 쉽지 않았던 시절에도 엄연히 한인 교민사회가 존재하였고 그들을 위한 법률 서비스가 필요하였다. 1920년대에 정태화는 하와이 대학교를 3학년까지 다니다 자신은 재류 외국인이기 때문에 변호사 개업을 할 수 없다는 사실을 알게 되어 법률가가 되겠다는 희망을 접었다. 그는 학교를 중퇴하고 양복 재봉사가 되었고, 나중에는 부동산으로 큰돈을 벌었다. 하지만 그는 법정의 통역사나 입회인이 되어달라는 요청을 받으면 법정에 참석하는 것을 좋아하였다고 한다(로버타 장·웨인 패터슨 2008: 130).

한 기록에 의하면 시민권을 받지 못한 한인 3명이 1925년에 하와이 공공도서관에서 일하고 있었는데, 이 사실을 누군가가 문제 제기하였다. 이에 "그들처럼 실력이 있는 사람들을 찾을 때까지 계속 일을 할 수 있다"는 법무국장의 특별허가를 받고 계속 일을 하였다는 기록이 있다(이덕희 2003: 146). 이들은 일종의 법률보조 업무도 수행했던 것으로 전해지고 있다. 이렇듯 당시 한인사회에서는 법률가가 아니지만 법원에서 준법률가로서 통번역 등의 업무를 지원하였던 사람들이 적지 않았다(이덕희 2003: 146). 예를 들면 이태성은 1904년 20세에 하와이로 와서 한인 1세의 딸인 릴리 박과 결혼을 하였는데, 그는 사탕수수 농장에서 잠깐 일을 하다가 자리를 옮겨 여러 곳에서 전문 번역

일을 하였다. 하와이 순회법원에서도 일했다는 기록이 있다.

하와이의 국민회(Korean National Association, KNA)는 합성협회와 공립협회를 합병하여 설립되었는데, 한때 회원 수가 2천여 명에 달했다. 국민회는 한국 해방 외에 다른 목적도 가졌다. 국민회는 나라의 주권을 빼앗긴 한국인들에게 국제 영사관과 같은 역할로 회원 개개인을 책임지고 회원들의 비자발급, 복지사업, 재류 외국인 등록, 교육, 법률문제를 도와주었다. 아울러 경찰관과 공무원들은 대수롭지 않은 범법자 문제나 그 밖의 문제들은 공권력을 행사하기 전에 국민회로 가져와 조용히 해결하기도 하였다. 하지만 이러한 법적인 문제를 해결하는데 어떤 사람들이 관여했는지 알려져 있지 않다.

1959년부터 2세 청년들이 국민회에 입회하기 시작하는데, 1959년 말에는 약 50명의 청년회원이 있었다. 청년회원들이 새로이 와이키키 지방회를 조직하였다. 이들 중에는 앤드류 리(Andrew Lee)와 같은 변호사가 있었다. 또한, 하와이 한인협회(Korean Community Council of Hawaii, KCCH)는 1960년에 결성되었는데, 창립위원은 대부분 한인 2세들이었다. 1961년 한국을 방문했던 제1차 한인협회 친선사절단에는 최영조, 장원배 등의 법률가가 포함되어 있다.

한국계 2세들 중 대표적인 법률가 중 하나인 장원배 판사는 하와이 대학을 졸업하고 보스턴대 로스쿨을 졸업했다. 그는 변호사로 활동하면서(1956-1964) 하와이 영토 하원에 선출되어 1968년까지 활동한 바 있다(이덕희 2003: 148). 그 후 판사에 임용되어 하와이주 지방법원 판사(1968-1971), 그리고 순회법원 판사(1971-1987)를 지냈다.

죠지 배태희 전 하와이주 판사는 초기이민 2세이다. 하와이 대학교와 미시건 대학교에서 학부를 졸업하고 남가주대학(USC) 로스쿨을 졸업한 그는 1967년에 검사로 임용된 후 1971년에는 하와이주 검찰총장으로 임명되어 3년간 봉직하였다. 그 후 변호사로 개업한 후 1979년에 하와이주 법원 판사에 임용되었다.

같은 시기에 활동한 임관희 변호사는 1960년대 하와이상공회의소 회장을 지냈으며, 전쟁영화 〈비범한 용기(Uncommon Valor)〉에 조연으로 출연하였으며, 〈매그넘 P.I.(Magnum P.I.)〉 및 〈하와이 50수사대(Hawaii 5-0)〉 등의 TV 드라마에 출연하기도 했던 특이한 경력을 가지고 있다. 그의 아들인 존 림 판사는 이민 3세 법률가의 선두주자로서 하와이 대학과 스탠포드 로스쿨을 졸업하였다. 1993년 하와이주 가정법원 판사, 1995년 하와이주 지방법원 판사, 그리고 1999년 하와이주 고등법원 판사에 임명되었다. 2000년에는 빌 클린턴 대통령이 하와이지구 연방지방법원 판사에 임명하였으나 공화당이 다수를 차지했던 상원에서 청문회도 열지 못해 임용되지 못하였고, 2007년에 작고하였다.

한인 이민 3세인 법률가 중에 하와이주 사법부에서 가장 고위직에 임명된 사람은 로널드 문(Ronald Moon, 한국명 문대양) 대법원장이다. 문 대법원장은 1990년 49세에 하와이 대법원 판사에 임명된 후 1993년에 한인 최초로 미국에서 주 최고법원장에 오른 입지전적인 인물이다. 그의 할아버지 문정헌과 외할아버지 이만기는 1903년 1월 13일 이민 선조 102명에 포함돼 호놀룰루 항에 도착했다. 할아버지는 한국에서 사진 신부를 데려왔고 사탕수수 농장 노동계약이 끝난 뒤 오하우섬 와히아와로 이주해 양복점을 차린다. 그는 아내가 3남 1녀를 낳고 26세에 숨지자 혼자 아이들을 꿋꿋하게 키운다. 외할아버지역시 노동계약 만료 후 이발소를 운영하다 한국에 두고 온 아내를 15년 만에 데려온다. 이후 두 사람은 사돈을 맺어 문정헌의 둘째 아들 문덕만(영어명 듀크 문)과 이만기의 딸 이메리는 가정을 이루고 문대양을 낳는다. 할아버지는 '바다 같은 큰 인물'이 되라는 바람으로 대양이란 이름을 지었다고 한다(이선주·로버타 장 2014: 44-74).

문 전 대법원장은 하와이에서 초, 중, 고등학교를 졸업하고 코우 칼리지에서 신학, 심리학과 사회학을 전공한 후 1965년 아이오와 주립대 로스쿨을 졸업하였다. 1966년부터 변호사 업무를 시작한 그는 립쿠만, 벤추라, 문, 아야베(Libkuman, Ventura, Moon, Ayabe) 법률사무소의 파트너 변호사를 거쳐 호놀룰루 카운티 검사, 하와이주 순회법원 판사를 역임하고 1990년에 하와이주 대법원에 최연소 대법원 판사에 임명된다. 이후, 1993년 대법원장에 임명되어 17년간 대법원장직을 수행하였다. 문 대법원장은 총 28년간의 법관 경력 중 3년은 대법원 판사, 그리고 17년 동안은 대법원장으로 있었는데, 그것은 하와이가 미국의 주로 편입된 후 대법원장으로서 가장 긴 기간 동안 재임한 기록이기도 하다. 그의 재임 기간 중의 하와이주 대법원은 동성결혼금지법률을 위헌이라 판시하였고, 하와이 원주민의 재산권 및 환경권 관련한 많은 진보적인 판결과 법리를 만들어 냈다(Soifer 2010). 2010년 하와이주 정부는 문 전 대법원장의 업적을 기려 새로 지은 카폴레이 지방법원 청사를 '로널드 문 법원(Ronald T.Y Moon Courthouse)'으로 명명했다. 카메하메하 왕립기사단(Royal Order of Kamehameha)은 2011년 그에게 기사 작위를 수여했다.

문대양 전 대법원장은 2003년 미주한인이민 100주년 기념사업을 거치며 현직 주대법원장으로 자신이 한국인이란 사실을 자랑스러워하며 그의 선친에 대한 애틋한 그리움을 표하곤 했다. 그는 "나는 한인 선조들이 어떻게 하와이에 왔고 그들이 흘린 피땀을 안다"며 "내가 한인이란 사실이 자랑스럽다. 가족과 타인에게 감사하고 사회에 감사할 줄 아는 자세는 조부와 외조부, 부모님의 삶에서 배웠다"고 말했다.

문대양 대법원장의 재판연구원(law clerk)으로 활동한 바 있는 글렌 킴(Glenn Kim) 판사 역시 하와이 이민 3세이다. 그는 하버드 대학을 졸업 후 하와이대 로스쿨을 수석으로 졸업하였다. 1993년부터 2007년까지 호놀룰루시의 부검사장으로 활동하였으며, 2007년 순회법원 판사로 임명되었다. 그와 함께 순회법원 판사로 재직 중인 한국계 판사로는 이민 3세인 개리 장(Gary Chang) 판사가 있다. 하와이대와 워싱턴 곤자가 로스쿨을 졸업한 그는 변호사와 주검찰총장보로 활동하다가 아버지인 장원배 판사의 대를 이어 1999년에 순회법원 판사에 임용되었다.

하와이 대한인국민회장을 지낸 애국지사 안원규의 손녀이기도 한 이민 3세인 캐런 안(Karen Ahn) 판사는 최초의 한국계 여성판사로 보스턴 대학교와 하와이대 로스쿨을 졸업하였다. 법률가가 되기 전에 호놀룰루 애드버타이저(Honolulu Advertiser) 기자와 채널2의 기자를 역임하였고, 호놀룰루시의 검사를 거쳐 하와이주 지방법원 판사(1994), 순회법원 판사(2000)에 임용되었고 2016년에 은퇴하였다.

3. 하와이 한인 법률가의 양성과 직역구조

1) 하와이 법조계 현황

하와이의 법률시장 규모는 작은 편에 속한다. 하와이주의 변호사협회에는 약 8,000여 명의 변호사가 등록되어 있으며, 그중에서 4,900명 정도가 현직에서 활동 중인 것으로 나타났다(2019년 기준). 연평균 150명~200명의 변호사가 신규로 등록하고 있다. 근무지로 보면 단연 오아후섬, 그중에서도 호놀룰루시가 압도적이다. 변호사협회에 등록된 자료를 바탕으로 종족성을 파악해 보면 백인이 2,089명(25.9%), 일본계가 1,015명(12.6%), 중국계가 457명(5.67%), 하와이 원주민계가 493명(6.12%), 한국계가 148명(1.83%), 필리핀계가 193명(2.4%) 등으로 집계되고 있다. 정부와 법원에 소속되어 있는 법률가의 비중은 각각 전체 법률가의 11.9%, 1.2%이다. 하와이 원주민계 법률가들의 경우 정부변호사와 판사의 비중이 19.7%, 3.0%에 달해 타 집단에 비해 상대적으로 더 진출한 것으로 나타났다.(〈표 1〉 참조).

표 1. 하와이 법률가들의 종족성　　　　　　　(2019년 하와이주변호사협회 명부)

	현직	정부	판사	비현직/자원봉사	전체
백인	901	200	20	968	2,089
일본계	501	161	18	335	1,015
중국계	229	55	3	170	457
하와이 원주민	221	97	15	160	493
한국계	69	18	2	59	148
필리핀계	90	36	4	63	193
흑인	18	7		16	41
태평양제도	18	14	2	28	62
히스패닉	36	11		23	70
기타	196	61	6	175	438
무응답	1,623	297	26	1,103	3,049
전체	3,902	957	96	3,100	8,055

　하와이주 법조계에서 하와이대 로스쿨 졸업생들이 차지하는 비중은 지대하다. 하와이주 변호사협회에 등록된 변호사들의 출신학교에 대한 공식적 통계는 공개되어 있지 않지만 하와이대 로스쿨이 압도적일 것으로 추정된다. 1973년에 하와이 대학에 로스쿨이 설립되면서

하와이 출신들이 굳이 본토에 진학하지 않아도 하와이대를 졸업하면서 법률가 자격을 취득할 수 있게 되었다. 하와이대 로스쿨은 윌리엄 리처드슨(William S. Richardson) 하와이주 대법원장(1966-1982 재임)의 적극적인 노력으로 만들어졌다. 하와이 원주민과 중국인의 피가 섞인 리처드슨 대법원장은 재임 중 소수자를 보호하고 하와이 전통과 문화를 존중하는 판결들을 다수 이끌어냈고, 그의 이름을 딴 하와이대 로스쿨(William S. Richardson School of Law)에서는 그의 정신을 이어받은 공익적 법률가를 양성하는 것을 목표로 하고 있다.

그의 대법원장 재임 중 하와이 법원들은 공공의 이익과 집단의 권리를 더 폭넓게 인정하였다. 대표적으로 하와이 해변에 대한 공공의 소유권과 이용권을 인정하였고,[12] 토지등록부 시스템에도 그러한 원칙이 반영되도록 하였으며, 정부에게 해안을 공공의 이용을 위해 보전할 의무를 부과하였다. 또 다른 의무로는 하와이의 문화, 역사, 언어에 관한 연구를 장려하고 모든 공립학교에서 하와이 관련 과목을 가르치도록 하였다(MacKenzie 2011). 이러한 점들은 모두 법리에 있어서 미국 본토와 달리 하와이의 특수성이 반영된 결과이다.

2) 하와이 법률직역의 특성과 한인 법조계의 다양성

(1) 로스쿨 입학과 교육

아시아계 변호사들을 대상으로 한 최근의 조사연구에 의하면, 지난 30년 동안 아시아계의 로스쿨 입학은 다른 어떤 인종 종족집단보다 많이 증가하였다. 1983년부터 2013년 사이에 로스쿨에 입학한 흑인의

---

12) *In re* Ashford, 440 P.2d 76(Haw. 1968).

수는 2배 증가하였고 히스패닉의 수는 3배 증가하였지만, 아시아계는 4배 이상 증가하였다. 그러나 2009년부터는 그 수가 다른 어떤 인종과 종족보다 더 하락했다. 그리고 2016년에 로스쿨에 입학한 아시아계의 수는 지난 20년 중, 가장 낮았다(Chung et. al. 2017: 8-9). 아시아계 학생 중 상위 20%의 로스쿨[13]에 진학한 학생들은 34%에 달하였고, 절반 이상이 상위 40%의 대학에 진학하였다(Chung et. al. 2017: 9). 이는 백인 학생들의 비중에 비해서도 월등하게 높은 숫자이다.

하와이대 로스쿨은 미국변호사협회가 인가한 205개의 로스쿨 중 100위권에 해당하는 학교로 평가되고 있어서 상위권 학교는 분명 아니다. 그러나 이 학교는 학생(23.9%)과 교수(47.9%)의 다양성 지수가 가장 높은 학교로 평가된다.[14] 전임교수 46명 중 절반이 여성이고 절반이 소수인종이다. 또한, 소수인종은 특정종족에 한정된 것이 아니라 다인종 학생이 29%에 달한다. 소수자 학생들에게 제공되는 자원이 많고, 또한 나이 많은 학생들이 선호하는 학교 중 하나로도 평가되고 있다.[15] 아울러 학생 구성과 커리큘럼 측면에서 아시아계 학생들에게 가장 우수한 환경을 가진 학교로 선정되기도 하였다.[16]

---

13) U.S. News & Report지 발간 로스쿨 순위에 의함.

14) Law School Diversity Index, Best Grad Schools, U.S. New Rankings, 2020, https://www.usnews.com/best-graduate-schools/top-law-schools/law-school-diversity-rankings(2020.7.6. 검색).

15) Princeton Review(2020 edition)에서는 각각 2위와 3위로 선정되었다.

16) Prelaw Magazine, Best Law Schools for Diversity, Winter 2018, pp.36-37, https://bluetoad.com/publication/frame.php?i=468824&p=30&pn=&ver=html5. UC Irvine과 UC Davis가 2위와 3위에 선정되었다.

표 2. 하와이대 로스쿨 재학생의 인종/민족성 현황　　　　(2018년 졸업생 기준)

	남성		여성		전업학생		파트타임 학생		전체	
	#	%	#	%	#	%	#	%	#	%
히스패닉	22	12.7	6	4.3	23	9.2	5	7.8	28	8.9
아메리칸 인디언	0	0.0	1	0.7	1	0.4	0	0.0	1	0.3
아시안	42	24.3	37	26.2	62	24.8	17	26.6	79	25.2
흑인	3	1.7	3	2.1	2	0.8	4	6.3	6	1.9
하와이 원주민	5	2.9	5	3.5	10	4.0	0	0	10	3.2
다인종	40	23.1	49	34.8	75	30	14	21.9	89	28.3
소수자 전체	112	64.7	101	71.6	173	69.2	40	62.5	213	67.8
백인	55	31.8	37	26.2	69	27.6	23	35.9	92	29.3
외국인	4	2.3	3	2.1	7	2.8	0	0.0	7	2.2
인종/종족성 미상	2	1.2	0	0.0	1	0.4	1	1.6	2	0.6
전체	173	100	141	100	250	100	64	100	314	100

　　하와이대 로스쿨에서 아시아계(25.2%)의 지위는 백인(29.3%)에 이어 가장 많은 인종집단이고(〈표 2〉 참조), 따라서 특별대우를 해주어야 하는 소수자로 인정되고 있지 않다. 이곳에서 인종적으로 특별한 고려를 받는 집단은 하와이 원주민 집단이다. 학생 구성의 다양성을 실현하기 위한 특별 프로그램으로는 '울루 레후아(Ulu Lehua) 프로그램'이 있는데, 이는 하와이대 로스쿨이 설립되자마자 1974년에 발족되었다. 프로그램의 취지는 소외된 계층의 로스쿨 지원자들을 지원하기 위해서였다. 울루 레후아 프로그램 지원자격은 하와이 거주자 또는 태평양 지역 거주자로서 소외된 그룹의 일원이거나 또는 그러한 그룹을 위해 일해 온 사람이다. '소외된 집단'은 넓게 정의되어 하와이 원주민, 필리핀인, 폴리네시아인, 마이크로네시아인, 이민자, 장애인 등을 포함한다. 추가로 포함된 그룹은 어떤 특정한 어려움을 극복한 사람들로서, 한부모 가정의 가장으로서 가정폭력을 극복한 사람이

일례가 될 수 있다. 프로그램 시작 후 첫 몇 년을 제외하고는 인종이 장학생 선발의 기준이 되지는 않았다.

전술한 아시아계 변호사 대상 조사연구에 의하면 아시아계 법률가 중 사회적인 영향력을 얻기 위해 혹은 정부나 정치계로 진출하기 위해서 로스쿨에 진학하였다고 말한 응답자는 아주 소수였고, 그와 같이 응답한 백인이나 흑인, 히스패닉의 절반에도 미치지 못하였다(Chung et. al. 2017: 11). 지원 동기 중 가장 높은 비중을 차지했던 것은 만족스러운 커리어, 지적 도전, 사람들을 도울 기회가 많다는 것이었다(Chung et. al. 2017: 11). 결국, 안정적이면서 사회적 공헌이 가능한 직업이라는 것이 법률가를 선호하는 이유였다. 실제 한국계 법률가들의 로스쿨 지원 동기는 이민의 세대 간 혹은 개인적인 가정 환경에 따라 다양하게 나타났다.

한국계 이민 3세 여성 변호사인 미셸(Michele)은 현재 호놀룰루에서 소형 로펌을 남편과 함께 운영하고 있다. 그녀는 하와이 대학을 졸업하고 1960년대 초반에 미시건 대학교 로스쿨에 진학하였다. 그녀는 사실 학부를 졸업할 때까지 특별히 법률가가 되고 싶은 생각은 없었다. 진로상담 카운슬러의 권유로 우연히 로스쿨에 지원하게 되었고, 하와이주에 로스쿨이 없었던 시절이라 본토의 유명 로스쿨을 지원하여 모두 합격하였다. 미시건 대학을 선택한 이유는 "숙부가 거주하고 있는 미시건주로 가야 한다고 아버지가 강권하였기 때문"이다(인터뷰 #10).

이민 2세인 리처드(Rihard)가 법률가가 된 이유는 "베트남전의 징병을 피하기 위함"이었다(인터뷰 #8). 로스쿨을 가면 징병 유예를 할 수 있었기 때문이었다. 그의 아버지는 이북 출신 기독교 목사였고, 할아버지 역시 목사였다. 일본에서 대학을 마친 그의 아버지는 미국 선교사의 후원으로 1938년에 미국으로 이주하여 사우스 다코타 주에서 사역을 시작하였고 1953년에 호놀룰루로 이주해왔다. 어려서부터 아버지의 교회를 통해 많은 교민을 접한 그였지만 목사가 될 생각은 별로 없었고, 수학과 과학에 자신이 없었기 때문에 의대나 공대가 아니라 로스쿨을 택하였다고 한다. 동부의 브라운 대학을 졸업한 그는 목사인 아버지의 영향으로 로스쿨은 댈러스에 소재한 남감리교대학(Souther Methodist University)을 졸업하였다.

그런가 하면 이민 3세인 브렌다(Brenda)는 오랫동안 비서 일을 하던 중 보수에 만족하지 못하고 직업의 장래성에 회의를 느껴 법률가의 길을 택하였다. 가족과 친척 중에 법률가는 한 사람도 없어서 주위의 도움이나 영향을 받지는 못했으나, 변호사가 되는 것은 "추호의 의심도 없이 돈을 더 벌기 위함"이었다(인터뷰 #12).

7살 때 하와이로 이민을 온 윌리엄 김(William Kim) 변호사는 1970년대 말 하와이대를 졸업 후 보험 등 여러 업종에서 사무직으로 일을 하다가 좀 더 사회에 보탬이 되는 일을 해보고자 로스쿨에 진학하였다. 그가 어렸을 때 집안 형편이 곤궁하여 학교나 학생들이 주최하는 각종 행사에 참석할 돈이 없어 가지 못했던 경험이 있었기에, 사회에서 경제적 약자들이 재정적 지원(정부 보조 등)을 적절히 받을 수 있도록 도와주고 싶었다(인터뷰 #11). 실제로 그는 로스쿨을 졸업 후 법률구조기관(Legal Aid Society)에 취직하였고, 하와이한인상공회의소의 의장을 지내기도 했다.

부모가 1980년대 후반에 이민 와서 하와이에서 태어난 존(John)은 현재 로스쿨 3학년에 재학 중인데 하와이대에서 학부를 마친 후 법률사무소에서 보조업무(paralegal)를 했던 경험이 로스쿨에 진학하게 된 결정적인 이유였다(인터뷰 #14).

미국의 로스쿨 교육은 종종 백인 중심의 공간에서 주류적인 서사와 특권을 주입하고 이를 합리화한다고 비판받고 있다(Moore 2008: 31). 로스쿨에서의 소수인종 학생들의 생활을 연구한 한 연구에 따르면 인종적 프레임이 지속적으로 아시아계와 라틴계 로스쿨 학생들의 법조사회화에 영향을 미치고 있어, 로스쿨 초기부터 문화적 충격과 인종화된 경험이 이들 학생들로 하여금 범민족적(pan-ethnic) 단체에 소속하게 한다고 보고하고 있다(Pan 2016). 하와이대 로스쿨이 설립되기 전에 미국 본토에서 로스쿨을 졸업한 한국계 변호사들은 동급생 중 아시아계가 극소수였기 때문에 어렸을 적 생활해 왔던 하와이와는 다른 문화적 충격을 경험하였다. 1960년대 초반에 미시간대 로스쿨을 다녔던 미셸(인터뷰 #10)의 회고에 의하면 동급생 360명 중에서 여성은 5명도 되지 않았고 한국계 학생은 본인을 포함해 2명이었다고 한다. 1980년대 초반에 아이오와대 로스쿨을 다녔던 윌리엄(인터뷰 #11)은 본인이 유일한 아시아계 학생이었다고 한다.

반면 하와이대 로스쿨은 본토의 로스쿨과는 매우 다른 환경이다. 유색인종과 소수민족 출신 재학생 수가 많을 뿐 아니라 학생들 대부분이 하와이 출신이고 거의 예외 없이 하와이주 내에서 취업하고 있다. 한국계 재학생들에 따르면 하와이대 로스쿨의 분위기는 경쟁적이지 않고 소수민족으로서 차별이나 불편한 적은 거의 없었다고 한다. 선행연구에서 지적되었던 로스쿨 교육환경 내에서의 인종화 경향은 두드러지지 않은 것으로 보인다. 현재 하와이대 로스쿨 안에 한국계 학생들의 모임은 따로 없다. 아시아계 학생 동아리가 있고, 아시아 법·정책을 전문으로 다루는 학술지(Asia-Pacific Law and Policy Journal: APLPJ)와 센터(Pacific-Asian Law Society: PALS)가 있지만, 이 분야에 관심 있는 학생들이 자발적으로 참여하고 있을 뿐 종족성 기준으로 활발히 참여하는 분위기는 아니라고 한다(인터뷰 #15).

(2) 로펌 및 직장현황

전미 로스쿨 졸업생들의 취업 현황을 집계하고 있는 전국법조직역연구연합(National Association of Law Placement: NALP) 자료에 의하면 절반 이상이 개업변호사나 로펌에 고용되어 있다(54.8%). 하와이대 로스쿨 졸업생의 경우에도 개업변호사나 로펌 변호사로 활동하고 있는 사람들이 가장 많으나, 전국통계와 비교했을 때 그 비중은 상대적으로 낮은 편이다(36.1%). 반면 법원에서 재판연구원으로 일하거나 (26.5%) 정부 변호사로 활동하는(20.5%) 비중이 전국 통계보다 2배 정도 더 많은 사실이 두드러진다(〈표 3〉 참조).

표 3. 하와이대 로스쿨 졸업생 취업현황　　　　　　　(2018년 졸업생 기준)

	기업	법원(재판연구원)	개업/로펌	정부	공익
하와이대	8.4%	26.5%	36.1%	20.5%	7.2%
전국	12.9%	11.2%	54.8%	10.9%	7.4%

개업변호사와 로펌 취업변호사들의 사무실 규모로 보면, 전국적으로는 대형 로펌(41.2%)과 소형 로펌(33.9%)으로 양분되어 있다. 대다수의 법조사회학 연구에서 지적된 바와 같이 미국의 법률직은 개인에 법률 서비스를 제공하는 집단과 기업자문을 주로 하는 집단으로 양분되어 있으며, 주로 대형 로펌에서 기업자문을 하는 법률가들이 법률직역 내에서 사회적 배경, 가치, 명성 등에 비추어 볼 때 우월한 구조적 지위를 가지고 있다(Heinz 1983). 하와이의 법률시장은 그러한 극단적인 양분화의 모습과는 다소 거리가 있어 보인다. 하와이대

졸업생의 경우 25명 이하의 중소형 로펌에 취업이 집중되어있다. 대다수의 졸업생이 취업하는 하와이 지역에는(2018년 기준 92.8%가 하와이에 취업) 100명 이상의 대형 로펌이 존재하지 않기 때문이다(〈표 4〉 참조).

이러한 소규모 법률사무소 중심의 법조시장은 하와이의 독특한 법조문화를 형성시킨다. 규모가 작은 로펌의 구성원 변호사들이 경력 초반에 보다 책임 있는 일들을 많이 맡게 되고, 법률가 커뮤니티가 작아 서로가 서로를 잘 알고 있어 평판이 매우 중시된다.

표 4. 개업/로펌 취업의 사무실 규모   (2018년 졸업생 기준)

	1–10명	11–25명	26–50명	51–100명	100+
하와이대	36.7%	30%	20%	13.3%	0%
전국	33.9%	10.7%	6.4%	5.2%	41.2%

로펌 변호사의 인종구성과 관련해서도 하와이주는 특이한 모습을 보인다. 전미통계를 보면 2018년 전체 변호사 수를 기준으로 할 때 여성과 소수인종의 비율은 35.41%와 16.10%로 나타났다. 그중 아시아계는 7.58%이다. 하와이의 경우 여성과 소수인종, 아시아계의 비중은 각각 41.7%, 74.1%, 22.5%이다. 숫자만 놓고 본다면 하와이에서 아시아계 변호사들은 백인(25.9%)에 이어 가장 비중이 높기에 소수자의 지위에 있다고 말하기 어렵다.

주요 대도시에서 활동하고 있는 아시아계 변호사의 현황을 살펴보면, 소속변호사(associate) 기준으로 볼 때 아시아계 변호사들이 가장 많이 취업한 도시는 샌프란시스코(20.43%), LA(17%), 뉴욕(15.46%)이다. 소속변호사로 7년~10년 정도 경력을 쌓은 후 선발되는 파트너

(partner) 변호사의 경우 아시아계 변호사들이 많은 도시도 샌프란시스코(9.61%), LA(8.68%), 뉴욕(4.81%) 순이지만, 전체 파트너 중에서의 비중은 훨씬 작다(〈표 5〉 참조). 이렇게 볼 때 소수민족으로서 로펌에서 승진하여 파트너급 변호사가 되는 데에는 한계가 있음을 알 수 있다. 지난 20년 동안 아시아계 변호사들은 가장 높은 이직률과 가장 낮은 파트너 구성 비율을 갖고 있으며, 암묵적인 편견과 정형화된 인식을 진급이나 승진의 방해물로 인식하고 있다(Chung et. al. 2017). 하와이 로펌에서도 파트너 변호사의 비중은 백인이 우위를 점하고 있어 다른 지역들과 정도의 차이는 있지만, 아시아계 법률가들에게 유리천장이 존재하고 있는 것으로 보인다.

표 5. 주요 대도시의 로펌 변호사 인종구성   (2018년 기준)

지역	구성원 변호사(partner)		소속변호사(associate)	
	소수인종(%)	아시아계(%)	소수인종(%)	아시아계(%)
미국 전역	9.13	3.63	24.22	11.69
시카고	7.91	3.65	21.32	9.98
휴스턴	12.05	3.90	25.92	9.45
LA	16.65	8.68	32.13	17.00
뉴욕	10.89	4.81	28.40	15.46
샌프란시스코	15.48	9.61	33.08	20.43
워싱턴 DC	10.14	4.28	23.47	10.71

(3) 한국계 변호사의 조직과 활동

하와이에서 지난 10년간 한국계 법률가의 수는 몇 차례 부침이 있었지만 대개 150명~200명 수준으로 유지되어 왔고(〈표 6〉 참조), 2019년 현재 남성은 68명, 여성은 80명이다. 정부에서 근무하는 한국계 변호사는 18명(12%)이고, 2명(1.35%)이 판사로 재직 중이다. 하와이변호사협회 자료는 회원 본인이 등록한 데이터를 기반으로 하기 때문에 그들이 이민 몇 세대인지, 혼혈인지는 파악되지 않는다. 하와이주 한국교민이 주 센서스 통계에서 2%를 넘어 본 적이 없다고 본다면 한인 변호사의 비율은 전체 한인의 비율에 상응하는 수준이라 할 수 있다. 정부 변호사와 법원 판사로 재직 중인 한국계 법률가의 비중도 전체 법률가와 거의 비슷한 수준이다.

표 6. 한국계 법률가 수의 변화 (2010-2019년)

	2010	2011	2012	2013	2014	2015	2016	2017	2018	2019
현직	98	108	107	119	105	113	64	43	81	69
정부	22	30	20	26	24	28	16	17	19	18
판사	2	3	3	3	1	3	2	2	3	2
비현직/자원봉사	54	51	54	62	57	61	39	43	53	59
전체	176	192	184	210	187	205	121	105	156	148

하와이 한인업소록(2019년)에는 현재 42개의 법률사무소들이 등록되어 있다. 이들 사무소는 교통사고, 계약, 부동산 등 교민사회를 상대로 하는 매우 다양한 법적 문제들을 다루고 있으며, 가장 빈번하게 등장하는 업무분야는 이민법이다. 그레이스 박(Grace Park) 변호사는 업무의 90% 이상을 이민법으로 수행하고 있는 이민법 전문변호사이고 의뢰인의 절반은 한국인이다.

과거에 한국계 변호사에 대한 고정관념 중 하나는 그들이 로컬 변호사들만큼 능력이 뛰어나지 않다는 것이었어요. 그런 인식은 이제는 사라졌지만 적어도 내가 처음 변호사로 취업했을 때에는 전반적으로 공유되었던 게 아닌가 해요. 특히 의뢰인들이 한국인으로 한정되어 있을 때는, 예를 들어 이민법 분야 같은 특별한 분야에만 집중하게 되면 전반적인 문제들에 대해 깊은 지식과 경험을 갖추기 힘들지 않을까 하고 의심하게 되지요(인터뷰 #3).

한국계 변호사들의 경우 특별히 명문 로스쿨을 나오거나 아주 우수한 성적으로 졸업하지 못하면 대형 로펌에 취직하기 힘들기에 정부나 소형 로펌에 취직하는 경우가 많다. 1970년대 초반에 로스쿨을 졸업하고 후에 하와이주 변호사협회장을 지낸 리처드는 이렇게 회고한다.

내가 고등학교, 대학교, 로스쿨을 졸업할 당시에도 훌륭한 한국인 변호사들이 많이 있었는데 큰 로펌에서 활동하지는 않았던 것 같아요. 내가 로스쿨 입학했을 때 아마 7-8개의 큰 로펌들이 있었는데 모두 백인(Haole)이 운영하는 회사였어요. 내 동년배 중 한두 명은 로펌에 취직했는데 나머지 아시아계 변호사들은 정부나 소규모 법률사무소에서 일을 시작했지요. 지금 로펌 이름에 아시아계 이름이 있는 곳들은 대개 내가 변호사로 활동을 시작했을 때보다 한두 해 전에 비로소 설립된 곳입니다. 내 성적으로는 대형 로펌에 취직할 가능성은 없었고, 그래서 검사가 되었지만, 그 결정을 아주 만족합니다(인터뷰 #8).

이민 3세 여성 변호사인 미셸은 친척 중에 5촌 당숙인 최영조 판사를 비롯하여 법률가가 여럿 있었는데, 그가 로스쿨을 졸업한 1960년대 중반에는 검찰국에 소속된 여성검사가 두 명에 지나지 않을 정도로 매우 드문 일이었다. 그가 비교적 수월하게 취직을 할 수 있었던 것도 하와이의 좁은 법률시장 내에서 개인적 인연이 작용한 것이 도움이 되었다고 생각한다.

하와이는 다른 주와 달라요. 여기는 규모가 작단 말이에요. 작은 마을 같죠. 정치적으로 이리저리 얽혀 있고. 내가 대학 4학년 때 존 번즈(John Burns)에 관한 졸업논문을 썼는데, 그는 하와이 출신 민주당 대표였고 후에 하와이가 미국의 주로 편입되는데 큰 역할을 하지요. 그런데 그가 나중에 주지사로 출마했을 때 나한테 연설문을 써달라는 요청이 왔어요. 내가 그에 대해 졸업논문을 썼었기 때문에 그렇게 했지요. 나중에 아는 사람으로부터 전해 들었는데, 그분이 로스쿨 졸업 후에 내가 원하는 무슨 일이든 자기한테 얘기하면 도와주겠다고 그랬대요. 내가 나중에 검찰국에 취직이 되었는데, 검찰국장이 번즈 주지사가 임명한 사람이었는지, 정말 그가 도움을 주었는지 모르겠지만요(인터뷰 #10).

법률 직역에서 여전히 존재하는 인종에 따른 취업달성도의 차이는 주로 흑인법률가를 대상으로 한 연구에서 나타난 바 있다(Nelson 2010). 인종에 따른 이러한 차이는 사회적 자본의 차이로 설명되기도 한다. 백인에 비해 흑인들은 사회적 자본이 적고, 사회적 연결망을 통한 자원이 부족하다. 로펌 문화의 지배적 업무형태인 기업자문 업무는 고강도의 노동과 상호경쟁적인 환경, 그리고 끈끈한 멘토십과 사건수임을 위한 외부 네트워크를 요구한다. 이러한 요소를 갖추지 못한 소수자 출신 법률가들은 주류 법조집단과는 다른 공간(예컨대 공익, 정부, 이민 분야)에 종사하는 대안적 전략을 선택하는 것이 보통이다. 한국계 법률가로부터의 멘토링은 흔치 않은데, 리처드는 초임검사로 활동할 당시 도움을 주었던 한국계 판사의 사례를 소개한다.

내가 처음 [1970년대 중반] 호놀룰루 검찰국 검사로 활동할 때에요. 그때에는 검사가 13명이었는데 지금은 100명도 넘지요. 그때 한 재판부에 배당이 되었는데 판사 이름이 로버트 장(한국명 장원배) 판사셨죠. 장판사님은 내 이름을 보고 - 아마 목사이신 내 아버지를 아셨을지 모르지만 - 나한테 꽤 관심을 가졌어요. 가끔씩 나를 불러서 앉혀놓고 "오늘 당신이 법정에서 한 변론 중에 이러이러한 것들은 잘했다. 그런데 이러이러한 건 하지 마라는 등 코치를 해주시는 거예요. 그렇게 4-5달 정도 했어요. 그분은 제가 법정기술을 익히는데 멘토가 되어주신 거죠. 정말 멋진 일이었어요. 그분 아드님도 판사가 되었는데(Gary Chang) 법정에서 재판 진행하는 모습이 아버지를 꼭 닮았어요(인터뷰 #8).

앞서 살펴본 바와 같이 20세기 중반 이후부터 등장하기 시작한 초창기 한국계 법률가들 중 다수는 검찰이나 정부 변호사 등 공직에서 활동하다가 판사에 임용되었다. 사적 부문에서 로펌을 창설하거나 대표변호사 혹은 시니어 파트너로 성공한 경우는 거의 없었다. 그러다 보니 주로 로펌에서 실무를 수습해야 하는 초임 변호사의 입장에서 도움을 받을 수 있는 롤모델이 없었던 것이 사실이다. 실제로 하와이대 로스쿨에 재학 중인 한국계 학생들에게 알고 있는 한국계 법률가들에 관해 물어보면 잘 모르겠다는 응답이 많았고, 현직판사 몇 명의 이름을 알려주면 그 사람이 한국계였냐고 놀라며 되묻는 경우도 적지 않았다.

한국계 변호사들 간의 네트워킹과 비공식적 멘토십은 하와이주 한인변호사회(Korean American Bar Association of Hawaii: KABAH)나 차세대한인전문직네트워크(NexGen Korean American Network)를 위주로 이루어지고 있다. 하와이주 한인변호사회는 1980년대 후반에 결성되어 주로 2세 변호사들을 중심으로 운영되고 있는데, 회원들은 1.5세대에서 3세대에 걸쳐져 있다. 전체 회원 수는 50~60명이지만 활동적인 회원은 20명 정도이며, 그중에는 한국계가 아닌 사람도 있다.

이 중에서 한국어를 능숙하게 구사할 수 있는 회원은 10명이 채 되지 않는다고 한다. 대개 소규모 로펌이나 개업을 한 변호사들이 중심이고 이들의 업무 분야는 이민법, 일반회사법, 가족법 등 다양하다. 현재 KABAH 임원들 중 대형 로펌에 근무 중인 2명을 제외한 나머지 10명의 경우 모두 개인사무소나 소형 로펌에 근무하고 있다.[17] 출신 대학과 로스쿨은 미국본토인 경우가 다수 있지만, 대개는 하와이에서 태어나거나 어린 시절을 보낸 경우가 많다.

이들은 한 달에 한 번씩 정기적으로 회합하여 친목을 도모하고 현안에 대한 논의를 주로 하고 있다. 초대 회장을 지낸 한 변호사의 회고에 따르면, "한국계 변호사들이 종종 불독과 같이 물불 가리지 않고 전투적이라는 고정관념이 있는데, 서로에 대해서 사적으로 잘 알게 되면 관계가 형성되니 나중에 사건을 해결하는 데 있어서도 훨씬 원만하게 진행할 수 있도록" 서로가 만날 수 있는 장을 마련하고자 했던 것이 주된 원인 중 하나였다고 한다(인터뷰 #11).

5년 전부터 KABAH는 서울변호사회와 자매 결연을 맺고 상호교류를 하기 시작했다. 서로 간에 방문을 한 차례씩 했으며 한국 방문 시 대법원, 검찰청, 헌법재판소 등 주요 사법기관들을 둘러보았다. 하와이의 법률시장이 작고 한국을 비롯한 아시아 지역에서 아직 큰 규모로 하와이에 투자가 이루어지지 않았기 때문에 인바운드 혹은 아웃바운드 법률자문이 성행하고 있지는 않다. 전 세계 한인 변호사들의 모임인 세계한인변호사협회(International Association of Korean Lawyers: IAKL)에는 협회 차원에서 참가하는 것이 아니라 개인 차원에서 참가하며, 하와이주 한인 변호사 중에서도 활발한 활동을 하는

---

17) Korean American Bar Association of Hawaii Directory 2016.

사람이 있다.

한인변호사회는 신문의 한 면에 여러 가지 법적 이슈들, 부동산 임대차, 채권추심, 이민 등 교민 생활에 밀접한 법적 문제들에 대해 정기적으로 기고하는 형식으로 교민사회에 기여하고 있다. 또한, 한인 상공회의소와 공동으로 한국 페스티벌을 주관하고 있으며, 한인 교회에서 주최한 각종 행사, 골프 등 스포츠 행사에 참가하여 무료법률서비스를 해주는 방식으로 정기적으로 교민사회를 지원하고 있다. 매년 두 차례씩 한인사회에 법률봉사활동을 하는데, 한국 페스티벌에 나가 "법률의 주간" 행사로 테이블을 차려 법률상담을 한다. 그러나 이러한 봉사 차원의 법률 서비스(pro bono)를 통해 개별 사안에 대한 정확한 법적 자문을 하는 데에는 그에 대한 책임의 문제가 수반되어야 하는 한계가 있기에, 특정 주제에 대한 포괄적 지식을 전달하는 세미나의 형태가 선호되고 있다. 그 외에도 한인변호사회는 장학금을 지원하고(한국인 혈통 50% 수혜자격), 한국 교민들의 정치참여를 독려하기 위해 투표등록, 배심원 참여 홍보 등을 하고 있다.

4. 맺음말

하와이로의 한인 이민이 시작된 지는 100년을 넘어섰지만, 법조계와 같은 주류사회의 전문직으로 진출하기 시작한 것은 20세기 중반이 지나서이다. 하와이의 왕조가 붕괴되고 미국의 영토로 합병되는 과정에서 중심적인 역할을 하였던 백인 법률가와는 달리 이민을 제한하는 법률과 시민권이 없이는 변호사 개업을 금지한 규정 때문에 아시아계 법률가가 성장할 수 없었기 때문이다. 큰 규모의 오랜 역사를 지닌 주류 로펌은 백인 선교사와 농장주, 기업가의 후손으로 미국 본토의 명문 로스쿨을 졸업한 하와이 토박이 백인 법률가들에 의해 설립되어 현재까지 지대한 영향력을 행사하고 있다.

초창기 한국계 법률가들은 대개 플랜테이션 노동자의 후손인 이민 2세 혹은 이민 3세로서 대부분 검찰이나 정부 변호사 등 공직에서 활동하다가 판사에 임용된 경우가 많았다. 사적 부문에서 로펌을 창설하거나 대표변호사 혹은 시니어 파트너로 성공한 경우는 거의 없었다. 그러나 1965년 이민법 개정으로 새로운 이민자들의 유입으로 교민사회의 모습도 변모하고 구이민자와 신이민자의 커뮤니티가 구분되기 시작하였다. 하와이 한인사회에 대한 외부의 인식이 변화하고, 교민사회의 내적인 분화가 이루어져 이에 따라 법률 서비스의 수요가 다양화되었다. 아울러 한인 법조계의 직역구조도 변화되어 많은 법률가가 개업하거나 소형 로펌에서 활동하고 있다. 특히 하와이대 로스쿨이 개원하면서 로컬 출신의 변호사들이 대거 하와이 법조시장에 진출하면서 경력 지향성, 활동 범위, 교민사회와의 관계 등에 있어 과거와는 다른 역동적인 모습이 진행되고 있다.

초국가 시대 재미 한인의 한국 대중문화 소비

: 새로운 정체성과 공동체 형성에 대한 함의

박정선

전 지구화가 심화되고 사람, 정보, 물류 등의 흐름이 이전과는 비교할 수 없을 정도로 복잡하고 광범위하게 국경을 넘는 변화된 세상을 사는 현대인들, 특히 이민자들의 삶을 어떻게 이해할 것인가에 대해 여러 논의가 있었다. 현대 이민자들의 이주는 그 어느 때보다 다양한 성격을 지니며, 매우 유동적이고, 또한 초국가적이다. 과거에는 이민자들의 대부분이 출신국에서 특정한 하나의 거주국으로 단선적인 움직임을 보이고 그 거주국에서 뿌리를 내리는 경향을 보였다면, 오늘날의 이민자들은 한곳에 오래 거주하지 않고 여러 일시 거주국 들을 거치거나, 도중에 자유롭게 출신국으로 돌아갔다가 다시 이주하거나 아니면 아예 한 곳 이상의 거주지를 두고 자유롭게 왕래를 하는 등 이주의 방향이나, 기간, 동기 등이 전과는 매우 다르며 다양하다. 이와 더불어 광범위하게 이루어지고 있는 디지털화는 그야말로 세계를 하나로 묶게 되었기 때문에, 적어도 정치, 경제, 사회적으로 디지털화의 수혜를 누릴 수 있는 이민자라면 거주하는 나라나 지역과 관계없이 초국가적으로 세계와 연결될 수 있고, 따라서 물리적인 거리와 상관없이 출신국과도 지속적이며 광범위하게 연결되게 되었다. 그 중에도 특히 미디어를 통한 연결은 감정, 감성을 통해 이주자들을 출신국과 접합시키면서 그들의 정체성이나 사회관계, 문화의 준거 형성 등에 중요한 영향을 끼친다. 전 지구화 시대의 변화에 대해 통찰력 있는 분석을 한발 앞서 내놓은 아르준 아파두라이(Arjun Appadurai)는 이주와 미디어의 연결이 가지는 중요성에 대해 그의 저서『고삐 풀린 현대성(Modernity at Large 1996)』에서 논의하면서, 서로 연결된 이 두 요소가 근대적 주체성(modern subjectivity)의 한 부분으로서의 상상력의 기제에 끼치는 영향을 살펴야 한다고 주장했다(Appadurai 1996:3). 특히 디지털화는 베네딕트 앤더슨(Benedict Anderson)이 제시한, 신문을 비롯한 인쇄자본주의에 힘입어 가능하게 된 상상의 공동체(Anderson 1991)와는 조금 다른 성격의, 더욱 포괄적이고, 다층적이며, 동시적인 초국가적 상상의 공동체를 가능케 하는 만큼, 우리는 이것이 어떻게 초국가적 이민자들의 삶과 맞닿아 있고, 그것이 가지는 의미는 무엇인지를 고찰해 볼 필요가 있다.

아파두라이는 또 '민족정경'(ethnoscape)과 '미디어 정경'(mediascape) 같은 개념을 통해 오늘날 우리가 살아가는 급격히 변화된 세상과 그 안에 내재된 초국가성, 굴절성, 복합성, 단절, 새로운 접합 등을 이해하려면 새로운 국경 없는 문화 흐름의 논리와 그것과 밀접히 연결된 사람들의 움직임, 정체성 등에 주목해야 한다고 갈파했는데, 그런 의미에서도 초국가적 이민자들의 미디어 소비의 중요성에 대한 관심과 그에 대한 심층적 논의가 필요하다(ibid. 1996: 33-36). 이와 같이 디지털화된 전 지구화 시대에서 이주자의 삶에 대한 이해는 미디어에 대한 논의와 뗄 수 없음에도 불구하고, 기존의 재미한인 연구는 이 부분을 거의 다루지 않았다고 해도 과언이 아니다. 아마도 미디어 연구나 문화연구에서 다루어지는 대중문화라는 주제가 정치나 경제, 사회구조 등과 같은 주제에 비해 "소프트"하고 일상적으로 느껴져서가 아닌가 싶기도 한데, 그러나 이 소소해 보이는 것들이 가지는 정치, 경제, 문화적인 함의가 디지털 시대에서는 특히 더 중요해 지고 있고, 일상에 바탕을 둔 정체성의 정치의 한 축이 되고 있느니만큼 이에 대한 고찰이 요구된다. 아파두라이가 지적한 바와 같이 미디어와 이주의 연결은 개인의 자아, 정체성 형성에 대한 이해에도 필요하지만, 새로운 일상적 공공 담론의 형성과 변화를 이해하는 데도 중요하기 때문이다(Appadurai 1996:3).[1]

이 글은 미주한인들의 한국 대중문화 소비에 대한 분석을 통해 미주한인들의 삶을 지금까지와는 다른 방향에서 조명해 보고자 한다. 특히 재미한인의 한국 대중문화 소비가 그들의 정체성이나 사회관계에 끼치는 영향에 초점을 맞춰, 초국가적 시대에 한인 디아스포라가 가지는 정체성의 다층성, 유동성 및 복합성을 고찰해 보고, 그것이 그들이 정착한 사회의 인종 이데올로기와 어떠한 상관관계를 가지는지, 한국 대중문화가 어떻게 대안적인 정체성의 준거틀로 작용할 수 있는지, 그리고 한국 대중문화를 통해 한인들이 어떤 다양한 사회적

---

1) 조직적인 대중문화 팬덤은 상당히 정치적인 행위를 포함하는데, 그것이 실제 정치참여, 정치세력화와 연결되는 지점을 살펴볼 필요가 있다. 최근에 일어난 K-pop팬들의 대대적인 Black Lives Matter 운동 참여나(https://apnews.com/09aaf5560b48385f5adf8ae7a6af3740), 오클라호마에서 열린 미국 공화당 선거유세 개입(https://news.yahoo.com/online-disruption-trump-rally-highlights-k-pops-political-014742601.html) 등은 K-pop 팬덤의 정치적 목소리 내기와 그 영향력에 대한 시사점을 던져준다. 미국을 비롯한 서구 미디어가 여러 보도를 통해 이 부분에 세간의 이목을 끌어옴으로써, 앞으로 K-pop 팬덤과 그들의 정치, 사회적 행위가 미국/서구 사회 공공담론에서 좀 더 드러나고, 영향력을 가질 수 있는 가능성이 커졌다.

관계, 연결망을 형성하는지를 논의하고자 한다. 아울러 대중문화를 매개로 한 초국가적 연결을 살펴봄으로써 디지털 시대에 대중문화가 미주한인과 출신국 그리고 더 나아가 전 세계를 어떻게 연결하고 그것이 어떤 함의를 갖는지를 살펴보고자 한다.

1. 재미한인의 한국 대중문화 소비

20세기 초중반 무렵 앵글로 동화주의(Anglo-Conformity) 이념을 기반으로 한 미국 이민자 연구를 보면, 이민자들이 "문화적 짐"(cultural baggage)을 들고 오는데, 이 문화적 짐을 내려놓고 현지의 언어, 문화를 되도록 빨리 습득하여 "주류사회"에 "동화"되는 그룹들이 성공한 이민자 그룹들이며, 그렇지 않고 출신국 문화를 오래 껴안고 자기네들의 문화적 습성과 가치관 등을 유지하려는 그룹들은 정치, 경제, 사회적으로 소외되거나 낮은 자리에 위치하게 되는 열등하고 실패한 그룹이라는 인식이 팽배했다. 이는 당시 주류였던 동화이론(assimilation theory)에 근거한 생각이긴 하지만, 문화적 다원주의가 그를 대체하게 된 이후에도 출신국 문화를 강하게 고집하거나 유지하는 개인이나 집단에 대한 "주류사회"의 곱지 않은 시선이 완전히 사라진 것은 아니었다.[2] 이는 단지 "주류사회"의 시선에 그치는 것이 아니라 미국 사회의 이데올로기를 내재화한 많은 이민자, 특히 미국에서 나고 자란 젊은 이민자 세대에서 지금까지도 자주 보이는 모습

---

2) 스탠리 피시(Stanley Fish)는 현 상태(status quo)를 위협하지 않는 선까지만 허용되는 '다름'에 대한 얄팍한 수용을 부티크 다문화주의(boutique multi-culturalism)로 지칭했다(Ram 2014: 182에서 재인용).

이다. 그런데, 전 지구화와 디지털화가 심화되는 21세기에는 단지 구호나 사회이념으로서의 다문화주의가 아니라 일상의 소비에 근거를 둔 초국가적 다문화주의가 많은 이들의 삶에 파고들고 있어 타문화에 대한 미국인들의 생각에 변화를 일으킬 기반이 마련되고 있다.

다문화나 타문화에 대한 미국 사회의 감수성이나 인내도가 현저히 낮았던 한인 이민 초창기부터 한국 대중문화는 재미한인의 삶과 떼려야 뗄 수 없는 관계에 있었다. 미주 한인의 이민역사는 20세기 초로 거슬러 올라가지만, 일제강점과 미국의 차별적 이민법으로 오래도록 한인 이민이 제한되었었기 때문에, 대다수 한인은 1965년 이민법 개정을 통해 이주하게 된 사람들과 그 후손들이라고 볼 수 있다(Hing 1994참조). 많은 1965년 이후의 이민자들은 일자리나 언어, 문화적인 이유로 같은 한인들이 많이 거주하는 LA, 뉴욕, 시카고 같은 대도시에 주로 몰려들어 점차 코리아타운으로 불리는 소수민족 거주지(ethnic enclave)를 형성하고, 그를 중심으로 한인 커뮤니티들을 성장시켰는데, 흥미롭게도 이들이 자리를 잡자 가장 먼저 한 일 중의 하나가 한인 미디어의 설립과 한인 축제 주최였다. 예를 들어, 1975년도에 이미 LA지역에서는 한인 TV 방송들이 한국에서 수입한 드라마나 뉴스를 방영하기 시작했고, 1983년에는 케이블 네트워크를 통해 독립된 한국어 TV 채널을 확보했다(Lee 2015: 173). 뉴욕이나 시카고에서도 시기의 차이는 있지만 비슷한 일들이 일어났으며, TV 채널뿐만이 아니라 라디오 방송, 신문사 등 미디어 시설도 설립되었다. 기술력이 발달하면서, 한국에서 정보를 수입하는 시간도 단축되어, 신문 기사를 예로 들어보자면, 초기에는 비행기로 한국 신문을 수송해 다시 인쇄해서 배포하는 식이었다면, 1990년대 중후반에는 위성으로 기사를 보내고, 받아 보게 되어 시간차가 급격히 줄어들게 되었다(Park 2004a

참조). 그리고 디지털 시대에 접어들어서는 말 그대로 동시적 정보 접근이 가능하게 되었다.

이민 초창기에 에스닉 미디어를 부랴부랴 설립한 이유는 그 필요성이 있었기 때문이다. 이민자들이 언어와 문화가 낯선 곳에서 생존하고 성공하기 위해서는 필요한 정보를 재빨리 모국어로 제공해 줄 공신력 있는 기관이 필요했고, 또 종교기관과 같이 특정 그룹에만 초점을 맞춘 것이 아닌 비교적 중립적이고, 한인 전체를 아우르며 그들을 공동체로 묶어 줄 수 있는 구심점도 필요했다.3) 또한, 자주 가 볼 수 없는 한국과의 연결을 뉴스나 드라마 등을 통해 확인하면서, 한국과의 끈을 이어가거나 노스탤지어를 달랠 수 있게 해주는 역할 역시 미디어의 몫이었다. 따라서 한인 미디어는 특히 노년층을 포함한 1세대들이나 언어, 문화적으로 어려움을 겪는 많은 이들에게 정보와 오락거리를 제공해 주는 고마운 존재였다. 한편, 한국 입장에서도 이는 중요했는데, 미주 한인사회와의 지속적인 연결과 소통은 물론 동시에 영향력을 행사할 수 있는 통로이기도 했기 때문이다. 유의영에 따르면 신문이나 방송이 한인사회에서 한국의 전통적 가치나 국가주의를 강화하는 역할을 수행했다고 한다(Lee 2015:173에서 재인용).4) 미디

---

3) 1984년에 발표된 허원무와 김광정의 연구에 따르면, LA지역에서 인터뷰한 622명 중 78%가 한국 신문을 구독한다고 대답했다고 한다(Lee 2015: 173에서 재인용). 구독하지 않고 식당 같은 곳에서 신문을 읽는 이들까지 합하면 당시 적어도 5명 중 4명은 한국 신문을 보았다고 할 수 있다.

4) 1983년에 한국 KBS는 지역적 기반 위에 설립, 운영 중이던 KTB(Korean Television Broadcast)와 JTB(JoongAng Television Broadcast)를 병합해 KTE(Korean Television Enterprises)를 설립했고 이는 남가주 유일의 한인 TV가 되었다(Lee 2015: 175-176). 그런데, 이런 직접적 방식이 아니더라도 미디어를 통해 출신국의 문화, 국가주의가 이민자 사회에 유입, 강화되고, 영향을 주는 일은 여러

어는 또 미주한인과 한국이 지속적으로 사회적 기억을 공유할 수 있게 함으로써 그들 사이의 초국가적 연결을 더욱 공고히 해왔다.

한인 미디어는 각종 한국 드라마나 쇼 프로그램, 뉴스 프로그램 등을 지속적으로 방영했고, 우후죽순처럼 생겨난 비디오 대여점들은 한국 드라마나 가요 및 버라이어티 쇼 프로그램 등의 시청을 더욱 다양하고 손쉽게 만들었다. 그에 따라 1990년대에는 1세대가 가장 일반적으로 선호하는 여가 선용이 한국 드라마 시청이라는 말이 널리 회자될 정도였고, 더불어 시간이 가면서 한국 대중문화는 다양한 경로, 예를 들어 노래방, 한국식 카페, 음식점, 술집, 만화방, 옷가게 등을 통해 적어도 대도시 한인 밀집 지역에서는 많은 한인의 일상에 녹아들게 되었다(Park 2004a).[5]

그러나 디지털 시대의 도래 전에는 대도시나 한인 인구가 어느 정도 되는 중소도시가 아니라면 한국 대중문화를 쉽게 접할 수 없었던 것이 사실이다. 규모의 경제가 일어날 수 있는 곳이 아니면 한인 미디어나 비디오 대여점 같은 중요한 매개체가 존재하기 어려웠기 때문이다. 이런 지역적인 차이 외에도 주요 소비층 역시 디지털화 이전과 이후가 달라지고 있다. 이민 초창기부터 오랫동안, 그리고 정도의 차이는 있지만 지금까지도, 주로 1세대나 한국어가 가능한 1.5세대가 한국 대중문화의 주 소비자층이라 할 수 있다. 그러나 2000년대 중반 정도를 전후로 보이는 변화는, 2세대나 더 후대세대 사이에서 늘어나

디아스포라 그룹에서 발견된다(Ram 2014 참조).

5) 이는 또한 비한인들이 한국 대중문화를 접할 기회를 만들어 준 것이기도 하다. 이런 경로를 통해 아시아에서 한류가 하나의 현상으로 일어나기 훨씬 전부터 한국 대중문화는 대도시를 중심으로 미국 문화의 일부로 오랫동안 존재해 왔고, 비록 소수이기는 하나 한국 대중문화를 수용하는 비한인들이 있어 왔다.

는 한국 대중문화에 대한 관심이다. 1990년대 말까지만 해도 한국 대중문화에 관심을 가진 2세대들은 몹시 소수였으며, 필자가 관찰한 바로는 대다수는 관심이 없거나, 가족들 특히 할머니나 어머니 덕에 어거지로 집에서 접하지만 별로 즐기지 않거나, 아니면 아예 싫어하는 이들이 대부분이었다. 당시 인터뷰한 한 한인 2세 음악평론가는 한국 음악이 미국 음악에 비해 한 5-10년은 뒤진 것 같다며, 관심을 가지고 들으려고 해도 듣기 힘들다라고 할 정도로 한국 대중문화의 질이나 세련도에 대한 의구심을 보이는 이도 있었다. 그런데 2000년대 초 무렵부터 조금씩 변화가 관찰되더니 2000년대 중반 정도부터는 한국 대중문화, 특히 K-pop에 관심을 보이거나 들은 적이 있다는 젊은 한인들이 늘어나기 시작했고, 그 이후로 계속 증가추세에 있다. 이는 디지털화나 전 지구화 등과도 관계가 있지만, 무엇보다 한류로 지칭되는 한국 대중문화의 전 지구적 확산이 큰 이유일 것이다. 1990년대까지만 하더라도 한국 대중문화 소비는 이민자 세대와 연결되어 진부하고 재미없는 것 혹은 구태의연한 것으로 치부되었다면, 아시아권에서 한류가 엄청난 인기를 끌자 2000년대 중후반을 넘어서는 새롭고, 멋지고, 흥미로운 것으로 그 의미가 바뀌게 되었고, 젊은 세대의 엄청난 호응을 끌어내게 되었다.[6] 그래서 현재는 한국 대중문화에 큰 관심은 없다는, LA에 거주하는 20대 후반 한인인 올리비아같은

---

[6] 비슷한 현상이 다른 아시아계 커뮤니티에서도 발견된다. 예를 들어 발리우드 영화라고 지칭되는 힌디 영화는 1990년대 중반 무렵부터 북반구에서 초국가적 관심과 인기를 얻기 전까지(특히 미국에서 "쿨하다"고 인식되기 전까지)는 미국 내 인도계 디아스포라들에게 받아들여지지 않았다. Ram에 따르면 1990년대 이전에는 힌디영화를 무시하는 태도가 일반적이어서, 그 당시 그걸 즐긴다고 인정하는 건 자신이 속한 교육받은 중상층 성원들 사이에서는 사회적인 제재를 받을 위험이 있었을 정도였다고 한다(Ram 2014:5).

경우에도 "한인이라고 자신을 드러내는 것에 훨씬 열려있게 되고, 받아들이게 됐어요"라고 할 정도로, 커지는 한류의 인지도나 인기는 젊은 세대 한인들의 긍정적인 정체성 형성에도 영향을 끼치고 있다.

물론 모든 한인이 한국 대중문화를 소비하거나 좋아하는 것은 아니지만 적어도 차세대 한인들이 가지는 인식이나 태도가 한류가 일어나기 전과는 매우 달라진 것은 분명하며, 한국 대중문화 스타들의 미국 미디어 노출도의 증가나 성공에 의해 더욱 고무되고 있는 것은 사실이다. 올리비아에 따르면, 예전 자신의 세대와는 달리, 요즘 젊은 애들(자신이 다니는 한인 교회에 나오는 12~15살 정도 되는 아이들)은 "100%"가 한국 대중문화 얘기를 한다고 한다. 특히 K-pop이 인기라 많은 아이들이 학교행사에서 K-pop 커버댄스를 춘다고 덧붙였다. 그런데, 이민자들의 출신국 대중문화 소비는 한인에게 국한된 것이 아니다. 대부분의 이민자 커뮤니티에서 찾아볼 수 있는 현상이며, 다만 그 정도와 선호하는 장르나 대중문화를 통한 본국과의 관계 형성의 형태 등이 다르게 나타날 뿐이다. 예를 들어, 발리우드(Bollywood)로 지칭되는 발달한 영화 산업을 가진 인도는 영화가 국가 및 국민 정체성 형성과 밀접한 관계가 있어, 그 특정한 장르를 매개로 인도계 디아스포라와 초국가적 연계를 이어나가고 강화한다(Desai 2005; Ram 2014).[7] 한국 대중문화의 경우는 특정 장르로 대변된다기보다는 복합적으로 상호작용하며 연결된 여러 분야가 한인들에게 소비되는데, 그래도 굳이 나누자면 아마도 중년 이상의 1세대에게는 드라마 시청이 아직까지도 가장 일반적이고 인기 있는 장르라 할 수 있고, 젊은 한인

---

7) 음악과 댄스는 발리우드 영화의 아주 중요한 요소이므로, 이들은 접합되어 있다 (Ram 2014 참조).

들에게는 K-pop이나 한국식 화장과 미용법(K-beauty) 혹은 한국음식 (K-food)이 더 관심이 있는 분야일 것이다.[8] 그런데 디지털 시대에는 집에서 TV를 시청하거나 음악을 듣는 것에 그치지 않고 다양한 소셜 미디어나 온라인 커뮤니티들을 통해 자신이 느끼고 생각한 바를 적극적으로 여러 사람과 나누고 상호교류하는 것이 일반화되었기 때문에, 그를 통해 한국 대중문화에 대한 관심이 확대 재생산되고, 또 다양한 분야의 정보들이 유기적으로 얽혀 유통됨으로써 그것이 다시 대중문화의 한 부분으로 편입되기도 한다. 그 초국가적인 흐름은 또 한인사회뿐만이 아니라 한국 사회 그리고 그 너머까지 영향을 끼침으로써 이제 미주한인의 한국 대중문화 소비는 미국이라는 지역에 한정할 수 없는 명실공히 초국가적인 현상이 되어가고 있다. 그리고 그를 통해 새로운 공공 담론이 형성, 전파되며 새로운 초국가적 문화 지형도를 그려간다고 볼 수 있다.

2. 미국 사회 내의 인종적 이미지와 아시아계 이민자의 정체성

미주한인의 한국 대중문화 소비와 그 함의를 이해하려면, 미국 사회에서 한인이 차지하고 있는 위치성, 성원권, 정체성의 문제를 얘기

---

8) 1990년대 중후반 무렵에도 한국식 화장법이나 패션에 관심을 보이고 따라하는 10대나 20대 한인 여성들이 있기는 했지만 소수였고, 그들도 선택적으로 한국식 스타일을 차용했다. 한국 패션이나 화장법이 주로 '촌스럽다'고 인식되던 그 이전 시절을 생각하면 새로운 변화의 조짐이 드러나던 시기였지만, 그럼에도 이때까지만 해도, 또래 집단 내에서는 한국 스타일을 차용하는 이들은 '다름'을 추구하는 비주류라는 인식에서 자유롭지 못했다.

하지 않을 수 없다. 불평등한 인종적 위계질서 위에 세워진 미국이라는 나라에서 유색인종 이민자로 살아간다는 것은 끊임없이 자신이 그리고 자신이 속한 인종·민족 집단이 이 사회에서 어디에 자리하고 있으며, 어떻게 받아들여지고 있는지에 대해 의식하고 질문해야 한다는 것이며, 동등한 사회 성원으로서의 성원권을 얻기 위해서는 계속해서 투쟁하고 협상해야 한다는 의미이기도 하다. 초국가적 이민자들은 그 과정에서 자신들의 초국가적 정체성, 연결망, 자원 등을 활용하여 자신들의 자리를 만들고, 새로운 의미를 부여하며, 정체성을 형성해 나가기도 한다(Basch et al. 1994 참조). 이민자가 아니더라도 개인에게 정체성은 중요한 문제이지만, 이민자 특히 인종적, 문화적, 정치적 약자의 위치에 있는 아시아계의 일원인 미주한인에게는 일상에서 마주하는 주변화의 경험이 그들에게 계속 자신의 정체성과 성원권에 대한 질문을 던지게 한다. 따라서 이민자에게 있어 정체성은 끊임없는 화두이지만 그 가변성, 다양성 때문에 일반화하기 어려운 문제이기도 하므로 맥락화하여 이해할 필요가 있다.

성인 이민자들에게도 쉽지 않은 정체성 그리고 성원권의 문제는 예민한 자아 정체성 형성기를 지나는 청소년을 포함한 젊은 한인에게는 더욱 심각한 문제인데, 이는 특히 제대로 된 준거틀의 부재라는 면에서 그러하다. 인종은 미국 사회 구성원들의 정체성 형성에 핵심적인 역할을 하는 변수인데, 한인은 자의든 타의든 아시아계라는 틀에 들어가게 되고, 그 카테고리가 가진 여러 정형화된 요소에 영향을 받게 된다. 예를 들어, 많은 비판을 받고 있지만 아직도 굳건하게 그 힘을 발휘하고 있는 모델 소수인종(model minority)의 이미지로 말미암아 그에 상응하는 학업적 성취를 이루어야 한다는 압력이 많은 한인 젊은이들을 짓누르고 있으며, 그렇게 학업적으로 성공을 해도 사회에 나와서는 그에 상응하는 대우를 받지 못한다는 현실이 그들을 더욱 좌절하게 한다. 또한, 모델 소수인종 담론이 제시하는 이미지에 부합하지 못하는 조건을 가졌거나 상황에 내몰린 이들은 더욱 설 자리가 없어지고, 그들의 존재 자체가 한인사회에서조차 무시당하거나 심지어 부정당하는 경험을 하기도 한다(Park 2004a 참조).

더불어 미국 사회에 만연한 아시아인 및 아시아계 미국인에 대한 인종적 정형화 및 고정관념은 청소년뿐만 아니라 한인 전체의 정체성 형성에 여러 가지 문제를 던진다. 이 정형화된 이미지는 주로 미디어를 통해 확대, (재)생산되는데, 준 싱(Jun Xing 1998)에 따르면 미국 영화를 통해 드러난 아시아계에 대한 이미지는 다음과 같이 요약될 수 있다. 1) 황화(Yellow Peril)로 대변되는 아시아인들에 대한 공포 / 거부감에 근거한 이미지; 2) 나비부인(Madame Butterfly)으로 대변되는 아시아인, 특히 여성에 대한 성적 대상화와 규정; 3) 찰리 챈(Charlie Chan)으로 대변되는 "위협적이지 않은" 예스맨으로서의 이미지이다. 이들은 여성과 남성에 대한 이미지들과 다시 얽히고 변주되어 다양하게 나타나며, 같은 범주에 속하는 이미지라도 맥락에 따라 다른 의미로 해석되기도 한다. 예를 들어, 1과 3은 주로 남성의 이미지와 연결되는데, 상반된 성격을 강조한다. 황화적인 이미지는 과거 유럽이 경험한 몽골인들의 침략과 연결이 될 정도로 역사적인 기억과도 밀접하게 관계되어 있으며, 깊은 뿌리를 지닌 오리엔탈리즘과도 가깝게 연관되어 있다. 이에 따르면 아시아 남성들은 폭력적이며, 백인들에게 위협이 되는 존재이다. 그들은 종종 약탈자로 묘사되며 그들이 가진 백인 여성에 대한 관심은 특히나 백인 남성들에게 거부감을 일으키고, 그들의 위협으로부터 백인 여성으로 대변되는 백인의 세상을 지켜야 하는 의무를 부과한다. 반면에 찰리 챈으로 대표되는 이미지는 선량하고 똑똑하지만, 성적인 매력이 없거나 일반적이지 않은 성적 취향을 가진 "조연적" 성격의 인물이다. 주로 백인 주인공을 보조하는 역할을 하며, 뚱뚱하게 묘사되고, 때때로 웃음을 주는 역할을 담당한다.9) 여성의 경우는 주로 2번의 이미지와 연결이 되는데, 푸치니의 오페라 나비부인의 주인공인 쵸쵸상이나 뮤지컬 미스 사이공의 킴처럼 백인 남성의 성적대상으로 묘사된다. 그들은 조용하고, 어딘가 알 수 없는 매력을 가졌지만, 수동적이며 죽음을 불사할 만큼 백인 남성에게 헌신적인 존재로 그려진다.

이런 기본 이미지를 바탕으로 변주가 이루어지기도 하는데, 예를 들어 수동적이고 헌신적인 그러나 존재감이 빈약한 아시아 여성이 드래곤 레이디(Dragon lady)로 대표되는 강하고, 위험하며, 권모술수에 능한 "악녀"로 묘사되기도 한다.10) 그러나 이런 캐릭터 역시 주체성이 부각되기보다는, 다만 악역으로 그 역할이 바뀌었을 뿐, 나비부인과 마찬가지로 성적 대상으로서의 역할이 강조된다. 다시 말해, 전체적으로 아시아 여성의 경우는 성적인 면이 부각되는 반면, 남성의 경우는 그것이 부정되는 면이 강하다. 찰리 챈의 경우는 말할 것도 없고, 푸 만추(Fu Manchu)로 대변되는 아시아계 악당의 경우도 동성애적인 면이 가시적으로 혹은 묵시적으로 드러나 있고, 일반적으로 아시아 남성들의 남성성은 부정되거나, 여성성으로 대치되는 경향이

---

9) 강남스타일로 일약 세계적 스타가 됐던 싸이가 미국인들에게 거부감 없이 받아들여진 데에는 그가 이 "뚱뚱하고 웃긴 아시아 남자"라는 스테레오 타입에 들어맞았기 때문이었다는 분석도 있다. 실제로 필자의 학생 몇몇이 수업 중 토론에서 그 점을 지적하기도 했다.

10) 드래곤 레이디는 테리와 해적들(Terry and the Pirates)이라는 미국만화에 나오는 인물의 이름이며, 이 만화에서 처음으로 쓰였다고 한다.

있다.[11] 예외적으로 이소룡 같은 캐릭터를 통해 아시아계의 남성성이 드러나기도 하지만, 이소룡 캐릭터의 경우는 비현실적인 영웅 같은 이미지라 친근감이 부족하고, 따라서 쉽게 감정적으로 연계할 수 없다는 문제가 있다. 그리고 이 심정적 거리감을 나타내는, 친밀하고 쉽게 연계되기 어려운 이미지야말로 미국 사회에서 아시아계가 마주하는 가장 큰 장애물 중 하나라고 할 수 있다. 그런 감정적 연결이 어려운 '타자'의 이미지가 그들의 사회, 문화적 소외와 주변화를 생성하고 고착시키기 때문이다.

20세기 말부터 초국가화가 크게 확산되면서 아시아와의 교류가 확대되었고, 전보다 훨씬 다양한 배경을 가진 아시아 이주자들이 미국에 정착하면서, 기존의 정형화된 이미지가 조금씩 변화해 가기도 한다.[12] 특히 증가하는 아시아 국가들의 경제적, 정치적, 문화적 중요성과 할리우드로의 아시아 자본 유입 등이 인식 변화에 어느 정도 영향을 끼쳐왔다고 볼 수 있다.[13] 그런 면에서 최근 더해진 이미지로는

---

11) 마이클 코레스키(Michael Koresky)에 따르면, MGM 영화사의 공식 카탈로그에 푸 만추와 그의 딸이 다음과 같이 묘사되어 있다고 한다: "푸 만추는 5인치짜리 손톱을 가진 추한 악마적 동성애자이며 그의 딸은 사디스트적인 성중독자이다"(2018).

12) 초창기 아시아 이민자들이 주로 농업종사자나 노동자 계층이었다면 1965년 이민법 개정 이후에는 고학력 전문직 종사자들이 많이 유입되었고 또 가족초청의 문호가 넓어져 전보다 훨씬 다양한 계층의 사람들이 이주하게 되었다. 거기다 나중에 투자 이민 같은 새로운 카테고리가 더해짐으로써 자본을 가진 이들의 이주도 늘었다.

13) 2019년 기준, 미국의 상위 10개 교역국 중 아시아 국가가 절반을 차지한다(중국, 일본, 한국, 인도, 대만 순). 상위 20개국에는 베트남, 싱가포르, 말레이시아, 태국이 더해져 9개 아시아 국가들이 포함된다. https://www.forbes.com/sites/kenroberts/2020/02/05/its-official-mexico-is-no-1-us-trade-partner-for-first-time-

아마도 신흥 부자라는 이미지일 것이다. 초국가적 이민자인 싱가포르계 미국인이 쓴 소설에 바탕을 둔 크레이지 리치 아시안(Crazy Rich Asians)이라는 영화의 미국 내에서의 예상치 않았던 성공은 아마도 그런 변화를 가장 잘 대변한다고 할 수 있을 것이다.14) 또한, 인스타그램과 같은 SNS(Social Networking Sites)의 발달로 말미암아 아시아 여러 국가의 발달상과 소비문화가 널리 알려지게 되었고, 패션이나 화장술과 같은 분야에서 이미 많은 아시아인들이 성공적인 온라인 스타가 되어 영향을 끼치고 있다(Pham 2015참조). 이런 흐름에는 K-beauty로 불리우는 한국 화장품이나 화장법, 미용법 등도 중요한 역할을 해왔고, 많은 유튜버를 중심으로 아시아발 유행을 선도하고 있다. 이처럼 영화나 TV가 이미지를 형성하는 데 주도적인 역할을 했던 시대에서 SNS가 그 흐름을 주도하는 시대로 변화해 가는 지금, 아시아인들의 영향력이나 목소리는 높아지고 있고, 새로운 이미지 창출을 할 수 있는 기회도 많아지고 있다. 또 할리우드 내에서도 아시아인이나 아시아계 미국인들을 주연 혹은 비중 있는 조연으로 내세워 영화를 만드는 일도 조금씩 늘어나고 있고, 아시아인에 대한 정형화된 이미지를 벗어나는 캐릭터를 구현하려는 시도도 나타나고 있는 만큼, 미국 사회가 가진 아시아계에 대한 이미지 역시 조금씩 변해갈 것이며 뒤에 살펴볼 바와 같이 한류와 미주한인 역시 그 변화에 한 축을 담당할 수 있을 것이다.

---

despite-overall-us-trade-decline/#43c91c303eab)

14) 이 영화는 기존에 영화관을 잘 가지 않던 부류의 아시아계 미국인들조차 극장으로 불러내기도 했지만, 영화의 놀라울 만한 성공은 수많은 비아시아계 관객들의 성원에 힘입은 바 크다.

3. 한국 대중문화 소비와 한인의 정체성

이민자들의 정체성은 거주국과 출신국 모두와 연계하여 형성되고 변화하며, 이는 거주국에서 나고 자란 차세대에게도 정도의 차이는 있지만, 적용이 된다고 볼 수 있다. 특히 본인의 의지로 스스로가 인지하고 원하는 자기 정체성과 상관없이 사회가 이미 정해놓은 아시아계 미국인이라는 범주와 그것이 가지는 사회, 문화, 정치적인 함의에서 자유롭지 못한 아시아계는 좋든 싫든 자신들의 부모 혹은 선조들의 출신국과의 관계 정립이 정체성 형성에 중요한 요소가 된다.

정체성을 형성하는 기반은 여러 가지가 있는데, 그중 하나가 소비이다. 소비를 통해 개인은 자신의 정체성을 형성, 확인하고, 드러내며 타인과 연결을 맺는다. 과시적인 소비가 한 예이며, 부르디외(Bourdieu 1984)가 말한 취향을 통한 구별 역시 소비를 통해 가시화된다. 이런 의미에서 대중문화 소비 역시 중요한 소비의 형태이며, 그를 통해 개인의 정체성이 형성되기도 하고, 강화되기도 하며, 부정당하기도 한다. 그리고 그를 통해 타인과 연결되어 공동체를 형성하기도 하는데, 팬덤이라고 지칭되는 커뮤니티는 아마 그중 가장 강력하고 흡인력, 지속성이 있는 공동체일 것이다(강준만 & 강지원 2016 참조).

젊은 한인들의 한국 대중문화 소비가 늘어나면서, 이것이 그들의 정체성 형성에 미치는 영향도 커지기 시작했다. 한국에서의 삶의 경험이 정체성의 근간을 차지하는 1세대와는 달리, 미국 사회가 기본 준거틀인 차세대 한인들에게 한국 대중문화가 지니는 의미는 다르고, 또 그들의 정체성 형성과 연계되는 부분도 다를 것이다.[15] 애틀랜타와 댈러스 지역에서 2세대 한인들을 중심으로 한국 대중문화와 정체성 형성의 상관관계를 연구한 데이비드 오(David Oh 2015)에 따르면, 연구대상자인 한인 청소년들의 한국 대중문화 소비는 다양한 양식으로 나타나며, 한국 대중문화가 그들의 정체성 형성에 영향을 끼치기도 하지만, 그들이 이미 가지고 있는 정체성이 그들의 한국 대중문화 소비에 영향을 주기도 한다. 예를 들어, 한국적 정체성이 강하지 않고, 한국문화에 관심이 없거나 싫어하는 청소년들은 한국 대중문화도 싫어하거나 관심이 없고, 한국적 정체성이 강한 청소년들은 한국 대중문화 소비를 통해 그것을 더욱 강화하는 경향을 보였다. 그 중간쯤에 위치한 이들은, 주변의 준거집단이 한국 대중문화를 소비하는 경우, 그 영향을 받아 대화에 끼기 위해 자신도 동참하는 경향을 보였다. 이는 정체성 형성에서 또래가 가지는 중요성을 보여주는데, 그런 의미에서 미국 사회 내에서 늘어나는 한국 대중문화의 인지도와 수용도가 한인, 특히 한인 젊은이들의 정체성 형성에 영향을 끼치리라는 것을 시사한다.

그런데, 한인 젊은이들에게 한국 대중문화가 정체성 형성의 준거가 될 수 있는 데는 앞서 말한, 미국 사회의 차별적 인종이데올로기와 그것을 고착, 심화시키는 굴절된 미디어 이미지가 큰 역할을 한다. 정체성이 형성되는 시기의 청소년들에게 미디어 이미지가 지니는 중요성은 많이 연구되었는데, 소수 인종/민족에 속하는 이들은 이런 면

---

15) 몰리와 로빈스는 정체성은 기억, 특히 홈(home)에 대한 기억이며, 영화와 TV가 집단적 기억과 정체성 형성에 아주 강력한 역할을 한다고 주장하는데(Morley and Robins 1995:91), 차세대 한인에겐 한국이 현재 거주하거나 혹은 돌아갈 곳으로서의 홈의 의미를 가지지는 않아도 한국 대중문화를 통해 뭔가 편안하고 익숙하며 자신들의 뿌리로서의 홈의 의미가 생겨나거나 강화될 수 있고, 그를 바탕으로 정체성 형성에 중요한 축을 담당할 수 있다.

에서 갈등을 크게 겪을 수밖에 없다. 자신과 비슷한, 자신을 투영할 수 있는 롤모델이 없거나 부족한 데다, 자신이 속한 인종/민족은 보통 편견으로 가득 찬 왜곡된 이미지로 대표되기 때문이다. 따라서 인종 위계의 정점에 있는 백인에게 자신을 투사하거나 자신의 인종적/민족적 배경을 부정하기도 하고, 혹은 더 긍정적이고 주체적인 아시아계 미국인의 이미지를 위해 투쟁을 하기도 한다. 이런 맥락에서 한국 대중문화는 일상에서 쉽게 대안적 롤모델이나 준거틀을 제공해 줄 수 있기 때문에 한인 젊은이들에게 새로운 의미로 다가온다고 하겠다.

물론 한국 대중문화가 한인 젊은이들에게 의미 있는 준거틀로 다가오게 된 데는 한류의 성공이 자리 잡고 있다. 앞서 언급했듯 그들의 한국 대중문화에 대한 관심이나 수용이 2000년대 중반부터 가시적으로 늘어난 것이 그것을 반영한다. 그러나 아시아에서의 인기가 수년간 지속된 후에야 미국에서 받아들이기 시작했다는 것은 미국 사회가 타문화에 대해 갖는 보수성, 배타성을 한인 젊은이들도 어느 정도 내재화했다는 의미라고 볼 수도 있다.[16] 그런데도 혹은 그렇기에 BTS(방탄소년단)가 미국 주류미디어에서 인지되고 받아들여지게 된 요즘은 아마도 훨씬 많은 한인 젊은이들이 보다 쉽게 한국 대중문화에서 롤모델을 찾을 거라 추론할 수 있다. 왜냐하면, 이제는 대안 문화에서 주류의 일부로 자리 잡을 수 있다는 가능성이 보였기 때문에 기존에 거리를 두던 이들도 새롭게 합류할 근거가 생겼기 때문이다.

---

16) 앞서 언급한 바와 같이 비슷한 현상이 인도계 미국인 젊은이들이 발리우드 영화를 받아들이는 데에서도 드러난다. 출신국 대중문화 소비를 통한 초국가적 감정적 연결이 중요한 1세대들과는 달리 미국에서 나고 자란 차세대에게는 미국 사회의 인정이 그런 초국가적 문화 소비에 영향을 주는 것으로 보인다.

그럼 어떤 의미에서 한국 대중문화나 대중문화 스타들이 한인에게 의미 있는 준거틀이 될 수 있는가? 개인차가 있겠지만, 동질성을 찾기가 쉽다는 면이 중요하게 작용한다. 예를 들어 생김새가 비슷하다는 것은 한인들이 스타와 그가 대변하는 여러 긍정적이고 멋진 것들에 자신을 쉽게 투영할 수 있게 해준다. 이는 앞서 언급한 아시아인에 대한 왜곡된 이미지로 가득 찬 미국 주류미디어를 통해서는 쉽게 할 수 없는 일이기 때문이다. 왜곡된 이미지는 차치하고라도, 주인공으로 나와 모두를 열광하게 하는 아시아계 스타의 숫자 그 자체가 형편없이 작아서, 롤모델도 삼고 싶어도 삼을 사람이 거의 없다는 것이 21세기 미국의 현실이다. 아시아계 주연급 배우는 그동안 그래도 조금 늘어나긴 했지만, 대중음악 같은 분야에서는 지금도 미국 내에서 전국적 인지도가 있는 아시아계가 아무도 없다고 해도 과언이 아닐 정도니, 백인이나 다른 인종이 아닌 아시아계 미국인을 롤모델로 삼고 싶은 한인이나 다른 아시아계 미국인들에게는 답답하기 짝이 없는 현실이었는데, 여기에 한국 대중문화 스타들이 하나의 대안으로 떠오른 것이다.17) 여기에 이 스타들이 다만 한국이나 아시아 일부 지역에 국한된 스타들이 아닌 초국가적 인지도와 팬덤을 거느린 스타라면 그들의 롤모델로서의 가치는 더욱 상승하게 된다. 정체성 형성에 동질성과 차이는 가장 중요한 기준의 하나인데, 한국 대중문화는 한인이 미국 대중문화에서 느끼던 차이를 동질성으로 극복할 수 있게끔 하는 기제로 작용할 수 있다.

---

17) 전국적으로 유명한 밴드의 일원인 아시아계 대중음악가는 가끔 있어도(예를 들어, 린킨 파크(Linkin Park)의 멤버인 조 한) 솔로 아티스트는 전무하다고 해도 과언이 아니다. 지역적으로 이름이 있는 솔로 음악가의 숫자도 매우 작다.

더 나아가 한국 대중문화 스타들은 생김새만 닮은 것이 아니라 연예인을 꿈꾸는 한인들에게는 다가갈 수 있는, 실현될 수 있는 꿈을 상징하기도 한다. 실제로 많은 미주한인들이 한류스타로 자리매김해 왔고, 새로운 한류스타를 발굴하기 위한 오디션은 미주 곳곳에서 계속되고 있다. 한인을 비롯한 아시아계 미국인의 할리우드로 대변되는 미국 주류 대중문화시장 진입이 극히 어려운 현실을 고려해 볼 때, 한국을 통한 초국가적 스타로의 길이라는 대안은 상당히 매력적이며 지극히 현실적이라고 할 수 있으므로 연예계 지망생들에게는 특히나 정체성의 준거틀로서 큰 의미를 지닌다고 하겠다. 그리고 이는 미주한인이 주변부에서 중심으로 진입할 수 있다는 가능성을 제시해 준다는 면에서 연예인 지망생이 아니더라도 한인들에게 의미를 줄 수 있다.

동질성은 또 한인이 가진 한국문화에 대한 이해 및 친밀감과도 관계가 있다. 물론 한국문화를 이해하거나 받아들이는 정도는 개인마다 다르지만, 문화적 이해는 어느 정도 저변에 존재한다고 할 수 있으므로, 한국 대중문화에 대한 문화적 진입장벽이 낮다. 그리하여 한국에 대한 부정적인 인식이나 거부감이 있는 경우가 아니라면, 한국 대중문화의 소비를 통해 접하는 한국문화가 일시적 혹은 좀 더 지속적으로 의미 있는 대안적 준거틀을 제공해 줄 수 있다고 볼 수 있다. 초국가적 이민자들이 출신국, 거주국을 비롯한 다양한 국가/사회/문화들과 유기적이고 복합적인 관계를 맺으며 자신들의 자리와 정체성을 형성해 나간다는 것을 고려하면 이는 일반적인 초국가적 이민자들의 전략적 선택과도 맥을 같이 하지만, 한편으로는 한류가 가진 커다란 초국가적 영향력이라는 면에서 조금 다른 성격을 띠기도 한다(Basch et al. 1994 참조). 즉, 한류는 지금 가장 뜨고 있는 일종의 초국가적 역류문화 혹은 하위주체문화 흐름(contra-flows / subaltern flows) 중 하나이기 때문에 그것이 가진 문화적 파워로 말미암아 한인들이 그것을 준거틀의 일부로 삼을 가능성이 더 커진다고 할 수 있다(Thussu 2007 참조). 실제로, 20대 중반 한인인 멜리사는 한류의 초국가적 성공이 "자랑스러우며" 한국문화에 전보다 더 "개인적인 연결감"을 느낀다고 인터뷰에서 대답했다. 더불어 "핏줄로 연결"됐다는 사실도 더 인식하게 됐다고 언급한바, 이 역시 한류의 초국가적 성공에 고무되어 나타나는 반응으로 볼 수 있다.

상호교류가 강조되는 한국 대중문화의 성격 역시 한인들에게 다가가는 면이다. SNS 사용이 보편화된 오늘날, 스타와 팬들과의 관계는 훨씬 상호적이고 가까워졌지만, 아직도 대중의 스타에 대한 접근성이 제한적인 할리우드와는 달리 한국 스타들은 훨씬 자주 또 적극적으로 팬들과 소통한다. 이는 기존 전 지구적 미디어 유통채널에 대한 접근이 지극히 제한되어 있던 한국 대중문화가 디지털 시대의 본격 도래와 함께 일대 도약한 것과도 일맥상통하는데, 예를 들어 BTS의 성공은 SNS를 통한 그들의 팬그룹 아미(ARMY)와의 소통에 힘입은 바 크다(홍석경 2013).[18] 전반적으로 팬들과의 연계는 한류스타들의 인기와 성공에 중요한 요소이며 이는 프로슈머가 대세가 되는 현 글로벌 지형도에서 중추적인 역할을 한다(강준만 & 강지영 2016; 홍석경 2013). 이는 팬들에게 기존보다 주도적인 역할을 부여하기 때문에, 대중문화 소비에 있어서도 주체적 행위자라는 느낌이 들게 하며, 그와 연관된 정체성 형성에도 보다 긍정적인 의미를 갖게 한다고 할

---

18) 초국가적 문화흐름에서 유통채널이 가지는 중요성에 대한 논의는 핸너즈(Hannerz 1992) 참조.

수 있다. 따라서 상호성과 접근성은 한인들을 더욱 밀접하게 한국 대중문화와 연결할 것이며, 그를 통해 후자는 더욱 의미 있는 준거틀로 작용하게 될 것이다.

그런데 흥미로운 부분은 한국 대중문화가 미국 사회에 뿌리박힌 아시아인에 대한 정형적 이미지에 어떤 영향을 끼칠 수 있을까 하는 점이다. 지금까지는 기존의 이미지를 뒤흔들만한 새로운 대안을 제시한다기보다 오히려 강화시키는 편이었다고 볼 수 있는데, 예를 들어 보아가 미국 시장에 진출했을 당시, 일본이나 한국에서의 이미지보다 훨씬 성적인 어필을 강조하는 전략을 사용했고, "센 언니" 이미지인 씨엘조차도 미국에서 솔로로 데뷔했을 때 평소보다도 더 성적인 면이 드러나 보이게 이미지 메이킹을 했다. 그리고 흥미롭게도 둘 다 성공적으로 미국 시장에 안착하지 못했다. 물론 음악적 이유나 마케팅 전략의 실패 등으로 그런 것일 수도 있지만, 한편으로는 이제 미국 대중들도 늘 같은, 정형화된 아시아 여성의 이미지에 식상한 건 아닌지, 그리하여 대안적인 아시아 여성의 이미지 창출이 가능할 수도 있지 않을까 하는 가능성을 생각해보게 한다. 20대 한인인 멜리사는 한국 여성 K-pop아이돌이 남성 아이돌에 비해 더 페미니스트적인 면을 보인다면서 그래서 그들이 "더 좋은 롤모델"이 되었다고 말한다. 더 나아가 그는 이런 것들이 "사회변혁의 표식"이라고 말하며, 그러나 그러한 시도들은 어떤 그룹들(예를 들어, 남성 팬들)의 저항에 직면하기도 한다고 지적한다. 한인 내부에서도 이런 저항이 있는 것으로 미루어 볼 때, 젠더뿐만 아니라 인종이란 변수까지 접합된 아시아 여성에 대한 기존의 이미지를 전복시키기에는 아직 갈 길이 먼 듯이 보이기도 하지만, 새로운 시도들이 있었고, 그것이 적어도 일부 대중에게 환영받는다는 징후는 이미 여기저기에서 감지되고 있다.[19]

아시아 남성의 이미지와 관련해서는 아무래도 '여성화'(effemination)가 계속되는 문제일 것이다. 특히 미국 내, 주로 비아시아인, 남성 팬들의 경우 K-pop 스타들의 여성성에 대해 자주 언급하는데, 재미있는 건 여성 팬들, 특히 아시아계 여성 팬들은 그렇게 받아들이지 않거나, 그것을 오히려 매력 포인트로 본다는 것이다. 꽃미남이나 미소년에 열광하는 여성 팬들은 그것을 여성성이라는 프레임으로 바라보지 않으며, 오히려 위협을 느끼지 않고 다가갈 수 있는 "부드러운 남성성"으로 해석을 하기도 한다(Jung 2011 참조).[20] 홍석경은 이 한류스타들의 "여성성"에 대해 "한류 남자 스타들이 서구 대중문화에는 없는 새로운 남성상을 유통시킨다"고 주장하며 한국 연예인들의 근육질 몸도 "남성적 우월성"을 포장하기 위해서가 아니라 "수용자들에게 즐거움을 주기 위한 무기로 사용"한다고 말한다(홍석경 2013: 316-317). 즉, 여성 수용자들의 욕망 대상으로서 새로운 남성상을 제시한다고 주장하는데, 이는 성적인 매력이 부정된 기존 할리우드의 아시아 남성의 여성화와는 또 다른 종류의 성 정체성 담론의 가능성을 보이는 해석이라 할 수 있다. 만약 앞서 언급한 한국 연예인들의 미디어 이미지가 실제로 미국 혹은 여타 서구 사회 내 아시아인의 이미지나 젠더 정체성 담론에 변화를 가져오는 데 일조한다면, 이는

---

19) 한국 대중문화를 좋아하다가 한국 사회나 문화 전반에 관심을 갖게 된 이들도 많은데, 일부는 한국 페미니즘에 관심을 갖고 연대하기도 한다. 라티나인 필자의 학생 중 하나는 메갈리아와 그들의 운동방식을 지지하며 다른 이들에게도 그것을 알리는 데 열심이었다.

20) 꽃미남이나 미소년은 또 만화적인 감수성과도 관련이 있다. 서구에서는 한류 팬과 일본 만화(망가) 팬이 교집합을 이루는 부분이 있는데, 이런 한국 · 일본 대중문화에 익숙한 이들이 보는 아시아 남성의 젠더 정체성은 기존의 서구에 팽배한 해석과는 다를 것이다.

대단히 흥미로운 현상임과 동시에 한인을 비롯한 아시아계 미국인의 젠더 정체성의 정치에도 영향을 주리라 생각된다.

한국 대중문화와 한인의 정체성 간의 관계에서 또 하나 짚고 넘어가야 할 부분은 굽타와 퍼거슨(Gupta와 Ferguson 1997)이 주장한 바와 같이 디아스포라나 초국가적 이민자의 정체성을 하나의 지역이나 공동체로부터 뻗어 나온 공간적, 시간적 확장으로 이해해서는 안 된다는 점이다. 문화가 끊임없이 공간을 넘어 여행하며 그 모습을 바꿔 가듯 한인들이 한국문화를 받아들이는 방식도 다양하며 계속 변형되어가고 있기 때문에, 한인들이 한국 대중문화를 준거틀로 사용하더라도, 그를 바탕으로 형성하는 정체성은 한국인 정체성의 연장이 아닌 초국가적 이민자로서의 삶의 경험과 필요에 의해 만들어진 그들만의 독특한 것이며 그들의 주체성을 반영하는 것이라는 점을 기억해야 한다.

4. 한국 대중문화를 매개로 한 새로운 관계 형성

대중문화 소비는 개인의 정체성뿐만 아니라 사회관계에도 영향을 끼친다. 그리고 그 관계망이 다시 정체성 형성에 영향을 미치므로 이들은 유기적으로 맞물려 있다 할 것이다. 한인들의 한국 대중문화 소비는 여러 가지 방식으로 그들을 다른 이들과 연결한다. 우선은 세대 간의 연결이다. 이민자 세대와 미국에서 나고 자란 세대의 간극은 어느 이민자 사회나 있기 마련이지만, 한인들은 특히 문화와 언어 면에서의 큰 차이 때문에 그 거리가 상당히 멀어 세대 간 갈등의 주요한 요소였다. 그런데 한국 대중문화 소비는 세대 간에 공통된 관심 그리고 문화적 준거를 만들어 줌으로써 이 간극을 메꾸고, 세대 간의 다리를 놓는 역할을 한다. 예를 들어 한국 드라마를 어머니와 함께 보면서 몰랐던 한국 문화나 가치에 대해 배워 부모 세대에 대한 이해가 깊어져서 사이가 돈독해지기도 하고, 그렇지 않더라도 세대 간의 대화할 기회가 늘어나기도 한다(Park 2004b). 또 조부모님이 같이 사시는 경우에는 3대를 아우르는 세대 간의 소통이 한국 드라마를 통해 가능해지기도 한다.

마찬가지로 한인과 미국 내 다른 인종·민족 간에도 공통의 관심사를 통해 새로운 관계가 맺어진다. 비록 제한적이기는 했어도, 초기 한국 대중문화의 미국 사회로의 진입은 한인사회를 중심으로 이루어졌다. 앞서 언급한 바와 같이 한인들이 밀집한 대도시에서는 한인 TV를 통해 자막이 달린 한국 드라마나 뉴스가 정기적으로 송출되었고, 라디오 프로그램이나 식당, 카페 등을 통해서도 한국 대중문화가 직·간접적으로 전파되었다. 그러다가 1990년대 말에 시작된 아시아권에서의 한류의 성공 이후, 초국가적 연계망을 통해 점차 다른 아시아계 미국인 커뮤니티로 번어나갔고, 더 나아가 비아시아계로 확산되어 왔는데, 그 과정에서 한인들은 이들과 새로운 관계를 발전시키게 되었다. 특히 한국어가 가능한 한인의 경우, 초창기에 영어 자막이 있는 드라마나 프로그램이 부족했을 당시에 영어자막을 만듦으로써 한국 대중문화와 다른 인종·민족들을 연결하는 가교 역할을 톡톡히 하기도 했다. 지금은 한국어가 가능한 인구가 많이 늘었고, 영어 이외의 언어로 된 자막도 많이 있으며, 자막 달린 콘텐츠의 유·무료 서비스도 증가해서 한인들 역할의 중요도가 전과 같지는 않지만, 그들이 가진 한국과 연관된 문화적, 인적 자본은 그들과 타인종·민족과의 관계에서 중요한 요소로 자리한다. 또 타 아시아계 미국인들과는 특히 범 종족적(pan-ethnic)인 연계를 보이기도 하는데, 이는 어느 정도의 문화적인 근접성 및 미국 사회의 인종적 범주화(즉, 아시아계라는 카테고리)와도 밀접한 관계가 있다. 예를 들어 중국과 태국인의 피가 섞인 캄보디아계 미국인인 아니타는 한국드라마를 통해 캄보디아 문화를 배웠다고 주장한다. 언뜻 바로 이해가 안 가는 이 주장의 배경에는 크메르 루주 치하의 끔찍했던 기억 때문에 캄보디아나 그 문화전통에 대해 거의 아무것도 언급하지 않았던 그의 부모님과 그에 대한 대안으로서 쓰일 수 있는 TV 드라마와 같은 캄보디아 문화상품의 부재가 자리한다. 다른 마땅한 대안이 없었던 그는 한국 드라마를 통해 가족의 중요성 같은 보편적인 아시아 문화가치를 알게 되었고 그를 통해 캄보디아 문화를 일부나마 이해하게 된 것이다.

한국 대중문화 소비를 통해 한인들은 한국과도 새로운 관계를 형성한다. 앞서 언급한 바와 같이 미디어를 통한 출신국 문화나 가치의 전수는 여러 디아스포라 그룹에서 나타나는데, 한인 역시 예외가 아니다(Ram 2014 참조). 그렇게 전파된 가치는 특히 다음 세대를 교육하고 사회화하는 데 중요한 역할을 담당하며, 그를 통해 미주한인은 한국과 문화, 가치 등의 집단기억을 공유하는 초국가적인 연결을 공고히 한다. 때로 그 연결은 한국의 국가주의적 이데올로기나 프로젝트에 한인들을 편입시키는 역할을 하기도 해서 그에 따른 긴장 관계, 협상 등을 통해 한국과 새로운 관계가 형성되기도 한다. 이 외에도 기본적으로 대중문화 소비는 감성을 통한 연계를 가능케 하므로, 이를 통해 초국가적인 감성적 상상의 공동체가 형성된다. 그런데, 대중문화 소비를 통한 미주한인과 한국의 연계에는 특이한 부분이 존재한다. 즉, 미주한인은 그저 수동적으로 출신국의 대중문화를 수용하는 존재가 아니라, 한류로 대변되는 한국 대중문화의 형성과 발전,

전파에 큰 역할을 한다는 점이다. 이는 한인이 다른 디아스포라 그룹들과 구별되는 매우 특별한 부분인데, 대부분의 디아스포라는 거의 출신국 대중문화의 소비자 역할에 그치는 데 반해 미주한인은 한국 대중문화의 창조 및 전파에도 중요한 역할을 담당하고 있다.[21] K-pop을 예를 들면, 한류가 일어나기 전부터도 미주한인들은 한국 가요계에 일찍감치 자리를 잡고 있었고, 한류가 도래한 이후에도 지속적으로 그 존재감을 자랑한다.[22] 전파자로서의 미주한인은 최초로 한국 TV 드라마를 합법적으로 그리고 유료로 서비스했던 드라마피버(DramaFever.com)의 창시자들을 대표적으로 들 수 있을 것이다.[23]

전 지구를 하나로 엮는 현 디지털 시대에는 한국 대중문화의 소비를 통해 한인들이 같은 관심을 공유하는 전 세계인들과 또한 연결된다. 이는 아마도 다양한 팬커뮤니티에서 가장 잘 나타날 텐데, 공통의 관심과 감정적 연결이 이들을 국가, 문화, 언어, 인종, 연령, 성별의 차이를 넘어 하나로 연결하며, 이런 연결은 종종 문화 소비를 넘어서는 개인적인 관계 형성으로 이어지기도 한다. 때로는 익명성에 기대어 친구나 가족에게도 말하지 못했던 가장 사적인 일까지도 편하게 얘기할 수 있는 관계가 되기 때문에, 디지털 시대에 대중문화 소비를 매개로 한 이런 초국가적 연결은 새로운 의미로 다가온다고 하겠다.

---

21) 또 다른 예외로 베트남 디아스포라가 한동안 베트남 대중음악에 큰 영향을 끼친 것을 들 수 있으나, 그 영향은 미주한인 같이 전방위적이고, 지속적이지 않다(Valverde 2005 참조).

22) 많은 한국 아이돌 그룹에는 적어도 한 명 이상의 미주한인 멤버들이 있다.

23) DramaFever.com은 소프트 뱅크에 팔렸다가 다시 워너브러더스에 매각되었다. 워너브러더스는 2018년 10월 16일에 DramaFever.com의 서비스를 종료했다.

5. 결론을 대신하며

이상에서 살펴본 바와 같이 초국가적 시대에 미주한인의 한국 대중문화 소비는 그들과 한국을 새롭게, 복합적으로 묶어주며, 출신국 및 거주국과 새로운 관계 정립뿐만 아니라 국가와 민족을 떠난 다양한 초국가적 관계망으로 들어갈 기회를 제공한다. 대중문화 소비는 또 한인들의 정체성 형성에도 영향을 미쳐, 그들이 미국 사회 내의 인종적 소수자로서 마주하는 한계를 조금이나마 극복할 수 있는 대안을 제공해 주기도 하며, 글로벌한 공동체의 일원으로 자리매김하게 도와주기도 한다. 지속성을 담보할 수 없는 대중문화의 특성상 한국 대중문화가 지니는 준거틀로서의 무게와 가치는 지속적으로 변화할 것임에도 불구하고, 전 지구적이고 디지털화된 현시대에 대중문화가 가지는 파급력과 영향력은 더 커질 것이기 때문에, 포스트 한류 시대에도 한국 대중문화는 여전히 한인들 생활의 일부로, 그들과 한국을 잇는 가교역할을 할 것이다.

제 3 부

재미한인의 실천과 행위주체성

소수민족에서 미국 시민으로

: 뉴욕 한인의 시민 참여 활동과 시민 교육

김현희

1. 한인 단체와 차세대 양성

소수민족집단들이 주도하는 이민법제 개혁 운동에서도 한인들은 소수집단에 속한다. 수적 크기와 영향력의 측면에서 한인들의 목소리는 다른 소수민족에 가려져 드러나지 못하기 때문이다. 그렇기에 이민법 개혁 운동에서도 한인은 소수민족 속에서의 소수민족이라는 것이다.[1] 이민자 권익 옹호 활동이 미국의 인종 또는 소수인종 정치와 만날 수밖에 없는 이유가 여기에 있다. 이중적으로 주변적인 위치에 있는 한인들은 미국 사회에서 인정받는 성원으로서, 한인으로서 자리매김하기 위해서 어떤 포지션을 취하여야 하는가? 또 어떤 활동을 해야 하는가? 소수민족인 한인들은 자신들의 존재를 인정받기 위해 다른 인종 또는 종족집단과 마찬가지로 미국 성원권이 있음을 적극적으로 표시하고 주장하는 것으로부터 시작한다(Flores and Benmyor

---

[1] https://www.nytimes.com/2016/06/25/nyregion/in-immigration-fight-asians-work-to-be-heard.html?_r=0

소수민족에서 미국 시민으로 **189**

1997). 현실적으로 주변화된 한인들의 집단적 행동을 가능하게 해주는 것은 이민자 집단으로서의 한인들의 처지와 권익을 대변하는 한인시민단체 또는 권익 옹호 단체들이다. 한인 단체들은 한인들이 소외된 또는 방관자적 위치에서 탈피하여 미국 사회에 적극적으로 참여하고 미국 시민답게 권리를 주장하는 시민 주체가 될 것을 주장해 왔다.

한인시민단체들은 미국 생활에서 소외된 한인들의 목소리를 대변하는 역할을 한다. 개별 단체의 목적과 성격에 따라 주거, 복지, 시민권 신청 등 다양한 측면에서 한인들에게 도움을 줄 뿐 아니라 한인들의 권리의식을 일깨우고 소수민족으로서 불이익을 당하고 있는 사안에 대해 지역 정부나 의회에 요구사항을 모아서 전달해 주는 통로의 역할을 한다. 한인들의 이민 역사가 비교적 짧기에 대부분의 한인시민단체는 이민자 권익 옹호 활동을 본래의 업무와 병행하고 있다. 개별 단체가 여성 문제나 각종 봉사, 커뮤니티 센터 등의 특정 목적이 있더라도 이 모든 것은 '이민자'의 권리 보장과 구분할 수 없는 관계에 있기 때문이다.

한편 이민자 권익 옹호 활동을 펼치는 한인 단체들은 한인사회가 변화함에 따라 단체의 존립과 구성원 조직, 활동 방향에 대해 많은 고민을 안고 있다. 한인 2세, 3세들의 성장, 한인타운이었던 지역 커뮤니티의 다인종·다민족화, 미국 이민정책을 둘러싼 갈등 양상 등은 이들 단체가 공통으로 직면하고 있는 문제들이다. 이런 문제들에 대응하면서 한인시민단체가 어떤 경로를 택하고 한인들의 미래를 짊어진 다음 세대를 어떻게 육성해야 할 것인가에 대하여 단체와 지역 커뮤니티의 지도자들은 고민을 공유하고 있다. 이와 같은 맥락에서 한인 비영리 단체들은 한인 이민자들이 '미국 시민'으로 거듭날 수 있도록 하는 시민 교육, 한인사회를 이끌어 나갈 지역 지도자 육성과 차세대의 양성을 공통된 중요한 사명으로 받아들이고 있다. 여기서 미국 시민이라 함은 단순히 법적인 시민권 취득만을 의미하는 것은 아니다. 지역사회에서 또 전국적인 수준에서 한인들이 시민 주체로서 인정받고 한인들의 지위를 공고히 하는 의미가 있다.

한인 단체들의 미국 시민다운 한인들을 육성하려는 노력은 미국 내 아시아계 이민자들의 처지를 배경으로 한다. 아시아계들은 항상 이방인으로 취급받을 수 있는 상황에서 한인 단체들의 미국 시민 만들기 계획은 대외적으로 한국과의 거리두기 내지는 미국 시민으로서의 한인의 입장 정리를 수반한다. 이런 한인 단체의 입장 정리를 복잡하게 하는 것은 새로운 이주자들이 계속해서 유입되고 초국적 네트워크가 활성화되는 상황이다. 대개 한인 단체의 미국 시민 교육은 미국 시민으로서 한국과의 관계를 재설정하고 재규정하는 문제를 내포하고 있다. 이런 맥락에서 한인이라는 정체성보다 미국 시민다운 태도와 실천을 강조하는 시민 교육의 내용은 미국의 정치에 적극적으로 참여하고 목소리를 내기 위한 기초 작업이라 할 수 있다.

한인 단체들의 시민 교육은 차세대 양성 계획에서 중요한 부분을 차지한다. 한인 2세들이 단지 한인 이주자들의 자녀가 아니라 미국 사회에서 시민 주체적인 모습을 갖출 수 있도록 지도와 지원을 제공하는 것이다. 한인 단체들의 차세대 또는 다음 세대 한인 지도자의 육성은 이미 진행되고 있는 기존의 한인 단체 지도부의 세대교체 방향과도 관련되어있다. 그러나 이들 단체가 정립하고 있는 활동 방향은 유동적이다. 현시점에서 트럼프 행정부 하의 이민정책 변화에 따라 대응 전략적 차원에서도 변화가 진행되고 있으며 이 또한 지도부들의 고민을 깊게 한다.

한인 지도자 및 차세대 양성은 소수집단으로서의 자각이라는 공통점에서 출발한다. 소수집단으로서의 자각은 한인들의 역량 강화를 주장하는 인물들로 하여금 한인들은 소수이기 때문에 한인들만의 힘으로 무엇인가를 이루기는 어렵다면 한인들이 이민자 집단 또는 소수집단들의 연합에서 리더십을 확보해야 한다는 주장을 펼치게 만들기도 한다.[2] 한 시민운동센터의 자원봉사자에서 시작해 회장까지 역임했던 이는 "이민자 권익 행사의 리더로서 계속 한인이 배출되면" 소수민족에서 벗어나 주인 의식을 갖춘 미국 시민이 될 수 있을 것이라는 견해를 피력한다.[3] 그의 주장은 충분한 인적 자원이 결여된 한인사회에서 한인 젊은이들의 리더십을 배양하는 일이 그만큼 중요함을 뒷받침하고 있다.

이를 떠나 다음 세대 지도자 육성은 오래전부터 한인사회의 화두였다. 소수민족 이민자 사회의 한계를 깨달은 한인 이민 1세대들은 자신들이 가진 언어적, 문화적, 정치적 한계를 보완하고 뛰어넘을 것을 다음 세대 젊은 한인들에게 기대하고 있었다. 한인에 대한 차별이나 다른 소수민족 커뮤니티들과의 정치적 역량 차이를 느낄수록 다음 세대들에 대한 기대가 커지는 경향이 나타났다(김현희 2014 참조). 한인사회가 다음 세대들에 거는 기대는 비영리 시민단체를 중심으로 구체화되는 모습을 찾아볼 수 있었는데, 다수의 단체가 청소년들을 대상으로 다양한 지도자 육성 프로그램들을 개발하고 운영하는 것이었다. 이들 시민단체의 프로그램은 사회적으로 고립된 소수민족 이민자 커뮤니티의 특성상 나타나는 개개인의 인적, 물적 자원 부족에 집

---

2) http://www.koreatimes.com/article/829519
3) 상동

단적으로 대처하여 한인의 권익 옹호 및 정치력 신장에 필요한 인재들을 길러낼 수 있게 한다. 뉴욕 지역을 살펴보면, 그중 시민참여센터의 인턴 프로그램은 한인 청소년들을 미국의 성원으로 키워내는 데 성공적인 것으로 평가되고 있으며, 민권센터가 지속적으로 노력해 온 이민자 권익 옹호 및 정치 활동가 배출의 성과에 대해서는 적어도 시민활동 관계자들에게 잘 알려져 있다.

뉴욕·뉴저지 지역의 시민단체들의 차세대 지도자 양성은 이들이 지속해서 캠페인을 벌여 온 한인 권익 신장을 배경으로 하고 있다. 상기 기술한 대로 이들의 차세대 지도자 양성은 한인 커뮤니티의 존립과 입지 강화에 대한 절대적 필요에서 나온 이슈이며 과제이다. 한인 커뮤니티의 입지 확보라고 하는 현실적 목적은 미국 소수민족의 인종 정치와 만나면서 미국 정치구조의 틀 안에 위치된다. 미국의 인종 정치 또는 종족 정치는 한인들이 입지 확보를 위해 선택하는 길을 제한하는데 제한된 선택지 속에서 한인시민단체들이 택하는 길은 어느 정도 비슷하다. 비영리 시민단체에서 한인 권익 신장 운동의 방향이 시민 주체 양성을 내용으로 하는 시민권을 중심으로 틀 지워지는 것은 당연한 현상이다. 본문에서는 미국의 인종 정치 및 이민 개혁 운동의 맥락에서 한인들의 입지 또는 정치력 신장을 도모하는 한인 시민단체들이 이들의 목표를 다음 세대 지도자 양성을 통해 어떻게 실현하려고 하는지를 살펴본다. 한인시민단체들의 시민 양성 프로그램을 살펴보기 전에 먼저 미국 시민권 및 시민 주체에 대한 시민단체의 구상이 어떤 의미가 있는지 이민자와 시민권에 대한 논의를 검토하고자 한다.

2. 이민·이주자와 미국 시민권

크리스티안 욥케(Joppke 1999: 629)는 2차 대전 이후 미국, 영국, 독일의 사례를 살펴보면서 급격히 증가한 이민 현상은 이들 자유주의 국가에서 시민권에 대한 근본적인 접근을 달라지게 만들었다고 주장한다. 증가하는 이민자들을 국가로 통합시키는 방식은 시민권 개념에 상당한 변화를 가져왔다. 국가 구성원의 권리로 여겨졌던 보편적 시민권은 오늘날 국가의 경계를 드러내고 국가에 접근이 허용된 이들과 거부된 이들을 구분하는 기제가 되었다. 이에 대하여 다양한 집단으로 구성된 현대의 이민자들은 국가의 시민권 제도에 대해 도전하고 또 그 양상을 바꾸어 놓았다(Joppke 1999: 630). 이민자들의 나라라 불리는 미국은 어떤 이민, 이주자를 받아들여야 할 것인지 또는 어떤 수준에서 이민, 이주자를 받아들여야 할 것인지에 대하여 19세기부터 논의가 지속되어 왔다.

이민, 이주자에 대한 논의는 정부와 의회 수준에서 또 대중적인 담론에서 격렬한 논쟁으로 나타나곤 하였다(Jung 2006; Lee 2003). 이민, 이주자들의 수용은 미국에서 부족한 노동력을 제공하는 경제적 필요성의 차원의 문제만은 아니었고, 누구에게 미국 시민권이 부여되는가의 문제였으며 미국이라는 국가의 본질을 정의하고 그 국가의 주체를 결정하는 일이었기 때문이다. 그 때문에 이민, 이주자의 수용은 특히 기득권자들에게 항상 민감한 문제였다. 따라서 미국 대중들과 정치가들의 이주, 이민자에 대한 담론은 어디에 경계를 그을 것인가로 나타난다. 그리고 이러한 수용자 측의 담론에서 이주, 이민자들의 몸은 항상 국가 경계의 표식을 담고 있고 수용국가와 시민사회가 감시하는 눈을 피할 수가 없었다.

이와 대조적으로 미국 역사에서 미국 사회로 편입하고자 하는 이민, 이주자들이 주장하는 미국(사회)에 대한 시민권은 훨씬 포괄적인 개념으로 나타났다. 2006년 캘리포니아주 반이민법안에 반대하는 대규모 시위에서 나타난 바와 같이 이민자들은 미국의 시민권이 더욱 포용적일 것을 요구한다. 즉 이민자들은 국가 귀속의 경계로 표현되는 배타적인 시민권 개념보다는 포용적 시민권(inclusive citizenship) 개념을 지지한다(Baker-Cristales 2009: 71). 이민자들이 주장하는 이러한 시민권 개념은 단지 "고정된 법적 신분이 아니라 일상적인 실천과 투쟁에서 만들어지는 유동적인 신분"이다(Glenn 2010: 1). 일찍이 라티노 문화적 시민권(Latino cultural citizenship)을 내세웠던 이들이 주장하는 것처럼 소수민족 이민자들이 크고 작은 투쟁을 통해 미국에서의 정치적, 사회적 입지를 넓혀가고 자신들의 미국에서 있을 권리를 주장하는 것이 그것이다(Flores and Benmyor 1997). 이런 이민자들의 운동에서 나타나는 시민권 내용의 변화는 소수민족 이민자들이 궁극적으로 원하는 것은 미국 시민권이지만, 이들이 그것을 획득하기 위해 벌이는 주장과 시위 등 사회문화적 실천도 정당한 권리행사라는 점이 시민권에 대한 주장에 포함된다는 것이다. 따라서 이민자들이 주장하는 시민권 개념은 항상 열려있는 포괄적 개념이다. 오늘날 시민권은 단순한 성원권이라기보다 정치적 행위자성(political agency)으로 재개념화되고 있다(Kapai 2012: 290). 소수민족에게 있어서 시민권은 자신들의 주장을 행사하는 실천 또는 정치적 행위를 통해 발현될 때 인정받을 수 있는 것으로 나타난다.

한편, 카파이(Kapai 2012)는 다민족으로 이루어진 국가에서 소수민족들이 온전한 시민권을 행사할 수 있게 하기 위해서는 단지 법적 시민권을 부여하는 선에서 나아가 적절한 시민 교육을 받도록 해야 한다고 지적한다. 그렇지 않으면 소수민족들은 명목상의 시민으로 전락하고, 계속해서 사회에서 주변적 지위에 머무르게 될 뿐이라는 것이다. 이는 이민자들을 이방인(alien)으로 보는 사회적 분위기를 그대로 용인하는 결과로 이어질 것을 경계하고 있다(Kapai 2012: 278). 대개 소수민족 이민자들이 주변적 지위에서 벗어나기 위한 노력은 국가가 주도하기보다는 시민단체가 전담하게 되는 경우가 많다. 주로 소수민족 이민자들을 대변하는 이민자 권리옹호 단체들은 기본적으로 주류사회의 배타적인 인식과 시민권에 도전한다. 전반적으로 이들 단체는 이민자들은 대항적 또는 대안적 시민권 교육을 습득할 수 있는 공간을 제공하는 역할을 한다(Kwon 2013). 엘 하지(El Haji 2009: 15)는 미국 시민과 테러리스트를 이분하는 주류 담론에 대항하는 대안적 귀속의 정치를 가능하게 하는 공간으로써 커뮤니티 아트 워크숍을 소개한다. 엘 하지는 커뮤니티 아트센터가 아랍계 또는 무슬림 학생들이 자신들을 배척하는 국가에 대한 무조건적인 귀속을 의문시하며 대안적 의미에서 지역사회에의 귀속을 주장할 수 있는 귀속의 정치가 전개되는 공간으로 이해한다. 이 특정 공간에서 귀속감을 형성하고 느끼게 된 경험은 이들이 외부적으로 사회정의와 권리에 대한 주장을 가능하게 한다고 분석한다. 혹자는 권리 주장 등 공적 활동에 참여하는 모든 경험이 당연하게 '좋은 시민'들을 생산하는 결과를 낳는 것은 아니라는 주장을 한다(Theiss-Morse and Hibbing 2005). 그러나 이민자에 우호적인 로컬의 정치적 환경은 이민자 권리옹호 단체들의 입지를 넓혀주고 이민자들의 목소리에 힘을 실어준다. 특히 지배적인 반이민적 법 집행과 행정에 대항하는 이민자 보호도시(sanctuary city)의 경우에 대안적 이민자 및 시민권 개념이 부상하는 데 중요한 맥락을 제공한다는 점은 이민자의 권익을 대변하는 장치 및 환경이 있을 때 이민자들의 권리 주장이 상대적으로 용이함을 말해준다(Ridgley 2008).

위어링(Wearing 2011)은 주류사회에서 소외된 젊은이들이 더 넓은 사회적 포용의 원칙과 (사회복지) 권리에 기반하는 접근법을 지지하고 시민권적 개념도 그에 따라 구성하는 경향이 있다고 보고한다. 따라서 이들은 인권이라든지 소수민족의 권리에 민감하고 그런 이슈들을 사회적, 정치적 문제로 제기한다. 산체스-얀코프스키(Sanchez-Jankowski 2002)는 소수민족의 역사와 현실 상황이 개개인의 시민 참여 활동에 대한 시각과 실천에 큰 영향을 미친다고 본다. 그에 따르면, 미국 사회에서 주변화된 소수민족의 젊은이들은 자신들의 집단이 정치적 권리 및 경제적 이익 분배에서 배제되었다고 느낄 때 개인의 성향보다 집단 전체의 이해관계를 고려하면서 투표한다(Sanchez-Jankowski 2002: 241-242).

소수민족집단의 역사는 소수민족 젊은이들이 자신들의 정체성을 정립하고 시민권의 내용을 구성하는 방향에 큰 영향을 미친다. 미등록 이주자나 미국태생 라틴계들은 미국 사회에서 공통적으로 차별을 받아왔다. 일찍이 라티노 시민권에 대한 연구는 이들 소수민족으로서의 라틴계들은 동화(assimilation)를 통해서 미국 사회의 성원권을 획득하는 것이 아니라 시민으로서의 권리를 주장하는 과정을 통해서 성원권을 획득하게 되는 길을 선택하고 있음을 조명한다(Karst 1989; Steptick and Stepick 2002 재인용). 현재 이를 뒷받침하는 연구는 다수이다. 라티노 시민권 연구자인 로잘도는 미국 사회에서는 소수민족들의 문화적 차이가 이들을 차별 또는 고정관념화 하는데 작용하지만(Rosaldo 1989), 라틴계들은 문화적 다양성(차이)을 인정하라는 요구를 통해 시민권을 주장함으로써 문화적 차이를 이해하는 방식에 독특한 선례를 남겼음을 보여준다.

아시안 아메리칸의 경우, 아시아계 이민자에 대한 폭력은 개인의 피해라기보다 아시아계 전체에 대한 구조적 차별로 간주된다. 헬렌 지아(Zia 2000)도 중국인 빈센트 친에 대한 폭력이 어떻게 중국인 커뮤니티를 넘어 아시아 아메리칸 커뮤니티 전체를 궐기시켰는지 증언한다. 오랫동안 아시아 태평양계 젊은이들의 권익 옹호 활동을 조사해 온 권수아(Kwon 2013)는 이들의 활동이 미국 사회의 아시안 아메리칸에 대한 이데올로기적 구성물과 모델 마이너리티 고정관념에 대한 저항의 의미가 있다고 주장한다. 그러나 캐더린 추(Chu 2016)는 전반적인 아시안 아메리칸 젊은이들의 저항의 구체적인 양태에 대한 연구가 적음을 지적한다. 소수민족 이민자로서 한인들의 입지에 대한 한인시민단체들의 고민과 관심은 이와 같은 맥락에서 접근할 필요가 있다. 이들 한인시민단체가 다음 세대를 양성하는 활동과 방향은 한인 역사 또는 이민자로서의 과거를 현재의 한인들의 입지와 어떻게 연결시키는가와 밀접하게 연관될 수밖에 없다.

이 글은 한인들이 대안적 시민권 교육을 습득할 수 있는 공간으로서 한인시민단체들에 주목한다. 이와 더불어 최근 교육, 복지와 이민 등 여러 분야에서 활발해지는 젊은이들의 행동주의(youth activism) 및 적극적인 실천은 한인시민단체를 통해 동원된 한인 젊은이들이 결과적으로 어떤 시민권을 지향하고 지지하는지 논의할 가치가 있게 한다. 특히 미등록 이주 청소년들의 운동은 법적인 시민권 여부에 앞서 자신들을 미국에 속한 사람으로 인식하고 자신들이 미국에 머무를 권리를 인정해 달라는 주장을 강하게 담고 있다(Schwiertz 2016). 이러한 미등록 이주 청소년의 주장들은 청소년 시민권(youth citizenship)에 대해 시사하는 바가 크다. 시민참여센터와 같이 정치력 신장과 시민참여·정치참여를 외치는 단체는 물론 이민자 권익 옹호 운동에 적극적으로 참여해 온 진보적인 민권센터는 자신들의 목표에 일반 한인들을 동원하려고 한다. 이들이 동원하려고 하는 대상 중 한 인들의 미래를 위해서 특별한 관심을 두고 있는 집단은 고등학생, 대학생을 포함한 '젊은이(youth)'들이다.

한인시민단체들이 다음 세대 한인 지도자들을 양성하려는 계획은 한인들을 시민 주체로 탈바꿈시키고 정치력 신장에 동원하려는 노력의 일환이다. 중요한 점은 다음 세대 지도자 양성이 이들 단체가 미국 시민을 어떻게 상정하고 있는가를 직접적으로 반영한다는 것이다. 이들 단체의 각각의 기획은 한인으로부터 서로 다른 모습의 미국 시민 또는 시민 주체를 만들어내려는 작업이라고 할 수 있다. 서로 상이한 미국 시민권의 모습을 지향하는 가운데 소수민족 시민단체들은 모범적인 또는 이상적인 미국과 미국 시민이라는 형태를 정당화, 강화하기도 하지만 기존의 '모범시민'이 되는 것에 대한 의문을 제기할 수 있다. 로컬 수준에서 나타나는 이런 시민권에 대한 개념들은 서로 협력하는 관계 속에서 나타나기도 하며 때에 따라서는 경합하는 관계로 나타나기도 한다. 그러나 이런 과정은 아무런 협상 과정이 없이 일어나는 것은 아니다. 이들 단체의 다음 세대 지도자들의 양성 노력이 전개되는 시민권이 정의되고 선택하여 실천되는 그 과정에서 미국 시민이란 것에 대한 '재평가'(revaluation of American citizenship)가 발생한다(Schuck 1998).

한인시민단체들의 다음 세대의 지도자와 시민 주체 양성 노력에는 이들 단체가 상정하는 미국 시민권에 대한 생각이 반영되어 있지만, 현재 한인 단체의 차세대 지도자와 시민 주체 양성의 현황은 정치적 사회적 변동에 따라 매우 가변적이다. 따라서 한인사회의 미래 행보

를 내다보기 위해서라도 이들 단체의 현재 활동을 살펴보는 의의가
있을 수 있다.

3. 차세대 지도자 및 시민 주체의 양성
: 시민참여센터와 민권센터

이 글은 한인 차세대의 시민 참여 활동을 연구하기 위하여 뉴욕
·뉴저지 지역을 기반으로 활동하고 있는 한인 단체 두 곳, 민권센터
와 시민참여센터에서 운영하는 차세대 지도자 및 활동가 양성을 목
표로 하는 프로그램을 조사한 결과에 근거한다. 2017년 1월과 7월 현
지조사에서 뉴욕·뉴저지 지역사회에 뿌리를 내리고 있는 한인시민
참여센터(이하 시민참여센터)의 풀뿌리 인턴십 및 풀뿌리 컨퍼런스
프로그램과 민권센터의 DACA(Deferred Action for Childhood Arrivals,
청소년 추방유예행정명령) 수혜자들의 모임의 현황에 대해 조사하였
다. 이 현지조사에서 시민참여센터와 민권센터의 과거 활동에 대한
자료를 수집하고 관련 프로그램 담당자들과 현지 인터뷰를 진행하였
다. 그 외에 이들 단체에 대한 신문 기사 및 문헌 조사 등을 시행하였
다. 현지 조사 결과, 뉴욕 지역의 시민단체들이 한인 지도자 및 활동
가들을 육성하려는 목표를 수행하는 방식에 대한 정보를 수집하였고,
직·간접적으로 접한 다른 뉴욕 한인시민단체들의 활동의 폭넓은 맥
락과 비교 대조하였다. 시민참여센터와 민권센터에 대해 수집한 정보
는 한인 단체들이 생각하는 미국 시민이란 무엇이며 지역 커뮤니티
수준에서 미국 시민이란 어떻게 행동해야 하는 것으로 이해하고 있
는지를 추론해 볼 수 있는 자료가 되었다. 시민참여센터와 민권센터

의 연혁과 활동은 임원 및 참여자와의 현지 인터뷰 외 단체 홈페이지의 게시물과 신문 기사들을 바탕으로 구성하였다. 특히 현지 조사 이후에는 온라인 자료조사를 통해 활동가들의 활동을 계속 추적하였다.

시민참여센터는 수년 전부터 지역 정치와 밀접한 시민 활동을 펼쳐 왔고 이를 기반으로 워싱턴 의회 정치에도 영향력을 키워나가고 있다. 2017년 7월 연구자가 참가한 연례 풀뿌리 컨퍼런스는 중·고등학생 및 대학생을 포함한 일반 한인들이 지역구 연방 의원들을 방문하는 기회를 마련함으로써 미국 주류정치의 장을 몸소 체험하고 주류 정치인들에게 유권자로서의 한인들의 존재를 인식시키는 기회를 제공한다. 한편 보다 진보적인 성향을 가지고 있는 민권센터의 경우, 센터 지도부는 이민 개혁 또는 커뮤니티 활동가를 키워내려는 목표를 지향하고 있다. 특히 주로 한인 20대 청년들을 중심으로 하는 DACA 모임은 미등록 이주 청년들을 조직하여 이민 개혁 운동에서 주체적으로 활동할 수 있도록 기획되었다. 나아가 이들이 미래에 민권센터를 이끌어 가는 시민활동가로 성장하기를 희망하고 있었다. 시민참여센터와 민권센터는 지역사회와 밀착하여 활동해 온 성공한 한인시민단체로서의 업적과 위치가 있다. 그러나 이들 단체는 한인 2세 및 타민족 스텝들의 진입으로 단체 활동 양식은 물론 그 성격도 변화해야 하는 시점에 도달해 있다. 단체 설립자와 지도부들이 가지고 있는 비전과 목표가 단체가 확장되면서 수정되고 협상되는 과정은 차세대 활동가를 육성하려고 하는 프로그램에도 반영되어 있다. 또 한편으로는 시민단체의 프로그램에 참가하는 학생 및 젊은이들도 각자의 목표와 진로에 따라 움직이고 있으며 미국 사회에 적응하려고 하는 양상도 다양한 점이 관찰되었다.

이 절에서는 시민참여센터와 민권센터에서 운영하는 차세대 지도자와 활동가 교육의 대상이 되는 대학생을 비롯한 청년들이 어떤 영향을 받았는지 조사하고 단체들은 어떤 성과가 있었는지 검토한다. 뉴욕 지역에서 활동하는 민권센터와 시민참여센터의 사례는 뉴욕 지역의 한인 시민 활동 단체들이 세대교체, 커뮤니티 구성원의 변화, 타인종·민족집단과의 연대, 주류정치 진입 등 여러 당면 이슈를 안고 있는 가운데 한인 커뮤니티의 성장을 도모하면서 동시에 어엿한 미국 시민단체로서 위상을 갖추기 위해 노력하는 과정을 분석하는데 중요한 자료를 제공해 줄 것이다. 또한, 한인 단체의 현황은 시민활동에 참여하는 개인이 미국 시민으로 주체화하는 과정의 주요한 조건이 될 뿐만 아니라 개인적 경험 자체에 큰 영향을 미친다. 이 점들을 염두에 두고 단체 활동과 참여 구성원들의 경험을 검토하고자 한다.

1) 시민참여센터: 풀뿌리 운동과 미국의 모범시민

시민참여센터의 창립자들은 1992년 LA 폭동 이래 한인들이 미국 사회에서 어떻게 살아갈 것인지에 대한 심각한 고민을 공유하였다.[4] 시민참여센터는 그에 대한 해답으로서 미국에서 살아남기 위해서는 한인들의 '정치력 신장'을 도모해야 한다고 의견을 모았다. 이들이 말하는 '정치력 신장'은 한인들이 힘을 모아서 "의회에 압박을 가하고 정치에 끊임없이 참여"하는 것을 의미한다. 즉 한인들이 "미국 시민으로서" 정치에 참여하는 것을 의미한다.[5] 이는 미국 주류 정치의 판도를 잘 파악하여 그 속에서 한인들의 목소리를 높일 수 있는 전략을

---

4) http://world.kbs.co.kr/korean/program/program_hanglobal_detail.htm?No=705

5) http://www.koreatimes.com/article/20160502/985198

추구하는 것이 필요함을 의미한다.

시민참여센터의 공식적인 목표는 한인사회가 미국 사회에서 "책임 있고 존경받는 일원"으로의 성장하는 것이다.[6] 한인들이 지역사회의 방관자가 아닌 "지역사회에 적극 참여"함으로써 "한인들의 권익을 증진"시키고자 한다. 시민참여센터의 전신은 1996년 창설된 한인유권자센터이다. 한인유권자센터는 설립 이후 뉴욕 및 뉴저지 지역의 한인들을 대상으로 유권자 등록 운동을 조직적으로 이끌어 온 역사를 가지고 있다. 한인유권자센터는 정치력 신장이라는 기치 아래 유권자 등록 운동을 시행함으로써 수적으로는 소수이지만 한인들도 투표권을 가진 유의미한 집단이라는 것을 보여준 성공적인 한인시민단체이다. 이 유권자 등록 운동을 통해 뿔뿔이 흩어져 있던 한인들도 투표를 통해 지역정치에 목소리를 낼 수 있는 하나의 유효한 세력으로 부상하였다. 특히 한인들이 밀집해있는 뉴저지 버겐(Bergen) 카운티의 도시, 팰리세이드 파크(Palisades Park), 포트 리(Fort Lee), 리오니아(Leonia), 에지워터(Edgewater), 릿지필드(Ridgefield), 클로스터(Closter) 등에서 영향력이 있는 단체로 활약하고 있다. 한인들이 밀집되어 있는 뉴욕·뉴저지 지역의 지방자치 정부와 정치인들은 한인유권자센터 활동 이후 한인들의 목소리에 좀 더 귀를 기울이게 되었고 지역 문제의 처리 과정에 한인들의 의견을 반영하고 있다. 2012년 한인유권자센터는 시민참여센터로 개명하였고 뉴욕과 뉴저지 두 곳에 센터를 두는 조직으로 운영하고 있다. 현재 사업은 유권자 등록 운동의 지속과 지역 공익사업, 시민학교 및 인턴십 프로그램 등이 있다.[7]

---

6) http://kace.org/%ec%a3%bc%ec%9a%94-%ec%97%85%ec%a0%81/

7) 시민참여센터의 전반적인 활동은 홈페이지(http://kace.org)에서 확인할 수 있다.

시민참여센터라는 명칭은 한인들이 지역사회 활동에 참여하고 자 하는 의지의 표현이며 센터가 지향하는 시민권 행사의 방향을 웅변하고 있다. 시민참여센터가 주창하는 한인들이 진정한 의미에서의 시민으로 행동하고 그 권리를 행사하는 방식은 '시민 참여(civic engagement)'이다. '결합적이고 협력적인 시민활동을 조직하고 수행' 할 것을 선언하는 시민 참여는 풀뿌리 운동을 그 모델로 하고 있다.[8] 시민참여센터의 결합적이고 협력적인 시민 활동을 창출해내려는 노력은 다음 세대의 주역인 청소년들에게 미국 사회의 일원이 되는 방식을 가르치고자 하는 노력에서도 드러나고 있다. 시민참여센터의 여러 목표 중 하나는 '다음 세대의 지도자를 육성 및 교육하는 일'이다. 시민참여센터는 나중에 살펴볼 민권센터와 마찬가지로 차세대 지도자를 양성하는 것을 하나의 목표로 삼고 있는데 지도자를 길러내는 방식에서는 민권센터와 차별화되어 있다. 시민참여센터의 '결합적이고 협력적인 시민활동'을 조직하는 일은 차세대 지도자를 육성하는 과정의 중심 내용을 형성하고 있다.

(1) 풀뿌리 인턴십 프로그램

시민참여센터가 2004년부터 운영해오고 있는 풀뿌리 인턴십 프로그램은 매년 2-30여명의 고등학생을 선정하여 기본적으로 시, 주정부 및 정치계가 어떤 방식으로 작용하는지 또 어떻게 효율적으로 한인들의 목소리를 미국 사회와 정부에 전달할 수 있는지 습득할 수 있도록 지원하는 프로그램이다. 하지만 대외적으로는 시민참여센터는 비

---

8) http://kace.org/%ec%a3%bc%ec%9a%94-%ec%97%85%ec%a0%81/

영리단체이기 때문에 자원봉사라는 중립적인 모양새를 갖추고 있다. 시민참여센터의 연례 풀뿌리 인턴십 프로그램에는 2004년 시작 이후로 2017년까지 약 250여 명의 뉴욕·뉴저지의 한인 고등학생들이 참여하였다.9) 시민참여센터는 풀뿌리 인턴십을 거쳐간 학생들이 후에 "정치, 공공정책 관련 직종에 종사"하기도 하며 "대부분이 꾸준히 일상생활에서 적극적으로 사회참여에 앞서고 있다"고 자랑한다.10) 2017년에는 뉴저지 센터에서 21명, 뉴욕 센터에서 17명이 선정되어 3,000여 시간의 지역봉사를 수행했다. 시민참여센터가 지향하는 풀뿌리 인턴십 프로그램의 목표는 다음 세대 지역사회 지도자 양성 및 교육으로 프로그램 참가자들이 "풍부한 사회/문화적 경험"을 쌓아 "미국 사회의 책임 있고 믿을 수 있는 일원으로 성장하게 돕는 것"이다.11) 풀뿌리 인턴십 참가자들은 "지방자치 정부의 기능과 역할을 현장에서 체험"할 수 있으며 인턴십 기간에 뉴욕·뉴저지 주의회 견학은 물론 한인 밀집 지역의 선출직 시의원 및 주의원을 만나서 한인사회에 대한 그들의 생각과 계획을 듣는다.12) 참가자들은 지역사회의 현안문제를 다루는데도 참여하게 되는데 지역사회 문제들을

---

9) 2020년 현재에는 고등학생 및 21세 이하 대학생으로 인턴십 대상이 확대되었다.

10) http://kace.org/2017/2017-%ec%8b%9c%eb%af%bc%ec%b0%b8%ec%97%ac%ec%84%bc%ed%84%b0-%ed%92%80%eb%bf%8c%eb%a6%ac-%ec%9d%b8%ed%84%b4ec%8b%ad-%eb%89%b4ec%9a%95-%ec%88%98%eb%a3%8c%ec%8b%9d/

11) http://kace.org/%ed%92%80%eb%bf%8c%eb%a6%ac%ec%9a%b4%eb%8f%99-%ec%9d%b8%ed%84%b4ec%89%bd-%ec%82%ac%ed%9a%8c%ec%9a%b4%eb%8f%99%ea%b0%80-%ea%b5%90%ec%9c%a1/

12) http://kace.org/2016/%ec%97%ac%eb%a6%84-%ed%92%80%eb%bf%8c%eb%a6%ac-%ec%9d%b8%ed%84%b4ec%89%bd-%ed%95%99%ec%83%9d%eb%93%a4-%eb%89%b4ec%9a%95%ec%8b%9c%ec%b2%ad-%eb%b0%a9%eb%ac%b8/

논의하고 그 해결책을 모색하는데 깊이 관여하는 경험을 쌓게 된다. 그 과정에서 인턴들은 지방정부 공무원 또는 정치인들과 접촉하여 의견을 개진하고 다양한 조직 및 인물들과 협력 또는 협상을 하는 상황에 자연스럽게 접할 수 있게 된다. 이처럼 풀뿌리 인턴십 프로그램은 한인 학생들이 머나먼 존재로 느낄 수 있는 지역 정부 인사 또는 정치인들-시의원 또는 주의원, 연방의원 등-과의 면대면 접촉을 통해 한인사회의 현안문제를 알리는 한편, 정치인들 앞에서 두려워하지 않고 대화와 토론 및 설득을 통해 협조 체계를 구축하는 방법을 배우도록 한다. 즉 인턴십 프로그램은 한인 청소년들에게 "시민교육과 정부 시스템"에 대한 지식과 경험을 제공하는 장치이다.[13] 풀뿌리 인턴 프로그램을 통해 한인 청소년들은 시, 주의원으로부터 카운티 정부 및 시 정부 관계자 등에 이르는 미국의 정치인들을 두루 만날 수 있는 흔치 않은 기회를 얻게 된다.[14]

---

13) http://kace.org/2015/senator-weinberg-assemblyman-johnson-nj-37-korean-american-high-school-intern/

14) 2016-2017년 풀뿌리 인턴들이 만난 이들은 크리스토퍼 정(Christopher Chung) 팰리세이드 파크 시의원 및 대니얼 박(Daniel Park) 테너플라이(Tenafly) 시의원, 토비 스타비스키(Toby Stavisky) 뉴욕주 상원의원, 제니 정(Jannie Chung) 뉴저지주 클로스터 시 시의원, 에드워드 브라운스틴(Edward Braunstein) 뉴욕주 하원의원, 닐리 로직(Nily Rozic) 뉴욕주 하원의원, 제임스 테데스코(James Tedesco) 버겐 카운티장 등이다. 2018년 시민참여센터 풀뿌리 인턴십 프로그램 계획에는 워싱턴 DC 연방의회 견학 및 지역 연방 상·하원의원 면담, 뉴욕 및 뉴저지 주의사당 견학 및 지역 주 상·하원의원 면담, 뉴욕시청 견학 및 뉴욕시의원 면담, 버겐 카운티 청사 견학 및 카운티 의원 면담이 포함되어 있다. https://www.kace.org/2018/04/12/%ec%8b%9c%eb%af%bc%ec%b0%b8%ec%97%ac%ec%84%bc%ed%84%b0-%ea%b3%a0%eb%93%b1%ed%95%99%ec%83%9d-%ed%92%80%eb%bf%8c%eb%a6%ac-%ec%9d%b8%ed%84%b4%ec%8b%ad-%ec%a7%80%ec%9b%90-%ec%a0%91%ec%88%98-%ec%97%b0/

풀뿌리 인턴들이 만나는 정치인들은 한인시민참여센터와 오랜 관계를 맺고 있는 인물들인 경우가 많다. 이들은 인턴들을 만나 한인사회의 이모저모에 대한 이야기에 귀를 기울이고 이들에게 조언을 해주기도 한다. 장기적인 안목에서 풀뿌리 인턴십 프로그램은 한인들의 취약점인 한인사회 외부와의 소통 및 네트워크 형성의 어려움을 개선하고 한인들의 목소리를 내기 위한 방편을 마련하기 위한 목적이 있다. 뉴저지 클로스터(Closter) 시의원인 재니 정(Jannie Chung)은 풀뿌리 인턴들과 만나는 자리에서 한인들은 미국생활에서 오는 "궁금증과 고충이 많"으나 "그것을 전달할 방법에 대해 이해도가 높지 않"다고 진단했다.[15] 풀뿌리 인턴들은 미국의 정치 및 정부 시스템을 배움으로써 한인 이민 세대가 해결하지 못했던 문제를 풀어갈 수 있도록 훈련을 받는다. 한인 이민자들이 미국 생활에서 답답해하는 것들을 해결할 방도를 익히는 것은 곧 풀뿌리 인턴들을 포함한 한인 2세들의 정치력을 높이는 일이 된다.

뉴저지, 뉴욕주 풀뿌리 인턴십 수료식은 한인사회의 이슈로서 부각시키기 위해 한인 언론을 대상으로 한 보도자료가 배포되곤 한다. 시민참여센터는 보도자료를 통해 2017년 10월 27일 뉴저지에서 수료식이 진행되었고 11월 3일에는 뉴욕 인턴십 프로그램의 수료식이 거행되었음을 알렸다. 센터가 소개한 그해 인턴십의 성과는 "5개월 간의 유권자 등록 캠페인, 커뮤니티 교육, 지역사회 이슈 리서치 및 정부(지역, 주, 연방) 정책수립자들과의 면담," "공직자 및 선거 후보자 인터뷰, 지역과 연방정부 이해 및 견학" 등이다. 그 외에 언급되는 것은 연방 하원의원을 비롯한 지역 정치인들의 표창과 대통령 봉사

---

15) http://kace.org/2017/jannie-chung-closter-high-school-grassroots-internship/

상이다. 2017년 뉴저지 인턴 학생들은 빌 파스크렐(Bill Pascrell) 연방 하원의원 및 여러 명의 지역 정치인으로부터 표창을 받았고, 이들 중 16명이 대통령 봉사상을 받았다. 그리고 뉴욕 인턴 학생들 중 10명이 대통령 봉사상을 받았다.

시민참여센터에서 운영하는 풀뿌리 인턴십의 성과로서 인턴들에게 수여되는 표창과 봉사상은 여러 의미가 담겨있다. 시민참여센터는 인턴들의 활동을 지역 정치인 및 연방의원과의 관계를 어떻게 만들어내는가의 모범사례로서 한인사회에 알리고자 하며, 또한, 미국 주류 정치인들에게 인정받는 한인의 시민 참여 활동이란 어떤 것인지를 한인들에게 인식시키고자 한다. 시민·정치 참여 활동을 통해 한인들이 다른 미국인들에게 모범적인 미국 시민으로 인정받을 수 있다는 점을 설득하고자 하는 것이다. 대통령, 연방 상·하원, 주 상·하원, 시의원 등으로부터 자원봉사 표창장 등을 수상했다는 것은 풀뿌리 인턴들의 활동이 지역에서 인정받았고 소수민족이 택할 수 있는 주류사회에서 통용되는 활동이라는 점을 설득한다. 풀뿌리 인턴들의 표창장은 미국 주류 정치계에서 인정받았다는 것을 상징하기 때문에 인턴십 프로그램은 한인 부모들과 학생들에게도 매력적인 기회이다. 특히 대학교 진학을 계획하고 있는 고등학생과 학부모들에게는 인턴십 활동이 눈에 띌만한 경력이 될 수 있기에 가치가 있다. 인턴십 프로그램 참여자들은 대부분 부모의 권유로 참여하게 되었다고 한다. 이와 같은 측면은 시민참여센터의 목적과 부모 및 인턴 학생들의 목적이 서로 상이할 수 있음을 시사한다. 시민참여센터는 개인의 성공보다 한인 집단의 미국 시민적 활동의 효과와 한인들의 정치력 신장을 목표로 하는데 반해, 부모와 인턴들은 개인 학업 및 취업에서 이점을 얻기 위한 목적으로 참여하는 경우가 많다. 그러나 인턴 학생들의 부모는 제외하더라도 풀뿌리 인턴의 경험은 인턴으로 참여하는 학생들의 생각을 바꾸어 놓을 만큼 영향력이 크다. 풀뿌리 인턴 활동 사례들은 인턴들의 사고 변화와 헌신을 이끌어 낼 가능성을 보여준다.

센터 관계자들은 풀뿌리 인턴들의 대표적인 활동 사례로서 뉴저지에서 한국어 유권자 등록 서식을 도입하게 한 것과 위안부 기림비 프로젝트를 들곤 한다. 한인들이 많이 거주하는 뉴저지 버겐 카운티의 인구 현황을 기반으로 2008년 뉴저지주에서 한국어로 된 유권자 등록 서식을 요구한 것은 시민참여센터의 오래된 유권자 등록 활동에도 풀뿌리 인턴들이 연계하여 활동하고 있음을 보여준다. 그러나 한인사회와 언론에서 지대한 관심을 받았던 것은 위안부 기림비 건립 관련 활동이다.

2007년 7월 30일 미 하원의 위안부 결의안이 통과되기까지 시민참여센터는 "유권자센터 설립이래로 쌓은 풀뿌리 시민운동의 노하우"를 동원하여 의원들을 한 명 한 명 설득해 나갔다. 이 설득과정에서 당시 고등학생이었던 풀뿌리 인턴들도 중요한 역할을 담당했다.[16] 이들은 시민참여센터의 지도부와 함께 워싱턴 DC를 열 번 이상 왕복하며 의원들을 만나서 위안부 문제의 내용과 결의안의 취지를 전달했다. 풀뿌리 인턴들은 의원들을 찾아가 위안부 결의안에 대해 설명하고, 이것을 통과시키는 것이 지역구민의 뜻이라고 설득하는 데 중요한 역할을 하였다. 의원들을 설득하는데 젊은 한인들을 앞세운 전략은 과거 인권침해에 대한 미국 사회의 입장표명이 미래세대를 위해 필요하다는 것을 설득하고 나아가 젊은 한인들을 영향력 있는 미래 유권자로 또 (소수계) 미국 시민으로 보이도록 하는 효과를 낳았

---

16) http://www.newsroh.com/bbs/board.php?bo_table=m0604&wr_id=6607&page=

다. "달걀로 바위치기 같았던" 위안부 결의안을 미 의회가 채택하는 쾌거를 얻게 된 데에는 풀뿌리 인턴들의 노력이 일조했다.

2009년에는 위안부 결의안의 뜻을 이어가고 후세들에게 알리는 기념물을 세우는 것을 목표로 위안부 기림비 건립 운동을 추진했다. 위안부 기림비 건립 운동에서 중요한 역할을 담당한 것은 역시 고등학생 풀뿌리 인턴들이다. 2009년 인턴이었던 10여 명의 한인 고교생들은 여름 동안 시민참여센터에서 위안부 역사를 배우고 건립 요청을 위한 지역 주민 800여 명의 서명을 받아 카운티에 전달했다.[17] 또한, 인턴들은 여름 방학 동안 "거리에서 마켓에서" 모금 운동을 벌여 기림비를 건립할 1만 달러를 마련하는 데 큰 힘이 되었다. 이렇게 한인 청소년들의 노력을 토대로 세계 최초의 위안부 기림비가 탄생하게 되었다.

위안부 기림비는 2010년 뉴저지 팰리세이드 파크 공립도서관 앞에 안착되었다. 한국과 한인 디아스포라에서도 잘 알려진 뉴저지의 위안부 기림비는 시민참여센터의 고등학생 풀뿌리 인턴들의 헌신적인 활동 없이 이루어지기 힘들었을 것이다. 상점가 주차장과 거리에서 여름에 모금 운동을 벌이는 활동은 이들의 지역 시민 참여 활동의 특징적인 것이다. 팰리세이드 파크에 세워진 위안부 기림비 사업은 한인 청소년들이 한인 이외의 지역 사회 주민에게 기림비의 필요성을 알리고 그들의 지원을 끌어냈다는 의미가 있다. 그리고 지역 주민들의 서명을 근거로 버겐 카운티 정부와 팰리세이드 파크, 정부의 협조를 얻어냈다는 것은 위안부 문제가 단순히 한인 문제를 넘어서는 이슈라는 사실을 명시한 획기적이고 특별한 사건이다. 이것은 단지 정치

---

17) https://issuu.com/koreaweek/docs/web_vol_26

인이나 활동가에게만 호응을 얻어낸 것이 아니라, 지역사회의 주민들로부터의 공감을 이끌어낸 지역 주민으로서의 한인 시민 활동이었다. 한인 신문은 이 위안부 기념 활동이 '미국 풀뿌리 민주주의 운동이 작동하는 방식'을 "확실하게 보여준 하나의 대표적인 사례"라고 평가하였다.[18]

뉴저지 팰리세이드 파크의 위안비 기림비 건립 운동은 미국 다른 지역의 위안부 관련 조형물 설치 운동의 선례로서 많은 영향을 미쳤다. 한국과 일본 간의 위안부 문제를 둘러싼 갈등이 있었고 한편으로는 한국에서 별도로 진행된 위안부 운동과도 연관된 측면이 있었던 까닭에 한국 정부 및 시민사회에서도 미국에서의 위안부 활동 성공 사례는 관심과 분석의 대상이었다. 그런데 풀뿌리 인턴들이 관여한 사례는 미국에서는 다른 방식으로 위안부 기림비 운동이 전개되었음을 상기시킨다. 미 의회 위안부 결의안 통과와 위안부 기림비 건립은 한국과 일본의 과거 역사 갈등, 전시 여성 인권의 침해 문제로서 많은 관심을 받았지만, 시민참여센터는 이에 대한 한국의 과도한 관심을 경계한다. 시민참여센터의 1대와 2대 대표인 김동찬과 김동석 모두 시민참여센터의 초점은 미국 내에서의 한인의 권익 신장 즉 '미국 시민으로서 한인의 권익 활동'이라고 강조한다.[19] 시민참여센터의 지도부는 위안부 문제는 여성, 인권, 평화의 문제로서 다른 세계적 인권 침해 사례들 – 유태인 학살, 아르메니아인 학살, 흑인 노예 – 과 같은 범주의 인권침해로 설정하였다. 이런 맥락에서 위안부 문제를 미국의 국가적 위상과 인권교육을 연결시킴으로써 한인을 포함한 미래 미국

---

18) http://www.koreatimes.com/article/20101026/623932

19) http://www.newsroh.com/bbs/board.php?bo_table=m0604&wr_id=6607&page=

청소년들에게 중요한 이슈라는 점을 강조하고자 하였다. 시민참여센터의 입장은 한인 청소년들을 여타 미국의 미래세대 안에서 자리잡고 있는 모습을 염두에 둔 것이었다.

(2) 대학생 조직화의 현황과 과제

2015년부터 대학생들을 조직화하고 이들의 시민 참여 활동을 활성화하기 위해 여러 지역의 대학 캠퍼스를 방문해 왔던 센터 담당자는 대학생 활동은 현재 아직 출발선에 서 있다고 이야기한다. 시민참여센터가 '정치력 신장'과 '모범시민이 되는 것'을 목표로 삼은 것은 현재 한인 커뮤니티의 전반적인 상태를 반영한다. 앞에서 언급했던 것처럼, 시민참여센터 지도부는 다른 민족집단에 비해 한인들이 정치나 시민 활동에 참여하는 비율이 낮다고 판단한다. 따라서 정치력 신장과 시민 참여 활동을 실천하는 모범시민이 되는 것이 한인사회가 달성해야 하는 과제가 되는 것이다.

한인 2세들이 주를 이루고 있는 대학생들이 정치 및 시민 참여 활동에 참여할 수 있도록 유도하고 교육시키는 일은 시민참여센터가 큰 의의를 두고 인적, 물적 투자를 하는 분야이다. 고등학생들의 풀뿌리 인턴십은 지난 10여 년간 지역에서의 활동을 통해 어느 정도 안정적으로 자리잡고 있지만, 고등학생들은 큰 정치적 동력으로 작동하기에는 한계가 있다. 담당자는 한인 대학생들의 조직화는 한인들을 정치적으로 조직하기 위한 효과적인 방편으로 기획되었다고 한다. 한인 인구 중 시민 참여 및 정치 참여를 시도할 수 있는 대상으로 대학생들이 우선적으로 선택되었다는 것이다. 대학생 때부터 정치참여를 독려하는 것이 일반적이라는 미국 정당 정치 상황도 함께 고려되었다.

예를 들면, NYU(New York University) 민주당원회와 같은 조직은 대학생 때부터 조직적인 정당 정치에 참여할 수 있는 길을 열어준다. 민주당이나 공화당 모두 대학생들을 당원으로 받는 상황은 시민참여센터로 하여금 한인 대학생들을 조직하여 현 미국의 정치 형태와 방식에 익숙해지도록 할 필요성을 느끼게 하였다.

대학생들을 조직하는 일선에 있었던 담당자는 대학교를 순회하면서 아시안 아메리칸이 관련된 인종 이슈들을 소개할 수 있는 세미나를 개최했다. "누가 빈센트 친을 죽였는가?(Who Killed Vincent Chin?)"와 같은 널리 알려진 아시아계에 대한 폭력사건을 다룬 다큐멘터리를 상영하는 것도 한인 학생들의 주의를 끄는 데 도움이 되었다. 이런 세미나 또는 워크숍은 한인 학생들이 자신들의 정체성과 미국의 인종구조에 대해 비판적인 인식을 하게 만드는 기회를 제공하였다고 한다. 아시아계 이슈라든가 인종 갈등 문제들에 관심을 보인 한인 대학생들은 시민참여센터의 연례행사인 풀뿌리 컨퍼런스에 참여하도록 정보를 주고 지원을 하였다. 시민참여센터는 일반인과 별도로 대학생들을 위한 풀뿌리 컨퍼런스 프로그램을 운영하는데 대학생 풀뿌리 컨퍼런스(Korean American Grassroot Conference University, KAGCU)가 한인 대학생들의 정치력을 결집할 수 있는 조직으로 성장하기를 기대하고 있기 때문이다. 시민참여센터는 대학생 풀뿌리 컨퍼런스와 함께 대학생 대표자 회의(Leaders Summit)를 키워나가면서 대학생 리더들에게 "구체적인 시민 참여의 방법과 풀뿌리 운동에 대한 교육"을 받게 한 후 각각이 속한 캠퍼스에서 유권자 등록 캠페인 등 시민 참여 활동에 대한 홍보를 하도록 한다.

그러나 정치나 시민활동에 참여율이 낮은 것은 한인 2세의 경우도 마찬가지인 것으로 보인다. 센터 담당자가 대학생 리더를 조직하면서 목격한 대학생들의 실상은 관심이 있는 한인 학생들이 소수에 불과하다는 것이다. 한인 대학생들이 정치나 시민 활동에 관심이 적은 현실은 여러가지 이유가 있을 것이지만 대부분의 한인이 아직도 커뮤니티의 성장보다는 개인의 직업적 성공에 의미를 두는 것과도 관련이 있다. 그러나 실제 성공한 한인들이 한인 커뮤니티의 발전이나 정치력 신장에 큰 힘이 되어주고 있지 못한다는 점은 시민참여센터 관계자들뿐만 아니라 많은 커뮤니티 활동가들이 인식하고 있다. 이런 현실에 대해 시민참여센터가 모범적인 미국 시민이 되는 것의 주요 내용으로 시민 참여 활동을 강조하는 것은 풀뿌리 운동을 통한 정치력 신장이 더욱 현실적이라는 인식을 가지고 있기 때문이다. 센터 담당자가 보기에 이제 출발선에 있는 대학생 활동은 아직 갈 길이 멀다. 그는 참여도가 낮은 한인 학생들의 조직화 및 활성화 전략에 대한 평가가 이루어져야 하며 지속적인 지원 노력도 필요하다고 본다. 사실 대학생 활동이 아직 시작 단계에 있기에 시민참여센터가 상정하는 미국 시민으로 만드는 시민권 교육이 더 강하게 이들 학생에게 주입식으로 진행되고 있는 측면도 발견할 수 있다(Ong 1996 참조). 시민참여센터가 한인 청소년 또는 대학생들의 적극적인 시민참여·정치참여가 실천되는 시민권을 바라고 있지만, 풀뿌리 컨퍼런스의 의회 방문이나 시의원, 주의원과의 만남 등에서 나타나는 바는 시민참여센터가 정의한 모범적인 시민의 모습을 다음 세대 한인 청소년에게서 확인하려는 측면이 더 크게 나타난다고 할 수 있겠다. 그러나 2020년의 시점에서 5년여에 걸친 대학생 조직화의 성과는 조금씩 나타나고 있는 듯하다. 새로운 경험을 얻고자 하는 2세들은 대학생 대표자 회의와 대학생 풀뿌리 컨퍼런스에서 한인 역사와 관점, 미국 정치에 대해 접할 수 있다는 점을 활용하고 있다. 한인 이슈에 대한 논의, 소수민족으로서 미국 정치에 참여하는 방법 등은 다른 곳에서는 얻을 수 없는 경험이다. 여기서 앞으로 시민참여센터의 다음 세대 양성 계획들이 어떤 식으로 전개될지, 교육 대상이 되는 한인 청소년들이 시민참여센터에 대해 어떤 생각을 가지고 있는지는 여러 각도에서 평가되어야 할 것이다.

2) 민권센터: 이민 개혁 지도자를 기다리며

민권센터의 공식 명칭은 '커뮤니티 활동을 위한 민권센터(MinKwon Center for Community Action)'이다. 공식 명칭에서 나타난 것처럼 민권센터도 전국적인 이슈에 대해 다른 지역의 단체들 또는 지역을 떠난 범 미국적인 단체들과 공조를 유지하며 목소리를 내고 있으나 동시에 커뮤니티 활동에 중점을 두고 있는 단체이다. 민권센터는 1980년대 한국 민주화 운동의 정신과 전통을 계승하여 미국적 맥락에서 풀뿌리 운동으로 토착화한 단체이다. 특히 5·18 광주 민중항쟁의 주모자로 수배되어 미국으로 망명한 윤한봉의 이념과 가르침을 아직 특별하게 생각하는 임원들이 있으며 민권센터의 정신 중 하나로 중요하게 여기고 있다.[20] 민권센터의 여러 사업 활동 중에서 중요한 것은 차세대 리더 양성이다. 민권센터는 한때 '청년학교'로 불렸고 아직도 청년 활동을 이 센터의 주요 관심사로 간주하고 있다. 민권센터의 홈페이지 청소년 관련 사업활동의 목표는 다음과 같다: "민권센터는 커뮤니티 발전에 있어 차세대 리더의 양성을 중요하게 생각합니다. 민권센터 청소년 프로그램은 아시안 아메리칸 청소년들이 커뮤니티

20) https://drupal.krcla.org/ko/history/yoon-han-bong

를 위한 활동가로 자라나는 토대를 제공합니다."[21] 민권센터가 차세대 리더의 양성을 사업 활동 목표로 하는 것은 시민참여센터와 다를 바가 없다. 그러나 차세대 리더 양성 활동의 대상으로 민권센터가 관심을 두고 있는 대상은 특별하다. 바로 미국 사회에서는 물론 한인 커뮤니티에서도 문제가 되고 있는 미등록 청소년 이주자들이다. 이들은 유학생 범주와는 또 다른 한인 커뮤니티의 이슈가 되어 온 일군의 사람들이다. 미등록 신분 때문에 또 아직까지는 한인 커뮤니티가 체면을 중요시하기 때문에 미등록 이주 청소년들이 지도자로서 앞에 나서는 것을 기대하는 사람은 많지 않다. 그러나 이민 개혁을 중요한 과제로 삼고 있는 민권센터는 이들이 이민 개혁 운동의 주체 및 지도자로서 성장할 가능성을 주목한다.

민권센터가 미등록 청소년들의 가능성에 대해 생각하기 시작한 것은 드림 법안(The DREAM Act: Development, Relief and Education for Alien Minors Act)[22] 운동 시기부터 이다. 드림 법안 운동으로부터 미등록 청소년의 공개적인 목소리 내기가 시작되었다고 볼 수 있다(김현희 2019: 110). 드림 법안의 잠재적인 수혜자로서 드리머(dreamer)로 불리는 미등록 이주 청소년의 활동은 미국 이민 및 국적법 체제를 바꾸려는 것을 목표로 하는 것으로서 민권센터가 지향하는 개혁운동의 한 사례라고 할 수 있다. 한국 이주자 커뮤니티에서도 주변인인 이들을 오히려 커뮤니티 지도자로서 양성하고자 하는 발상은 기존의 미국법체제를 개혁하려는 의지에 부합하는 것이라고 할 수 있다. 민

---

21) http://minkwon.org/kr/what-we-do-kr/youth-empowerment-kr/
22) 미등록 청소년들에게 합법적인 체류 기회를 허용하는 연방 법안이다. 2001년 8월에 처음 연방 의회에 소개되었다.

권센터의 미등록 이주 청소년에 대한 관심은 풀뿌리 프로그램을 기반으로 한 시민참여센터가 합법적인 형태 - 미국 사회에서 인정받는 형태의 시민 참여 활동 및 주류 정치인과 연결고리를 찾고 주류정치의 이모저모를 전략적으로 모방하고 있는 양상과는 차이가 있다. 이를 통해 민권센터가 지향하는 이민자 - 시민의 모습을 추론해 볼 수 있다. 권익 옹호라는 사업 활동에 있어서도 주류정치의 방식을 모방하거나 또는 전략적으로 이용하려는 것이라기보다 기존 체제에 대한 의문을 제기하고 제도의 미비한 점을 찾아 개선하려는 목소리를 내는 것이다.

(1) DACA 수혜자들과 이민 개혁 운동

2001년 불법 이민자의 자녀들을 구제하기 위한 개인 법안으로 시작하여 이들에게 영주권을 신청할 수 있는 길을 열어주고자 했던 드림 법안은 10년이 넘는 기간 동안 법제화 시도가 계속되었지만, 의회에서 통과되지 못하였다. 드림 법안의 통과를 위해 많은 드리머들은 이민 개혁 운동에 적극적으로 가담하였다. 수년간 드림 법안이 통과되지 못하자 라틴계 드리머들은 좌절하지 않고 2009년 드리머들의 연합단체인 '유나이티드 위 드림(United We Dream)'을 창설하고 주도적으로 이민 개혁 운동을 전개하였다.[23] 이들은 젊은 이민자와 이민자 자녀들의 미국에서의 삶과 경험담을 유권자들과 상원의원에게 알리는 운동은 벌이는 한편 2010년에는 "미등록자이지만 두렵지 않다(Undocumented, Unafraid)"[24]를 외치며 추방의 위험을 무릅쓰고 공

---

23) http://www.koreadaily.com/news/read.asp?art_id=1540866

개적으로 커밍아웃을 하였다. 이후 유나이티드 위 드림은 전국 각지의 도시에서 공개적인 집회를 열면서 "젊은 이민자들의 추방 방지와 법적 지위 보호 문제"에 대한 여론을 조성하였다(권은혜 2013: 57). 그러나 유나이티드 위 드림의 가장 큰 성과는 오바마 대통령으로부터 2012년 6월 15일 이민자 자녀들에 대한 추방유예명령(Deferred Action for Child Arrivals, DACA)을 얻어내는 데 결정적인 역할을 한 것이다(ibid.).

민권센터는 한인 및 아시아계 DACA 수혜자들을 중심으로 DACA 모임을 구성하여 이들이 이민자 권익 옹호 활동에 참여하도록 유도하고 있다. DACA 프로그램은 2015년까지 약 75만 명의 청소년들이 혜택을 받았으며 그중 한인이 8천여 명을 차지하는 것으로 추정된다.[25] 민권센터는 DACA 프로그램의 혜택을 받은 한인 및 다른 아시아계 청소년들을 대상으로 월별 모임을 개최하는 등 이들의 조직화를 지원하고 있다. 2017년 당시 민권센터의 DACA 모임은 활발하게 참여하는 회원은 10명 정도로 작은 모임이었다. 수적으로도 작은 모임이지만 아직 뭔가 눈에 띄는 독자적인 활동은 하지 못하고 있었다. 민권센터의 DACA 모임이 한인 수혜자만이 아니라 아시안 아메리칸 수혜자들을 대상으로 하는 것은 여러 가지 이유에서이다. 현재 미등록 이주 청소년들의 운동을 이끌고 있는 '유나이티드 위 드림'이 라틴계 중심으로 구성되어 다른 인종 또는 민족들의 목소리를 적절하게 대변하지 못하고 있는 상황에서 아시안들의 목소리를 대변하는 쪽으로 입장을 정리하는 것이 전략상 유리하기 때문이기도 하다. 그

---

24) '미등록된 우리는 두렵지 않다', '서류미비자이지만 두렵지 않다' 등으로 번역된다.
25) http://nakasec.org/ko/4738?hilite=DACA

러나 민권센터가 위치한 뉴욕 플러싱 지역 커뮤니티가 다민족 커뮤니티로 전환되어 감에 따라 다민족 지역 커뮤니티를 위한 시민단체로서 민권센터가 발전해가야 하기 때문인 것도 중요한 이유이다. 민권센터의 DACA 모임과 차세대 양성 방식은 민권센터의 미래에 대한 운영진들의 고민이 반영되어 있다.

2000년대의 드리머들과 현재의 DACA 수혜자들의 차이는 무엇일까? 상기 기술한 것처럼 DACA 프로그램은 대통령 행정명령으로 시작된 것이며 미등록 이주 청소년들에게 교육 및 취업에 필요한 기회를 제공함으로써 추방 위험 없이 비교적 안정적인 미국 생활을 영위하도록 하는 제도이다. DACA 수혜자들은 DACA를 경험한 것과 아닌 것은 큰 차이가 있다고 주장한다. 그러므로 DACA 수혜자들은 어느 정도 국가의 혜택과 보호를 받은 자들이라고 볼 수 있다. 이에 반해 2000년대 활동했던 드리머들은 이민 개혁 운동의 최전선에서 활동했음에도 불구하고 결과물을 내지 못한 '실패'의 경험을 가진 자들이라고 할 수 있다. 2000년대부터 당사자들의 이민 개혁 운동이라는 형식을 지원해온 민권센터는 DACA 모임의 운영에서도 미등록 이주 청소년들의 미래의 불안정성을 고려할 수밖에 없다.

(2) DACA모임의 현황과 과제

민권센터가 DACA 청소년들을 조직화하는 데 있어서 어려움은 이들의 신분상의 불안함이 가장 큰 것으로 보인다. 미등록 이주자들은 신분상의 불안정성 때문에 언제 추방될지 모른다는 불안감을 가지고 있고 미국 사회에서 제대로 된 자리를 찾지 못하고 부유하는 삶을 살고 있다. 가족관계도 신분상의 불확실성으로 인해 안정적이지 못하다. 이런 이들을 하나의 집단으로 조직화하는 것은 무척 힘든 일이다. 첫째, 이들의 신뢰를 얻는 일이 어렵고 둘째, 이들을 합법화 운동에 참여시키는 일은 여러 단계의 과정을 통해야만 가능한 일이다. 이민 개혁 운동은 이민 개혁의 취지를 이해하고 의식화한 바탕 위에 '모범적'인 시민운동을 넘어서 보다 전투적인 이민 개혁 운동에 동참할 각오가 필요한 일이다. 민권센터는 지역사회에서 DACA 신청 절차를 도움으로써 미등록 이주 청소년들의 신뢰를 얻었다. 이민법제에 관한 정보를 얻기 힘든 상황에서 DACA에 대한 정보를 알려주고 프로그램에 신청할 수 있도록 도운 것은 이들에게 새 희망과 세상을 보여준 것이나 다름없었다.

민권센터의 한 임원은 DACA 모임 참여자들이 이민 개혁 운동을 하기 위해 자발적으로 모인 사람들이 아닌 'DACA의 산물'이기는 하나 이 모임을 지원하는 민권센터의 입장에서 이들을 귀중한 자원으로 사회운동가로 양성할 수 있는 자질을 가진 주체들로 보고 있다고 피력한다. 그에 따르면 지금 당장은 아니더라도 장기적으로는 "전반적인 이민 운동가 또는 진보적인 사회 운동가"로 키워내려는 작업을 하는 것이다. 사실 DACA 모임은 DACA 프로그램에 신청하기 위한 '개인적인' 목적으로 찾아온 젊은이들을 DACA 모임으로 '조직'한 것이다. 2017년 당시 민권센터가 이들에 기대하는 미래의 비전은 원대하나 제대로 기능하기에는 아직 이른 단계였다고 할 수 있다. 풀뿌리 민주주의 운동의 관점에서 이상적인 '자생적'인 조직은 아니나 사회활동가가 될 가능성을 보고 지원하고 있었다.

민권센터의 DACA모임은 아직 활발하게 기능하지 못하고 있었고 모임의 초기 상태는 모임의 지도자 격인 A의 심적 상태에도 영향을 주었다. 2017년 매니저 A는 2대째 매니저로 민권센터에서 자원봉사자로 일하다가 한 선임 활동가가 추천함으로써 DACA 모임의 매니저로 일하게 되었다. A는 자신의 DACA 신청을 하기 위해 2012년 7월 민권센터를 방문하면서 민권센터와 인연을 맺게 되었다. 한 선임 활동가가 A를 '열정'을 가지고 있는 사람이라면서 DACA 모임의 매니저 역할에 추천하였다고 한다. 그는 처음에는 매니저 역할을 맡는 것을 망설였으나 자신을 믿어주는 사람들을 신뢰하고 있었기 때문에 한 번 해보기로 하였다. A는 사람들을 조직화한다는 것의 어려움에 대해 실감하고 있었다. 그는 조직화라는 것은 어떤 기계적인 과정과 결과가 수반되는 것이 아니라고 말한다: "어떤 조직, 단체 조직을 한다는 것은 굉장히 드문 짧은 순간에 달려있어요. 순수하게 유기적으로 서로 연결되는 영감의 순간에. 그런 건 굉장히 드물죠. 그건 미리 계획한 대로 되는 것은 아니죠." 그가 생각하는 DACA 모임 매니저로서 자신의 역할은 '플랫폼' 또는 드리머들을 위한 '공간'을 제공하는 것뿐이라고 말한다. 그는 현재 드리머들을 지지하여 그들이 지도자로 성장할 수 있도록 뒷받침하는 것이 자신의 역할이라고 믿는다. 그 자신도 DACA 수혜자이지만 앞에 나서서 무언가 해야 한다고 생각하지 않는다. 상기 민권센터의 한 임원도 말했던 것처럼 민권센터는 아직까지 DACA 모임이 어떤 성과를 내기를 기대하고 있지는 않았다. 실제로 현재 가시적인 성과를 기대할 수 없는 단계라는 것도 잘 인식하고 있었다. 매니저인 A나 임원이 이야기하는 바로부터 DACA 모임은 미래의 사회운동가를 키워내는 과정에서 전략적으로 선택된 젊은이들의 집단이며 DACA 모임은 이들이 앞으로 자신들의 역량을 길러나가는 공간이라고 볼 수 있다. 이를 위해 민권센터는 담당 매니저와 부매니저가 이들의 자립을 돕고 있었다.

당시 20여 명의 DACA 수혜자들로 구성된 모임은 민권센터 소속

활동가의 지도하에 운영되지만, 수혜자들이 주도적으로 이끄는 모임이 되도록 안건 준비와 활동 방향에 대해서 수혜자들이 능동적으로 참여하고 자체적으로 결정을 내리도록 독려한다. 필자가 관찰한 모임에서는 보다 많은 DACA 수혜자들의 참여와 조직화를 이끌어내기 위해 페이스북 등 SNS를 이용하는 방법을 논의하고 각자 담당할 역할을 정하였다. DACA 수혜자들의 모임이 대외적으로 영향력 있는 활동을 할 수 있기까지 참여자들이 배워야 할 것은 상당히 많다. 민권센터 운영진들은 DACA 수혜자들이 스스로 모임을 운영해 나가는 방법과 자신들의 목소리를 외부로 낼 수 있는 방법을 배우고 익히도록 하였다. 스스로 모임을 운영해 나가는 방식은 즉 스스로 각자 역할을 맡아 회의를 진행하는 것으로부터 시작한다.

민권센터는 DACA 수혜자들이 자신들만의 리더를 정하고 스스로 의제를 선정하여 회의를 진행하도록 공간과 조력자를 제공한다. 회의 진행 과정에서 논의가 진전되지 않거나 누군가 선뜻 나서지 않으면 매니저가 이런 것을 해보면 어떻겠느냐고 제안을 하거나 지난번에 이런 이슈를 논의하지 있지 않았냐고 상기시키기도 하고, 또는 특정인을 지적하면서 이런 것에 관심이 있지 않았느냐고 부추기면서 구체적인 행동을 유도하는 모습을 볼 수 있었다. DACA 모임은 전반적으로 매니저의 조언과 권고를 통해서이기는 하나 표면적으로는 어디까지나 자발적인 형태의 모임을 유지하려고 하는 모습을 볼 수 있었다. 하지만 더 중요한 점은 매니저가 중간에 개입한다고 할지라도 굉장히 조심스럽게 개입하여 DACA 수혜자들의 주체성을 발휘하도록 하는 데 중점을 두고 있는 것처럼 보였다. 이런 점으로 미루어 볼 때 민권센터는 DACA 수혜자들 자신이 모임을 자발적으로 끌어나가고 있고 모임의 주체가 자신들이라는 자각을 하도록 유도하는 것으로 생각된다.

DACA 모임의 매니저 A는 민권센터를 대표하여 미등록 이주 청년들이 관련된 이슈를 다루는 모임에 얼굴을 내밀고 있었다. DACA 수혜자들은 외부에서 DACA 관련 캠페인이 있을 때 민권센터의 이름으로 몇 명씩 시위나 다른 행사에 참가하는 방식으로 외부 활동을 하고 있다. 이들 행사의 대부분은 뉴욕이민자연맹(New York Immigration Coalition, NYIC)와 같은 이민자 권익 옹호 단체가 주최하는 이민 개혁을 주된 이슈로 하는 시위에 참여하는 것이다. 즉 민권센터의 네트워크를 통한 참여 요청이 있을 때 동원되는 측면이 있다. 2018년 3월 5일 뉴욕 집회는 트럼프 정부의 DACA 폐지에 항의하기 위한 시위였다. DACA 폐지에 의해 체류가 불안정하게 될 직접적인 당사자인 드리머들과 니카라과 출신 임시체류신분(Temporary Protected Status, TPS) 소지자[26]들도 참여한 이 행사에는 라틴계 이민자들뿐만 아니라 아시아계 청년들의 얼굴을 볼 수 있었다. 민권센터에서도 '이 땅에 당당한 주인으로(Here to Stay)'[27] – 민권센터'라는 팻말을 들고 몇 명의 DACA 수혜자들이 참여하였다. 이들 중 대부분은 팻말로 얼굴을 가리고 있었지만, 부매니저인 B는 영상 인터뷰에 응하였다. B는 방송 인터뷰에서 열 살 때 한국에서 왔고 그 후 한 번도 한국에 가본 적이 없으며 플러싱 이외에서의 삶은 생각해 본 적이 없다고 강조했다.[28]

---

26) 2017년 10월 6일 미 연방 국토안전부는 니카라과 출신 미등록 이주자 대한 '임시체류신분' 프로그램을 중단하고 1년간의 유예기간 동안 미국을 떠나라고 결정한다. 이에 따라 니카라과 출신 임시체류신분 소지자들은 2019년 1월 5일까지 미국을 떠나야만 한다. http://www.koreatimes.com/article/20171108/1086531

27) '이 나라에 살기 위해 존재한다', '이 곳에 머무르다' 등으로도 풀이된다.

28) http://pix11.com/2018/03/05/hundreds-rally-on-behalf-of-dreamers-on-dacas-march-5-deadline/

이는 'Here to Stay'라는 구호로 축약될 수 있는 미등록 이주 청소년의 개인적 삶의 사례를 제공했다. 방송 인터뷰에서 B는 매우 열정적으로 자신의 의견을 말하였다. 그러나 대부분의 민권센터 팻말을 들고 있는 이들은 얼굴을 가려서 방송에 나오지 않도록 하는 소극적인 면모를 엿볼 수 있었다. B의 태도와 비교할 때 이는 아직 이들이 공개적인 장소에서 '앞에 나설' 정도로 이민자 권익 옹호 활동에 전면적으로 몸을 담는 활동가로서 보이지 않는다. 어쩌면 미등록 이주자들이 신분을 노출시키는 것에 대한 거부감이 작용하고 있을 여지가 있다.

민권센터의 DACA 모임은 규모가 작아서 단독으로 영향력 있는 활동을 펼치지 못하고 있지만, 같은 미등록 이주자의 문제 해결을 활동의 주요 목표로 하는 전국적 규모의 조직, 유나이티드 위 드림과의 연결을 유지하고 있다. 유나이티드 위 드림에 민권센터 활동가가 이사직을 유지할 수 있도록 뒷받침하고 있으며, 아시아계의 목소리를 대표하는 자격으로 A와 그를 보조하는 다른 구성원이 유나이티드 위 드림 총회에 참가하도록 하고 있다. 2017년 여름에는 유나이티드 위 드림 하계 수련회에 DACA 모임 멤버들이 참여하기도 하였다고 한다. 유나이티드 위 드림과의 접촉은 한인 또는 아시아계 드리머들의 이슈와 관점이 라틴계들과는 다르다는 것을 발견하는 기회이기도 하다. 역시 유나이티드 위 드림 총회에 참석했던 B는 민권센터의 DACA 모임 또는 아시아계의 입장이 전달되도록 요청하고 바꾸어 나가야 한다고 주장한다. 이처럼 다른 단체와의 교류는 민권센터를 넘어서 이민운동 또는 사회운동의 기본적인 네트워킹을 할 기회로 삼도록 하는 것이라 볼 수 있다. 민권센터는 당면 과제와 활동 전략에 있어서 그 꾸준함으로 다른 민족 조직과 사회운동가들의 신임을 얻은 바 있다. 민권센터의 이런 특징은 DACA 모임을 조직하고 네트워킹의 기본적인 바탕을 제공하는 방식에서도 잘 나타나고 있다.

현재 드리머들의 이민자 권익 옹호 운동은 당사자들의 사회운동으로서 의미가 더 커지고 있다. 트럼프 대통령이 DACA 폐지를 선언한 이후에도 이들은 포괄적인 이민 개혁의 일환으로 DACA 프로그램의 폐지 철회 운동에 나서고 있다. DACA 모임은 2019년 10월 뉴욕 배터리팍에서 이민자 권리옹호단체들이 합동으로 개최한 'DACA와 TPS 지키기 행진' 출범식에 참여하였다. 출범식에서 B는 연설자로 나서서 DACA를 통해 "어두운 터널을 벗어나 밝은 미래를 꿈"꿀 수 있게 되었으며 "DACA를 지키고 모든 서류 미비자들이 추방의 공포에서 벗어날" 수 있도록 포괄적 이민 개혁을 이루자고 목소리를 높였다.[29] 트럼프 정부의 DACA 폐지의 국면에서 오히려 드리머들은 현재 이민 개혁 운동의 가장 최전선에 있는 이들로서 한 단계 더 나가게 된 것이다.

(3) 민권센터의 접근법

민권센터의 DACA 수혜자들에 대한 조심스러운 접근은 2000년대 초반의 드림 법안 운동에 적극적으로 참여했던 미등록 이주자들의 결실을 보지 못한 시도의 선례를 염두에 있는 것이라 생각한다. 많은 미등록 이주 청년들은 드림 법안의 법제화에 큰 기대를 걸고 운동에 참여했다. 민권센터도 드림 법안 운동에 적극적으로 참여하면서 한인 드리머들을 발굴해냈다. 민권센터의 지원과 격려로 소수의 한인 젊은 이들이 미등록 이주자 신분인 자신들을 공개적으로 노출하면서까지

---

29) http://ny.koreatimes.com/article/20191028/1276736

드리머 운동에 참여하였다. 그러나 이 용감한 한인 젊은이들은 결국 드림 법안의 법제화를 보지 못한 채 좌절하였고 곧 이민 개혁 운동에서 퇴장한 것으로 알려졌다. 상기 민권센터의 임원은 이들은 지금은 무엇을 하고 있는지 모르나 각자 자기 삶을 열심히 살아가고 있을 것이라고 강조한다. 민권센터의 차세대 리더 양성의 차원에서 보면 이들의 운동은 뚜렷한 결과물을 내지 못하고 조직화로 이어지지 못한 것이다. 그러나 민권센터 자체에서는 활동가로서 민권센터를 거쳐 갔다는 것 자체를 의미 있는 '성과'로 평가한다. 오랫동안 민권센터를 운영하는 데 관여해왔던 이에게는 사람은 바뀌었지만 여러 젊은이들이 집단으로 운동의 맥을 이어온 것으로 해석되기도 하는 것이다.

드리머는 미등록 이주 청소년들의 첫 단계 10여 년 간의 운동을 통해 만들어낸 이미지이다. 드리머는 "열심히 노력하고 뛰어난 (대)학생이며 문화적으로 아메리칸(exceptional and hardworking students and cultural Americans)"인 이들이다(Schwiertz 2016: 614)). 슈비어츠(Schwiertz 2016: 614)는 드리머 이미지가 "시민단체와 이민자 권익 옹호 단체들이 미등록 이주 청소년들이 좋은 이민자(good immigrants)이며, 합법화 대상으로 특별히 가치가 있는 존재라는 대중적 이미지를 만들기 위해 만들어낸 문화적 상징적 자본"이라고 보았다. 드리머 내러티브는 당시 강력한 저항적 이민자 내러티브를 구성하였지만, 미국 주류사회의 이민자에 관한 담론에도 잘 들어맞는 것이다. 미국의 지배적 이민자 관련 담론은 좋은 이민자와 나쁜 이민자로 구분한다. 얼핏 합리적인 것처럼 보이는 좋은 - 나쁜 이민자 구분은 실상은 반이민적 주장에 정당성을 실어주는 쪽으로 작용하였다. 즉 나쁜 이민자들을 범법자로 치부하며 추방할 근거를 이민자들의 행위와 태도에서 찾을 수 있게 하는 빌미를 제공하기도 한 것이다.

드리머 이미지를 둘러싼 이러한 딜레마는 DACA 모임을 통해 민권센터가 지향하는 진보적 또는 저항적 활동가를 배출하려는 방향과는 상반된 결과를 낳을 수 있음을 보여준다. 결국, DACA 수혜자들이 어떻게 드리머 내러티브를 수용하는지 또 트럼프 정부에서 변화하는 미등록 이주자들의 상황을 어떻게 대처하는지에 따라 여러 가능성이 나타날 수 있다. 민권센터는 미등록 청소년들에게 존재의 정당성과 권리 주장의 당위성의 논리를 제공함으로써 DACA 수혜자들이 주체적인 자기 인식을 가능하게 하는 바탕을 마련하였다. 이런 인식을 통해 DACA 수혜자들이 이민자 권익 옹호 운동에 입문할 수 있도록 인도한다. 이들은 DACA 신청을 통해 민권센터와 인연을 맺은 후 이민개혁 운동에 자연스럽게 참여하게 된다. 2017년 9월 트럼프 대통령의 DACA 폐지 결정 이후, 이들의 대외적 활동은 더 중요한 의미를 가지게 되었다. 2019년 대법원의 DACA 폐지 명령에 대한 심리를 앞두고 DACA와 TPS 지키기 행진 운동 등 여러 행동에 직접적으로 나설 수밖에 없는 입장이 된 것이다. 뉴욕 배터리팍에서 시작하여 워싱턴DC 연방대법원 앞까지 이어진 행진 운동에 참여한 민권센터 DACA 청년들은 전국에서 모인 2,000여 드리머들 중의 일부가 되었다.[30]

민권센터가 육성하고 있는 20여 명의 드리머들은 민권센터에서 스텝으로 일하다가 커뮤니티 오가나이저로 승격하여 좀 더 주체적인 역할을 맡게 되는 순서를 밟는다. 앞선 A와 B의 경우도 DACA 수혜자로서 민권센터와 관계를 맺게 되었고 후발 DACA 수혜자들을 조직하고 지원하는 위치로 육성되었다. 이들이 활동가로서 민권센터에 머

---

30) http://m.ny.koreadaily.com/news/read.asp?source=NY&category=emigration&art_id=7771375

무는 기간은 개인별로 차이가 있고 미등록 신분 때문에 변동이 많다. 그러나 그 중 소수는 민권센터에서 시민활동가로서 관련 활동을 하면서 새로운 경험을 쌓고 스스로 앞날의 선택지를 넓혀 나간다고 평가된다.

민권센터는 한인 청소년들이 이민자 문제에 관심을 갖고, 이민자로서의 자신의 권익을 확보할 수 있는 사람으로 성장하는데 도움을 제공하는 단체라고 볼 수 있다. 민권센터를 거쳐 간 많은 젊은이들이 이민자 권익 운동가 또는 비정파 시민활동가로 성장했으며 현재 다양한 한인 및 비한인 비영리단체에서 활동하고 있다. 시민참여센터의 풀뿌리 인턴십 프로그램과 마찬가지로 민권센터의 DACA 모임은 미국 이민 정치에 적극적으로 참여하게 함으로써 다음 세대 한인 리더십 육성을 지향한다. 민권센터의 DACA 수혜자들의 모임은 앞선 드리머들에 대한 지원 운동의 연장선상에 있다. 민권센터는 한인시민단체 중에서도 가장 활발하게 드림 법안의 법제화 운동에 참여한 바가 있다. 민권센터가 이민 개혁 운동에 적극적으로 참여했다는 것은 민권센터가 많은 이민 또는 커뮤니티 활동가들을 배출한 것과 관계가 없지 않다. 민권센터는 DACA 수혜자들이 이민자 이슈와 인권에 관심을 가지게 됨에 따라 시민활동가들의 길을 택할 수 있도록 지향하고 있다. 그러나 사실 이민 개혁 운동의 성공이 민권센터나 DACA 수혜자들의 노력 여하에만 달려 있지 않기 때문에 DACA 모임의 구성원들이 어떤 인생경로를 택하게 될지 알 수 없다. DACA 프로그램이 통과된 2012년부터 트럼프 정부의 입성 이전까지 미등록 이주 청소년 운동은 자부심과 승리의 분위기가 팽배했으며 그 속에서 대안적인 미국 시민권에 대한 주장도 강세를 보였다. 그러나 트럼프의 DACA 폐지 명령에 직면하여 DACA 수혜자들이 어떤 노력을 해야 할지 민권센터가 어떤 방식으로 이들을 지도할지 혼란에 빠졌으며 대응책을 마련할 동안 매우 조심스럽게 움직였다.

　다른 타민족 이민단체처럼 민권센터는 DACA 프로그램과 그 수혜자들의 활동을 계속 이어가려고 하고 있다. 민권센터는 DACA 폐지에 대한 법률 소송의 추이를 지켜보면서 한편으로는 정부의 DACA 폐지에 대한 항의집회 및 시민 불복종 운동을 전개해나가고 있다.[31] 2020년 6월 연방대법원은 드디어 트럼프 행정부가 DACA를 폐지할 수 없다는 판결을 내렸다.[32] 이제 연방의회에서 계류 중인 드리머들을 위한 새 법안을 통과시키기 위해 끊임없이 여론을 조성하고 의회를 압박해야 하는 일을 앞두고 있다. 이런 상황에서 민권센터는 계속해서 DACA 수혜자들을 집회의 얼굴로 필요로 하고 이들의 참여를 북돋운다. 민권센터를 거치는 많은 청소년 중 특히 DACA 수혜자들은 불법체류자의 신분 때문에 젊은 나이에 이미 삶의 굴곡과 불안정함을 체험하고 있는 자들이다. 이들은 민권센터의 부름에 응하여 다양한 이민 개혁 활동 및 교육에 참가하면서도 그 성과에 대한 확신이 없다. 이민 개혁이라고 하는 높은 목표에 도달할 수 있는지 또 자신들이 참여하고 있는 이민 개혁 활동이 어떻게 자신의 삶을 변화시킬 수 있는지는 불명확하다. 이런 점에서 이민 개혁 활동은 시민참여센터에서 마련한 '미국 시민'의 역할에 참여하는 것보다 어려운 일이다.

---

31) http://habsoo.org/overseas?vid=113

32) http://www.worldkorean.net/news/articleView.html?idxno=37227

4. 소수민족과 미국 시민권 행사

필자가 풀뿌리 컨퍼런스에서 만난 한 대학생은 현재 한인 문화 (ethnic culture)는 한인 2세, 3세들에게 어떻게 살아야 되는지에 대한 방향을 제시해주지 못하고 있다고 비판했다. 그는 한인 2세, 3세들의 정체성에 대한 문제는 사회적 문제에 대한 고민을 하는 과정에 노출되는 것만으로도 의미가 있을 수 있다고 주장한다. 그런 의미에서 풀뿌리 컨퍼런스와 같은 프로그램이 의미가 있을 수 있다는 것이다. 이 학생은 개인적 경험과 사회적 차원의 문제가 만나는 지점이 특히 소수민족이 정체성과 귀속감을 정립하는데 중요하게 작용한다고 본다. 시민단체 또는 이민자 권익 옹호단체들은 개인적 경험과 사회적 문제가 만나는 지점을 제공해 줄 수 있는 공간이다. 이민자들과 그 자녀들이 미국 사회에 귀속감을 가질 수 있는 것은 자연스러운 미국 생활을 통해서 보장된다기보다 어떤 사회적 계기를 통해서 형성되는 과정을 거침으로 가능하다. 이민자들의 미국에서 살아갈 권리 주장은 종종 문화적 시민권 행사로서 표현되어 왔다(Flores and Benmayor 1997). 자신들이 존재하는 공간에 대한 권리 주장은 자신들의 법적 지위 여부와 상관없이 자신들의 존재를 인정하라는 요구이기도 하다. 라틴계들 중심으로 주장되어 온 문화적 시민권은 불법체류자들을 포함하는 이민자 커뮤니티에 의한 자생적인 이민 개혁 운동의 근거를 제공한다. 이민자들이 그 존재를 인정받는 데 발생하는 어려움은 이들의 시민권의 내용이 출생에 의한 또는 주류집단이 누리는 시민권과 차이가 있음을 보여주는 것이다(한승미 2010). 소수인종 또는 민족 출신의 이민자들은 당연히 미국 사회의 일원으로 받아들여진다기보다 이들의 미국 사회로의 귀속 과정은 많은 갈등과 불협화음을 자아낼 뿐만 아니라 이민자들의 특별한 노력이 전제된다. 따라서 이민자들이 미국에 속하기 위해서는 이민자들 쪽의 길고 긴 갈등과 협상 과정을 거쳐야만 한다(김현희 2016; Lowe 1996).

이 글에서 살펴본 시민참여센터나 민권센터는 단체 차원에서 양성하고자 하는 미주 한인 시민권의 모델이 있다. 이들이 지향하는 시민권 모델은 오랫동안 축적한 자신들의 시민 활동 경험에 기반하여 미국적인 맥락에서 실효성이 있는 모델을 구상한 것이지만 다음 세대에 거는 이민 세대의 기대가 반영되어 있다고 볼 수 있다. 시민참여센터의 지도부는 현재 한인들이 가지고 있는 한계에 대해 안타까워하며 한정된 틀을 벗어나고자 하는 여러 방법을 동원하는 와중에 다음 세대들은 그런 한계를 뛰어넘을 수 있도록 지원하고 있다. 시민참여센터의 풀뿌리 인턴십이라든가 대학생 풀뿌리 컨퍼런스(KACE U)와 같은 프로그램들은 집단적 차원에서 시민 교육을 넘어 능동적인 정치참여를 할 수 있는 또는 지도자로서 활동할 수 있는 경험을 제공하려는 집단적인 노력이다. 민권센터는 한국의 민주화 운동의 영향력을 받은 단체의 진보적인 성격에 맞는 방법으로 다음 세대의 활동가들을 길러내려는 노력을 기울이고 있다. 그러나 어떤 틀에 맞춰 이들을 교육하려는 것이 아니라 한인 2세들이 구성원으로 들어옴에 따라 단체의 특성이 변하는 것을 허용하는 것처럼 보인다. 또한, 변화하는 이민 개혁 운동의 환경은 민권센터의 다음 세대 지도자 양성 과정에 큰 변수로 작용하고 있다.

민권센터와 시민참여센터의 사업 활동과 목표는 다음 세대 양성이라든지 청소년 교육 등에 있어서 공통된 면모를 가지고 있지만, 차세대 지도자의 재목으로 어떤 한인들을 대상으로 하는가에 있어서 많은 차이를 보여주고 있기도 하다. 시민참여센터의 풀뿌리 프로그램은 미국 주류정치에 효과적으로 개입하고 시민 참여 활동을 활성화하여 한인이 미국 시민으로서 활동하는 모습을 대외적으로 가시화하고자 한다. 이에 비해 민권센터는 운동조직을 우선시하며, 이민 전문 활동가 및 커뮤니티 활동가를 양성하려는 목표를 가지고 있다. 또한, 전형적인 시민 참여 활동에 비교해 전반적인 이민 개혁 운동 단체와의 연대를 중요시한다. 시민참여센터가 한인들의 집단, 목소리에 집중하는 데 반해 민권센터는 운영진의 구성 측면에서 보면 이미 한인만을 위한 단체가 아니며 다른 아시아계와의 연대를 단체의 존립을 위한 전략적 방법으로 택하고 있다.[33] 이처럼 민권센터와 시민참여센터는 같은 풀뿌리 운동이라 하더라도 어떤 시민과 지도자를 양성할 것인가에 서로 다른 접근을 하고 있다.

결론적으로 기존 한인사회의 주류적 입장은 개인의 성공(personal career development)을 우선시하는 것과 달리, 시민참여센터나 민권센터는 풀뿌리 운동을 그 모델로 한다는 공통점이 있다. 개인 성공 모델은 실제 성공한 한인들이라고 언론에서 회자되는 인물들이 한인 커뮤니티의 발전이나 정치력 신장에 큰 힘이 되어주고 있지 못한다는 점에서 많은 커뮤니티 활동가들을 중심으로 비판과 성찰이 진행되었다. 이런 의미에서 시민참여센터와 민권센터는 한인들의 시민 주체에 대한 생각의 전환을 이끌어내는 변화의 주체들이다. 앞서 강조한 것처럼 시민단체들의 다음 세대를 겨냥한 프로그램은 이들 단체가 미국 시민을 어떻게 상정하고 있는가를 반영한다.

그러나 한인들의 입지를 강화하기 위해 마련한 프로그램은 미국

---

33) 시민참여센터의 창립자의 경우 다른 인종과의 연대에 대해 비판적인 시각을 가지고 있다.

시민에 대한 이민 세대의 고정관념을 고착화할 수 있는 위험성이 있다. 시민참여센터의 이민 세대 지도부는 전략적 차원에서 모범적인 미국 시민 상을 제시하더라도 다음 세대들은 그 모델을 이상적인 것으로 수용할 수 있다. 또한, 소수민족 시민단체들은 미국과 미국 시민이라는 형태를 정당화, 강화하기도 하지만 기존의 '모범시민'이 되는 것에 대한 의문을 제기할 수 있다. 민권센터가 진행하고 있는 DACA 수혜자들에 대한 다소 방임적 태도는 지도적 입장인 예비 활동가 이외의 구성원들에게 어떤 경험으로 작용할지 알 수 없다. 이들 대다수는 자신들의 삶의 경과에 따라 이민 개혁 운동 현장을 떠나는 것을 선택할 것이다. 민권센터가 지향하고 있는 개혁적 활동가로서의 다음 세대는 매우 소수의 지도자에게만 해당하는 것처럼 보인다. 이런 상황에서 한 가지 분명한 점은 로컬 수준에서 나타나는 여러 움직임은 시민권이 정의되고 선택하여 실천되는 그 과정에서 미국 시민이란 것에 대한 '재평가'(revaluation of American citizenship) 또한 끊임없이 다양하게 제기된다는 것이다.

현재 트럼프 정부하에서 요동하고 있는 이민정책과 미국 시민사회의 태도 변화는 한인시민단체의 차세대 양성 활동의 주요한 배경이 되고 있다. 이런 미국 전체적인 맥락 속에서 한인 단체의 입지와 활동은 목표를 이룰 수 있을 것인가, 또한 계획한 대로 한인 젊은이들을 미국 시민 또는 개혁 주체로 길러낼 수 있을 것인가는 유동적이다. 이 글에서 살펴본 두 단체, 한인시민참여센터와 민권센터는 앞서 기술한 바와 같이 각각 특정 의제를 가지고 있다. 시민참여센터는 미국의 양당제에 기반을 두는 정치와 네트워크를 이해하는 바탕에서 시민 참여 모델을 따르고 있는 것으로 보인다. 그렇다면 시민참여센터는 한인들 내부의 인종적, 문화적 차이를 어떻게 대처할 것인가? 민권센터는 지역사회의 다인종화로 인한 문제를 아시아계를 대표하는 단체로 재구성함으로써 극복하고 그 안에서도 한인의 이익을 보호하고 한인을 대표한다는 의미를 보존하고자 한다. 이들이 의도하는 차세대 지도자 개인의 정치적 역량 강화는 한인사회에 대해 어떤 이점들을 제공하는가? 이런 질문들은 변화하는 미국의 사회적 맥락에 따라 다른 결과가 도출될 것이다. 학자들은 이민자들이 지금의 미국을 만드는 데 많은 영향을 미쳤다고 한다. 한인 단체들이 달성하고자 하는 한인 지도자 또는 시민 주체의 모습은 달라진 미국의 모습 또한 반영하고 있을 것이다.

이 글은 아시아계 소수민족인 한인들이 선택할 수 있는 미국 시민권의 여러 모습에 대한 단편적 고찰을 담고 있다. 한인시민단체들은 그 정치적 목표와 성향에 따라 한인의 정치력 신장의 다른 방식을 만들어나간다. 미국 주류정치의 틀 안에서 한인 집단의 입지와 이해관계를 우선시하는 이들과 더욱 개혁적인 성향에서 다른 소수민족 또는 이민자 집단과 연대하려는 이들의 비교는 다양한 한인의 정치적 스펙트럼과 시민됨의 가능성을 보여줄 수 있다. 또한, 한인시민단체들의 다음 세대 양성 노력은 근래 들어 초국적 이동성이 커지는 한인사회와 뉴욕 지역사회를 배경으로 하고 있다. 한인 및 미국 시민을 정의하고 규정하는 문제는 초국적 맥락에서 미국 시민으로서 한국과의 관계를 어떻게 설정할지 또 새로운 이주자들을 어떻게 이해하고 포용할지에 대한 고려를 수반한다. 결론적으로 미국 내에서 한인들의 입지를 정립하는 일들은 다각적으로 형성되는 것임을 알 수 있다. 이들 단체의 여러 방향에서 미국의 시민적 위치를 확보하려는 노력은 소수민족 시민권의 복합적이고 역동적인 모습을 보여준다.

정체성 포용하기

: 사회운동이 불러온 뜻밖의 결과[1]

박계영

재외한인 네트워크 상태와 전 지구적인 한민족 네트워크의 현 위치를 확인하는 특별 포럼이 2016년 3월 3일 한국에서 개최되었다. 여기에는 약 150여 명의 재외한인이 참석하였으며, 그 가운데는 조규형 재외동포재단(Overseas Korea Foundation) 이사장과 김성환 전(前) 외무부 장관도 있었다. 이 포럼은 전 세계에 거주하는 재외한인의 사회적 네트워크의 상태를 점검하기 위해 열린 것이었으며, 여기에는 빠르게 변화하고 있는 미국 내 네트워크와 지역별 재외한인 네트워크를 점검하는 작업도 포함되었다. 포럼 주제는 "지역별 한인 공동체 생태계의 진단과 전망"이었다. 조규형 이사장은 이렇게 말했다. "전 지구적인 한민족 네트워크를 확장하는 것은 국가적 과제이지만, 재외한인 사회의 전 지구적 네트워크가 시험대에 오르는 상황에 직면하게 되었습니다. 이는 지역에서 벌어지는 정치적, 경제적, 그리고 사회

1) 이야기를 들려준 연구 참여자들께 마음 깊이 감사드린다. 참고문헌에 관한 조언을 주신 Thomas Burgess와 번역작업을 맡아준 서울대 인류학과 장한라 양, 그리고 최고의 연구보조원 Kelsey Kim과 Lindsey Yang께 크나큰 감사 인사를 전한다.

적 변화로 인한 것입니다. 미국의 경우, 2세대 혹은 3세대 한국계 미국인(Korean Americans)의 민족적 정체성(ethnic identity)이 약화된다는 우려가 생겨나고 있습니다. 그리하여 민족적 정체성을 유지하는 것이 다시금 도전과제로 떠오르고 있습니다."[2]

2세대 혹은 3세대 한국계 미국인의 민족적 정체성이 미약하다는 점에 대해 관심과 염려가 있다. 민병갑(Pyong Gap Min) 교수와 김대영 교수(2005)는 메트로폴리탄 뉴욕에 거주하는 한국계 미국인들은 민족 교회(ethnic churches)를 통해 비교적 성공적으로 종교를 전파하고 있지만, 한인이라는 민족적 정체성은 전승되고 있지 않다고 보고하였다. 2세대 한국계 미국인(Korean-American) 개신교도들은 복음주의적인 기독교를 따르는 경향이 있는데, 이는 일부 한국 민속의 실천을 금하고 있으며, 한인으로서의 정체성보다는 기독교도로서의 정체성을 중시할 것을 요구한다. 2세대 한국계 미국인 개신교도들이 교회에 모여서, 그리고 집에서 펼치는 종교적 실천방식은 한국의 문화적 전통과 별다른 관련이 없다고 주장한다. 한인 개신교도 이민자들은 종교를 통해 문화적 전통을 전승하는 데 실패한 것이다.[3] 다시 말해,

----

2) 한민족 정체성 유지 필요성 더욱 커져.(2016.6.4.(토)) http://www.koreatimes.com/article/20160603/991509

3) Karen K. Chai의 비판에 동의하며, 민 교수의 분석에서는 "민족문화"가 민족 교회 혹은 사원에서 실천된다는 아주 좁은 정의를 취한다. 그는 한국계 미국인의 복음주의적 개신교가 민족문화와의 연결이 약화한다고 보는데, 그 까닭은 답변자들의 자기-정체화 과정에서 기독교를 한인이라는 민족성보다 우위에 놓는 것으로 여겨지기 때문이다. 어떤 정체성이 우선하는가에 대한 답변이 어떻든, 미국에서 성장한 젊은 층이 한인 교회를 선택한다는 사실은 변치 않는다. 연구자는 이들이 실천하는 기독교는 사실상 한국계 미국인들의 개신교라고 주장하고자 한다. 여기서 실천하는 문화는 한국문화의 기독교 버전이다―한국문화, 미국문화, 그리고 복음주의적 기독교 문화의 혼종이다. 종교의 내용이

2세대 한국계 미국인 개신교도들이 주류 백인 미국인들의 복음주의적인 하위문화를 수용하면서(예를 들어 대학생 선교회, 한인기독학생회, 그리고 내비게이터 선교회), 이 신도들은 예배와 종교 의례에서 한국의 문화적·민족적 전통을 제거했다. 2세 영어목회 개신교회에서는 한국 민속 문화의 요소들이 거의 사라졌다. 음식만은 예외지만, 그렇게 없어진 것 가운데는 한국 고유 명절, 의복, 춤, 그리고 음악 등이 있다. 목사들 가운데 절반은 한 번도 한국말을 사용한 적이 없거나 한국 얘기를 한 번도 꺼낸 적이 없다. 그 가운데 25%는 한인 공동체를 단 한 번도 언급한 적이 없다.

한편, 2세대 한국계 미국인 가운데 초국가적 정치 활동에 진지하게 관여하는 사람들도 있다. 이들은 한국 관련 사안에 꽤 헌신하는 모습을 보인다. 지난 3월, 10명으로 구성된 "자유 조선"(혹은 "자유 북한")[4]이라는 정체불명의 반체제 조직이 마드리드에 있는 북한 대사관을 습격했다. 이들은 대사관 직원들을 결박하고, 컴퓨터와 USB, 하드 디스크, 핸드폰, 그리고 서류 등을 챙겨 달아났다. 후에 이들은 이 자료를 FBI와 공유했다.[5] 이는 북한 체제에 대한 조직적인 저항이 처음으로 보고된 사례였다.

한국문화를 강조하건 아니건 간에, 이 제도는 같은 민족 사이에 유대감을 형성하는 핵심적인 기능을 수행한다. 이로써 민족구성원들은 공유하는 문화의 내용을 재정립할 수 있게 되는 것이다.

4) 북한은 여전히 "조선"이라는 명칭을 사용하는데, 이는 500년도 더 전에 한반도를 지배했던 왕조의 이름이다.

5) 마드리드 사건의 용의자들을 인도하라는 스페인의 요청에 따라, 연방 당국은 용의자 가운데 한 명을 로스앤젤레스에서 체포했다. 전(前) 미국 해병 출신의 재미한인 2세로 밝혀졌다. 그리고 미 당국은 2019년 4월에 조직 지도자의 아파트를 급습했다.

자유 조선은 통치자 김정은을 타도할 것을 주창했으며, 2017년에 북한 통치자의 이복형이 살해된 이후에 공식적으로 모습을 드러냈다. 6) 올해 3월 1일, 일본의 식민지배에 항거하여 한국이 독립한 지 100주년이 되던 때, 자유 조선은 스스로 북한 임시정부라 선포하며, 김정은의 독재를 종식시키는 것이 목표라고 선언했다. 이들은 김정은의 통치를 두고 "인간 영혼을 더럽히는 일"이라 칭했다.7)

스페인 법원 문서는 대사관에 진입한 비밀 집단의 지도자가 유명한 인권 활동가인 아드리안 홍 창(Adrian Hong Chang)이라고 밝히고 있다. 이는 아드리안 홍일 공산이 큰데, 멕시코에서 성장하여 예일 대학에서 공부한 다음, 2015년에 북한 난민을 구조하기 위한 운동 단체 LiNK(Liberty in North Korea, 링크)를 공동 창립한 사람이다.8) 이 링크 단체 스텝 중에는 연구자의 인터뷰 대상자들도 있다. 이 1.5세대 혹은 2세대 한국계 미국인들은 어떤 수단을 동원해서라도 북한 체제를 무너뜨리는 데 전념하겠다는 뜻을 드러냈다. 들리는 바에 따르면,

---

6) 이들은 김정남의 가족들을 안전한 곳으로 몰래 대피시킨 것이 자신들의 공이라 주장했다. 김정남은 김정은의 이복형이며, 2017년 2월 쿠알라룸푸르 국제공항에서 피살되었다.

7) 3월 중순, 이 단체는 자신들의 이름과 상징, 그리고 "우리가 일어날 것이다(We Shall Rise)"라는 문구를 말레이시아에 있는 북한 대사관 벽에 페인트로 칠했다. 말레이시아 정부가 김정남을 사살한 두 명의 습격자 가운데 한 명을 사면하기 고작 몇 시간 전의 일이었다. 며칠 뒤, 이 단체는 김정은의 아버지인 김정일과 그 할아버지인 김일성의 액자 사진을 깨부수는 남자의 동영상을 공개했다.(*Washington Post*, 2019.3.28.)

8) 후에 Hong은 자문회사인 Pegasus Strategies를 설립했으며, 북한 관련 단체인 Joseon Institute의 회장직에 이름을 올렸다. 또한, 그는 2016년 캐나다 상원에 출석해 평양에서 벌어지는 인권 유린 행위에 대해 증언했다.(*Washington Post*, 2019.3.28.)

LA에 거주하는 2세대 한국계 미국인을 포함해 상당수의 한국계 미국인들이 자체적으로 지지 활동을 벌이기 시작하였다. 북한 정부에 반대하는 집단을 "미국과 그 동맹국들이 억압할 것이 아니라 지지하고 도와줘야 한다"는 것이 이들의 요구사항이다.9) 이들은 정체성 생산 이상의 것을 해냈다.

본 논문은 2세대 한국계 미국인 초국가적 활동가들의 정체성 형성 문제를 탐구한다. 2세대 한국계 미국인의 민족적 정체성에 대한 종래의 본질주의적이고 근본주의적(primordialist)인 설명을 거부하는 한편으로,10) 연구자는 Stuart Hall이 "담론적 접근(discursive approach)"이라 칭한 접근법을 받아들인다. 즉, "정체성 형성을 일종의 구성으로, 절대 완결되지 않는— 언제나 '과정 중'에 있는 것으로 보는 것"이다.11) 정체성은 언제나 '얻거나' '잃을' 수 있는 것, 유지하거나 포기하는 것이라는 의미에서 결정되는 게 아니다(Hall 1996: 2). Hall이 "문화적 정체성"12)을 언급하고는 있으나, 여기서 사용하는 정체성의 개념은 전략적인 위치상의(positional) 정체성이다(Hall 1996: 3). 정체성은 종종 우리가 지닌 내재적인(intrinsic) 차이가 표현된 것이며, 이때 사용되는 표상들은 대부분 영웅 혹은 희생양, 둘 중 하나에만 국한되는 것이라고 인식되었다. Hall이 초점을 맞추는 것은 문화적 정체

---

9) Sung-Yoon Lee가 기고한 특집 기사, "Support‐don't suppress‐the North Korean resistance"을 참고할 것. *Los Angeles Times*, 2019.4.25.
10) 민족 정체성이란 민족집단의 일원으로서 개인이 지니는 자아개념을 지칭한다.
11) 정체성이란 우리가 타인과의 관계 속에서 스스로 인식하게 되는 과정을 가리키는 비유라 볼 수 있다.
12) 그는 "문화적 정체성"이라는 용어를 "정체성"이라는 말과 상호 교환 가능한 것으로 사용하는데, 대부분은 인종적이고 민족적인 정체성을 지칭한다.

성의 지속적인 과정과 위치 지어진(situated) 정치학이라는 두 가지 모두이다. 그 과정은 언제나 권력의 맥락 안에서 변화하며, 그러므로 정체성의 생산과 규정은 언제나 다른 이들과의 대화 그리고/혹은 경합이다. 다시 말해, 연구자는 2세대 한국계 미국인들이 삶의 경로 가운데 특정 시점에 민족적 정체성을 인정하고 실천하게 되는 과정에 초점을 맞춘다. 젠더와 섹슈얼리티를 수행적으로 바라보는 마틴 마난란산(Martin Mananlansan 2004)의 포스트모던한 시각에 관심을 두면서, 연구자는 이들이 누구고, 이들이 무엇이며, 어디서 왔는지보다는 이들이 무엇이 될 것이며 정체성을 통해 어떤 작업에 몰두하게 되는가를 분석할 것이다.

연구자는 이들이 초국가적인 정치적 조직에 참여함으로써 특정한 집합적 정체성(collective identity)이 형성되었을 것이라는 가설을 세우고 있다. 이 집합적 정체성에는 민족적 정체성도 포함된다. Philip Kasinitz와 동료들(2002)은 고국의 일원으로 동화되고, 고국과의 유대를 유지하겠다는 결정은 단순히 개인적인 선택이 아니라, 공동체 내 다양한 집단 사이의 상호작용 결과라고 주장한다. 그러므로 초국가적인 정치 활동은 "집합적인 이해관계와 결과라는 관점에서"(Okamoto and Ebert 2010) 연구할 필요가 있다. 첫째, 초국가적 활동에 참여하기 이전에는 한국계 미국인들이 정체성의 문제를 어떻게 해석했는가를 탐구할 것이다. 둘째, 태평양 지역에 걸친 초국가적 한인 공동체의 조직적 기반시설을 살펴볼 것이다. 이를테면 가족사, 교회, 학교(대학 포함)와 고국 방문을 들 수 있다. 셋째, 연구자는 이러한 활동가들이 실제로 역량을 만들어 내거나 초국가적인 한국 관련 사안을 접할 수 있도록 한 조직적인 환경과 프로그램 특히 KEEP(Korea Education & Exposure Program, 한국 사회 교육 및 체험 프로그램)을 검토할 것이다. 넷째, 정치화된 정체성 중심의 운동과는 반대로, 이 활동가들은 자신들의 민족적 정체성을 초국가적인 활동의 의도치 않은 결과라고 받아들이게 되었다. 이들은 다양한 방식을 통해 자신을 정체화한다. 한국계 미국인을 중심으로 하여, 미국에 사는 한인, 코리안 디아스포라, 유색인종, 혹은 퀴어, 또는 동시에 이 모두가 되기도 한다. 다섯째, 이들의 민족적 정체성은 다른 정체성들과도 교차한다: 인종, 젠더, 섹슈얼리티, 그리고 종교적 정체성.

이 연구에 사용한 민족지적 자료는 기록 자료와 2016년에서 2019년에 걸쳐 LA 지역에서 수행한 민족지적 인터뷰를 통해 얻었다. 정치 활동에 대한 행위자-중심의 접근법을 취하는 관계로, 연구자는 민족지적 인터뷰를 수행했다. 이 방법을 통해 연구자들은 거시사적인 과정과 개인적인 선택 사이의 상호작용을 탐구할 수 있으며, 행위자의 주관성에 초점을 맞출 수 있다(della Porta 2014). 인터뷰 질문은 사회화 과정, 시민사회 참여와 정치적 의식의 발달, 그리고 일상적인 사회적 상호작용을 중심으로 구성되었다. 성명서, 보도자료, 홈페이지 정보, 소식지, 홍보물, 그리고 공식 서신과 같은 기관 문서들은 정체성의 협상 과정과 집합적인 정체성에 바탕을 둔 공적인 주장과 요구를 잘 담아내고 있어 보조 자료로 활용하였다.

또한, 정치 활동에 대한 행위자-중심의 접근법을 취하는 관계로 연구 참여자들의 담론을 부각시키는 대신 연구자의 해석과 분석을 최소한으로 줄여 담론의 복합성을 훼손시키지 않는 서술방식을 택하였다.

1. 참여 이전: "나는 한인인 게 싫었어요."

정체성에 관한 심리학적 연구에서는, 민족적 정체성 발달 모델에 따라 3, 4 혹은 5가지 단계를 제시한다(Dhingra and Rodriguez 2014: 156). 아시아계 미국인들의 경우, 그 청소년들은 첫 번째 단계에서는 상당히 백인과 동일시하며(White-identified), 세 번째 단계에 이르면 아시아적인 전통을 익히는 데 몰두한다고 가정된다(Dhingra and Rodriguez 2014: 157). 이 청소년들은 단순히 미국적인 정체성보다는 민족적 혹은 범-민족적인 정체성을 두드러지게 내세우는데, 이는 어느 정도 차별을 받고 다른 사람들이 끊임없이 배경을 질문하기 때문이다(Portes and Rumbaut 2001).

대부분의 한국계 미국인 초국가적 정치 활동가들과 조직자들은 동료 한국계 미국인들이 거의 없는 교외 주거지역에서 성장했다. 그리고 자신들의 유산 혹은 배경과의 접촉이 없는 가운데, 소위 주류사회와 스스로를 동일시했다(혹은 동화되었다). 그렇지만 이들이 주류 조직에 활발히 관여하고 있다는 점에 주목할 필요가 있다.

사라(Sara)는 35세의 변호사이며, 2016년부터 아시안 아메리칸 정의실현(Asian Americans Advancing Justice)의 오렌지 카운티(Orange County) 지부장으로 일하고 있다.[13] 한국 관련 사안에 그녀는 절대적인 지지자로 나선다. 국제 인권법 분야의 전문 지식을 갖추고 있으므로, 그녀는 북한 난민의 인권을 변호하는 운동에 참여했다. 그녀는 캐나다 지역에 한 단체를 공동 설립했다. 위안부 정의(Comfort

---

13) 이들은 무료 법률 서비스를 제공한다. 하지만 현재 오렌지 카운티(Orange County)에서는 주로 이민과 시민권 관련 서비스를 제공하고 있다.

Women Justice) 운동은 그녀가 캐나다에서 벌인 대규모 입법 로비 계획 가운데 하나다. 또, 그녀는 Han Boys라는 인권 단체를 만들었으며, 이 단체는 나비단체(Nabi)와 아주 긴밀하게 작업하였다.[14] 그녀는 위안부 여성 한 명을 캐나다로 데려오기까지 했으며, 캐나다 의회가 법률을 제정하게끔 했는데, 이는 위안부 여성들에게 자행된 일을 규탄하며, 일본 정부에 공식적인 사과를 요청하는 법안이었다. 그녀는 한때 이 사안에 아주 긴밀히 관여했다.

한국계 미국인, 한국계 캐나다인들은 자신의 출신을 알기도 전에 주류사회에 동화되는 걸 권장 받는다고 사라는 보고 있다. "그리고 이 때문에 주류사회에 동화된 한인들을 많이 만나게 되는 거죠. 아마 저도 같은 길을 걸어왔을 거예요. 그러면서 자신들의 유산이나 배경과는 실질적인 관련을 맺지 않는 거죠." 캐나다의 토론토에서 자라오면서 사라는 주류사회에 동화되었다. 그녀가 다니던 학교에는 한인들이 많지 않았던 까닭이다. 그렇지만 그녀는 언제나 학생 자치회 활동에 참여했고, 자연스럽게 캐나다 원주민들의 권익 문제와 같은 사회 정의와 인권 관련 사안을 접하게 되었다.[15]

그녀는 한인 교회에 다녔지만,[16] 로스쿨에 들어가기 전까지는 특

---

14) Nabi는 위안부 여성을 위한 기금 마련 단체다. 위안부 여성들은 제2차 세계대전 동안 일본 제국 군대에 의해 성노예로 희생된 사람들이다. Nabi: Justice For Comfort Women.https://www.facebook.com/pg/hopenabi3/about/?ref=page_internal (최종 접속일 2019.5.10.)

15) 캐나다의 원주민(Indigenous people)은 퍼스트 피플이나 퍼스트 네이션(First Peoples/Nations, 선주민/선주민족)을 뜻하는데 북아메리카 원주민을 포함하여 유럽인과의 혼혈인 메티스와 북극권에서 주로 생활하는 이누이트(Inuit)족을 모두 포함한다. "인디언"이라든지 "에스키모'라는 표현은 부적절하다는 비판을 받고 있다.

별히 한인사회와 관련된 단체 활동을 하지는 않았다. 심지어 토론토 외곽에 있는 킹스턴(Kingston)이라는 소도시에 자리 잡은 작은 문과 대학인 퀸즈 유니버시티(Queen's University)에 다니는 동안에도 한인 으로서의 정체성 문제로 꽤나 고심했다. 한인이라는 정체성이 부끄러 웠던 것은 아니지만, 특별히 그것을 자랑스러워하지도 않았다. 20대 가 되어서야 이를 받아들이게 되었다.

사라 저는 정말로 동화되어 있었거든요. 아시아계 친구들이 많기는 했 지만, 저는 UN 일을 하고 있었으니까요. 특정 민족성에 관련된다 기보다는 주류적인 단체라고 할 수 있잖아요…. 저는 민족적인 공 동체의 일원이 되면 제게 방해가 될 거라고 생각했었어요. 그래서 대학 시절에 그 어디에도 들어가지 않았죠. 그리고 아주 전형적인 건데, 한인들은 한인들하고만 어울렸기 때문에, 그 점도 불만스러 웠어요. 왜 불만스러웠냐면, 주류사회의 질문과도 비슷한 건데, 다 른 한인들이랑 어울리는 것보다는, 학생 자치회에 참여해서 실제 로 정책에 영향력을 행사하거나, 체계적인 차원에서 변화를 만들 어내기 위해 실질적으로 노력하는 편이 낫다고 느꼈기 때문이죠. 그렇지만 이제, 미국으로 오게 되면서, 그게 저를 방해하기보다는 도와준다고 생각했고, 로스쿨에 가게 되면서 확실히 관점이 바뀌 었어요.

사라는 오스구드 홀 로스쿨(Osgoode Hall Law School)이라는 로스 쿨을 다녔다. 그런 다음 영국 옥스퍼드(Oxford)에서 석사학위를 받았

16) 교회는 그녀의 성장기에서 큰 부분을 차지했다. 실제로 그녀의 할아버지는 캐나 다에 한인 장로교회를 세운 설립자다. 할아버지는 목사였고, 7명의 자제가 있었 으며, 자제 중 하나는 목사였다. 이런 식으로 세대에 걸쳐 교회와 관계를 맺었다. 현재 그녀는 다양한 민족으로 구성된 교회에 다닌다.

다. 그녀는 로스쿨에 들어가기 전까지는 한인이라는 생각이 전혀 들지 않았다고 말했다:

사라　맞아요. 그러니까, 어느 정도 한인이라고는 할 수 있지만, 한인이라고 의식하지는 않는다(저자의 강조), 그렇게 얘기할 수 있겠죠? 한인이라는 정체성에 대한 제 시각은 '어떤 교회에 가는지, 어떤 편의점을 소유하는지' 정도였어요. 역사적 측면에서 깊은 의미를 지니지도 않았고, 한국전쟁을 이해하지 못했고, 한국전쟁이 저희 집안에 끼친 영향을 생각하지도 않았고, 그랬었죠.

연구자　캐나다에서 어떤 긴장을, 그러니까 캐나다인이 되는 것과 한국계 캐나다인이 되는 것 사이에 어떤 갭이 있었나요? 아니면 성장 과정에서는 캐나다인이 되는 것에 중점을 두었나요?

사라　그렇죠. 별로 긴장은 없었어요. 인종적인 게 별로 첨예한 문제가 아니었거든요, 특히 제가 자란 곳에서는요. 말씀드렸다시피, 정말로, 정말로 다양성이 넘치는 동네였어요. 그렇지만 제가 대체로 캐나다인에만 초점을 맞췄던 까닭은 한인이 된다는 게 어떤 건지 알지 못했기 때문이에요(저자의 강조). 음, 제가 들어갔을 때는요 — 20대에 한국에 들어갔을 때, 그때 처음 거기 갔던 거고, 우리 부모님이 어디서 왔는지를 처음으로 이해하게 되었어요. 그리고 한인으로서의 정체성을 깊이 이해하게 된 거죠.

제니퍼는 29세의 임상 치료사(therapist)이며, 수박(SOOBAK: SoCal Organized Oppression Breaking Anti-Imperialist Koreans, 남부 캘리포니아에 기반을 두고 있는 반-인종차별주의, 반-제국주의 한인단체)의 일원이다. 제니퍼는 LA에서 태어났으며, 후에 코리아타운(Koreatown)이 된 지역에서 자라났다. 그렇지만 제니퍼가 두세 살이 되었을 무렵, 그녀의 가족은 다우니(Downey)로 이사했다.17) 사라와 마찬가지로, 제니퍼 역시 자신이 한인인 것을 한동안 싫어했었다.

> 제니퍼 자기혐오가 꽤 심했죠, 네.
>
> 연구자 그렇군요. 왜죠?
>
> 제니퍼 그냥 저랑 비슷한 사람들을 많이 보지 못하고 자라서라고 생각해
> 요. 그리고 많이 부끄러웠어요. 그러니까, 한국 사람들에 대한 인
> 종 차별을 많이 내면화했어요. 그런 생각 말이에요. 그런 거 있잖
> 아요? 사람들이 이렇게들 얘기하잖아요, "어, 아시아인들은 전부
> 다 같이 놀아, 무슨 알파벳 XYZ 같다니까", 그리고 저는 남다르고
> 특별하고 싶다는 생각이 있었거든요. 그래서 "글쎄, 나는 아시아인
> 들이랑 같이 안 놀아" 이런 식으로 굴었죠. 제가 같이 어울리는 친
> 구들은 대부분 라티노계였는데요. 재밌는 건 저는 눈가림 되었던
> 거죠, 왜냐면 인종 개념 자체가 없었으니까요. 우리 학교는 어땠냐
> 면, 인종이나 정치나 아니면 정치적인 생각들을 아예 대화에 올리
> 지를 않았어요. 네. 그러니까 저는 그냥, 저는 저 사람들의 일원이
> 아니라는 압박감만을 항상 느꼈던 거죠. 아시겠죠?
>
> 연구자 그리고 그렇게 말씀을 하셨는데, 대학에 가기 전에는 한인인 게 부
> 끄러웠다고 하셨죠? 특별히 부끄러웠던 일이라든지 그런 사례가
> 있을까요?
>
> 제니퍼 그냥 항상 그랬어요, 어디서 시작된 건지 모르겠어요. 한 번도 어
> 디에 속해있다는 느낌을 못 받아서 그런 거 아닐까 싶어요. 그때는
> 스스로 자각하지는 않았지만, 혼자서 많은 시간을 보냈어요; 제가
> 즐거워했던 건 집에 가서 비디오 게임 하는 거, 책 읽는 거, 그림

---

17) 그녀의 아버지는 총으로 위협받은 적이 몇 번 있는데, 그런 일이 두 번째 일어난
뒤로는 다우니(Downey)를 떠나 이사하기로 했다. 가족 대부분이 다우니에 거주
하고 있었으며, 그녀의 할아버지가 설립하여 가족들 모두가 다녔던 교회도 다우
니에 있었다. 대다수는 라티노(남미계 이민과 후손)들이 차지하고 있었다. 한때
는 백인이 우세한 보수적인 지역이었으나, 지금은 소수민족 인구가 점차 늘어나
는 추세다.

그리는 거였죠. 어릴 때는 사회 불안(social anxiety)이 심했어요. 그리고 그게 그다지 막, 그러니까, 전형적인 여자애들이 신경 쓰는 그런 거 때문은 아니었죠. 뭐 남자애들이라든지 옷을 어떻게 입어야 한다든지, 내가 얼마나 쿨한 사람인지, 아니면 그때 쿨한 음악은 어떤 건지 이런 거요. 그딴 건 아무것도, 아무것도 신경 쓰지 않았으니까! 그러니까 저는 대체로 제가 어디에도 속해 있지 않다고 느꼈어요, 그러니까 이렇게 말하면 가장 간단하겠네요, 음, **한인들한테도 전혀 소속감을 느끼지 못했어요**(저자의 강조). 한인들이 얘기하는 건 대부분 저와 무관했어요. 그런데 또 한편으로는 라티노계나 백인 애들이랑 어울리면서 쿨한 느낌을 받고 싶었던 거죠… 그건 고등학교, 아니면 중학교쯤부터였을 거예요? 한인 친구들은 한 번도 없었어요.

연구자 그러면 어렸을 때, 언제였건 간에, 미국 사회의 일부라고 느끼셨던 적이 있나요?

제니퍼 미국 사회요?

연구자 네, 한국계 미국인과는 전혀 동일시하지 않으셨다고 말씀하셨잖아요. 스스로가 미국인이라고, 아니면 한국계 미국인이라고 생각하셨던 때가 있었나요?

제니퍼 네, 학부 때까지는 한 번도 한국계 미국인이라고 생각했던 적이 없어요, 아마도요. 그냥 그건 주어진 정체성 정도였죠. 어땠냐면, 뭐 그냥 같이 간다는 정도. 그러다가 사실 미국은, 제가 여기 있는걸 원치 않는다는 걸 알게 됐죠. [웃음] 그리고 미국이 어떻게 제 고국에, 또 다른 사람들 고국에 엄청난 트라우마를 남겼는지를 알게 됐죠. 아마 그게 제가, 나는 절대로 미국인이 아니야. 이렇게 생각한 때였어요. 분명히요.

하지만 이는 대학에 들어가면서 바뀌었다:

제니퍼 그러니까 아시안 아메리칸 멘토링 프로그램(Asian American Mentoring Program)이라는 곳에 들어가면서 그런 식으로 더 생각을 해보게 되었어요, 그리고 거기서 내면화된 인종 차별을 깨달았던 거죠, 뭐, 내면화된 인종 차별, 제도적인 인종 차별, 그래서 그때 딱 분명해졌어요. 또 여성 혐오(misogyny)도 알게 됐고요. 저는 여자인 게 엄청 창피했거든요, 네? 그때 제가 정말 많이 바뀌었죠.

그래서 그녀는 대학에서 한인, 그리고 아시아계 미국인들과 어울리기 시작했다. 실제로, 그녀의 대학 친구들은 모두 아시아－태평양계 미국인들(Asian American and Pacific Islander)였다.

1절에서 살펴본 일부 재미한인 2세 운동가들은 사회운동에 참여하기 전까지 민족 정체성 문제에 있어서 수동적인 자세를 취하거나 거리를 두는 등 무관한 태도를 취하여 한인들과의 소속감을 느끼지 못했다. 앞에서 언급한 심리학 연구에서의 민족 정체성 발달 모델의 첫 번째 단계에서처럼 백인과 동일시한다고 볼 수 있으나 이들은 실제 다양한 태도를 취하여 한인으로서의 민족 정체성이 동면(冬眠, hibernate)된 상태로 해석할 수 있다. 또한, 인종차별주의와 식민주의를 내면화한 나머지 민족 정체성을 상실하였다고 자아비판을 하기도 했다.

2. 조직 인프라

사람들은 초국가적인 작업에 어떻게 참여할까? 사람들이 그 작업에 가담하거나, 공동체 조직이나 운동과 같은 기나긴 여정을 시작하는 때를 언제라고 보는 것이 가장 바람직할까? 사회운동에 관한 선행연구에서, 조직 인프라(기반시설)란 "동원 체계(mobilizing structures)"를 가리키는데, 이는 "비공식적이거나 공식적인 집합적 수단으로서, 이를 통해 사람들이 집결하며 집단적인 행동에 참여"한다(McAdam, McCarthy and Zald 1996: 3). 동원 체계란 동일한 사안으로 엮인 사람들의 네트워크일 수도 있고, 혹은 공식적인 단체일 수도 있다. 여기서 단체는 특정한 주장을 내세우는 동시에 특정한 결집 행위를 조직하는 것을 목적으로 삼는다. 이러한 결집 행위를 통해 시위나 비공식적 캠페인과 같은 운동에 개인들이 참여하도록 (그리고 운동의 일부가 되게끔) 한다.

먼저, 이러한 활동가들과 조직자들은 가족사를 통해서 인도주의적인 위기를 목도했으며, 행동을 취해야 한다는 도전과제를 맞닥뜨렸다. 그들은 갈등(예를 들어, 한국전쟁)을 개인적으로 접한 경험이 있고, 이는 분명 미국의 공적 공간 내에서 집결하게 만드는 요인이 되었을 것이다.

이산가족연대(Divided Families USA)의 이사장인 35세의 존(John)은 LA 태생의 의사다. 그는 말하자면 인도주의적인 위기의 목격자라할 수 있는데, 여기에는 성장기에 접했던 그의 할머니와 한국계 미국인 공동체가 결부되어 있다. 이는 그가 인도주의적인 옹호 활동에 참여하도록 이끌었다.

존   이게 중요하다고 생각하는 까닭은, 가족이라는 건 사람들이 처한 어떤 시공간에서든 보편적으로 존재하기 때문이에요. 근본적인 단위이자, 정치적 난국을 거치며 완전히 파괴된 사회를 재건하는 벽돌이라고 할 수 있죠. 제게는 정말로 개인적인 문제예요. 2세대 한국계 미국인으로서, 제 **할머니께서 이산가족 당사자시거든요**(강조는 연구자). 북한에 여동생을 두고 떠나오셨어요. 1990년에 돌아가시기 이전에 여동생과 연락을 하실 수 있었어요. 중개인들의 창구를 통해서였죠. 할머니께서는 여동생에게 이렇게 편지를 쓰셨어요. "만약에 내가 마지막으로 할 일이 있다면, 나는 가서 너를 만나 크게 소리치고 싶구나, 동생아." 안타깝게도 그렇게 실현되지는 않았

어요. 삼촌께서는 장례식 사진을 편지에 같이 담아서 북한으로 보
내셨어요. 나중에…제 할머니의 여동생께서, 그 사진들을 불태우
셨다는 걸 알게 됐죠. "살아 돌아왔어야지, 누가 죽은 사진을 보내
라고 했어"라고 하셨대요. 제 자신의 가족사를 알게 되면서 접한
개인적인 이야기였지만, 동시에 한국 사회에 일반적인 것이기도
하죠. 제가 그간 살펴본 바로는, 많은 2세대들이 이 문제를 잘 모
르고 있고, 또 이 문제가 가족이나 공동체 내에서 별로 얘기되지
않기도 해요. 어떤 면에서는 거의 부끄러운 것으로 여겨지거나, 어
쩌면 얘기하기 너무 고통스러울 거예요, 그러니 왜 얘기를 꺼내겠
어요. 제 부모님 세대만 하더라도 이산가족의 경험을 완전히 이해
하시는 것도 아니고, 직접 겪으시지도 않았죠, 왜냐면 북한에 친척
이 계신 게 아니잖아요. 먼 친척의 일일 뿐이죠. 그러니까 우리가
가족이라는 단위와 그 정치의 존엄성을… 존중하는 게 정말로 중
요하고, 사회 체제가 그걸 훼손해서는 안 되겠죠.

하나만 더 얘기해도 될까요? 우리가 이산가족 이야기를 기억하는 게
중요한 까닭은, 그게 우리의 집합적인 역사와 집단적인 정체성의 큰 부
분을 차지하고 있기 때문이라 생각해요(강조는 연구자). 그런 일은 절
대로 저질러서는 안 된다는 걸 우리에게 일깨워줬으면 좋겠어요,
과거에 했던 실수를 반복하는 거 말이에요. 한인 공동체에서는 여
전히 자리를 잡는 게 아주 중요한 것 같아요, 왜냐면 적어도 2세대
들의 경우에는, 우리 부모님들이 이민자로서 이 나라에서 살아남
기 위해서 정말 바쁘게 사셨거든요, 저희에게 더 나은 삶을 주기
위해 희생하시면서요…. 우리는 냉전, 한국전쟁, 그런 고통에서 빠
져나왔죠, 그 모든 고통을 탈피해서, 편안한 삶을 살게 되었어요.
여러모로 보건대 우리 공동체가 잘 해냈다고 생각해요. 우리는 영
향력 있는 위치를 점한, 아주 성공적인 이민자 사회예요. 그렇지만
그 역사와 기억이라는 측면을 놓치고 있어요, 그리고 우리가 여기
서 삶을 즐길 수 있도록 기회를 만들기까지 있었던 아픔과 고통을
존중하는 일도요. 그렇지 않은가요?

존은 할머니의 이야기를 통해 행동을 취해야겠다는 도전의식을 품게 되었다. 그가 이런 용어를 직접 사용하지는 않았으나, 코리안 디아스포라의 자손으로서의 자신을 뚜렷이 자각하게 된 것이다. 또, 그는 이민자의 자식으로서 부모 세대의 지원, 노력, 희생, 그리고 아픔에 화답하고자 했다. 그는 어떻게 해서 자신이 자극을 받았는가를 되풀이했다.

존　　할머니의 사연 때문이라고 생각해요. 한국계 미국인으로서의 제 정체성을 모조리 탐색했어요. 그래서 항상 왜 제가 미국에서 태어난 것일까를 생각했죠. 저는 북한에서, 남한에서, 혹은 제가 선택하지 않은 다른 어느 곳에서 태어날 수도 있었죠. 제가 기회를 얻게 된 건 순전히 운과 운명 때문이에요, 여기서 태어났고, 미국인이 되었고, 제가 다녔던 학교에 갔고, 그 모든 교육을 받았다는 거요. 제가 행복한 삶을 사는 것만이 전부는 아니라고 생각해요. 제가 속한 공동체와 전 지구적인 공동체에, 그리고 구체적으로 말하자면 이산가족들에게 보답해야 할 책임이 있다고 생각해요. 예전에 의대를 다니던 시절에, 저는 실제로 1년을 휴학하고 케네디(Kennedy) 스쿨에 가서 이 사안을 위해 일했었어요. 왜냐하면, 이산가족들이 언제까지나 우리 곁에 계시는 게 아니니까요. 그분들은 나이가 많으시고, 시간이 얼마 남지 않았어요. 그분들께서 그 모든 사연을 품고 계신다 해도, 그걸 말씀하시지 않으며, 그 얘기들이 그대로 무덤에 묻히게 돼요. 그래서 절박한 심정이었죠, 저는 의사가 되어 평생 그 일을 하겠다고 생각했어요. 그렇지만 이산가족들은 이곳에 영원히 계실 것이 아니고… 작은 운동 같은 게 부족하다고요, 그런 게 "샘소리"단체에서 시작하기는 했죠.[18] 그렇

---

18) 국회의원 Mark Kirk가 시작한 샘소리(Saemsori) 프로젝트는 2006년 2월 유진 벨 재단(Eugene Bell Foundation)의 Steve Linton을 통해 출범했다. 이사는 Alice

지만 이 문제를 제대로 다루는 운동은 없었어요. 그래서 이 문제에 대해 우리가 무언가 해야겠다고 느꼈던 거예요.

그는 세 가지 큰 흐름을 제시했다: 어머니의 희생, 종교적 신념, 그리고 자신이 지닌 한인으로서의 정체성을 깊이 이해하게 된 것이다:

존　하나는 제 엄마의 희생이에요. 엄마는 본질적으로 싱글맘이셨죠. 엄마가 저희 형제를 기르셨어요. 아버지는 가족들에게 왔다가 떠났다 하며 들락날락했거든요. 우리는 코리아타운에 있는 후버 (Hoover) 가에서 살았어요. LA 폭동(1992)을 겪으며, 우리는 별로 가진 것 없이 성장기를 보냈죠. 엄마의 희생을 보면서 할 수 있는 한 최고가 되고 싶었고, 또 보답하고 싶었어요. 두 번째 요인은 교회예요. 저는 자라는 동안 교회에 다녔고, 어렸을 때 멕시코의 티화나(Tijuana)에 갔던 게 기억이 나요. 정말 어렸을 때지만, 심지어 그 당시에도 알 수 있었어요. 와, 나는 정말 훨씬 형편이 낫구나. 작은 아파트에 살고 있는 우리가 코리아타운에서 가난한 축에 든다고 생각했는데도 말이죠. 그러니까 네 이웃을 사랑하라거나, 사회 정의, 혹은 하느님은 가난한 자들을 사랑한다는 것과 같은 기독교인으로서의 정신을 품은 거죠. 저는 정말로 의료 선교사가 되고

Jean Suh, 이사회 회장은 Se Heum Hong이, 그리고 프로젝트 대변인은 Chahee Lee였다. 존(John) 에 의하면 Alice Suh는 주류 미국 사회뿐만 아니라 미국 전역의 한인 공동체와 접촉하며, 대중의 인식을 고취하고 이산가족 구성원들의 등록을 촉구했다. 그녀는 국회에서 이산가족을 위한 첫 번째 법률인 HR2595 1265항의 초석을 마련했고, 마침내 조지 W. 부시 대통령이 이 법안에 서명했다. 그녀와 인턴들은 매일같이 의회를 방문했으며, 그녀는 두 명의 공동 의장과 9명의 국회의원으로 구성된 이산가족 위원회를 만들었다. 또, 그녀는 대학생들을 위한 인턴십 프로그램을 개발했으며, 이 인턴들은 Divided Family History Project 업무를 수행했다.(의사 존과의 인터뷰)

싶었어요. 교회에 다니며 성장했던 것, 그리고 종교적 신념 같은 요소가 제 시각을 형성했어요. 아마도 저는 보다 큰 사명을 완수하기 위한 일부일 테니까요. 이산가족 문제나 국제 보건 문제처럼 사회적인 사안을 다루는 그런 사명 말이에요. 이 때문에 제가 폴 파머(Paul Farmer)와 김용(Jim Kim)에게 많이 이끌렸던 거죠.[19] 실제로 저는 아이티와 르완다에 다녀왔어요.

연구자 두 분은 의료인류학자들이세요. 세상에, 아이티에 갔었군요.

존 네. 아마 그 당시를 기억하실 것 같은데요. 저는 여름 내내 르완다에서 의료 사업을 펼쳤어요, 아이티에서도 마찬가지고요. 그러니까 성장기에 저는 중국, 인도, 우간다로 선교 여행도 갔었거든요. 그리고 어떤 생각이 들었냐면, 여기 있는 우리는 정말 축복받았다고 느꼈어요. 그렇게 축복받은 우리는, 다른 사람들에게 풍부한 자원이라는 축복을 베풀 책임이 있다고 생각했죠. 그러니까 첫째는 우리 엄마, 그리고 둘째는 제 신념이었다고 할 수 있어요. 세 번째가…아 네, 한인으로서의 정체성에 관해서 제가 물려받은 것이 무엇이었는지를 알게 된 것이었어요.

이들은 어떻게, 그리고 왜 공동체 운동에, 구체적으로 말하자면 링크(LiNK)와 같은 초국가적 인도주의 단체에 참여하게 된 것일까? 연구자가 만난 면담자들만 놓고 보자면, 종교, 특히 기독교가 이들을 사회운동으로 이끄는 데 중요한 역할을 했다. 링크의 직원인 케이트(Kate)와 같은 많은 사람은 북한에서 어떤 일이 벌어지고 있는지를 북

---

19) 의료인류학자이자 의사인 Paul Farmer와 Jim Kim은 보건 분야의 세계적인 지도자들이다. 두 사람은 Partners in Health를 공동 창립했으며, 의료전달체계에서 불평등과 비효율을 야기하는 중요한 사회적·체계적 문제를 다룸으로써 최고 수준의 의료 서비스를 제공하는 것으로 유명하다. Kim은 2012년에서 2019년까지 세계은행의 제12대 총재를 맡았다.

한을 방문했던 선교사들을 통해서, 교회에서, 그리고 집에서 접했다. 이들이 지닌 기독교적 윤리는 이들을 사랑으로 이끌었다: "네 이웃을 너 자신과 같이 사랑하라"(Mark 12:31). 케이트는 이렇게 말한다:

> 케이트 제가 다니던 교회에는 북한을 왔다갔다하는 선교사가 많았어요, 그분들께서 북한의 기근 이야기를 들려주셨는데, 90년대 중반이었고 북한 사람들 수백만 명이 굶주림에 죽어갔죠. 그때가 북한에 대한 제 감정이 두려움에서 동정심으로 바뀐 때인 것 같아요. 선교사들은 굶주리는 북한 어린이들과 인신매매되는 여성들 동영상도 보여줬어요. 그래서 그냥 "이 사람들을 돕기 위해 뭔가를 해야겠다"고 생각했고, 대학에 가서 북한으로 염소와 돈을 보내는 프로젝트가 생겼을 때 참여했어요. 교회에서는, "여러분들은 북한에 선교사로 갈 의향이 있습니까"라는 질문을 들었는데, 모두들 일어섰고 저도 자리에서 일어났어요, 왜냐면, 뭐랄까, 군중심리 같은 거였어요. 그렇지만 지금도 여전히 언젠가는 북한에 꼭 가고 싶어요, 그리고 동포를 도와주며 제 역할을 다하고 싶어요. 하지만 미국에 살면서도 북한 사람들과 함께 뭔가를 하거나, 그 사람들을 위해 무얼 할 수 있을 거라곤 생각하지 않았어요. 그런데 결혼하고 몇 년 지나서 링크 얘기를 들은 거죠, 풀타임 일자리를 찾던 중이었죠. 그리고 첫째 아이를 낳고 나서, 다시 일자리를 찾았어요. 링크에 정착 매니저를 구한다는 일자리 공고가 떠 있었죠. 저는 케이스 매니저 통역가로 오랫동안 일을 했거든요. 예전에 중국에서 거주했던 경험도 도움이 됐는데, 왜냐면 해외 경험이 있고, 이중 언어 사용자에다, 사례관리를 할 줄 아는 사람을 찾고 있었거든요. 모든 게 완벽하게 맞아떨어진 거죠. 보수는 그다지 좋진 않았지만, 정말 보람찼어요. 제가 하는 일이 정말 중요하거든요. 저는 북한 사람들과 매일같이 얘기를 나누게 됐고, 실질적인 도움을 주게 되었죠, 여기 미국에 살고 있는 북한 사람들이 많지는 않았지만 말이에요. 우리는 재정착뿐만 아니라 ─ 탈출한 북한 사람들이 가족들을 중국에

서 데려오는 것뿐만 아니라, 이 사람들을 구조대와 연결해주는 일도 했어요. 결코 질리지 않는 일이에요, 정말 보람차요.[20)]

이러한 활동가들 가운데 일부는 어린 시절, 그러니까 중학교 혹은 고등학교 시절에 의식화가 되었고, 관련 운동 단체를 접했다. 재미한인 2세 데이지(Daisy)는 링크에서 두 달 동안 일을 했다. 그녀는 사우스 패사디나(South Pasadena)에서 중학교를 다니던 중에 학교 동아리를 통해 링크를 알게 되었다. 이 동아리는 링크 지부인데, 전 세계에 걸쳐 있다. 남부 캘리포니아에도 많이 있다. UCLA에도 한 군데 있다. 데이지는 이렇게 얘기한다:

데이지 링크는 제가 정말로 열정을 갖고 참여하는 몇 안 되는 단체 가운데 하나인데요, 저는 다양한 걸 정말 많이 접해봤거든요. 그런데 링크는 정말 인상적이었어요, 왜냐면 북한은 딱 저나 제 가족사, 뭐 그런 측면에서 중요한 문제였거든요. 그리고 응당 누려야 하는 자유를 얻지 못한 사람들을 위한 지원 활동을 하고 싶었어요… 저는 정말로 북한을 지원하고 싶은데, 왜냐면 어릴 때 얘기를 들었거든요. 뉴스에서도 봤고요. 북한 얘기도 접하고, 가족들도 그 얘기를 많이 했어요. 그래서 어릴 적부터 어떤 일들이 벌어지는지를 제법 알고 있었죠… 고등학교 다닐 때는, 핵무기 얘기만이 전부였죠. 그

_____

20) 저는 한 14살 때까지 남한에서 자랐어요. 냉전 시대 끄트머리인 80년대였죠. 그때도 여전히 남한에는 반-공산주의 감정이 아주 강력했어요. 여기 미국에서는 지진 대피 훈련을 하죠. 한국에서는 북한 공산당 침략 대피 훈련을 했어요, 제가 초등학교 때요. 사이렌이 울리고, "북한이 우리를 공격합니다, 책상 밑으로 숨어요"라고 누군가 소리쳐요. 그런 대피 훈련을 했던 게 기억이 나요, 그게 북한에 대한 제 감정이었죠. 북한에 대한 감정은 항상 그저 두려움뿐이었어요. 90년대가 되자, 우리 가족은 미국으로 왔죠.

래서 저는 좀 궁금했어요, 그러니까 왜 사람들을 화면에 비추지 않는지, 그리고 사람들은 쏙 빼고 거대한 미사일 얘기만 나오는지요.

다수의 사회운동가들은 대학교 때 자극을 받아 사회운동에 뛰어들게 되었다. 존은 LA에서 성장했다. 그는 준 조르단의 민중을 위한 시(June Jordan's Poetry for the People) 라는 수업을 듣던 중에 행동을 취해야겠다는 자극을 받았다:

존 우리는 이사를 정말 많이 다녔어요. 코리아타운에서 여러 번 이사를 했죠…. 그리고, 버지니아로 이사를 갔을 땐 정말 다양성이 넘치는 동네로 갔어요…. 그 다음엔, 베이 에어리어(Bay Area)로 이사했어요. 그래서 중학교 때부터 고등학교, 그리고 대학교 시절에는 베이 에어리어에 살았죠. 베이 에어리어에서, 우리는 라파예트(Lafayette)라는 작은 마을로 이사를 갔어요. 80~90퍼센트 가량이 백인 중산층이었죠. 우리는 아파트에 거주하는 일종의 소수자였고, 그곳 주류사회의 일원이 아니었어요. 그리고 대학은 버클리(Berkeley)로 갔는데 거기는 40퍼센트 정도가 아시아인이었고, 그래서 온갖 종류의 상황에 적응하는 법을 익혀야 했죠. 대학에서 들은, June Jordan's Poetry for People이라는 수업에서, 우리는 각자의 경험, 자신의 정체성, 고유한 배경, 뭐 그런 것들에 관한 시를 썼어요. 또 아랍, 아랍계 미국인, 하와이계 미국인, 라티노계, 치카노 등등 다른 문화권의 시도 배웠죠. **그때 저는 정체성을 둘러싼 질문들에 뛰어들기 시작한 거예요**(강조는 연구자). 이 얘기가 질문하신 것에 대답이 되었을지 모르겠네요.

이와 유사하게, 헬렌(Helen)은 대학을 다니면서 정치적 의식을 발전시켰다고 인정했다. 헬렌은 현재 50세이며, 7살 때 미국으로 이민을 왔다. 그녀는 신앙과 커뮤니티 발전(Faith and Community Empowerment)의 회장이자, 최고경영자이며, 창립자다. 이는 비영리단체로서, 교회에게 자원과 파트너를 연결해주어 더 큰 영향력을 만들어내고, 공동체에 긍정적인 영향력을 행사할 수 있도록 돕는 것이 목적이다. 또, 그녀는 한미연합회(Korean American Coalition)의 전 회장이기도 하다. 그녀는 한국과 연관된 여러 사안에 지지의 목소리를 높인다: "우리는, 한미 자유무역협정(FTA) 문제가 하나 있었고요, 위안부 문제도 하나 있었죠; 통일과 북한 문제도 또 다른 거고요. 어떨 때는 유권자 등록 캠페인 같은 것도 생각해요… 독도분쟁,[21] 그건 우리가 조금 해냈죠. 세월호, 페리 사고와 관련해서, 그리고 남한 선거 문제에 대해서 서울에서 주요 언론사와 인터뷰도 했어요. 우리는 한인 공동체와 더 넓은 공동체가 교차하는 지점에 있으니까요, 주요 언론에서 우리 의견을 물어보았죠."

학교에서 다른 한국계 미국인들이나 아시아계 미국인들과 어울렸는지, 그녀에게 질문을 던졌다:

헬렌   고등학교에 다닐 때는, 심지어 중학교에서도, 어땠냐면… 저는 보다 범 - 아시아적인 기반을 품고 있었다고 생각해요, 그리고, 지적으로 뛰어난 친구들이 — 영재들이 있었는데요, 그러니까 같이 어울리는 소수의 친구들이 있었죠. 그렇지만 그 안에서도, 저는 아시아인들이랑 더 어울렸어요. 버클리(Berkeley)에 가서야 그 한국계 미국인 정체성을 — 그냥 한국계 미국인으로 지내는 편안함을 느꼈죠(저자의 강조). 왜냐면 고등학교 안에서조차도, 그 학교 환경 속에서 자리를 찾기 위해 노력한다는 기분이었거든요. 인기 있는 애들이

---

21) 독도를 관리하는 등 실효 지배해온 대한민국에 대해 일본이 그 영유권을 주장하면서 발생한 일종의 영토분쟁을 일컫는다.

있고, 인기 없는 애들이 있잖아요, 저는 학생 자치회라든지, 신문부, 졸업 앨범부 같은 데 들어가기 위해 애썼던 것 같아요 — 그러니까 자기 자리를 찾으려고 애는 쓰지만, 어떤 면에서는 그렇지 못했던 거죠… 있죠, 저는 댄스팀 같은 것도 조금 했었어요. 저는 '안에' 있긴 했지만 정말로 '안에' 있었던 건 아니라고 말할 수 있을 것 같네요. 어떤 중간지대에 있었다고 말하고 싶지는 않아요. 탐색을 하는 거고, 여전히 아무래도 소수 민족으로서의 정체성이 가져오는 불편함이 있죠, 아시아계 미국인 혹은 한국계 미국인으로서 말이에요. 대학에 가서 보다 큰 집단을 접하면서, 처음으로 평범하다는 기분을 느꼈어요.

연구자 그러니까 버클리에 가셨을 때 한인들과 어울리게 되었고, 한국계 미국인이라는 느낌을 받으셨다는 거죠 —.

헬렌 한국계 미국인이되 동시에 1.5세대죠. 1세대가 아니라, 1.5세대요.

연구자 그러면 그때부터 정치 활동에도 참여하기 시작하신 건가요?

헬렌 저는 학교나 모임에서 늘 활동적이었어요, 그런데 마지막 학년으로 올라가던 때, 재미 한인 여성회(Korean American Women's Association)라는 모임을 시작했죠. 그리고 마지막 학년에는 한인 복지관에서 근로학생으로 일을 했어요. 그러면서 제 대학이나 교회를 넘어 보다 넓은 한국계 미국인 공동체를 만나기 시작한 거죠. 그리고 재미 한인 여성회를 조직하면서 한국계 미국인 전문가들을 초빙했는데, 당시 그중 한 분이 한미연합회 회장이었어요. 그렇게 해서 KAC 얘기를 듣게 된 거예요. 그때 그 회장님과 제가 재미 한미연합회 역사상 유일한 두 여성 회장이에요. 제가 회장이 된 건 그 뒤로 몇 년은 더 지나서지만, 그때부터 리더십에 눈을 뜨기 시작한 거죠.

많은 초국가적 정치 활동가와 조직자들에게 있어서 가족사와 교회, 종교적 신념, 학교 동아리, 특히 대학교 수업 등으로 인해 사회운동 참여의 자극을 받았고 인생의 터닝 포인트가 되었다.

3. 조직 인프라: 초국적 프로그램과 운동 단체

전통적인 사회운동 연구에서는 종종 "자원 동원 접근법(resource mobilization approach)"을 적용시켰다. 이는 개인적인 동기와 행동의 전략에 관한 질문에 특히 주의를 기울이는 관점이다. 이 관점은 합리적 행위 접근법(rational action approach)을 따른다는 점에서 비판을 받아 왔다. 이에 대한 대안으로, 유럽과 라틴 아메리카 지역에서는 "신 사회 운동 접근법(new social movements approach)"이 영향력을 발휘했는데, 이는 사회운동의 구조적인 원인과 동시에 이들이 표출하는 집합적인 정체성을 살펴보는 관점이다(Sokefeld 2006: 269).

연구자는 위에서 언급한 "신 사회 운동 접근법"을 수용하면서, 실질적인 역량을 쌓아내는 단체들을 살펴보았다. 이 단체들은 실제로 사람들에게 임금을 지불할 능력이 있으며, 사람들의 의식을 고취하고, 어떤 한 가지 일만 하는 것이 아니라 이러한 인력을 보다 중요한 업무에 투입했다. 2절에서 논의된 대로 이러한 활동가들과 조직자들은 자신들의 가족, 교회, 그리고 학교에서 다채로운 초국가적인 한국 관련 사안을 접했는데 앞서 언급된 '조직 기반'으로 보다 공식적 프로그램인 KEEP과 기존의 한국 관련 이슈 운동단체들을 꼽을 수 있다.

KEEP은 이러한 새로운 세대의 한국계 미국인 공동체 활동가와 조직자들을 정치화하는 데 핵심적인 역할을 수행했다. KEEP은 뉴욕의 노둣돌(Nodutdol for Korean Community Development)에서 지원을 받았다.[22] KEEP의 임무는 한반도와 미국, 그리고 북아메리카 지역에

---

22) 노둣돌은 1999년에 창립된 진보적인 한인 청년단체로서 한미관계를 전쟁과 군사주의의 산물로 보는등 비판적 분석을 바탕으로 풀뿌리 조직과 커뮤니티 발전을 통해 한반도 문제(분단, 통일과 민주화등), 이민자 교육문제, 보건문제

평화와 정의를 위한 전 지구적 운동에 대한 의식을 고취하고, 이를 강화하는 것이다.[23] KEEP은 뉴욕, 로스앤젤레스, 그리고 서울의 활동가들을 통해 1994년에 만들어졌으며, 이 활동가들은 연대를 다지고 또 한국에 평화, 사회 정의, 그리고 통일을 가져오기 위해 분투하며 교훈을 얻고자 했다. KEEP은 민주주의, 자유, 그리고 민족 자결권을 쟁취하기 위해 남한에서 벌어진 사회운동을 학습할 기회를 제공한다. 참가자들은 사회 정의와 경제적 정의를 위한 현재의 투쟁과 역사를 배우게 되며, 평화 통일을 향한 광범위한 운동에 대해서도 배운다— 이러한 사안들은 미국에 거주하는 한인들이나 미국의 교육 제도 안에서는 활발히 논의되지 않는 것들이다. 이런 문제들을 다룸으로써, KEEP은 태평양 양쪽에 걸쳐 있는 공동체들 사이에 연대를 형성하고, 한국과 미국이 함께 맺고 있는 관계를 더 잘 이해하게끔 하려 한다.[24] 과거 KEEP의 일정을 바탕으로 활동 예시를 살펴보면 다음과 같다[25]:

등의 여러 프로그램을 운영하고 관련 캠페인을 벌여왔다. 한인들 간 전쟁, 국가, 성별, 성적 취향, 언어, 계급과 세대 간 차이로 인한 분열을 극복하는데 촛점을 두고 있으며 미국 내 인종, 사회 및 경제 정의 실현을 위한 각종 사회운동에 연대하여 참여하고 있다. 노둣돌은 KEEP 프로그램에 관한 한 서울에 있는 수많은 협력 단체와 협업을 하는데, 이런 협력 단체들은 매년 열리는 여름 프로그램을 계획하고, 관리하고, 발전시키는 데 필요한 지원을 제공한다. 노둣돌 (Nodutdol) http://nodutdol.org/index.php/about(최종 접속일 2019.10.8.)

23) KEEP Korea Exposure & Education Program. http://nodutdol.org/index.php/KEEP (최종 접속일 2019.5.8.)

24) 이들은 다양한 분야의 사람들을 모집하며, 또 이를 권장한다. 그간의 KEEP 참가자들 가운데는 지역사회에 기반을 둔 단체 직원과 회원들, 노동조합, 노동자 센터, 학부생과 대학원생, 미디어 활동가, 시인, 학교 교사, 공무원과 사업가, 교수, 서비스업 종사자, 풍물패, 그리고 다른 예술가와 공연자 등이 있다.

25) KEEP Korea Exposure & Education Program. http://nodutdol.org/index.php/KEEP (최종 접속일 2019.5.8.)

<표 1> KEEP의 여름 프로그램 내용

학습과 세미나	체험, 조직 및 참가	답사와 대화	한국 문화 교습
현대 정치사, 재통일 운동, 북한 기근 구호 활동, 국제적인 연대, 노동조합, 페미니즘, 그리고 학생운동 등	기근 구호 시위 조직	북한과 남한을 가르고 있는 비무장지대(DMZ) 답사.	
	8월 15일(광복절) 통일 행사 참가		
환경, 도시, 그리고 빈곤문제 탐구	공활 – 장기적인 공장 노동 환경 체험	전국민주노동조합총연맹(KCTU)의 노동조합 조직책과의 만남.	
		외국인 이주노동자 센터 방문	
		미군 기지 인근에서 성 산업에 종사하는 여성들을 지원하고 조직하는 센터인 새움터 방문	
	농활 – 한국 시골에서의 장기적인 농사 체험		
		인권 단체, 그리고 참여연대(PSPD)와 같이 새롭게 부상하는 시민사회 단체 활동가와의 만남	
		역사적으로 중요한 장소 방문, 이를테면 광주 민주화 운동 관련 장소 등.	
		민중 탕재원(MinJoong Tangjaewon) 방문, 과거 정치범으로 장기간 복역한 장기수가 운영하는 전통 약국	
		'끼리끼리'와 '동성애자인권연대'와 같은 레즈비언 게이 단체 방문	
		학생운동 지도자들과의 대화	
		진보 언론 단체 방문	
			전통 풍물 타악기 워크숍

KEEP의 여름 프로그램은 오리엔테이션으로 시작하는데, 이 자리에서 참가자들은 서로를 알아가고, 또 앞으로의 일정을 준비한다. 오리엔테이션을 하는 동안, 참가자들은 광범위한 주제를 놓고 토론하는데, 여기서는 다음과 같은 주제를 다룬다: 가속화되는 세계화가 농민과 노동자에게 끼치는 영향; 군대화된 매춘업과 37,000명의 미군 병력이 계속해서 한국에 주둔하는 것; 국가보안법; 그리고 1980 광주항쟁(5·18 광주 민주화 운동)등이다. 이어지는 2주 동안의 프로그램에서, 참가자들은 이러한 사안을 직접 체험한다: 단체와 역사적인 장소를 방문하고, 농민들과 함께 일하고, 진보 단체들이 꾸린 행사에 참여한다. 이러한 활동들은 KEEP의 중요한 부분이라 여겨지며, 프로그램에서 탐구한 사안들에 대한 기본적인 이해를 돕기 위해 만들어졌다. 프로그램을 마친 뒤, KEEP 참가자들은 보고 행사를 비롯한 다른 활동들을 준비하여, 이들이 여름에 체험한 것들을 자신들의 공동체 구성원에게 전한다. KEEP을 통해서, 과거 참가자로 왔던 이들이 한국의 진보 단체에 들어가기도 했다. 프로그램이 끝나고 나면 많은 KEEP 참가자들은 지역사회에서 토론회와 다른 교육적인 행사를 주최하고, 자신들의 단체를 만들거나 기존 단체에 가입하며, 전국적인 네트워크와 모임을 형성해왔다. 제니퍼에 따르면, KEEP이 남한과 북한에서 하는 일은 이런 것이다:

제니퍼 남한 방문의 경우, 기본적으로는 다양한 단체를 순회해요, 그래서 'Our House' 사람들을 만나거나, 그곳 LGBT 단체인 동인련에 가거나, 그곳 통일 단체인 SPARK[Solidarity for Peace and Reunification of Korea]에 가거나 그런 거죠. 이런 식으로, 여러 곳을 가요. 한 30개 정도 단체를 방문하는데요, 노동조합이라든지, 남한에 있는 이주노동자들을 위해 만들어진 이주노동조합이라든지, 등등이요. 그리고 네, 보통은, 여러 단체를 방문하는 거죠. 또 배우는 거고요—그 전에, 학습 모임을 아마 한, 6개월쯤 하는데요, 거기서 한국의 역사도 배우고, 요즘 한국의 정치 지형도 익히고, 그래서 기본 지식 같은 걸 좀 알고 가는 거죠. 북한 방문 같은 경우는, 저는 참가한 적이 없는데, 거기 다녀온 친구들을 많이 알고 있어요. 그건 전혀 다른데, 왜냐면 조선민주주의 인민공화국 (DPRK) 정부가 주도하거든요. 그래서 프로그램을 만드는 사람이 따로 있어요. 하지만 우리 동료들이, 그러니까, 그쪽 사람들이랑 꽤 관계가 좋기 때문에, 그래서 그 사람들은 되게—제 생각에 그 사람들은 우리 한국계 미국인들을 마치 잃어버렸던 아이들처럼 생각하는 거 같아요. 그래서 우리를 만나면 되게 즐거워하신다고 들었어요. 그렇지만 네, 확실히 거의 대부분은 평양에서 머문다고 하더라고요, 뭐 실제로, 제가 잘 아는 건 아니지만요. 좀 더 문화적인 것 같고… 막 강력하게, "조직, 조직, 정치, 정치" 이런 차원은 별로 아닌 것 같아요.

제니퍼와 같은 몇몇 활동가들과 조직자들은 활동가로 지내는 교수들(연구자 역시 이들을 인터뷰했다)을 통해 영감을 얻고, 정치적으로 각성했다. 그리고 더 중요한 것은, 이들이 KEEP과 남한의 운동 단체를 통해 진보 운동과 조직화(organizing)를 접하게 되었다는 점이다.

제니퍼 음, 전반적으로 볼 때, 포모나(Pomona) 학부 시절에 정치적으로 눈을 뜬 것 같아요, 그리고 꼭 집어 말하자면 초국가적 한인 운동 (Korean transnational work)을 알게 됐는데, 그게 익숙했던 건 왜냐면… 우리 학년에는 한인이 한 4명 정도 있었고 서로 다 아는 사이였는데 그중 대부분이 어쩌다 보니 좌파더라고요, 그래서 그 사람들이 저를 G 교수와 C 교수에게 소개해줬어요, Scripps에 계신 교수 두 분이었는데, 그러니까, 우리는 어느 곳에서건 수업을 들을 수 있었거든요. 아마 그분들이 제게 처음 초국가적 한인 운동을 알려주셨을 거예요. C는 뉴욕에 있는 좌익 단체 창립자 중 한 명이었어요. 그리고 나서 교수가 되었던 거고, G 역시 많이 관여하고 있었죠. 그래서 두 분이 저를 KEEP 프로그램에, 처음으로 모임(moim)에 연결해주셔서 다른 좌파 한인들을 많이 만나게 됐어요. 그리고 제가 졸업한 다음에, 사실 그게 아태계 미국인들 학생 정치 활동(student activism work) 이런 것보다 저한테 솔직히 더 와닿았는데요. 왜냐면 그건, 아태계 미국인들 대학 정치 활동은 어떤 느낌이냐면, 되게 학문적이고, 되게 중산층스럽고 [웃음], 어떤 걸 내세웠냐면, 그러니까, 과잉 – 남성적 — 마치 아시아계 미국인 남성들이 거세된 것을 회복하려는 것(emasculation) 같았어요. 음 솔직히 저는 그런 쪽에 별로 관심이 없었거든요. 그런데 그런 초국가적 활동은 훨씬 더 저랑 연결된다는 느낌을 받았어요. 제 가족이라든지, 우리가 처한 물질적인 조건 같은 게 영향을 받았다는 걸 알 수 있었으니까요, 그러니까 미국 제국주의라든지 그런 걸 생각해보면요. 그런데 졸업하고 나서 저는 한국에 가서 2년 동안 살았어요. 인천에 가서 사회운동 조직 사람들이랑 같이 지냈죠. 그리고 거기 있는 동안에 평화와 반전 관련 NGO에서 일했어요…

그게 제게는 터닝 포인트였죠. 거기 있으면서 보고 그러는 게… 여기서 살다 보면 한반도와는 동떨어져 있다고 느끼기 십상이에요, 왜냐면 한인이라는 자각조차 없이 자라나거든요, 그렇잖아요? 그런데 한국에 대해서 말한다는 건, 정말 이상한 모순이잖아요, 그죠? 한인들한테 받아들여진 적도 없고, 한인 친구가 많았던 적도 없는데, 그러고서는 한반도에 가면 마침내 저랑 닮은 수많은 한국인을 만나는 거죠, 그리고 저를 닮은 노인들도 많고요. 왜냐면 여기 미국에 살고 있는 많은 노인들은, 아주 특정한 이민자들이기 때문에, 여기로 이민 온 사람들이라는 그 부류가 있죠, 그래서 한국에 가면 어떤가 하면, 저 같은 노인들도 있고요, 저 같은 젊은이들도 있고요, 저 같은 또래들도 있고요, 페미니스트도 있어요. 있죠,

한국에 주둔하는 미국에 비판적인 사람들도 있어요. 정말 정신을 못 차리겠더라고요, 전쟁이 이렇게 많은 사람들에게 영향을 줬는지, 그리고 그런 게 전쟁이나 또 다른 지역에서 벌어지는 전쟁이랑 얼마나 연관이 되는지, 그런 걸 보니까 엄청났어요. 그리고 거기서 어떤 가족에 대한 의식도 생겼거든요. 또 그런 거랑 거의 동시에 제가 가족에게 커밍아웃을 하고, 가족들이 저랑 한동안 연을 끊기도 했었거든요. 그래서 어땠냐면, 이렇게 내 가족이고 부모 같은 또 다른 공동체가 있어서 정말 행운이다, 피가 섞인 가족들은 나를 받아주지 않는데 이렇게 나를 받아주는 사람들이 있다니, 싶었다니까요? 거기서 진짜 그분들의 일을 이어가야겠다는 책임감을 받았던 거 같아요. 그렇게 80년대 민주화 운동에 참여했던 그 나이 드신 분들, 문자 그대로 지난 40, 50년 동안 싸워 오신 분들처럼 말이에요, 그죠? 그러다가 돌아왔는데, 좀 뭐랄까 슬펐어요, 왜냐면 남한—아니 남부 캘리포니아에는 단체가 없었거든요. 그래서 계속 KEEP 활동을 하다가 해원(Haewon)을 만나고 다른 호박 HOBAK(Hella Organized Bay Area Koreans) 친구들을 만났는데, 그게 촉매가 됐죠. 그리고 KUE에 들어간 것도요. 그건 (현재) Korean United for Equality라는 이름인데, LGBTQ 한인 모임이에요. 마침내 이 모든 한인들을 처음으로 남부 캘리포니아에서 만나면서, 이 사람들이 곧 수박(SOOBAK)을 만드는 촉매 역할을 했죠.

테오도어(Theodore)와 같은 면담자들이 질문을 거부한 것은 주목할 만하다. "저는 이런 식의 개인적인 이야기를 피하고 싶어요, 그러니까 제가… 제가 어떻게 자라왔고, 어떤 단서를 얻어서 그 다음에 사회에 나가 이로운 일을 하고, 그리고 바깥에서 이런저런 일을 하고, 뭐 그런 얘기 말이에요." 기존의 민족적 정체성에 대한 본질주의적이고 근본주의적인 설명과 이론을 정면으로 거부하여 연구자로 하여금 정체성은 시간과 공간에 따라 형성된다는 사회구성주의적

(social constructivist) 관점 및 이론을 채택하게 하였는데, 다시 말하자면, 정체성은 정치적으로 설정된다는 것이다.

Korea Policy Institute(KPI)의 전(前) 소장이자 정치학 교수인 테오도어는 서울에서 태어나 네 살 때 미국으로 왔다. 그는 코리아타운에서 살다가, 샌퍼낸도 밸리(San Fernando Valley)로 이사를 갔다. 그는 정치적 의식이 발달한 이야기를 들려주었는데, 아마 대학 시절에 그랬으리라고 했다. 테오도어 역시 혼자서 KEEP 답사에 참가했고, KEEP을 조직화하는 일을 도왔으며, 다른 학생 활동가들에게 KEEP을 통해 남한을 방문해보기를 권했다. 마찬가지로 중요한 것은, KPI와 같은 단체들 덕분에 그가 자신의 체계를 세울 수 있었다는 점이다.

테오도어를 비롯한 다른 이들은 KPI를 설립하는 것이 시급하다고 생각했는데, 당시 조지 W. 부시 대통령이 북한에 대해 적대적이고 군사적인 입장을 분명히 하였기 때문이다. 이는 Veena Das(1995)가 말한 "중대한 사건(critical events)"이라고 볼 수 있는데, 즉 "새로운 상상과 행동의 방식을 만들어내는 사건"(Sokefeld 2006: 273)이다:

> 테오도어 음 제 얘기는, 분명히 정리하자면, 제 얘기는 그때 수많은 한인 공동체 조직자와 활동가 사이에 위기감이 감돌았어요, 우리가 위태롭고 위험한 상황에 처해있다는 생각이었고, 이런 상황을 잠재울 수 있는 주장을 표명하는 목소리가 전혀 없었죠. 그래서 정말 위기감이 대두했다고 느꼈고, 왜 그랬냐면 부시 행정부라든가 다른 곳에서 전쟁을 일으키는 걸 논의하는 사람들이 있다는 정치적인 판단 때문이었어요. 그때 읽었던 기사가 기억이 나요… 기사에서는 전쟁이 일어나도 고작 남한 사람 몇 천 명이 희생되는 게 고작이라는, 그런 식의 논의를 하고 있었죠. 그런 류의 논의들은 한국과 한미관계에 관련된 일을 하고 있는 사람들에게는 확실히 걱정스러운 얘기였어요. 그러니까 정말 제가 말씀드리는 대로였죠.

아주 편파적인 논의만이 이어지는 정치적인 국면에 대한 위기감이
었고, 세상 사람들에게 다른 면을 알려야 할 필요가 있었어요.

연구자 그러면 모두들 들고 일어서서 "Korea Policy Institute를 만듭시다"
라고 했다거나 그런 건 아니었던 거죠? 이런 식의 위기감에서 온
건가요?

테오도어 네, 다양한 배경을 지니고 다양한 세대에 걸쳐 있는 다양한 사람
들이었는데요, 음, 모두들 모여서 그와 같은 정치적 순간에 어떤
것을 해야 하는지를 얘기했죠. 그리고 주말 내내 심도 있는 대화를
나누면서, 우리는 각자의 다른 관점을 모아서 현재 벌어지는 일에
집중하자고 뜻을 모았어요.

3절에서는 재미 한인 2세 들의 사회운동 참여와 정체성 문제를 2절
에서보다 더 공식적으로 조직된 동원체계가 조직의 인프라로 중요한
역할을 하는 점에 대해서 살펴보았다. 진보운동단체의 초국적 여름
특별훈련프로그램과 기성 진보운동단체들이 재미한인 2세들의 사회
운동 촉매가 되고 산실이 되었다.

4. "정치가 정체성을 이끌어간다"

정체성을 바라보는 테오도어의 관점은 다른 면담자들과는 차이를
보인다. 그는 각각의 운동과 조직에 따라 자신의 정체성이 어떻게 하
여 아시아계 미국인에서, 유색인종, 한국계 미국인, 그리고 미국에 거
주하는 한인으로 발전해왔는지를 설명한다:

연구자 스스로에 대해 생각해봤을 때, 자신을 어떻게 생각하는지, 자신을
뭐라고 여기는지 — 제가 예시를 몇 가지 드릴게요, 그러면 말씀을

해주세요, 그 중에 하나를 고르시거나, 아무것도 안 고르시거나, 아니면 전부를 고르셔도 좋아요 — 미국인 남성, 아시아계 미국인 남성, 한국계 미국인 남성, 혹은 한국 태생의 미국인 남성, 혹은 또 다른 조합도 있을까요?

테오도어 물론이죠. 음 저는 이렇게 말씀드릴 수 있을 것 같은데요, 누군가가 자신을 어떻게 정체화하는가보다 중요한 것은 그 사람이 실제로 어떤 정치적 주장을 내세우는지라고 생각해요, 그 정체성이라는 게… 그게 어떻게 해서, 그리고 왜 타당한지에 관한 거라고 생각하거든요. 그래서 정치적인 분석을 바탕으로 맥락을 파악하지 않은 채 정체성에 관한 질문을 접하게 되면, 저 같은 경우는 대답을 할 때마다 조금 이상한 기분이 들었어요. 제 정체성을 이끄는 정치적인 경험이 어떤 것인지를 다루지 않는 질문들 말이에요. 그래서 제가 취하는 접근법은…정체성이란 정치적으로 움직인다고 보는 관점이죠. 학생들에게 각자의 삶을 한번 살펴보라고 얘기하면, 정체성을 주장할 때 그것 외에 다른 근거는 꺼내지 않더라고요. 제가 당신을 1주일 동안 따라다닌다고 칩시다, 그러는 내내 작은 메모지를 들고 당신이 하는 모든 일들을 적어두고, 또 당신이 실제로 하는 일의 총 시간을 곧이곧대로 더한다고 쳐요… 그러니까 달리 말해서, **정체성을 바탕에 둔 실천**(저자의 강조)은 당신의 사회적 의식이 어떠한가를 더 잘 이해하게 해줍니다. 그러니까 제가 보기에, 그건, **정치가 정체성과 실천을 이끄는 거죠, 그 책임이요**(강조는 연구자). 그게 실제로 제가 가는 방향이니까요. 정체성의 측면에서 볼 때, 우리는 변화할 수 있고 또 다양한 정치적인 분석을 내린다고 생각해요, 그리고 특정한 종류의 정치적 작업을 요청하는 다양한 역사적 순간이 있죠. 제가 볼 때는 **시간에 따라 정체성이 어떻게 변화하는지, 그 시기에 따라 어떻게 변화하는지를 다루는 게 맞다고 여겨져요**(강조는 연구자). 학부 시절에 제게 이 질문을 던지셨다면, 아마 저는 대학을 다니던 어느 시기에는 아시아계 미국인이라고 얘기했겠죠. 그리고 대학 졸업 후에, 대학원생 시절이었다면. 아마 유색인종이라고 말했을 거예요. 그리고 대학원 이후에라면, 아마도 한국계 미국인이라고 얘기하겠죠. 그리고 이건 전부 다 제가 내린 정치적 분석을 통해 이뤄지는 거예요. 그러고 나서 KPI 일을 하는 중이라면, 한국계 미국인 얘기를 했을 텐데, 그 이유는 어느 정도는 그러한 정치적 순간이 그 정체성을 요구하기 때문이죠. 그 시점의 의무 같은 거라고 할 수 있어요. 다른 때였다면, 저를 미국에 살고 있는 한인이라고 생각했을 거고요. 그래서, 정말로, 정말로 저한테는 그런 걸 이해하는 게 너무 중요해요. 대부분의 대학생들이나 제가 접하는 아시안 아메리칸학 연구의 정체성 논의를 볼 때면, 마음에 들지 않고, 정치적으로 문제가 많다고 생각해요. 그래서 네, 그 질문에는 이렇게 대답을 드리겠어요. 이해가 되시나요?

테오도어와 비슷하게 제니퍼도 정치가 정체성과 실천을 이끈다고 본다. 제니퍼는 자신이 코리안 디아스포라, 시스젠더 여성, 그리고 퀴어에 해당한다고 본다.

연구자 그러면 자기 자신에 대해 생각해볼 때, 어떤 식으로 정체화하시겠어요? 이를테면 미국인 여성, 아시아계 미국인 여성, 한국계 미국인 여성, 한국 출신의 미국인 여성, 그 밖에 또 다른 것도 있을까요?

제니퍼 저는 한인 여성으로 정체화하고 있어요. 시스젠더 한인 여성이요.[26]

연구자 왜 그런 타이틀을 고르셨나요?

제니퍼 음 저는 미국인으로는 전혀 정체화하지 않아요. 저는 코리안 디아스포라의 일부라고 생각해요. 그리고 **의도적으로 시스젠더 여성**이라는 정체성을 취하는데(강조는 연구자), 왜냐면 우리 같은 시스젠더

---

26) 시스젠더는 "(트랜스젠더와 반대로) 자아정체감이 태어날 때 부여된 성과 젠더에 부합하는 사람을 지칭하는 말"이라 정의된다. Martin, Katherine, "New words notes June 2015," Oxford English Dictionary, Oxford University Press.

들이 이렇게 하는 게 중요하다고 생각하거든요, 그래야 사람들이 "아, 너가 시스젠더라고? 트랜스젠더인 사람들만 자기 정체성을 특정할 텐데"라면서 쉽게 넘겨짚지 않을 테니까요. 뭐, 아무튼. 그리고 시스젠더 여성으로 정체화하는 까닭은 저는 여성인 게 자랑스럽기 때문이에요, 그리고 여성적인 에너지는 제게 충만감을 안겨줘요, 뭐랄까, 자매애 같은 거죠. 우리 여성들이 사회에 크나큰 공헌을 한다고 생각하기 때문에, 정말 자랑스럽게 생각한답니다 [웃음]. 그리고 한인으로서는, 음, 어땠냐면 — 예전에는 저를 아태계 미국인들로 정체화했는데요, 지역사회 일을 하게 되면서, 이런 아태계 미국인들의 합동이라는 게, 제가 보기에는 60년대와 70년대에 [내용 안 들림] 정치적으로 중요했던 거 같은데, 이제는 해로운 점이 더 많거든요, 왜냐면 아태계 미국인들 집단의 경험들을 동질화해요,…그리고 동남아시아인들, 태평양 섬 주민들, 그리고 남부 아시아인들이 겪는 인종 차별이라든지… 예를 들어서 동아시아 사람들이 겪는 것과 완전히 다르거든요. 그래서 저는 별로 안 좋아해요, 아태계 미국인들을 보편적이고 동질적이라는 틀로 묶지 않는 게 중요하다고 봐요. 이런 점 때문에 저를 한인으로 아주 명확히 정체화하고 있죠.

연구자 그러면 어떤 공동체에 속한다고 보시나요? 음, 미국인은 아닐 것 같고요, 그렇지만 다민족이라든지, 유색인종이라든지, 아시아계 미국인, 한국계 미국인, 혹은 다른 것일 수도 있을까요…?

제니퍼 저는 유색인종으로 정체화해요. 한인으로. 퀴어로요.

연구자 유색인종으로 정체화하시는 이유가 있을까요?

제니퍼 어 그럼요. 그러니까, 제가 하는 반-인종차별주의적 작업이 가장 중요하다고 생각해요… 제가 무척 열정을 품고 있는 일이거든요. 인종 차별을 인지한다면, 정말 많은 억압과 불평등이 훤히 내다보이거든요, 그죠? 한인으로서, 그리고 동아시아인으로서, 저는 아주 다른 방식으로 인종 차별을 겪는다는 걸 확인하는 게 중요하다고 생각해요. 그렇지만 설령 이로 인해 우리가 얻는 이익이 있을지언정, 그건 궁극적으로는 백인들에게 유용하게 흘러가겠죠. 그건 꽝장히 주관적이고, 언제든 바뀔 수 있고, 만약에 아시아인의 모범적인 소수자상이 더 이상 쓸모가 없다고 판단하면, 백인들은 언제든 우리를 저버릴 수 있어요. 그래서 저는 유색인종으로 정체화하는 게 중요하다고 생각해요.

연구자 민족 공동체의 일원이 된다는 게 당신에게 도움이 되거나 방해가 되었던 적이 있나요? 개인적인 측면에서건, 직업적인 측면에서건 말이에요.

제니퍼 [잠시 침묵] 음, 개인적으로 보자면, 수박(제국주의와 맞서 싸우는 남가주 한인연대) SoCal Organized Oppression Breaking Anti-Imperialist Koreans) 같은 곳에 들어와서 소속감을 느끼기까지 정말 힘들었어요 ─ 아태계 상담 및 치료센터(Asian Pacific Counseling and Treatment Centers)에서 일하는 것조차도 그랬죠, 어떤 식이냐면 ─ 저의 상사들도, 제 관리자들도, 최고경영자들도 전부 이런 아시안 아메리칸과 태평양제도계(Asian American and Pacific Islander) 여성들이라니, 정말 ─ 놀라워요[웃음], 그렇다니까요? 그래서 정말로 큰 힘이 된다고 느끼죠… 저는 의도적으로 이걸 만들었죠, 뭔가 더 적절한 표현이 있으면 좋을 텐데, 스스로 엄청 끓어올랐거든요, 왜냐면 대부분의 사람들과는 제가 정말 다르다는 걸 알았으니까요. 그리고 행복하게 지내기 위해서 제 주변에 저와 비슷한 생각을 가진 사람들을 확보해두죠. 그건 바로 제가 속한 민족적 공동체일 테지만, 그와 동시에 전반적인 유색인종, 그리고 퀴어들, 그렇다고 말할 수 있겠죠? QTPOC, 소위 퀴어 트랜스 유색인종(Queer Trans People of Color)도 있으니까요. 제게 방해가 됐던 일이요? 뭐, 제도적인 인종 차별 외에 말이죠[웃음]! 뭐랄까, 미국이라고 불리는 곳에서 아태계 미국인들 여성으로 살아간다는 건 아마도 다 그럴 거예요 ─ 결코 쉬운 일이 아니죠. 그래도 한편으로는 강한 공동체 의식을 품고 제가 가족이라 여기는, 넓은 공동체로 여기는 사람들과 함께라는 건 정말 자랑스럽고 또 행운이라 생각해요.

4절에서 살펴본 몇몇 재미한인 2세 운동가들의 경우 정체성은 시간과 공간에 따라 형성된다는 사회구성주의적(social constructivist) 관점을 뚜렷하게 내세우는데, 달리 말해, 정체성은 정치적으로 설정된다는 것이다. 이들의 정체성 가운데 내재적인 것은 하나도 없다. 내재적인 면을 기대하는 것 자체가 억압이 된다.

5. 관계와 공동체 만들기

이러한 활동가들과 조직가들은 어떻게 관계를 쌓고 공동체를 형성할까? 커밍아웃을 한 뒤에 가족관계에 지장이 생겼다고 느꼈는지, 제니퍼에게 질문했다:

제니퍼 아, 그럼요. 전에는 정말 가깝게 지냈거든요.

연구자 그런데 결국 생각을 바꾸신 건가요?

제니퍼 엄마 같은 경우는, 그래도 어떻게 받아들여 보시려고 애쓰는 것 같아요. 엄마는 — 그러니까 제 파트너랑 5년이 되어 가거든요, 그러니까 뭐 [웃음] 나와 산지도 꽤 됐고요, 7년 됐으니까요.

연구자 그리고 두 분께서 같이 산다고 말씀하셨는데요, 맞나요?

제니퍼 저랑 제 파트너요? 그렇죠. 밸리(Valley)에서는 파트너 집에서 지내요. 그래서 엄마 같은 경우에, 이제는 내가 파트너를 바꿀 수 없다는 걸 알아요, 그냥 그런 법이구나 하는 거죠. 달가워하지는 않으세요, 제 파트너를 딱히 마음에 들어 하시는 것도 아니고요, 그렇게 피부색이 어둡고, 갈색이고, 과테말라 출신의, 남성스러운 부류의 사람을요 [웃음], 그러니까 제가 퀴어인 것만이 아니라, 그렇게 피부가 어둡고 갈색인 사람을 만난다는 것도요. 뭐랄까, 한인들은 인종을 많이 따지잖아요, 피부가 어두운 사람들에 대한 편견도 있고, 그쵸? 그래서 어떤 식이냐면, 맘에 들지 않지만 본래 그렇게 타고난 것이니 할 수 없고, 그래도 계속—작년이었던 거 같아요, 엄마가 결국 이렇게 말하셨거든요. 뭐가 어떻든 상관없이 계속 제 엄마로 지내겠다고 말이에요. 그러니까 그건 꽤 큰일이었죠. 아빠는 좀 더 어려워요. 아빠는 부정하는 쪽에 가까워요. 엄마가 여러 가지를 숨기려고 하거든요. 벌써 아빠한테 한 3번은 커밍아웃을 했는데 말이죠. 그러고도 아빠는 계속 부정하시고요.

그녀가 친구나 동료, 혹은 다른 공동체 구성원들과 맺는 관계는 어떨까? 이 또한 가족들과의 관계와 비슷하다고 얘기할까?

제니퍼 아, 전혀요. 제가 그간의 일들을 헤쳐나갈 수 있었던 건,—그러니까 제 생물학적 가족들과 이런 일들을 겪어냈던 건, 제게는 제가 직접 선택한 가까운 가족들이 있었기 때문이에요(강조는 연구자). 아시겠어요? 정말 가까운 친구들이 있었던 게 행운이죠. 서로를 어떻게 보살피는지, 서로에게 어떤 모습을 보여줄지, 그런 걸 정말 세심히 고려하는 사이거든요. 그리고 이건 SOOBAK에서 만난 많은 친구들한테도 해당하는 얘기죠. 네. 정말 달라요. 기분이 어떤지, 그리고 어떻게 지내는지, 얘기를 많이 나누죠[웃음]. 서로의 생활에 어떤 일이 벌어지고 있는지를 항상 알고 있어요. 그게 정말 다르죠.

가족들이 찾아오는 어떤 행사나 특정한 공휴일, 혹은 공동체 행사 같은 것들이 있는지 테오도어에게 물었다. 코리아타운 축제 같은 것이라든지, 혹은 더 일반적인 행사라든지 말이다.

테오도어 제 경우를 보면, 어떻게 말씀드릴 수 있냐면, 이 집에 같이 살지 않는 부모님이라든지 다른 사람들이 있잖아요. 그런 이들 중에 특정 공휴일을 중요시하는 사람들이 있죠. 그러면 그 사람들의 우선순위를 잘 다뤄줘야 돼요. 그런데 제 생각에는, 공휴일이나 행사 같은 것보다 중요한 건, 어머니가 아프실 때예요[그리고 어머니 곁에 있어 드리는 것이요]. 그래서 그런 게 실제로는 훨씬 더 중요하다고 생각해요. 확실히, 부모님께서는 코리아타운을 각인시켜주시죠. 그러니까, 매년 퍼레이드 얘기를 하시고[웃음], 저더러 갈 거냐고 여쭤보세요. 미국에서 제법 규모가 있는 한국계 미국인 공동체에 들어가 있지 않다는 얘기는 아니구요. 물론 꽤 오랫동안 그렇게, 그렇게 한 적은 있죠. 하지만 행사 같은 건 그렇게 중요하지 않고…. 말씀드렸듯이 어느 정도 역량을 키우고, 단체를 만들고, 캠페인을 벌이고, 뭐 그런 데 역점을 두고 있기 때문이죠.

그가 지금 있는 곳에 거주하는 이유 하나는, 부모님과 가까이 지내고 싶어서였다. 초국가적 연결의 경우는 어떨까? 즉, 이들은 미국 바깥에 있는 친구나 가족, 혹은 그 밖의 지인들과 관계를 맺고 있을까?

테오도어 음, 당연히, 한국에 가족이 있죠, 그쵸? 그러니까, 이렇게 말씀드릴 수 있을 것 같은데, 키워드는 "관계"가 있다는 거죠. [우리를] 함께 묶는 게 무엇인지에 따라 완전히 다른 종류의 관계들이 가능해지고 있잖아요. 그쵸? 그래서 제가 맺는 관계는, 이를테면, 남한에 있는 가족들은 몇 년 동안 [이 사람들을 볼 일이] 없죠. 그렇지만 가족으로 연결되어 있기 때문에, 서로 만날 때는, 진정한 유대라는 게 있달까요[음성이 들리지 않음]. 그런데 관계는, 초국가적인 관계는 서로 공유하고 있는 정치적 비전에 바탕을 두고 있어요. 그렇죠? 저는 남한의 가족들과, 정치적 관점을 공유하진 않죠. 이들의 정치적 관점이 어떤지는 상관도 없어요. 우리 관계의 바탕에 그게 있는 건 아니라는 걸 아니까요. 맞죠? 그래서 저는 이렇게 말씀드리고 싶은데, 얼마나 다양한 방식으로 관계를 맺는 것이 가능한지를 생각하는 게 중요하다는 [거죠]. 무슨 말씀이냐면, 다양한 관계나 시도나, 혹은 실제로 서로를 만나는 다양한 방법을 바란다는 거예요. 구체적인 예를 하나 들어 드릴게요. 한국의 운동가들이 로스앤젤레스에 있는 저희 집을 자주 방문하곤 합니다…. 그 사람들은 여기에, 정치적인 임무를 수행하러 오거든요. 그래서 로스앤젤레스로 와요. 그리고 어떤 때는 그 사람들이 — 꽤 여러 번인데 — 우리 집에 묵어요. 우리는 개인적으로 모르는 사람들을 [맞이하죠]. 아무 관계는 없지만, 이해해요. 왜냐면 그 사람들은 어떤 단체에서 파견을 나왔든지, 어떤 시민운동이나 활동에 관련되어서라든지, 또는 우리가 알고 있는 정치적인 임무나 작업등에 연루된 사람들인데, 우리는 그들에게 도움이 되고 싶거든요. 그래서, 있죠, 그러면 어떻게 되냐면, [낯선 사람] 우리 집으로 편하게 걸어 들어와요. 생전 처음 보는 사람 집인데 말이죠. 그렇게 알지도 못하는 초면인 사람에게 집을 내어 주는 건, 우리가 가족이어서도 아니고요. 우리가 친구여서도 아니고요. 정치적인 프로젝트가 진행되는 중이라는 걸 알고 있기 때문이에요. 그래서 그에 바탕을 둔 이런 식의 관계는 그런 류의 가능성을 열어주는데, 즉 [음성이 들리지 않음] 그 사람들이 잠깐 들러서 며칠 머물고, 그리고 우리는 또 만났으면 좋겠다고 생각을 하는 거죠.

그렇지만 이런 류의 상호작용이 가능한 건, 그래요, 정치적인 비전이 무엇인가에 대한 이해를 공유하고 있기 때문이에요. 그리고 그러한 정치적 비전을 지지하고 싶은 열망을 품고 있으니까요. 그래서 대부분의 사람들이 생각하는 것과는 정말, 정말 다른 방식이죠. 이런 게 하나의 예랄까요. 그래서 저는, 다시 말씀드리지만, 관계가 핵심이에요. 네. 관계를 이루는 것들이요. 가까운 친구 무리를 놓고 보자면, 정말 다양한 친구들과 어울리니까요. 말하자면, 다른, 그러니까, 정말 다른… 저는 다양한 종류의 정치적인 작업을 하고, 그렇게 제가 하는 다양한 종류의 정치적인 작업은 다양한 공동체 구성원들을 접하게 만들죠. 그래서, 확실히 제가 하고 또 해왔던 것들은 한국 관련 작업인데요. 그래서 한국의 다양한 사회적, 정치적 의식을 많이 접했어요. 그리고 제가 하는 또 다른 일들은, 제가 다른 사람들을 만나게 하고, 네 뭐 그렇죠.

테오도어의 최근 관심사는 감옥 개혁운동이어서 2018년 가을의 경우 매 금요일마다 감옥에 가서 수감자들에게 강의를 하였다. 생물학적인 가족 구성원을, 특히나 부모와 형제자매를 챙기는 한편으로, 이들이 정치적인 관점에 따라 가족과 공동체를 선택하여 구성하는 일은 점점 늘어나고 있다.

6. 교차성

개인의 경험을 형성하는(예를 들어 억압, 투쟁 등) 인종, 계급, 젠더, 그리고 섹슈얼리티와 같은 다층적인 범주를 지칭하는 킴벌리 크렌쇼(Kimberle Crenshaw 1991)의 용어 "교차성(intersectionality)"은 초국가적 활동가들이 정체화하는 방식에도 적용할 수 있다. 이들은 민족적으로(한국계 미국인, 디아스포라적 한인, 미국에 거주하는 한인) 정체화할 뿐만 아니라, 아시아계 미국인으로, 유색인종(POC)으로, 여성으로, 퀴어로, 독실한 기독교 신자로, 노동자로 자신을 정체화한다. 한국계/아시아계 미국인 여성들은, 남자들과 비교해볼 때, 민족적인 삶의 방식과 미국인으로서의 삶의 방식 사이에 긴장이 있다고 언급하는 경우가 많았다. 통상적으로 여성들의 경우, 가족을 보살피고 개인적인 선호나 취향은 등한시해야 한다는 전통적인 기대가 있기 때문이다(Dhingra and Rodriguez 2014: 170).

사라는 이곳에 있는 한국계 미국인들의 틀 안에 자신이 들어맞지 않았다고 얘기해주었다; "한국문화는 아주 위계질서가 강하고, 여전히 맹목적인 애국주의적 기질이 있다고 여겨져요. 그런 게 보통 저와 많이 충돌하죠."

연구자 인종이나 민족성, 젠더, 이런 것 중에 어떤 이유로건 개인적인 적
　　　대감이나 차별을 겪었다고 느낀 적이 있으신가요?
사라 대부분은 젠더에 따른 차별이었어요. 토론토에서는 인종 차별은
　　　그다지 없었어요. 그리고 아시아계 남성과 아시아계 여성 사이에
　　　는 좀 차이가 있다고 생각해요. 왜냐면 아시아계 여성들을 일종의
　　　이국적인 존재로 치부하는 분위기가 있거든요. 꽤 매력적인 아시
　　　아계 여성이라면, 아마 아시아계 남성보다 훨씬 앞서갈 수 있다고
　　　생각해요. 솔직히 말이죠. 아시아계 남성에게는 넘어야 할 장벽이
　　　꽤 많다고 생각해요. 이를테면 충분히 남자답지 못하다든지, 그렇
　　　게 매력적으로 안 여겨진다든지 그런 거요. 그렇지만 젠더 문제를
　　　놓고 볼 때, 법의 세계 안에서 지내다 보면, 법조계는 백인 남자를
　　　위한 곳이라고 느껴요. 여러 문제가 있다고 생각했죠.
연구자 당시 로스쿨에서는 여학생이어서 힘들었던 점이 있나요?
사라 아니요, 제가 다닌 로스쿨은 대부분이 여성이었어요. 차별을 겪는
　　　건 제가 형법 업무를 맡기 때문이죠. 잘은 모르겠지만, 적어도 캐
　　　나다는 남성 지배적인 사회인데요, 저는 형사 변호와 기소 검사 업
　　　무를 모두 맡았어요. 그런데 기소 검사로 일할 때 차별을 많이 겪
　　　었어요.
연구자 어떤 식의 차별이었죠?
사라 음, 법정에 걸어 들어가면 그냥 이런 식인 거죠, "당신이 담당이라
　　　고? 당신이, 아니 무슨, 이 노란 햇병아리가 내 사건을 담당한다
　　　고?" 여러 가지가 섞인 말이긴 한데, 젠더에서 기인한 게 더 크다

고 봐요, 형법 세계에서 별로 진지하게 여기지 않는 사람으로 보인다는 점도요. 진짜 문제는 그러니까, 구조적으로 봤을 때 그게 아시아 여성을 위해 만들어진 게 결코 아니라는 거죠, 다른 유색인종은 고사하고 말이에요. 노동 구조, 법조계, 기관, 이런 게 정말로 백인 남성 위주로 만들어졌어요.

연구자 으흠. 그런 성차별에는 어떻게 맞섰나요?

사라 능력에만 집중했어요. 주류로 들어가려는 시도라고 할 수 있죠. 검찰 쪽에 여자가 별로 없었던 건 딱 봐도 분명해요, 어쩌면 법원에도 여자가 별로 없었을 수도, 판사 자리에도―심지어 미국 사회에서도 이건 비슷할 거예요―여자가 별로 없었을 수도 있고요. 동등하게 대표되지 않는 거예요.

연구자 타민족들은 어떤 식으로 [인종]차별을 겪고 있다고 볼 수 있을까요?

사라 차별은 항상 문제죠, 그런데 그게 뭐랄까, 그건 꼭 우리 사회가 구성되는 방식의 일부 같아요. 만약에 제가 흑인 아들을 둔 엄마였다면 겁에 질려 지냈겠죠. 아니면 지금 무슬림 남성이라든지요.

또 여성이라는 사실로 인해 한국계 미국인 공동체나 가족 안에서 생겨나는 특정한 기대치가 있는지를 제니퍼에게 물어보았다.

제니퍼 그렇죠. 적어도 저희 엄마 경우만 본다면, 제가 퀴어라는 사실에 엄마가 난리를 피우시는 것도 거기서 기인한 게 크다고 봐요. 제 할머니께서 싱글맘이셨는데요. 그 시절에는 뭐랄까. 사형 선고 같은 거죠, 그죠? 독신 여성들은 정말로 형편없는 삶을 살아야 하는 시기에 성장하셨어요. 직업적인 전망이라든지 사회적으로 존중받는 것을 따져본다면 말이죠. 그리고 제가 퀴어라는 얘기를 들었을 때, 엄마는 제가 어떤 종류의 삶을 살아가게 될 건지가 정말 두려웠던 것 같아요. 엄마를 이해하지는 못하지만, 공감할 수는 있어요, 그리고 제 안전을 걱정하는 마음이 큰 거니까요, 그렇죠? 왜냐면, 네, 제 조직 업무를 얘기하면 사람들이 이렇게 말하는 경우가 많아요, "아, 봉사하시는군요. 사람들을 돕고 싶으신가 봐요." 그렇지만, 저는 이게 '여성은 조력자'라 여긴다고 보거든요. 저는 정말 운이 좋은데요, 왜냐면 엄마네 집안은 여성들이 우두머리였거든요. 엄마 가족은 자매가 넷에 남자 형제가 하나였는데, 전부들 저마다 가족 안에서 우두머리 역할을 하신대요, 그리고 할머니께서 엄마 남매 모두를 스스로 키우신 건 말할 것도 없고요. 그래서 젠더에 따른 기대를 놓고 보자면 모두 훨씬 덜 보수적이세요. 물론 여전히 있기는 하지만, 다른 한인 가족에 비해서는 덜 강한 편이죠.

연구자 혹시 떠오르는 제도적인 인종 차별의 구체적인 사례가 있을까요?

제니퍼 네. 고등학교랑 대학교 때였을 텐데요, 항상 "칭 총" 소리를 들었어요, 그 있잖아요, 딱 전형적인, 눈을 옆으로 찢으면서 그런 소리 하는 거요. 그래도 견딜 만했죠, 하지만 제도적인 인종 차별을 놓고 보자면, 예를 들어 학교 체계란 게 말이죠, 저는 교실에 속해있지 않다는 느낌을 항상 받았어요, 수업시간에는 언제나 백인들만 실컷 떠들고요, 그래서 [한숨] 제 불안이나 우울이 줄어든 건 포모나(Pomona)에 왔을 때, UCLA에 왔을 때였어요. UCLA에서는 확실히 덜했어요, 왜냐면 그런 걸 다룰수 있는 방법을 체득했거든요, 하지만 정신적으로 힘들었던 건 물론 여전했죠. 뭐랄까, 글쎄, 일상적이고 미묘한 차별이랄까요. 동등하게 이해받는다는 기분이 안 들고, 제가 마치, 외계인처럼 느껴지는 거 있죠? 대부분은 학교에서였어요, 가장 직접적으로 겪은 게 말이죠. 세대적인 면도 있다고 생각해요. 내려오는 거죠, 증조할아버지와 증조할머니 때부터 시작해서요. 말하자면, 경제적 상황이 항상 불안정했으니까요. 그래서 경제적인 면에 대한 불안감이 큰 거죠. 그런 점이 엄마의 정신 건강에 큰 영향을 끼쳤을 거고, 그게 곧 제 성장 과정에도 영향을 주었어요, 이를테면 그런 식으로 불안해하고 우울해하면서 성장했으니까요. 부모님의 정신건강 문제의 큰 부분이라 할 수 있겠는데요, 이민자라는 데서 기인하는 거죠, 한국전쟁 이후 겪은 빈곤과, 그런 것들?

연구자 그러면 당신은, 그러니까, 한인 디아스포라 공동체의 일원으로서, 또 퀴어 공동체의 일원으로서 겪은 고유한 경험이 있겠군요. 왜 이런 말씀을 드리는가 하면, 미국 안에서 한인 퀴어가 대단히 드러나고 대표된다고 생각되지 않기 때문에 특히나 그래요.

제니퍼 물론이죠.

연구자 그런 차별을 겪어보신 적이 있나요?

제니퍼 퀴어 한인[으로서] 말씀하시는 건가요?

연구자 네.

제니퍼 아, 그럼요. 제 가족이 그랬는걸요[웃음]! 삶의 모든 측면에 스며들어 있어요, 안전이라는 측면에서 본다면요. 그러니까, 이런 생각을 하지 않을 수 없는 거죠, 만약에 저랑 제 파트너가 코리아타운에 간다면, 거기서 손을 잡을 수 있을까? 없을까? 엄마는 안 된다고 할 거예요… 다른 한인들에게 저를 아웃팅하는 건, 엄마를 아웃팅하는 셈일 수 있고, 그러면 엄마 나름의 후폭풍을 겪게 될 테니까요. 그러니까 저 하나만의 문제는 아닌 거죠. 제가 가진 불안감은, 특히 UCLA 시절에는, 예를 들자면 한인이라는 사실만이 아니라 퀴어 한인이라는 점이 관건이었죠 — 그 프로그램에 퀴어는 세 명이었거든요. 그리고 뭐 그냥, 사람들은 바보 같은 소리를 항상 지껄이죠! 방어적으로 굴게 되는 거예요…. 저 자신을 찾기 위해 노력하는 것도 재밌었다고 생각해요. 마치 정체성의 정치 같은 거죠 — 나는 누구지? 나는 한인인가 아닌가? 이때 SOOBAK이 큰 역할을 했다고 생각해요, 제가 있을 자리를 찾아 나서던 때 말이죠. 확실히 소속감을 느껴요…

헬렌 역시도 USC에서 MBA 과정을 마치고, 웨슬리 신학교(Wesley Theological Seminary)에 진학했다.

연구자 당시에는 종교가 당신의 생활에서 큰 부분을 차지했을 것 같은데요.

헬렌 먼저, 부모님이 성직 생활을 하고 계셨죠. 저는 교회에서 언제나 적극적으로 참여했어요, 그리고 대학에 가서도 활발히 활동했죠. 대학을 마치고 나서는, 집으로 돌아와 부모님의 성직 일을 거들어 드렸어요. 그때 그분들의 고충을 알게 되었죠. 제가 흑인 교회 모델을 접한 건 몇 년이 지나서였어요, 그리고 그 사람들이 파트너십과 영향력 조사 등을 통해서 어떻게 영향력을 높이고 지원을 확대해왔는지도 알게 됐고요. 그리고 지도자 위치를 점하고, 의사결정 테이블에 초대받았죠. 기독교인으로서, 저는 그런 게 하느님을 찬미하는 긍정적인 방법이라고 봐요. 공동체에 영향력을 행사하면, 모든 사람들이 교회를 알게 될 거고, 그렇게 함으로써 하느님께 예배를 드리는 거죠.

아마 2000년이었을 거예요, 하느님께서 저를 성직자로 호출하셨죠. 그리고, 전 그게 싫었어요. 하지만 부모님 밑에서 — 엄마 밑에서 — 자라던 일을 떠올렸죠, 성경에 나오는 요나 이야기를요. 딱 그 이야기대로였거든요. 성경에서 그렇게 말해요. 하느님께서 그 요나라는 선지자에게 본분을 다하도록 호출하셨대요. 요나는 그러기 싫어서 반대쪽으로 도망쳤어요, 그래서 배를 탔는데 커다란 폭풍이 몰아친 거죠. 그러다 그 폭풍을 불러온 게 자기라는 걸 깨달았어요, 배에 탄 사람들 모두 목숨이 위태롭다는 것도요. 그래서 사람들은 요나에게 배 밖으로 나가라 했고, 그러자 거대한 고래가 와서 요나를 삼켰죠. 그러다 요나가 뉘우쳤을 때, 하느님께서는 고래가 요나를 땅 위로 돌려보내도록 하셨어요. 그래서 결국 하느님께서 처음에 말씀하셨던 사명을 다하게 된 거죠. 그게 바로 우리 엄마 얘기였어요. 성직이라는 소명을 받으셨지만, 달아났고, 가정폭력을 겪는 등 몇 년 동안 고생을 하시다, 결국 성직으로 돌아오셨어요. 2000년에는 하느님께서 저를 부르고 계시다는 게 명확해지는 일들이 쭉 일어났죠, 그래서 저는 뜻에 따랐어요. 그때가 부시 대통령이 정권을 잡고 신앙에 바탕을 둔 계획을 시작한 때였어요, 그리고 우리 단체는 그 흐름에 올라탔죠. 저는 문자 그대로 백악관에 갔죠. 놀라운 여정이었고, 그게 제게 안겨준 교훈은, 하느님께서 저를 어디로 호출하시건, 그 뜻에 복종한다면, 그곳이 제가 있을 최고의 자리라는 거였죠.

재미한인 2세 운동가들은 민족적으로 정체화할 뿐만 아니라 여성으로, 퀴어로, 독실한 기독교 신자로 다층적인 범주로 교차하여 (intersectional) 정체화하였다. 상황에 따라 맥락에 따라 교차 정체화가 민족적 정체화보다 중요하게 작용하기도 하였다. 때로는 이들 다층 범주 간에 긴장과 갈등이 발생하기도 하였다. 정체성이 교차 작용하면서 삶의 의미를 부여하기도 하였지만 고통의 근원이 되기도 하였다.

7. 결론

1960년대 이래, 사회운동에 참여한 노동자, 학생 운동 지도자, 혹은 흑인 파워(Black Power) 운동 활동가들은 다양한 종류의 의식화를 경험하였다.[27] 이와 유사하게, 마치 자기혐오적인 한인과도 같이, 2세대 한국계 미국인 초국가적 활동가들은 처음에는 원초적인(primordial) 민족성을 회의적으로 여겼다. 사회 운동 구성원들은 정체성을 만들려는 시도를 하지 않았다; 그렇지만 의도치 않은 결과로서, 이들은 관련

---

27) American New Left: the Students for a Democratic Society(SDS)에 나와 있는 Kirkpatrick Sale(1973)의 SDS를 참고할 것, 가장 크고 영향력 있는 단체에 대한 정확한 설명을 제공한다.

없는 사회운동을 통해 의식화되었다. 공동체 안에서 비슷한 사고방식을 지닌 사람들과 상호작용을 함으로써 말이다. 그들은 보다 분석적으로 변화해야 했으며, 혹은 자신들의 상황을 솔직하게 받아들여야 했다; 그 결과 정체성을 지니고 또 주장하게 되었으며 실천하게 되었다. 자신들이 누구인가를 인식하고 있던 사람들조차도, 정치화하는 과정에서 정체성을 수용하고 활력을 불어넣게 되는 전환점이 되었다.

사회운동, 특히 논쟁에 정치를 다루는 문헌에서는 "정체성, 가치, 그리고 감정의 중요성을 충분히 인식하지 못하는" 경향이 있는데, 이런 요소들은 한국계 미국인 활동가들이 정치적인 운동에 참여하는 것을 이해하는 데 핵심적이다(Jacobson and Andersson 2012: 825). 종종 감정의 기복이 심했던 성장 과정을 제대로 이해하는 것이 필요하다: 그들은 무엇이며, 어디에서 왔고, 한국계 미국인이란 무엇이고 어떤 의미를 가진단 말인가?

언어는 특정 집단의 사람들과 다른 언어를 사용하는 다른 집단을 구분하는 작용을 한다. 하지만 연구자가 접한 초국가적 활동가 및 조직인들의 경우, 자신들의 정체성을 받아들이는 데 중요한 역할을 한 것으로 언어보다는 역사와 정치를 강조했다. 디아스포라는 강력하게 역사화된다. 이는 자연스럽게 감지하는 근원의 문제가 아니라, 구체적인 정치적 상황과 관련되는 것으로써, 초국가적인 상상의 공동체를 동원한다.

소수민족계 미국인들의 자연스러운 근원과 태어난 장소에 대한 소속감이라는 발상을 거부하면서, 이들의 정체성과 디아스포라 공동체라는 상상은 동원 과정의 결과이기도 하다는 주장을 펼치고자 한다. 이들이 자신의 정체성을 수용하는 방식은 완전히 구성주의적이다. 정체성 집단은 "동원 과정의 결과"가 되었다(Sokefeld 2006: 280). 그들의 정체성 형성은 정치에 바탕을 둔 것으로 이해할 수 있으며, 또한 이는 미국에 대한 다원주의적 관념을 요청하는데, 미국에서는 현재 다층적인 정체성을 가질 수 있기 때문이다: 한국계 미국인, 코리안 디아스포라의 일부, 미국에 거주하는 한인, 혹은 아시아계 미국인으로 여겨지거나,[28] 유색인종, 미국인, 여성, 퀴어, 혹은 정치적 이념을 지닌 사람과 같이 말이다. 그와 동시에, 이들의 정체성은 민족, 인종, 젠더, 성적 지향성, 그리고 종교의 교차점에서 형성된다.

마틴 소케펠트(Martin Sokefeld)는 디아스포라를 "상상의 초국가적 공동체, 분리된 영토에서 거주하는 사람들을 통합하는 공동체라는 상상(imaginary)"이라고 정의한다(Sokefeld 2006: 267). 이민자들이 반드시 디아스포라를 형성하는 것은 아니지만, 공동체라는 새로운 상상을 발전시킨다면, 이주한 지 수년이 지난 뒤에도 디아스포라가 될 수 있다(Sokefeld 2006: 267). 소케펠트가 주장하듯이, 디아스포라의 형성은 이주의 "자연스러운" 결과가 아니다. 디아스포라가 생겨나기 위해서는 특정한 동원 과정이 발생해야 한다(2006: 265). 상상적인 전 지구적 한인으로서의 한인 디아스포라라는 개념은, 한반도와 미국, 그리고 북아메리카 지역에 평화와 정의를 실현하기 위한 전 지구적인 사회운동을 위해 사람들을 동원하는 수단으로서 형성된 것이다. 처음부터 사회적인 삶에 지속성과 확고한 구조를 가져다주는 것으로 보아서는 안된다. 다시 말하자면, "정체성은 운동과 동원의 문제가 된다"(Sokefeld 2006: 267).

"사회적 상상(social imaginary)"이라는 개념은 "사회적인 것을 상

---

28) 범-민족적인 아시아계 미국인 정체성은 개인적인 수준보다 정치적이고 조직적인 수준에서 더 강하게 나타난다(Espiritu 1992).

상하는 광범위하며, 역사적으로 배태된(embedded) 방식"을 가리킨다 (Jacobson and Andersson 2012: 823). 제이콥슨과 앤더슨(Jacobson and Andersson 2012)이 제시한 세 가지 방식의 사회적 상상을 2세 초국가적 활동가들에게 적용해본다면, 첫 번째 상상은 한인들의 전 지구적 공동체에 관한 상상이다. 여기서 한국은 디아스포라의 상징적인 중심 구실을 하며, 한인들은 미국의 제국주의/식민주의, 군사주의, 그리고 자본주의에 대항하는 전 지구적인 분투와 저항의 전형적인 예를 보여준다. 이 서사가 보여주듯, 정착형 식민주의(settler colonialism)와 노예제도뿐 아니라 남한을 포함해 대부분의 이민자의 본국을 대상으로 하는 제국주의에 근간을 둔 미국의 인종적 체계는, 이러한 활동가들이 주류사회와의 사회적 상호작용을 이해하는 방식을 형성했다.

두 번째는 미국의 좌파 전통 혹은 신사회운동(예를 들어, 생태주의와 반핵, 평화, 반전 시민사회 같은)에 따른 세속적인 사회적 상상인데, 이는 수용국이 한국의 분할을 유지하는 데 한몫을 하고 있다는 상상도 해당한다. 세 번째는 통합된 국가에 대한 상상이다. 국가적으로 통합된 체계와, 소수민족들이 겪는 국가적 범주의 미묘한 배제, 차별, 그리고 소외라는 일상적인 경험은, 미국의 중심적인 현대 사회적 상상의 하나로서 국가가 지니는 양면적인 지위를 증명한다. Benedict Anderson의 용어, 상상의 공동체는 현실인데, "왜냐하면 이는 현실이라 상상되기 때문에, 현실이라 여겨지기 때문에, 그리고 사회적 삶에 아주 현실적인 영향을 끼치기 때문이다"(Sokefeld 2006: 266).

전통적인 동화주의적 관점에서 본다면, 이주자와 그 후손들은 하나의 정치적 체제 안으로만 통합될 수 있으며, 이에 따라 본국 혹은 이민 수용국 가운데 한 곳에만 활발한 시민적 참여를 하도록 선택해야 한다(Gordon 1964). 따라서 본국과의 유대를 유지하는 것은 "동화로 가는 길에 있는 중간 기착지로서, 일시적인 현상"이라는 평가를 받았다(Glick-Schiller 1999: 98). 19세기에 미국으로 이주해 온 이주자들에 관한 연구 결과를 토대로 나온 주장이지만 말이다. 처음에는 초국가적인 참여의 개인적인 결정 요인에 초점을 맞췄을 때, 경제적·사회적 자본을 지닌 이주자들은 본국의 정치에 참여할 가능성이 크다는 설문 조사 결과가 나타났다. 그러나 지금은 동화주의와 초국가주의가 연결되어 있고, 서로를 강화하는 평행한 과정이라는 것을, 전혀 상반되지 않다는 것을 보여주는 문헌이 많이 등장했다. 사례 연구에 대한 심층적인 분석을 통해, "초국가주의와 동화주의는 이항 대립적이지 않다는 것을, 하나가 다른 하나에 앞서 발생하는 관계가 아니"라는 점을 알 수 있다(Quinsaat 2019: 420).

나겔과 스태헬리(Nagel and Staeheli 2004)는 이주자들이, 이 경우에는 아랍계 미국인의 사례였는데, 고국과 수용국 사이의 양자택일을 요구받지 않도록 정체성과 구성원으로서의 자격(membership) 사이에서 균형을 잡는 방법을 계발하며, 이들은 시드니 태로우(Sideny Tarrow 2005)가 말했듯 "뿌리 내린 세계인(rooted cosmopolitans)"이 된다고 주장했다. 많은 초국가적 활동가들이 그러하듯이 말이다. 본 연구 또한, "고국과 국가적 통합에 대한 관심은 서로 밀접히 연결되어 있으며, 동시에 이주자들의 정치적 활동에 영향을 끼칠 것"이라는 데 대한 증거를 제시한다(Nagel and Staeheli 2004: 5). 연구자가 만난 한국계 미국인 초국가적 활동가들은 한반도와 미국, 그리고 북아메리카 지역에 평화와 정의를 실현하기 위한 전 지구적 운동에 관심을 보이기 때문이다. LiNK와 Divided Families USA는 인권을 주된 틀로 삼으며 상당한 중요성을 부여하는데, "패러다임"으로써 이는 사회운동의 전반적인 범주를 규정하는 데 도움이 되기 때문이다.

이러한 초국가적 정치 활동가들은 한국계 미국인 공동체를 넘어, 민족 간 협업과 시민적 참여를 위한 제단을 준비하기도 했다. SOOBAK 활동가들은 Black Lives Matter와 같은 단체에서 조직하는 활동에 참여했는데, 이들은 미 제국이 인종차별적인 음모를 꾸미고 있다고 보았기 때문이다.

미국계 유대인들과 상당히 유사하게(Wald and Williams 2006), 재미한인 2세 초국가적 활동가들은 미국의 공적 영역에 참여할 때 한국과 동북아시아 지정학에 중요성을 부여하는 정도가 제각기 다르다. 다른 많은 공동체 구성원들은 구경꾼에 지나지 않는 수준인데, 공동체 자체라든가, 지정학적 문제들에 대해서 그런 태도를 취한다. 이러한 지정학적 사안들은 공동체 내부 활동가들에게는 활기를 불어넣지만 말이다.

요약하자면, 본 연구는 정체성에 관한 향후 연구를 위한 크나큰 함의를 품고 있다. 지금까지의 정체성 연구는 개인들이 어떻게 해서 스스로를 긍정적으로 여기게 되었는가를 보는 데 한정되었다. 본 연구는 사람들이 자신의 정체성을 어떻게 활용하는가를 보여준다. 연구자가 만난 초국가적 활동가들은 정체성이라는 정박지를 찾음에 따라 사회운동을 강화하고 다른 이들을 도울 수 있었다. 개인의 정체성을 찾는 일의 가치는 단순한 유행이 아니며, 이는 일을 수행하는 능력을 계발하는 데 중요하다. 이들의 작업은 정체성을 보다 성찰적이고 생산적으로 만들며, 힘을 기를 수 있게 한다. 기존 연구는 이를 간과하고 있다. 정체성을 확립하게 되면, 앞으로 나아가며 다른 이들을 돕는 것이 가능해진다.

재미한인 2세의 미국 사회로의 편입과 그 성격

: 정치진출과 인종의식을 중심으로

이정덕

1. 서론

한인사회에 막대한 피해를 입힌 1992년 LA 폭동은 한인들이 미국 사회의 일원으로 미국의 인종 관계 맥락에서 살아가고 있다는 점을 철저히 깨닫게 했다. 또한, 경찰과 주 방위군들이 한인들이 거주하는 지역이나 한인들의 상점은 방어하지 않고 Hollywood나 Beverly Hills 등 주로 백인들이 거주하는 지역을 위주로 방어선을 형성하여 결과적으로 피해가 한인 상가에 집중되었다. 이러한 상황은 미국의 권력이 백인 중심으로 작동하고 있다는 점을 보여주고 있다. 언론도 로드니 킹 사건이 백인 경찰과 흑인 빈민 사이에 벌어진 폭력이었으며, 백인 경찰에 대한 무죄 판결로부터 폭동이 시작되었다는 점을 무시하고, 이전에 일어났던 한인 여 상인의 흑인 소녀 총격 살인 등이나 한인 상점들이 집중적인 피해의 대상이 되었다는 점을 주로 보도하면서 LA 폭동을 한흑갈등으로 표현하였다. 한인사회에서는 한인이 힘이 없는 민족이라 흑백 사이에서 희생양이 되었다는 생각을 많이 드러냈다. 또한, 기존의 한인 이민자들이 미국 사회에서 정치적 힘을 확보하는 노력을 게을리하고 너무 돈을 버는 데만 집중하다 보니 이러한 상황에 대비하지 못했다는 반성도 나타났다.

이에 따라 한인의 정치적 힘을 키워야 한다는 논의가 많아져, 한인이 정치와 공직에 적극적으로 진출하여야 한다는 의식도 높아졌다. 또한, 지역에서 한인들을 더욱 조직화하여 지역에 동참하고 소수민족과의 연대를 만들고 강화하여 한인의 위상을 높여서 한인을 무시하기 어렵게 만들어야 한다는 주장도 많이 나타났다. 정치적인 힘을 키우고 지역에서의 위상을 높이기 위한 노력에는 한인 1세 이민자들보다 미국에서 태어나거나 미국에서 초중등교육을 받아 영어나 미국문화에도 익숙하고 미국인들을 더 잘 이해하고 다룰 수 있는 한인 1.5세나 2세들이 더욱 적극적으로 나서게 되었다.

LA 폭동 이전에는 한인들의 조직이나 단체 이름에 미국인이라는 이름을 넣지 않았지만, LA 폭동을 경험하고 1.5세와 2세가 조직이나 단체에 진출하면서 미국인이라는 이름을 전면에 넣게 되었다. 예를 들어 1994년 LA 폭동 이후 설립된 전 미국의 한인회는 기존의 전 미국 한인회와 명칭이 다르다. 기존에 한인회는 the Korean National Association이라는 명칭을 사용하였지만 1994년에는 the National Association of Korean Americans로 변경하여 미국인(American)이라는 점을 분명하게 하였다. 이는 한인이 스스로(한국계) 미국인으로 인식하게 되었다는 점을 보여준다.

한인 1세 상당수는 자신을 한국인으로 인식하고, 돈을 벌어 한국으로 귀환하겠다는 생각을 했다. 그러나 초등학교부터 미국교육을 받은 한인 1.5세에 이르러서는 한국으로 귀환하겠다는 생각이 거의 나타나지 않는다. 한국말이나 한국문화에 능숙하지 않은데다가, 한국에 네트워크도 없기에 한국으로 귀국한다고 하여도 불편한 일이 많을 것으로 생각하기 때문이다. 한인 2세에서는 한국으로 귀환하겠다는 생각을 아예 하지 않고, 한국계 미국인으로서 당연히 미국에서 살아야 한다고 생각한다, 한인 2세들은 미국에서 태어났기에 유치원부터 미국의 교육을 받았고 태어나서부터 미국인 친구, 미국방송 등 미국문화 속에서 성장하여 미국의 문화와 사회적 맥락이 몸에 철저하게 배어있으며, 이들에게는 오히려 한국어와 한국문화가 더 불편한 편이다.

세대에 따른 이러한 변화는 한인들이 세대에 따라 자신과 미국에 대해 상당히 다른 생각을 가지며 다른 사회관계 속에서 활동하는 것과 관련이 있다. 한인 1세는 대체로 한국인이라고 생각하는 경향이 많지만, 한인 2세에 이르러서는 스스로 미국인이라고 생각한다. 하지만 한인 2세는 소수민족, 아시아계, 한국계로 인식되는 미국인이다. 백인과 다르고 흑인과 다르고 라틴계와 다르다. 스스로뿐만 아니라 타인종들이 한인 2세들을 아시아계 또는 한국계로 인식한다. 미국식 인종범주와 미국식 인종 관계 속에서 살면서 인종으로 범주화되고 민족으로 범주화되는 것이 일상적으로 나타나기 때문에 그렇게 인식되고 그렇게 인식하게 되었다. 차별받고 대조되는 소수인종 또는 소수민족으로서 어떻게 차별을 줄이고 한인의 인권을 지키고 한인의 힘을 길러 명실상부한 미국인으로서 살 수 있는가는 한인 1.5세나 2세가 당면한 핵심적인 과제이다. 이러한 과정은 한인 1.5세나 2세들이 미국의 인종 관계와 권력 관계 속에서 스스로 어떻게 인식하고 어떠한 이유로 정치에 참여하여 어떠한 활동을 하는가와 밀접하게 관련되어있다. 이미 한인 1.5세와 2세가 한인의 과반수를 넘어섰고, 각 단체의 장들도 이제 1.5세와 2세로 넘어가는 과정에 있다. 한국에서 태어났지만, 미국에서 유치원이나 초등교육을 받은 1.5세 한인들은 이미 자신을 미국인으로 생각하고 한국어와 한국문화보다 영어와 미국문화를 더 친숙하다고 생각한다. 또한, 대부분의 인간관계도 미국에서 형성되었기 때문에, 이들은 한인 1세보다는 한인 2세에 가깝다.

2. 한인 2세의 등장과 정치참여

미주 한인 전체에서 미국출생 2세가 차지하는 비율은 1980년까지 18%에 불과하였으나, 1990년에는 27%로, 그리고 2000년에는 35%로 증가하였고, 2013년에는 39%에 이르고 있다. 대졸자의 비율은 1세 55.9%, 1.5세 65.3%, 2세 70.5%로 높아졌다(동아일보, 2015.1.3.). 2015년 미국에서 태어난 한인 2세의 나이 중간값은 18세이고 미국 외에서 태어난 한인 이민자의 중간나이는 45세였다(Pew Research Center, 2017). 한인 1.5세나 2세가 공직, 관리직, 전문직, 기술직으로 진출하는 비율은 1세에 비해 아주 높다. 2세들은 1세보다 노동시장 참여율도 25% 높으며, 소득도 38% 높고, 관리자나 전문직이 45%가 늘어났고, 자영업은 무려 69%나 줄었다. 센서스 자료에 따르면 한인 1세 자영업 비중이 28.3%(2009)인데, 1.5세는 12.3%, 2세는 8.9%로 감소하여, 한인 2세의 자영업 비중은 백인의 자영업 비중보다도 낮다. 한인 2세의 가구소득은 미국 백인 가구 평균보다 30%나 높다. 그렇지만 같은 교육을 받은 백인보다 소득이 17% 낮다. 남성과 달리 한인 여성에게는 인종에 따른 소득 불이익이 나타나지 않고 있다. 그러나 한인의 빈곤율이 매우 높아 한인사회가 계층적으로 분화되고 있음을 보여준다. 또한, 한인 1세는 99%가 순수 한국계이지만 2세는 다른 민족/인종과 혼인한 경우가 31%나 된다(Kim, C. H. 2014). 이러한 1세와 2세의 차이는 한인 1세와 2세의 사회적, 교육적, 경제적 상황이 매우 다르다는 것을 보여준다. 한 한인 1세는 이를 "2세는 주류에서 일할 것이고 우리는 비주류에서 일하고 있다"고 표현했다.[1]

표 1. 2000년 미국 자영업 인종/민족별 자영업 비중(%)

인종/민족	미국태생(2세~)	이민자(1세)	전인구
백인	12.6	16.6	12.8
흑인	4.8	6.6	5.0
히스패닉/라틴계	7.0	9.4	8.1
원주민(인디언)	6.1	8.4	8.4
아시아계	8.4	11.8	11.0
인도계	7.4	11.5	11.0
중국계	9.8	11.2	10.8
필리핀계	4.5	5.4	5.2
일본계	11.1	14.0	12.1
한국계	9.0	27.9	24.0
대만계	11.9	16.6	15.4
베트남계	7.9	11.2	10.7

출처: 2000 Census 5% Public Use Microdata Samples(PUMS)
　　　http://www.asian-nation.org/small-business.shtml#sthash.CQpC0a2L.dpbs

　미국 주류사회로의 빠른 진출과 함께 미주 한인사회의 리더십은 현재 이민 1세에서 1.5세와 2세로 옮겨가고 있다. 한인 커뮤니티 내의 1.5세대와 2세대들의 단체들이 많아지고 있고 이 단체들이 활동 규모나 예산, 조직력, 효율성에서 1세 단체를 앞서고 있다. LA의 경우 코리

---

1) "The difference is, they will work on Main Street, and we work on side streets."
　https://www.scpr.org/news/2018/04/28/82604/korean-small-business-ownership-w
　anes-as-markets-a(접근일 : 2019.5.20.)

아타운 청소년커뮤니티회관(Koreatown Youth and Community Center), 한미연합회(Korean American Coalition), 노동상담소(Korean Immigrant Workers Alliance), 민족학교(Korean Resource Center) 등 1.5세와 2세들이 주동이 된 단체들이 미주 한인들 그리고 주변의 다른 소수민족들을 위한 많은 프로그램을 개발하여 활동하고 있다(유의영, 2016).

미국 이민정책연구소(Migration Policy Institute)의 2016년 이민자현황보고서에 따르면 한인 신규 이민자 수는 줄어드는 경향을 보여주고 이는 이민 1세의 비중이 감소함을 의미한다. 한국어가 능숙하다는 사람이 50.5만 명으로, 능숙하지 않다는 58만 명보다 적었다(MPI 2016). 한인 2세들은 태어났을 때부터 학교에 다닐 때까지 영어로 작동하는 대중매체나 학교를 통하여 미국문화, 역사, 생각, 관계, 태도, 사상에 대해 다양한 경험을 하게 된다. 영어를 잘하지 못하는 부모에 대해 부끄럽게 느끼는 경우도 있고, 한인이 아니고 싶어 하는 경우도 있지만, 대체로 시간이 지나면 부모를 이해하고 또한, 늦어도 고등학교나 대학교를 다닐 때 스스로가 한인이라는 정체성에서 벗어날 수 없음을 깨닫는다. 영어를 매개로 타인종 친구들과 다양하게 소통하면서 여러 가지 생각과 문화들에 익숙해지지만, 대체로 한인이나 아시아계 친구들과의 관계가 더 밀접하게 나타난다. 이민 1.5세나 2세 중 한국어를 잘하지 못하는 사람들이 많지만, 어느 정도 한국문화에 익숙하다. 부모와 친척이나 교회나 한인학교를 통해 한국 음식, 한국적 생각, 태도, 한국 명절 등을 경험하고 한국의 역사와 문화에 대하여 들었기 때문이다. 친척방문이나 교환학생이나 언어 연수를 위해 한국을 방문하기도 하지만, 한국에서 한국인으로도 잘 받아들여지지 않는 것을 깨닫게 된다. 미국에서 한국 방송이나 인터넷이나 한국 가수 등의 초청을 통해 이루어진 명절 행사에 참여하여 한국 대중문화에도 어느 정도 친숙하다고 생각하게 된다. 또는 한국어를 못하는 경우 한국문화와 친숙하지 않은 상태로 살아가기도 한다(조혜영 2000).

2세들은 부모의 한국문화와 학교와 사회의 미국문화 사이에서 성장하고 교육을 받았다. 성장하고 학교에 다니면서 주변의 미국 사람(주로 백인 또는 흑인)과 다르다는 사실을 알게 되고 이를 통해 세상을 바라보고 살아가며 이를 마음으로 정리하여야 한다. 소수민족으로서의 자신의 정체성에 다양한 방식으로 영향을 미친다. 두 문화를 어떻게 생각할지 얼마나 받아들일지 어떻게 공존시킬 것인지도 정리하여야 한다. 한국계로서 그리고 미국인으로서의 정체성을 어떠한 방식으로 또는 어떻게 정립할 것인지도 고민하여야 한다. 또한, 한국에서 성인까지 자란 다음에 이민을 온 부모들과 입장도 생각도 문화도 정체성도 상당히 다르다는 점을 느끼며 다양한 방식으로 부모와의 관계를 정립한다. 이러한 과정에서 한인 1.5세와 2세도 미국에서 어떤 직업을 구해서 살아갈 것인지를 고민하여야 하고 대학을 졸업하면 사회에 진출하여야 한다. 또한, 본인이 미국 사회에서 백인과 다른 소수민족이라는 점을 자랄수록 철저히 느끼게 된다. 물론 흑인과 히스패닉과도 다르다는 점을 철저히 느끼지만 가장 중요한 타자로서의 백인과의 관계를 매개로 미국 사회를 생각하게 된다.

예를 들어보자. Andrew는 1991년 2살 때 미국에 이민을 왔다. 부모가 미국에서 자녀들에게 더 좋은 교육을 제공할 수 있고, 더 좋은 기회를 얻게 할 수 있다고 생각하여 이민을 왔다. 앤드류는 부모가 집에서 한국말을 사용하여 한국말을 잘한다. 초등학교에 다닐 때부터 온갖 인종차별적인 말이나 농담을 들었다. 눈이 찢어졌다거나 단추 구멍이라거나 노란둥이라거나 평평한 얼굴이라는 등의 말을 들었다. 미국에서 동양인으로서의 신체적 특징은 놀림감이 된다. 한인이나 아시아계가 많지 않은, 백인이 많은 학교에 다니면서 스스로가 백인이 아니며 이민자의 자녀라는 사실을 뼈저리게 느꼈다. 하지만 다양한 인종이 공존하는 학교에서는 그러한 놀림이 적다.

"내가 학교가 끝나서 집으로 가면 아빠가 좌절감에 빠졌다. 아빠의 표정을 생생하게 기억한다. 내가 울면서 애들이 나를 가지고 놀린다고 말했기 때문이다." 애들이 하도 놀려서 어렸을 때는 한인이 아니라 백인이었으면 좋겠다는 생각을 많이 했다. 그러나 한국의 혈통을 바꿀 방법이 없다는 것을 곧 깨달았다. 자라면서 점차 노골적인 인종 차별이나 그러한 표현을 당하는 경우가 줄어들었고, 점차 미국 사회가 (나를) 받아들일지에 대해 덜 걱정하면서 한국전통이나 혈통을 드러낼 수 있게 되었다.

부모와 함께 집에서 한국 음식을 먹거나 한국의 설과 같은 명절에 부모에게 세배하며 즐길 수 있게 되었다. 설날에는 한국 친척들이 같이 모여서 한복을 입고 떡국도 먹고 윷놀이도 한다. 자신의 아이들도 한국말을 잘하고 한국문화도 잘 알고 한국의 존댓말처럼 한국의 가치도 일부 지켰으면 좋겠다고 생각한다. 그렇지만 아버지와 "애매하고 이상한 관계"라고 말했다. 부모가 깊이 이해하는 친구처럼 되지는 못하지만 그래도 다른 부모들보다 가까운 관계라고 생각하며, 부모에게 감사하게 생각했다. 한국을 한번 방문했지만, 한국과 밀접한 관계가 있다고 느낀다. "집처럼 편안하게 느꼈지만 많은 문화와 생각이 낯설게 느꼈다. 아주 이상한 것들이 있었지만 집처럼 느껴져 한국에서도 살 수 있을 것 같다." 한국문화를 더 알고 싶어 한국에서 몇 년 살아보고 싶어 한다. 어머니가 영어를 잘하지 못해서 한국어를 잘하는 여자와 결혼하고 싶어 한다. 그래야 어머니와 의사소통이 잘 될 것으로 생각한다. 결혼은 혼자만의 일이 아니라 부모와의 관계도 포함하는 것이라고 생각한다.

이미 미국문화에 익숙하고 미국 생활이나 절기에 익숙하기에 이를 즐기면서 살고 있다. 미국적 문화와 취향이 삶의 핵심이 되었지만, 한국 것도 좋아한다. 세계화가 되면서 한국과 미국의 문화가 쉽게 오고

갈 수 있어 감각이 미국화되어 있어도 한국 것도 즐길 수 있다.[2]

물론 재미교포 중에 가족에 따라 어떤 집에서는 한국어나 한국문화나 한국의 명절은 즐기지 않고 미국식으로만 사는 가족도 있다. 이런 경우에, 2세나 3세가 되면 한국에 별다른 관심도 가지지 않고 한인이라는 의식으로 한국문화나 한국 상황에 관심을 조금 가지지만 크게 관심을 가지지 않는다. 한국계라는 것을 인식하지만 미국인으로서 살고 있다. 한국에 대해 특별히 강한 소속을 느끼지 않는다. 미국인이라는 의식이 훨씬 강하다. 2세나 3세에서 이러한 한인들이 나타나고 있지만, 대부분은 한인이라는 특성이나 한국에 대해 큰 관심을 가지고 살아가고 있다. 한인이라는 점은 공통적으로 잘 인식하고 있지만, 한국이나 한국문화에 대한 애착은 1.5세보다 2세, 2세보다 3세로 갈수록 줄어든다.

1992년 LA 폭동 이후 한인들이 힘이 없어 희생양이 되었다는 자각은 한인들의 단체 활동, 정치 활동에 커다란 영향을 미쳤다. LA 폭동 이전까지는 대체로 미국 정치에 무관심하고 한국 정치에 관심이 높았다면, 폭동 이후에는 미국 정치에 관심이 크게 늘었다. 시민단체 중 대외적인 역할을 하는 단체들의 중요성이 더욱 높아졌다. 정치적인 역할이 더욱 중요해져 유권자 등록에서부터 선거운동 그리고 정치후원에 더욱 적극적으로 참여하게 되었고, 타민족, 타인종과의 연합과 연대가 더욱 증가하고 있으며, 또는 타민족까지 지원하는 형식으로 단체의 성격이 바뀌는 가운데, 시민단체에서도 갈수록 국가를

---

2) n.d. "*Second and Third Generation Korean American Assimilation and Hybrid Identities.*" www.orgs.miamioh.edu/kasa/KoreanAmericans.docx(2018.10.26. 접근)

상대로 시민권, 복지, 법률문제를 지원하는 역할이 더욱 커지고 있다. 시민단체들이 단순한 친목단체를 넘어 미국 사회와 한인을 이어주는 가교역할을 강화하고 있다. 특히 정치적 역할을 적극적으로 수행함으로써 주변적으로 존재하는 한인 커뮤니티를 통합시켜 주류사회로 연결시킨다(Chung, A., 2007).

미국에서는 대부분의 생활과 관련된 정책을 지방정부에서 결정하기 때문에 지방정부가 생활에 미치는 영향이 아주 크다. 정치력이 부족한 집단은 해당 지방정부의 여러 가지 정책이나 지원에서 대체로 소외당한다. 지방정부의 단체장이나 의원들도 자신의 의사결정을 다음 선거에서 당선되는 데 도움 되는 방향으로 하는 경향이 있기에 선거에서 표를 행사하는 사람의 수가 결국 정책 결정에 커다란 영향을 미친다. 따라서 미국 정치에서는 투표수를 아주 중요시한다. 몇 표를 얻을 수 있는가와 선거운동에 필요한 돈을 어느 정도 확보해줄 것인가가 가장 중요하다. 투표수가 적은 집단에는 정치인들이 관심을 표명하지 않는 경우가 많다. 따라서 한인들의 정치 활동도 대체로 투표를 독려하여 투표수를 높이는 것, 가능성이 있는 한인 후보자의 발굴 및 지원, 다양한 인종의 선거후보자들에게 후원금과 표를 전달하여 영향력을 높이는 것에 집중되어있다.

정치 활동이나 시위 등에 있어서 아시아인들이 연대해서 활동하는 경우가 2세에서 많이 나타나고 있다. 그러나 1세들도 중국계나 일본계에 대해 어느 정도의 유대감은 가지고 있다. 인도나 동남아계는 중국계나 일본계에 비하여 낯설지만, 미국 사회에서 같이 아시아계로 분류되며 같은 인종범주가 구성되어 같은 소수민족으로서 연대하여 미국의 인종구도에 대응하여야 한다고 생각한다. 따라서 아시아계 전체가 연대하는 단체들도 많이 생겨나고 있으며, 아시아계가 뭉쳐야 백인이나 흑인에 대응할 수 있다는 담론도 어느 정도 퍼져 있다.

4·29폭동 이후 다민족 단체 또는 아시아계 단체에 대한 한인들의 관심이 크게 늘었다. 한인이 미국 사회에서 잘 생존하기 위해 다양한 민족과 연합하고 좋은 관계를 맺는 것이 필수적이라는 자각이 있었기 때문이다. 타민족과의 관계가 더 긴밀할 필요가 있다는 생각이 많아졌는데, 이는 미국 사회에서 미국인으로 살아가야 한다는 자각이 강화되면서, 동시에 미국의 집단범주가 주로 인종을 매개로 작동한다는 인식이 더욱 강화되면서 나타난 현상이다.

워싱턴 D.C.의 단체들은 전국에서 출마할 아시아계에게 정치 워크숍을 제공하기도 한다. 선거에서 당선된 경험이 있는 정치인, 전략가, 정치분석가, 기금모집전문가, 홍보전문가, 언론인들이 당선에 필요한 각종 노하우를 제공하고 훈련시키기도 한다. 또는 아시아-태평양계 미국인 의회연구소(the Asian Pacific American Institute for Congressional Studies)처럼 이미 당선된 사람들에게 리더십 아카데미를 제공한다(National Leadership Academy for Asian Pacific American Elected Officials). 3일 동안의 워크숍에서 이미 당선된 사람뿐만 아니라 출마할 사람들이 모여서 교육을 받는다. 공화당, 민주당, 무소속 등 소속에 상관없이 아시아계라는 정체성으로 모여서 같이 훈련을 받는다. 더 나은 정치적 전략과 캠페인을 익힐 수 있도록 한다. 이러한 훈련은 수도 워싱턴뿐만 아니라 캘리포니아에서도 이루어진다(Nakanishi & Lai, 2003: 13-15).

미국에서 다양한 민족들이나 인구집단이 다양하게 차별적인 모습으로 포섭되면서 인종 및 민족범주들의 형성, 분열, 그리고 재편성이 나타난다. 이 과정에서 여러 민족이 혼합되어 하나의 인종으로 등장한다든지 또는 다양한 민족들이 자신의 정체성을 강화하거나 약화하면서 미국 사회에 불균등하게 포섭되어 존재한다. 개개인들은 인종과 민족이 상당 부분 자신의 출생 이전부터 존재하는 것으로 받아들이고 이에 따른 의식화가 이루어져 자신을 백인, 흑인, 히스패닉, 아시아계로 인식하게 된다.

이러한 과정에서 단체들의 역할이 아주 크다. 각 민족 또는 인종의 단체들이 우선적으로 자기 민족 또는 인종을 위하여 활동하고, 이를 통해 민족/인종의 구분은 더욱 강화된다. 인종(민족)화된 의식, 인종(민족)화된 정치, 그리고 민족(인종)별로 다른 이민역사와 경험이 민족(인종)별 단체의 조직과 활동을 부추긴다. 4·29폭동 이후에 한인 단체들이 늘어나고 더욱 전문화되는 것은 이러한 인종적 관계를 개선하고 민족적으로 분절된(예를 들어 한흑갈등으로 표현되면서 한인이 독립된 주체로 호명되고 만들어진다) 한인들의 정치력을 민족 단위에서 신장하기 위한 과정에서 나타난 현상이다. 국가와의 관계에서 또는 타민족과의 관계에서 한인의 위치를 제고하고 한인의 복지와 인권을 향상시키려는 노력이기도 하다.

유권자 운동과 관련하여 1.5세와 2세는 주로 미국에서의 정치참여를 중심으로 공격적으로 유권자 등록 운동을 하고 있고, 특히 한인이 선거에 출마했거나 선거가 있는 해에는 더욱 열심히 활동한다. 뉴욕 시민참여센터(Korean American Civic Empowerment)는 한인 유권자 운동을 꾸준히 벌여 한인의 정치력을 신장하는 것을 최우선 목표로 하고 있다. 1996년부터 25만 명 이상의 유권자를 등록시켰으며 유권자를 위해 유권자 등록, 주소변경, 정당변경 및 투표소 찾기 등에 필요한 정보를 제공, 지원하고 있다. 2014년 미국 중간선거 때에는 '8080캠페인'을 벌였다. 한인의 유권자 등록률 80%, 투표 참여율 80% 달성이 그 목표였다. 뉴욕과 뉴저지의 경우만 해도 한인 유권자 등록

률은 51~53%, 투표 참여율은 37~40% 정도였다. 반면 유대계는 등록률 90%, 참여율 96%였다. 시민참여센터는 한인의 투표율을 높이는 풀뿌리 운동, 주민 권익 보호 활동, 정부와의 소통, 한인 커뮤니티 결속 및 이익 증진, 시민교육, 지역사회 조직화 등의 일들을 하고 있다.[3]

또한, 미국에서 한인은 중동인이나 인도인과 함께 아시아계라는 인종으로 구분된다. 대중매체, 책, 논문, 표현, 정책, 대화에서 한인은 중동인과 인도인과 같은 범주를 지닌 집단으로 구분되며, 그렇게 지각되는 상황이 이어지고 있다. 이에 따라 아시아계 전체를 같은 인종으로 상상하고, 아시안 아메리칸이라는 이름 아래 하나의 인종으로 구성되거나, 그러한 인종을 대변하는 조직이 만들어져 이들의 다양한 민족집단이 하나의 인종으로 호명되고 동원된다. 이렇게 아시아계로 참가하고 포섭되는 과정에서 아시아계의 단체와 연대 활동을 강화한다든지 또는 소수민족계와의 연대 활동을 강화하는 단체들이나 개인들도 증가하고 있다. 한인들 사이에서도 특히 아시아계에의 참여와 유대가 늘어나고 있다. 이를 통해 자신을 한국계 미국인(Korean American)일 뿐만 아니라 아시아계 미국인으로서 인식하는 정체성이 증가하고 있다. 사회생활에서 무엇보다도 먼저 아시아계로 인식되고 그렇게 대우를 받기 때문이다.

이러한 정체성은 아시아계 민족들끼리 다양한 정치 활동이나 선거에서 서로 연합하게 만드는 인지적 압력으로 작용한다. 백인, 흑인, 또는 히스패닉과 구분되는 인종으로 인지하게 되면서 백인, 흑인, 또는 히스패닉을 아시아계가 아닌 범주로 간주하고 대립적인 분류를 일상생활에서 당연하게 받아들이게 된다. 선거에서 백인 후보들이 아

---

3) www.kace.org(홈페이지 접근일 2018.10.26.)

시아계 후보에 대한 백인, 흑인, 히스패닉의 지지를 약화시키고자 할 때, 아시아계라는 점을 부정적으로 강조하는 방법으로 이러한 인식을 강화하여 백인이 아시아계 후보에 표를 찍기 어렵게 만든다. 또한, LA의 1992년 폭동을 매개로 백인, 흑인, 히스패닉과 대비하여 아시아계의 또는 한인의 정치력을 강화해야 한다는 식으로 생각하게 만든다. 또한, 아시아계가 흑인, 히스패닉처럼 민주당을 압도적으로 지지하고 있지만, 흑인, 히스패닉을 아시아계(또는 한인)와 갈등을 일으켰던 집단으로 인식하고, 남이라는 타자의 범주로 간주하면서, 소수인종들끼리의 연합을 매우 어렵게 만드는 역할을 한다.

일단 경험과 역사가 비슷한, 그리고 같은 범주로 구분되는 아시아계의 연합으로(물론 내부 갈등도 심하게 나타나지만) 정치적 세력을 키워야 한다는 생각을 아시아계가 어느 정도 공유하고 있다. 가장 숫자가 적은 인종으로서의 자각이 인종 갈등이 나타날 때마다 더욱 강화되는 경향을 보여주고 있다. 또한, 미국에서 교육을 받고 태어난 2세가 증가하며 사회적 리더의 역할을 맡으면서 모국과의 관계보다 미국 내에서 어떻게 차별을 막아내고 영향력을 확보하고 미국의 일원으로서 정당한 대우를 받을 수 있는가에 더 많은 관심을 보이는 경향이 있다. 이러한 시선으로 젊었을 때부터 미국 사회의 일원으로서 참여하고 행동하고, 또한, 선거나 공직이나 시민 활동에 참여하면서, 정치적 감각과 역량을 키워오고 있다.

3. LA에서의 정치진출

미국에서 인종은 선거에서 커다란 힘을 발휘해 왔고, 현재도 중요한 변수로 간주된다. 전통적으로 미국 정치에서 인종 문제는 백인과 흑인의 문제로 다루어졌으나, 1990년대 이후 다인종의 문제로 다루어지고 있다. 미연방 센서스 국이 발표한 통계에 따르면(2018년 기준으로 총인구수 3억 2824만 명), 히스패닉계를 제외한 백인이 가장 많지만(1억 9727만명) 인구 성장이 거의 멈춰 있고, 히스패닉계의 인구(6072만 명)가 흑인(4398만 명)을 넘어섰고 최근 아시아계의 이민 증가로 아시아계 인구가 빠른 속도로 증가(최근 년 60만 명)하여 2018년 1936만 명(총인구의 5.9%)에 이르고 있다. 2018년 소수인종(히스패닉계 백인 포함)의 인구수는 1억 3096만 명(미주 원주민 포함)으로 백인의 66%를 넘어서고 있다.[4] 히스패닉계와 아시아계의 인구가 흑인이나 백인보다 아주 빠른 속도로 증가하고 있어 앞으로도 계속 미국의 인종 정치의 모습이 더욱 다인종 형태로 변할 것으로 보인다. 특히 소수인종의 인구수가 급성장하면서 영향력도 커지자 이에 대해 걱정하는 백인들이 늘어나 정치 지형이 큰 흐름에서 백인은 주로 공화당을 지지하고 소수인종은 적극적으로 민주당을 지지하는 형태로 편성되고 있다.

아시아계는 물론 내부적인 격차가 크지만, 평균 교육수준과 평균 소득수준이 백인보다 높다. 아시아계에서 유권자 등록 운동에 참여하는 각종 단체가 급격하게 늘어나고 있고, 많은 단체가 일 년 내내 유권자 등록 운동을 하고 있다. 2000년대 이후 4년마다 아시아계 인구는 120만 명씩 늘어나고 있고 투표자 수도 62만 명씩 늘어났다. 그 결과 아시아계 유권자 수가 70개 시군에서 총유권자의 5%를, 이중 33개 시군에서는 총유권자의 10%를 넘어섰으며, 10개 하원의원

---

4) https://www.census.gov/quickfacts/fact/table/US/RHI125219(2019.11.20. 접근)

선출구역에서 유권자 수의 25%를 넘고 있다. 아시아계는 41%가 민주당, 16%가 공화당, 그리고 무당파가 41%이다. 선호하는 당을 고려하면 민주당 57%, 공화당 24%, 완전 무당파가 18%이다. 캘리포니아주에서는 민주당 55%, 공화당 19%, 뉴욕에서는 민주당 76%, 공화당 13%를 보여주고 있다. 여성과 젊은 층은 더 민주당을 선호한다(Rmakrishnan, et. al., 2016). 유권자 등록에 참여하는 시민단체도 빠르게 증가하고 있다. 아시아계의 선거 참여가 크게 늘고 있는 것은 아시아계 후보가 빠르게 늘어나고 있기 때문이다. 연방의원 선거에 후보로 참여한 아시아계가 2008년 8명, 2010년 10명, 2012년 30명, 2014년 39명, 2016년 40명으로 빠르게 늘어나고 있다(AAPI Data, 2016: 4)

소수인종이 민주당을 선호하고 백인이 공화당을 선호하는 모습은 최근 선거에서도 이어지고 있다. 2012년 대통령 선거에서도 공화당 롬니 후보가 백인에서 압도했고(59% 대 39%), 오바마가 소수인종에서 압도했다(흑인 93% 대 6%; 히스패닉 71% 대 27%; 아시아계 73% 대 26%)(CNN 2012.12.10.). 2016년도 선거에서도 공화당 트럼프의 반이민주의와 백인우월주의적 메시지로 백인들의 표는 트럼프에게로 결집되었고, 소수민족들의 표는 민주당 힐러리 클린턴에게로 결집되었다. 백인은 57% 대 37%로 트럼프를 지지했고, 흑인은 89% 대 8%로, 히스패닉계는 66% 대 28%로, 아시아계는 65% 대 27%로 클린턴을 지지하였다(CNN 2016.11.23.). 아시아계는 의원선거에서도 2 대 1 이상으로 민주당을 지지하였다. 정책과 관련하여서도 오바마 의료보험, 대학 학자금 지원, 소수민족우대정책, 환경보호를 백인보다 훨씬 강하게 지지하였고, 무슬림의 입국을 막거나 불법체류자를 추방하거나, 멕시코 장벽을 세우는 정책을 강하게 반대하였다. 아시아계는 민주당 대통령이 더 잘 자신들에게 신경을 쓸 것이라고 생각한다(47% 대

26%). 아시아계는 민족 언론에의 의존도가 높은 편이다(21%는 민족 언론에만 의존하고, 10%는 민족 언론과 주류 언론 모두 의존하였다). 젊은 층은 소셜미디어로 정치에 참여하였다. 2016년 선거에서 아시아계는 상대적으로 적은 수가 선거운동의 대상이 되었다. 민주당이나 공화당에서 방문하거나 전화를 하여 이번 선거와 관련하여 이야기하였느냐는 질문에 오직 22%만이 그렇다고 대답하였다. 이들 중 47%가 민주당이 접촉하였다고 대답하였고 14%가 공화당, 그리고 39%가 양쪽 모두가 접촉하였다고 대답하였다(Rmakrishnan, et. al., 2016).

아시아계가 민주당 대선후보를 처음부터 더 지지한 것은 아니다. 1992년에는 31%, 2000년에는 50% 정도만 민주당 후보를 지지했는데, 2008년도에는 62%, 2012년에는 73%가 민주당 후보를 지지했다. 빌 클린턴은 친기업, 경제성장, 친이민 정책을 펼치고, 아시아계를 장관에 임명하면서 아시아계의 지지를 확보하고자 노력하였다. 이에 비해 공화당은 계속 이민을 제한하려고 했고, 백인 중심 정책을 많이 펼쳤다. 아시아계가 친이민 정책과 소수인종 지지정책을 펼쳐온 민주당에 점차 쏠리는 모습을 보여주고 있다(Rmakrishnan, et. al., 2016). 이러한 지지율의 변화는 그동안 아시아계가 점차 미국 국민의 일원으로 동화되고 미국에서의 이해관계를 더욱 첨예하게 느끼면서 미국식으로 정치화되어가는 과정을 반영하고 있다. 아시아계는 민주당을 많이 지지하기는 하지만 자신을 민주당 지지자라고 느끼기보다 독립적이라고 생각하는 경우가 많다. 동네에서 작동하는 당의 일선 모임(club)에 적극적으로 참여하는 아시아계는 아직 그렇게 많지 않다. 아시아계가 시의원이나 주 상·하의원에 당선된 곳에서 관련 아시아계가 지역당의 모임에도 많이 참석하는 정도이다.

아시아계들이 대체로 민주당을 지지하지만, 어느 정도 안정된 생활기반을 가져 교외로 이주한 사람들은 공화당을 더 지지하는 경향을 보여준다. LA시와 비교하여 부유한 Orange County 같은 교외 지역의 한인들은 공화당을 조금 더 지지하는 경향을 보여주고 있다. 따라서 교외 지역의 비교적 부유한 지역에 거주하는, 이미 이민을 온 기간이 상당히 지나 안정적인 생활기반을 구축한 한인들은 공화당적인 성향이 조금 더 나타난다. 그렇다 하더라도 교외 지역 전체로 보면 민주당에 대한 지지가 공화당보다 많은 편이다. LA 시내에서 거주하고 아직 이민을 온 지 얼마 되지 않았거나, 비교적 중하층에 속하는 한인들은 민주당을 훨씬 더 지지하는 성향을 보여주고 있다. 공산주의 국가에서 탈출한 이민자(특히 베트남계)들을 제외하면 다른 아시아계에서도 대체로 이러한 경향을 보인다.

1992년 4·29폭동 이후 한인들이 백인과 흑인 사이에서 힘이 없기에 희생양이 되었다는 의식이 강해지면서 인종 차별에 대한 인식도 강해졌다. 2016년 대통령 선거 과정에서 아시아계의 정치의식에 대한 조사에서 아시아계의 젊은 세대(18-34세)는 인종 차별을 가장 심각한 이슈(23%)로 선택했다(Rmakrishnan, et. al., 2016:40). 일반적인 유권자들이 경제를 가장 중요한 이슈로 생각하는 경향과 다르다. 이는 한인들뿐만 아니라 아시아계가 힘이 없으면 당할 수 있다는 위기의식을 느끼고 있음을 보여준다. 한인사회에서뿐만 아니라 아시아계에서 정치적 한계를 절감하고, 아시아계의 힘을 조직화하여 아시아계의 발언권을 강화해야 한다는 자각이 강해졌다. 이러한 맥락에서 아시아계의 민주당 지지가 증가하고 있고, 특히 한인들의 민주당 지지는 아시아계에서도 높은 편이다.

각 민족이 단체를 중심으로 유권자 등록에 적극적으로 나서면서 선거에 영향을 미치려는 노력이 많이 증가했다. 백인이나 흑인 정치인들을 후원하고 초청하고 만나서 정치인들과의 네트워크를 강화하는 일이 크게 늘었고 이들 정치인도 인구가 급증하고 있는 아시아계를 보좌진으로 채용하는 경우가 많아졌다. 또한, 아시아계에서 정치 후보자를 발굴하여 선거에 내보내려는 노력이 크게 늘었다. 아시아계가 출마하면 아시아계 주민들이 대거 유권자 등록을 하고 선거에서 몰표를 찍는 경향이 최근 많이 나타나고 있다. 아시아계 인구 비율이 가장 높은 하와이에서는 일찍부터 일본계가 하와이 정치에서 중요한 역할을 해왔고, 일본계가 계속 연방 상원의원으로 당선되었다. 아시아계의 인구가 급증하고 있는 로스앤젤레스, 뉴욕, 샌프란시스코 지역에서는 아시아계의 정계 진출을 위한 노력이 보좌진, 교육위원, 시의원, 주 상·하의원, 연방 상·하원의원으로 확대되어왔다. 이와 관련하여 아시아계 인구를 기반으로 중국계가 샌프란시스코의 시장에 당선된 바 있다(2005-2011). 이사아계 인구가 극소수인 지역에서도 지역의 정치적 풍향에 잘 맞춰 타인종의 지지를 얻어 선출되는 경우도 많이 증가하고 있다. 이에 따라 미국 전역에서 아시아계의 정치진출이 증가하면서 연방이나 주에서 선출된 아시아계 정치인이 크게 늘고 있다.

2010년 센서스 자료에 따르면 호놀룰루 지역에 아시아계 48만 명이 거주하여 총인구의 44%를 차지하고 있으며, 샌프란시스코 지역에 아시아계 101만 명이 거주하여 총인구의 23.2%, 로스앤젤레스 지역에 188만 명의 아시아계가 전체 인구의 14.7%, 새크라멘토 지역에 26만 명이 거주하여 11.9%, 시애틀 지역에 39만 명이 거주하여 11.4%, 샌디에고 지역에 34만 명이 거주하여 10.9%, 뉴욕 지역에 188만 명이 거주하여 총인구의 9.9%, 워싱턴 D.C. 지역에 52만 명이 거주하여 9.3%를 차지하고 있다.[5] 이들 지역의 아시아계 비율은 이민의 증가로 2000년대 이후 더욱 빠르게 높아지고 있어, 이들 지역을 중심으로 아시아계의 정치적 진출이 증가하고 있다. 특히 중국계의 이민자가 급증하고 있어 이들의 정계 진출이 크게 늘고 있다.

이러한 변화를 해마다 추적하고 있는 UCLA 아시아계 미국인 연구소(Asian American Center)의 『전국 아시아태평양계 미국인 정치 연감』(*National Asian Pacific American Political Almanac*, Lai and Nakanishi, 2016)에 따르면 2016년 현재 4000명이 넘는 아시아·태평양계가 공직에 진출하였으며, 이는 아시아계의 인구 급증과 맞물려 있다. 2016년 현재 15명(2명은 태평양 미국령 대표로 투표권이 없음)의 아시아계(태평양계 포함) 하원의원이 있고 3명의 상원의원이 있다. 1957년 이후 아시아계에서 총 32명이 선거를 통하여 하원의원으로 진출하였고, 9명이 상원으로 진출한 것과 비교해보면 현재 가장 많은 수가 의회에 선출된 상황이다. 2010년에는 미국에서도 큰 도시에 속하는 샌프란시스코와 오클랜드(Oakland)에서 아시아계가 시장으로 당선되었으며, 2012년 선거에서 하와이에서 불교도인 일본계 여성이 상원의원에 당선되었고, 하와이에서는 힌두교도 여성이 하원의원으로 당선되었고, 뉴욕에서 중국(대만)계 여성이 하원의원으로 당선되었으며, 루이지애나와 노스 캐롤라이나에서 인도계가 주지사에 당선되었다. 2016년 캘리포니아에서 주 검찰총장이었던 인도+자메이카계가 상원의원으로 당선되었고[6] 일리노이에서는 하원의원이었던 중국+타일랜드계 여성이 상원의원으로 당선되었다. 아시아계 상원의원은 하와이, 캘리

---

5) https://en.wikipedia.org/wiki/Demographics_of_Asian_Americans(2018.10.26. 접근)
6) 캘리포니아 연방 상원의원 카말라 해리스는 미래의 대통령감으로도 언급되고 있고 2019년 10월 현재 민주당 대통령 후보로 뛰고 있지만, 지지율이 낮은 편이다. 2020년 8월 민주당 대통령 후보 바이든에 의해 부통령 후보로 지명되었다.

포니아, 일리노이주에 각 1명씩 있으며, 아시아계 하원의원은 캘리포니아주(일본계 2, 중국계 2, 대만계 1, 인도계 1), 하와이주(사모아계 1, 일본계 1), 뉴욕주(대만계 1), 일리노이주(인도계 1), 버지니아주(필리핀계 1), 워싱턴주(인도계 1), 플로리다주(베트남계 1)에 분포되어 있으며, 상대적으로 인구 비율이 높은 하와이, 캘리포니아주에 집중되어있다.[7]

이들은 연방 상원의원으로 당선되기 전에 이미 연방 하원의원이나 주의 유력정치인으로 활동하면서 주 전체에서 지명도를 확보하고 있었고, 해당 주의 민주당과 유력정치인으로부터 지지를 받아 예비 경선에서 다른 후보를 이길 수 있었다. 하원의원들은 지역의 유력정치인과 정당 모임에서 지지를 얻어야 했고, 당의 유력정치인들의 공개 지지를 얻고, 당의 지역 모임에서 다양한 지지를 얻으며, 아시아계나 자신의 민족구성원이나 단체들이 열성적으로 유권자 등록과 선거 참여를 끌어내는 과정을 거쳤다. 또한, 정책과 언론 보도를 통하여 많은 대중의 지지를 얻는 과정을 거친다.

아시아계가 극소수이고 백인이 주민의 다수인 지역에서의 출마는 아시아계가 많은 지역에서의 출마와 매우 다르다. 2018년 한인이 아주 소수인 조지아 아틀란타의 제7 선거구에서 연방하원의원으로 출마한 데이비드 김(David Kim, 한인 2세, 하버드대 졸, 교육운동가, 교

7) 2015년 자료에 따르면 대만계를 포함한 중국계는 495만 명, 인도계 398만 명, 필리핀계 390만 명, 한국계 182만 명, 일본계 141만 명이다. 일본계는 이주 역사가 길어 선거에의 진출이 일찍부터 이루어졌고, 최근 중국계와 인도계의 진출이 활발하다. 이에 비해 필리핀계와 한국계의 진출은 약한 편이다.(Population estimates from U.S. Census Bureau, 2015 American Community Survey 1-year estimates (American Fact Finder) 2018.10.26. 접근)

육사업가)도 미국의 전역을 돌아다니며 각 도시의 한인회를 중심으로 강연을 하고 모금을 하였다. 동시에 자기 지역에서 수많은 단체를 만나고 집을 방문하고 모임에 나가서 자신의 견해와 정책을 설득하는 과정을 거쳤다. 이곳은 백인들이 주 거주자이기 때문에 백인에 맞는 교육정책, 기존 공화당 하원의원에 대한 비판, 워싱턴의 기성정치 비판을 통하여 중하층, 소상공인, 교육에 관심을 지닌 층에 지지를 호소하였다. 인종에 대해 언급하지 않고, 열심히 노력하는 이민 2세로서 미국의 문제가 악화되는 것을 막기 위하여, 미국인으로서 미국을 교육을 통해 어떻게 부활할 것인가, 어떻게 세금이 서민을 위해 사용할 것인가를 집중적으로 설득하고 있다. 하지만 선거자금 모금을 위해서 미국 전역을 돌아다니면서 한인들에게 지원을 부탁하고 있다.[8] 조지아주의 한인들은 'K Power'라는 단체를 조직하여 데이비드 김 연방 하원의원 후보, 샘 박(Sam Park) 주 하원의원 등을 지원하였다. 데이비드 김은 민주당 예비선거에서 2위로 결선투표에 진출하였지만, 캐롤라인 보르도(Caroline Bordeaux)에게 졌고, 보르도는 본 선거에서 공화당 현역 하원의원에게 433표 차이로 아슬아슬하게 졌다(World Korean, 2018.5.25.). 샘 박은 주 하원의원 재선에 성공했다. 'K Power'는 카카오톡을 통해 1000명 넘게 참여자를 늘렸고, 참여자들은 한인 후보 후원, 유권자 등록 운동, 교통편 제공, 투표자 자원봉사, 선거공약 홍보를 하였다. 중간선거 후 지속적으로 한인 정치력을 신장하기 위한 활동을 하여 한인을 당선시키거나 또는 캐스팅 보터 역할을 수행할 한인계 미국인 파워 네트워크(Korean American Power Social Network, KAPSN)로 조직을 강화하였다(재외동포신문,

---

8) 데이비드 김의 2017년 여름 샌프란시스코 방문 당시 현장조사 자료.

2018.12.21.). 데이비드 김은 2020년 선거에서는 귀넷 카운티(Gwinnett County)의 커미셔너(Commissioner)에 다시 도전할 것으로 보인다.

아직 아시아계가 미국에서 아시아인으로 구성된 시간이 짧고 아시아계로서의 공동체 의식이 약한 편이어서 정치에서 개별민족적 후원과 동원을 비교할 때, 아시아계라는 인종적 후원과 동원은 상대적으로 약한 편이다. 하지만 갈수록 같은 아시아계라는 이유로 표를 찍어주고 후원을 하고 자원봉사를 하는 경우가 늘어나고 있다. 특히 아시아계 후보가 비아시아계 후보와 맞붙게 되면 적극적으로 아시아계에게 투표하는 경향이 나타나고 있다. 같은 아시아계라는 사실을 인지하면, 그것 자체만으로도 그 후보에 대한 지지도가 올라간다. 특히 아시아의 각 민족 언론들은 자민족의 후보뿐만 아니라 자민족 후보가 없는 경우 아시아계 후보에 대해서도 대체로 매우 우호적으로 보도하는 경향을 보여주고 있다.

1980년대에는 대체로 영어로 충분히 소통할 수 있고 한국말도 할 줄 아는 한인 1.5세들이 한인 커뮤니티와 정치인을 연결해주는 정치인의 보좌관으로서 정치에 입문하는 경우가 나타났다. 한인 보좌관들은 한인 커뮤니티의 민원을 정치인에 전달하고 한인 커뮤니티가 해당 정치인을 선거 등에서 지지하도록 만들며, 한국계의 정치기부금을 해당 정치인에 전달하는 모임을 주선하는 역할을 하였다. 아직 한인이 정계에 진출한 경우가 많지 않고, 한 곳에 집중되어있지 않기 때문에 이 시기에 정치인의 보좌관을 하는 경우는 극소수였다. 점차 한인들이 많아지고 유권자 운동을 통해 한인들이 투표에 참여하는 경우가 늘어나면서 백인이나 흑인 정치인들도 한인 보좌관을 필요로 하게 되었다.

한인의 인구가 계속 늘어나면서 한인들이 정치인의 보좌관으로 입문하는 경우가 계속 증가하고 있다. 대체로 이들은 1.5세들인데 이제 2세들도 보좌관으로 많이 진출하고 있다. 2018년 선거에 LA 인근에서 연방 하원의원에 출마한 영 김(Young Kim)은 1980년대부터 당시 주 상원의원 에드 로이스(Ed Royce)의 보좌관으로 활동하였고, 에드 로이스는 2018년 연방 하원의원을 은퇴하면서 자신의 보좌관이었던 주 하원의원 영 김에게 지역구를 물려주고 연방하원의원 선거를 지원해주었다. 스티브 김(Steve Kim)도 1993년부터 홀든(TE Holden) LA 시의원의 보좌관으로 일을 하였고 현재 KAC와 KYCC 등의 시민단체에서 핵심적인 역할을 하고 있다. 2000년대에 들어와서 한인 보좌관이 크게 늘었다. 재니 김(Janny Kim) 남가주 에디슨 커뮤니티 담당 매니저(케빈 머레이(Kevin Murray) 전 캘리포니아주 상원의장 보좌관), 석명수 전 Sage Strategy 대표(마틴 러들로우(Martin Rudlow) 전 10지구 시의원 보좌관), 존 최(John Choi) 에어비앤비(airbnb) 입법 담당 매니저(안토니오 비야라이고사(Antonio Villaraigosa) 전 LA시장 보좌관) 등이 정치인의 보좌관으로 일했다. 이반 버크(Ivan Berk) LA 카운티 수퍼바이저(Supervisor) 보좌관이었던 데이비드 류(David Ryu)는 2015년 한인으로서는 최초로 LA시 시의원에 당선되었다. 보좌관으로 일을 하며 정치를 배워 영 김, 데이비드 류, 피터 김, 미셸 박 등이 시의원이나 주의원이나 카운티 수퍼바이저 등에 당선되었고, 존 최, 로버트 박, 벤 박, 존 이 보좌관이 출마하였거나 출마를 검토하였다 (LA중앙일보, 2016.6.28.).

이들 보좌관 30여 명은 한인보좌관모임(Korean American Legislative Staff·KALS)을 만들어 보다 체계적인 정보교류와 활동을 도모하고자 하고 있다. LA 한인회에서는 이들 보좌관을 모아 '당신을 선출직에 연결해주기'(Connecting You to Your Servant)라는 프로젝트를 시작하였다. 정치인 보좌관을 자문위원으로 하여 도시계획, 보건, 복지, 비즈니스, 세금, 도로보수 등 한인들의 민원을 담당 시나 카운티나 주정부 등의 담당자에게 연락하여 보다 쉽게 문제를 해결하도록 가교역할을 하는 것이다. 보좌관으로서 정치인과의 관계 그리고 보좌 과정에서 획득한 정보와 인맥이 있기에 가능한 일이다(LA Sunday Journal, 2016.9.29.).

LA 시내 코리아타운과 주변을 포함하여 주민의회9)를 구성하고 있는데 해당 구역 내의 총인구는 11만 6천 명이다. 이중 한인의 인구수는 20%에 불과하다. 라틴계가 50.8%, 백인 6.8%, 아시아계(한인 포함)가 33.5% 정도로 라틴계 인구가 많은 지역이다,10) 그렇지만 라틴계 인구 중 갓 이민 온 사람들이나 유동 인구나 불법체류자가 많고 한인 중에도 갓 이민을 온 사람들이나 유동 인구나 불법체류자가 많은 편이다. 한인의 30% 정도는 불법체류자일 것으로 추산되고 있다. 이렇게 다양한 인구가 살고 있지만, 주민의회에 한인들이 적극적으로 출마하여 지역주민의회를 장악하였다. 코리아타운 지역에서 주민의회가 생긴 이래로 계속 한인이 주도권을 잡고 있다. 주민투표로 주민대표도 뽑지만, 상인 대표도 따로 뽑기 때문에 상가를 장악하고 있는 한인들이 유리한 위치에 있다.

하지만 LA 근교 지역에서 반이민, 반소수민족에 대한 정서도 많이 나타나고 있다. LA는 비교적 이민자가 많아 반이민정서가 적은 편이지만 LA 주변의 교외 지역으로 가면 반이민 정서가 많이 나타난다.

---

9) 한국의 주민자치위원회와 비슷하나 더 강력한 권한을 가지고 있다. 지역과 관련된 각종 사안을 결정하고 지역과 관련된 각종 정책 대안을 시청에 제기할 수 있다. 위원은 주민 직선으로 선출한다.

10) https://datausa.io/profile/geo/la-city-(central-koreatown)-puma-ca(2020.2.10. 접근)

2005년 LA 시장으로 출마한 백인 월터 무어(Walter Moore)는 11,409
표 밖에 못 얻었던 무명인사에 가까운 인물이지만, 2009년에도 출마
하여 라틴계 시장 후보에게 패했지만, 무려 25%의 표를 얻었다. 그는
불법 이민, 인구 과다, 범죄, 시의 열악화에 질렸다면 자신에게 투표
하라고 지속해서 선전하고 있다. 이들 구호는 대체로 백인들에게 소
수민족을 싫어하면 자신에게 투표하라는 의미를 전달하고 있다.

지방정부에서도 주지사나 주의원, 시장이나 시의원뿐만 아니라 교
육위원, 조세형평위원, 대학 교육위원회 이사 등 다양한 직책을 선거
로 뽑는다. LA 부근에서는 1992년 다이어몬드 바(Diamond Bar)시를
포함한 지역구에서 김창준이 하원으로 당선된 적이 있었다. 2014년
선거에서 영 김이 주 하원으로 당선되었으나 2016년 낙선하였으며
2016년에는 어바인(Irvine)에서 최석호가 주 하원의원으로 당선되었
다. 어바인에서 시장과 시의원에 도전했던 데이비드 최와 지니 안도
낙선하였으며, 산타애나(Santa Ana) 시의원으로 나온 제시카 차도 2
위에 그쳤으며 산타클라라(Santa Clara) 시의원에 도전했던 케빈 박도
실패했다. 수전 정 타운센드(Townsend)는 판사직에 도전하여 당선되
었으며, 오렌지카운티 수도국 위원으로 출마한 메건 유 슈나이더
(Schneder) 후보도 당선되었다. 하지만 라팔마(La Palma) 시의원이던
피터 김(Peter Kim)은 오렌지카운티 수도국 이사에 출마했지만 낙선
하였다. 샌프란시스코 시의원이었던 제인 김(Jane Kim)은 2016년 주
상원의원으로 출마했다가 떨어졌고, 2018년 샌프란시스코 시장에 도
전했다가 경선에서 탈락했다.

LA 지역에서 한인이 지방선거에 출마하면 이들은 한인후원회를
통해 선거기금 대부분을 모금하고, 한인들의 적극적인 자원봉사와 조
직적인 참여에 많이 의존한다. 이러한 모습은 미국의 지방 선거들이

인종적인 측면을 많이 띠고 있기에 나타나는 현상이다. 두 명의 교육위원 출마자가 모두 낙선하자 현직에 있는 한인 시의원이 LA 중앙일보(2007.11.10.)에 게재한 글은 미국의 선거가 얼마나 인종적으로 정치화되어 있는지, 한인의 적극적인 투표 참여가 한인 정치인의 배출과 한인 정치력의 강화에 얼마나 밀접하게 관련되어있는지를 잘 보여준다.

" … 등록된 한인 유권자는 4000명이 넘는다고 한다. 투표 결과는 단지 43%만 투표했다는 계산이다. 가령 70%만 투표권을 행사했다면 두 후보가 다 2800표로 당선되었을 것이고 60%만 투표를 했더라도 2400표가 되니 3위(2365표)와 4위(2301표)로 당선된 다른 후보를 앞질렀을 것이다 … (두 명 모두 낙선한 이유는) 단결심의 부재라고 본다. 한인이라는 동질성을 바탕으로 '우리 한데 뭉쳐보자'는 결집력이 보이지 않았다는 것이다.. 4명까지 기표할 수 있는 교육위원 선거에서 한인 후보 2명에게만 기표해야 한인후보들이 상대적으로 더 유리할 수 있음을 적극 홍보했어야 했다. 한인 유권자 등록수가 많고 투표율도 높으면 주류사회에서나 정치인들의 관심은 자연히 한인 커뮤니티에 쏠릴 것이며 우리의 목소리는 그만큼 더 커질 것이다. 바로 이것이 '정치력 신장'이다. 이번 세리토스 ABC 교육구의 선거에서 한인사회가 다시 한 번 깨달아야 할 교훈이기도 하다."

정당의 하부조직에 가입하는 한인들도 늘어나고 있다. 민주당이나 공화당 한인조직이 있어서 한인들을 주나 국가의 정당조직과 연계해준다. 주나 국가의 정당 활동에 적극적으로 참여하는 사람이 조금씩 늘어나면서 점차 임명직이나 선거직에 진출할 기회도 늘어나고 있다. 그렇지만 이러한 모임은 대체로 영어가 편한 1.5세나 2세에 의해 주도되고 있다. 이러한 민주당 하부조직을 통해 당 전국대회의 대의원으로 참여하면서 정당 관계자와의 커넥션을 확대하기도 한다. LA에서는 몇몇 한인들이 대의원으로 당 전국대회에 참가하고 있다.

한인이 조직한 한미공화당협회(Korean American Republic Association)은 찰스 한(Charles Hahn)이 회장으로 공화당 남가주 지부의 운영위원을 맡고 있다. 남캘리포니아 공화당 운영위원회는 남가주 공화당 정치 활동과 정책 집행을 총괄, 감독하는 기관으로 정당 운영에 커다란 영향을 미친다. 신임위원 7명 중 아시아계는 찰스 한이 유일하다. 그는 LA 카운티 중앙위원이었고 캘리포니아 공화당 중앙위원이기도 하다. 이들의 활동은 대체로 대통령 선거기간에는 활발하게 활동하지만, 나머지 기간에는 활발하게 활동하지 않는 편이다. 공화당 후보들을 한인사회에 소개하고 후원회를 열어 모금하거나 후원회의 조직화를 지원하는 역할을 하는 정도이다. 평상시에는 소수 회원이 모여 친목을 도모하는 정도이다. 한인사회에서는 대체로 민주당이 더 강세를 보이기 때문이다.

또한, 한인의 민주당 하부조직(Korean American Democratic Committee)도 만들어져 있다. 1992년 코리아타운에 폭동이 번지면서 한인이 힘이 없어 사태가 악화되었다고 생각하여 정당 활동에 참여해야 한다는 인식이 커졌고 그 과정에서 조직되었다. LA 한인의 시민단체들이 공화당보다 더 민주당을 지지하는 경향을 보여주기 때문에 당 조직도 민주당 조직이 더 활발하게 활동하고 있다. 약 200명이 가입되어 있고, 50명 정도가 회비를 내고 활동하고 있다. 2004년도에 기금 모금 파티를 하여 2만 5천 불을 모았고 박서(Boxer) 연방 상원의원 등이 참여하였다. 민주당 후보를 위한 기금모집을 하고 한인들을 교육하며 유권자 등록 운동을 벌여 투표에 참여시키는 것을 목표로 하고 있다. 후보들도 이런 모임에 자신의 선거운동을 위해 나온다.

민주당 조직이나 공화당 조직의 정당조직에 적극적으로 참여하는 사람들은 주로 한인 1.5세, 2세이며 영어에 아무런 문제가 없고 적어도 미국에서 중등교육과 대학교육을 받아 미국 상황을 잘 아는 사람들이다. 따라서 미국 정치가 작동하는 방식을 이해하고 있고, 각 후보를 돕기 위한 기부금 모집, 선거운동 등에 참여한다. 선거가 이루어지는 동안 특정한 후보를 위한 조직이 만들어지며(예를 들어 2016년 대통령 선거에서 Friends for Hillary) 이러한 지지 모임은 선거가 끝나면 해체된다. 이들은 선거 후에는 당 정치인들과의 매개 역할을 한다. 정당 한인조직은 대체로 한인에 필요한 일반적인 요구사항을 모아 정치인들에게 또는 정당 모임에 전달하는 역할을 한다.

미국에서는 풀뿌리 정치가 발달해 있어 모든 공천이 상향식으로 이루어지고 있어 당의 상부조직에서 하달하는 식의 일사불란한 당의 움직임은 없다. 따라서 각각의 후보들이 정당을 매개로 하여 모두를 접촉할 수 있는 것은 아니다. 같은 당의 의원이라 할지라도 정책이 다르고 생각이 다른 경우가 많다. 따라서 한인 정당조직이 공화당이나 민주당을 매개하여 한인을 당에 연결해주는 것은 맞지만 이를 통해 해결되는 문제는 적은 편이다. 아주 일반적이고 보편적인 문제는 당 노선에 따라 이루어지지만, 생활 정치의 대부분은 각 지역의 특성에 따라 이루어진다. 따라서 실제 생활에서 일어나는 실제적인 문제를 해결하기 위해서는 정당조직보다는 해당 이슈와 연결되는 정치인을 찾아서 직접 관계를 맺고 설득해야 하며 또한, 이를 위해 평상시에 투표나 후원회를 통해 이들 정치인을 지원해야 한다.

예를 들어 LA 코리아타운이 포함되어 있는 시의회 제10지구에 출마한 민주당 흑인 후보는 한인민주당 조직에 가서 자신에 대한 지지 선언을 부탁하였다. 한인민주당 단체뿐만 아니라 여러 단체나 후원

모임이 각 후보에 지지 선언을 하고 있다. 한인회나 한인민주당 조직 등은 후보를 초청하여 한인들과 간담회를 하고, 기금 모금 파티를 주선하고 있다. 따라서 한인 정당조직도 이러한 과정에서 열심히 활동하지 않으면 형식적인 조직으로 끝나고 마는 경우도 나타난다. 표를 모으지 못하고 기금을 모금하지 못하면 영향력이 거의 사라지기 때문이다.

한인들은 갈수록 직접 표를 사용하지 않으면 정치에서 영향력을 확보하기 어렵다고 생각하고 있다. 따라서 한인시민단체들이 적극적으로 시민권 획득과 유권자 등록과 선거 참여를 독려하고 있다. 1980년대에는 시민권에 대해 크게 관심이 없었지만, 1992년 인종 폭동 이후 점차 시민권을 취득하여 투표권을 행사해야 정치적 영향력을 확보할 수 있다는 의식이 확산되고 있다. 이왕 미국에 사는 것이라면 미국에서 영향력을 행사할 수 있어야 한다는 것이다.

1984년 UCLA 연구에 따르면 한인의 유권자 등록률은 13%에 불과하였지만(Brackman and Erie 2003: 232), 96년 선거에서는 한인들의 47%가 시민권자였고 그중 53%가 유권자로 등록하고 시민권자의 36%가 실제 투표에 참여하여(Lien, Conway, Wong, 2001: 185), 투표 참여율이 계속 높아지고 있다. LA에 한인의 유권자 등록자 수는 2011년 6.4만 명에서 2016년 7.4만 명으로 늘어났다. 대통령 선거로 선거에 관심이 높아지면서 많이 늘어났다(LA한국일보, 2016.8.20). 이들이 집단으로 한 후보를 찍으면 시의원 선거 등에 상당한 영향력을 행사할 수 있다. 한인 유권자 수가 늘어나면서 정치후보자들의 한인사회에 관심이 갈수록 높아지고 있다. 하지만 유권자 수도 적은 편이고, 한인의 표도 대개 나뉘어 한 후보자를 일방적으로 찍어주는 경우가 드물어, 선거에서 한인들의 발언권을 많이 강화하지는 못하고 있다.

아직 한인을 주요 기반으로 하여 정치인으로 당선될 수 있는 정도의 힘을 한인들이 가지지 못하고 있다. 단체들이 유권자 등록과 정치인들에 대한 영향력에 관심이 많으나, 일반 한인들은 아직 정치에 관심을 가지기보다 돈을 잘 벌고 빨리 정착하는 것에 집중하는 경향이 크다. 그렇지만 정치적 파워를 어떻게든 확보해야 발언권도 가질 수 있고 차별도 당하지 않을 것이라는 인식은 크게 확산되었다. 이에 따라 미국 시민권자인 한인들에게 유권자 등록을 권장하는 노력이 크게 늘어나고 있다. 많은 단체들이 시민권자 등록을 대행해주고 또한, 유권자 등록도 대행하여 보다 쉽게 시민권자가 되어 투표에 참여하도록 하고 있다. 한인회 등 대부분의 중요한 시민단체들이 유권자 등록 운동에 참여하고 있고, 별도로 한인정치력향상위원회가 형성되어 더 적극적인 유권자 등록 운동, 후보에게 민원사항 전달, 후보토론회, 후보와의 만남 등을 하고 있다. 또한, 각각의 대형교회에 유권자 등록 카드를 비치하고 신도들에게 유권자 등록을 하여 투표를 하라고 독려하고 있다. 다양한 단체들이 코리아타운에서 집회를 하거나 한인 모임을 찾아다니며 유권자 등록을 널리 알리고 투표도 독려하고 있다. 한인사회 전체적으로도 다양한 1.5세나 2세 조직들이 유권자 등록을 받는 활동을 하고 있다. 2005년도 LA 시장선거에서는 코리아타운 정치력 신장위원회에서 유력 후보 두 명을 초청하여 토론회를 성사시켰다. 주류 언론에서도 이를 크게 보도하여 LA에서 한인사회의 비중을 높이는 데 기여했다. 시장에 당선된 후에는 자신의 선거운동을 열심히 해준 남가주한인노동상담소의 13주년 기념행사에 참여하였다.

투표 시기에는 한인들에게 투표를 독려하지만 직접 투표에 참여하는 사람의 수가 적어 아직 투표자 수에 의한 영향력은 적은 편이다.

교외의 작은 도시에 한인의 수가 상당한 일부 지역에서는 한인투표의 영향력이 조금씩 커지고 있지만, 아시아인들이나 한인들은 대체로 밀집하여 거주하기보다는 교외 지역에 분산하여 거주하는 경향이 높아 교외의 소수 지역을 제외하고는 지역 정치인에 대한 실질적인 영향력이 아직 미약한 편이다. 이렇게 분산되어 있기에 각 지역에서 한인과 타인종과의 갈등이 나타나는 경우, 갈등 과정에서 정치적으로 약자인 한인이 불리한 경우가 자주 있다. 따라서 갈등이 생기면 정치력으로 해결하지 못하고, 차별당하는 것을 견디거나 법의 보호(경찰, 검찰, 재판)를 추구하는 경향이 더 많이 나타나고 있다.

한인들은 한인들을 선거에 출마하도록 하기도 하고 또는 정치인들이 한인을 보좌관으로 고용하도록 압력을 가하기도 한다. 한인들도 미국의 여러 도시에서 시의원이나 시장으로 선출된 적이 있다. 주 의원, 주 대법원장, 하원의원, 차관보까지 나왔다. 이들 의원이나 단체장은 대체로 아시아인들의 숫자가 턱없이 부족하므로 백인들의 지지로 당선되는 경우가 많다. 따라서 선출직에 진출하는 한인들은 백인들의 성향을 이해하고 이들을 대변하는 경우도 상당히 많다.

LA에서 중국계가 시의원에 당선된 적이 있고 시장선거에도 출마하였지만 떨어졌다. 한인도 LA 시의원에 출마하였지만 떨어졌다. 2005년 코리아타운을 포함하는 10지구에 게리 송(Gary Song)이 출마하였고 한인을 아내로 두고 있는 세라노(Serano)도 출마하였지만, 흑인인 웨슨(Wesson) 후보에게 패했다. 10지구는 코리아타운뿐만 아니라 흑인 지역인 센트럴 LA를 포함하고 있어, 유권자 수에 있어서 흑인들이 더 많아 흑인이 계속 당선돼 오던 곳이다. 하지만 LA 4지구에서는 6살 때 이민을 와서 UCLA를 졸업하고 한미연합회(KAC)에서 시민권 취득, 유권자 등록, 차별 반대 시위 등의 활동을 하였고 LA 카운티 수퍼바이저의 보좌관을 역임한 한인 1.5세 데이비드 류가 2015년 백인 여성 후보 캐럴린 램지(Caroline Ramsey)를 꺾고 당선되었다(연합뉴스, 2015.5.20.). 이후 계속 당선되어 LA시의 유일한 아시아계 시의원으로서 아시아계와 한인의 발언권을 높이는 데 크게 기여하고 있다.

한인들이 LA 주변의 소도시에서 시의원이나 시장으로 당선되기도 했다. LA 남쪽에 있는 어바인에서는 2004년 선거에 5명의 시의원 중 두 명의 한인이 당선되었다. 한 명은 공화당으로 당선되었으며 한인들과 밀접한 관계를 맺지 않은 후보로 주로 백인사회에서 활동하는 인사였다. 민주당의 후보는 백인 회사에 다녔지만 한인사회에서도 적극적으로 활동하는 인사였다. 어바인의 인구는 17만 5천 명이며 이 중 아시아계는 1만 9천명, 한인은 6천 명에 불과하다. 따라서 아시아인을 주 기반으로 해서 시의원에 당선되기 힘들다. 시의원이 5명에 불과하기에 지역구도 크고 경쟁도 치열한 셈이다. 민주당 후보로 출마한 강석희는 모든 집을 방문하기로 마음먹고 집집마다 방문하며 정책을 설명하는 선거운동을 벌였다. 결국, 3분의1 정도를 방문하였다. 처음에는 인지도가 높지 않아 지지율이 낮았지만, 집집을 찾아다니며 선거운동을 한 결과 지지율이 상당히 올라가서 결국 당선되었다. 이곳은 시가 내각제 형태로 운영되는데, 민주당이 3명, 공화당이 2명 당선되어, 시의원의 호선을 통해 민주당에서 시장과 부시장이 나왔고 한인 시의원이 부시장을 거쳐 시장이 되었다. 또한, 공화당의 한인 시의원도 시장을 역임하고 2016년 주 하원의원으로 진출하여 재선에 성공했다.

민주당 시장을 지낸 강석희 시의원은 1992년의 LA 인종폭동이 정치에 입문하는 계기가 되었다고 한다. 강석희는 이때 한인 가게가 집중적으로 약탈당하는 모습을 TV로 보고 큰 충격을 받았다. 한인의 힘이 부족하여 당하는 것이라고 생각하여 한인의 정치력을 기르는 데 바로 참여하였다. 바로 민주당에 뛰어들어 한인민주당 협회를 이끌고 캘리포니아 민주당 정책위원 등으로 일했다. 각종 민주당 모임을 주선하면서 주류 정치인과 가까워졌다. 2004년도 선거에 민주당원인 어바인 시장이 선거에 나오라고 했다. 많은 고민 끝에 시의원 선거에 출마하게 되었다. 2월부터 선거운동에 뛰어들어 온종일 가가호호 방문하였다. 처음에는 7명 중에서 꼴찌였지만, 선거 2개월 전에는 인지도가 2-3위로 올랐다. 시장을 제외하고, 시의원 4명을 한꺼번에 뽑기 때문에 당선권이었다. 백인들의 표도 많이 얻었지만, 아시아계들이 적극적으로 지원해주었다. 선거운동을 하는 과정에서 아시아계, 특히 한인들이 적극적으로 지원했다. LA 한인들이 선거자금을 모아 지원해주기도 했다. 그렇지만 대부분의 표는 백인들에게서 나온 것이다. 한인들이나 소수민족에 많은 신경을 쓰지만, 재선을 위해 주류인 백인들에 대해서도 신경을 써야 한다. 따라서 소수민족 채용에 적극적이지만 어느 정도 백인들에게 납득시킬 수 있는 범위 내에서 한다. 어바인 역사상 소수민족이 시의원에 당선된 것은 처음이다. 그런데 2004년에 한인이 무려 두 명이나 당선되어 어바인에서 중요한 정치인으로서의 활동을 해왔다. 공약을 지키기 위해 시민과 긴밀하게 접촉하였다. 시민과의 약속도 지키고 시민의 이익을 반영하면서도 소수민족 보호를 위해 노력하였다. 민주당 강석희는 2010년 시장으로 재선되었다. 2011년 연방하원의원에 대한 도전을 선언하고 한인사회의 목소리를 연방정부에 전달하는 대변인 역할을 하겠다면 한인의 전폭적인 지지를 부탁했다. 한인들의 적극적인 지지에도 불구하고 현역인 공화당 후보에 패했다. 강석희는 2016년 주 상원의원에 도전하였으나 낙선하였다. 2019년에는 공석이 된 어바인 시의원에 다시 도전하였으나 현역 시의원들이 결국 공화당 후보를 선출하였다.

공화당원 에드 로이스가 1993년부터 연방하원의원을 해온 지역구에서 2018년까지 하원의원을 하고 은퇴한다고 선언하였다. 그를 보좌했었고 주 하원의원으로 당선되어 주의원으로 활동해온 영 김은 에드 로이스의 지역구에서 연방하원의원으로 출마하기로 했다. 에드 로이스는 영 김을 지지한다고 선언하였으나 영 김은 지지율에서 다른 공화당원에서 밀리고 있었다. 한인 신문에 출마를 널리 알리고, 한인들을 주 대상으로 후원회를 개최했다. 2018년 2월 3일에 코리아타운에서 개최된 후원회에는 한인회장, 상공회의소 회장 등 유력인사들이 대거 참가하였다. 영 김은 한인의 권익을 신장하기 위해 자신을 적극 지지해줄 것을 호소하였고 20만 달러가 넘는 후원금을 걷었다. 그러나 에드 로이스는 이전 선거에서 430만 달러를 사용할 정도로 선거자금이 많이 들어간다. 따라서 영 김은 정치자금을 모으기 위해 여러 번 한인들의 후원회를 개최했다. 이 지역은 LA에서 상당히 떨어진 교외 지역으로 공화당이 계속 우세를 보여 왔으나 영 김은 공화당 후보로 본 선거에 나갔음에도 불구하고 아슬아슬하게 패배하였다. 초기 개표에서 우세를 보였으나 우편투표에서 밀려 4,000표(1.6%) 차이로 낙선하였다. 기존의 공화당 지지 백인들 일부가 아시아계 후보라며 찍지 않았기 때문이다. 영 김은 다음 선거를 위해 계속 지지세력을 확장하고 후원금 모금 행사를 계속하고 있다.

뉴저지 제3지구에서 연방하원의원에 출마한 앤디 김(Andy Kim)은 백인이 주도적인 지역에서 1.1% 차이로 공화당 후보를 눌렀다. 2018년 선거에 처음 출마한 앤디 김은 오바마 행정부에서 중동 전문 국가안보보좌관으로 일했고, 오바마가 직접 공식적으로 지지 선언을 한

민주당 주류라고 볼 수 있다. 즉, 아시아계로서보다는 민주당 주류로서 당선되었다. 하지만 지속적으로 아시아계, 특히 미국 전역을 돌아다니며 한인들이 참여하는 후원회를 개최하여 선거자금을 상당 부분을 한인으로부터 확보하였다. 조지아에서 2018년 하원으로 출마한 데이비드 김도 2017년 7월 샌프란시스코에서 한인회를 중심으로 후원회를 개최하였다. 전국을 돌아다니면서 한인들의 후원회를 개최하여 선거자금을 많이 모으면, 더 많은 홍보 및 선거운동을 가능하게 해주기 때문에 한인 정치인들은 자신의 지역구를 넘어서 전국의 한인사회에 가서 후원회를 개최하고 보다 많은 후원금을 확보하려 노력한다. 2018년 뉴저지에서 연방하원으로 당선된 앤디 김도 2020년의 선거를 위하여 2019년도에 이미 미국 전역을 돌아다니면서 한인사회의 후원금을 모금했다.

한인들이 주민들의 자치기구로 지역의 일에 많은 영향력을 행사할 수 있는 주민의회 선거에 적극적으로 진출해왔다. 특히 월셔센터－코리아타운 주민의회(WCKNC)에 많이 진출하여 주도권을 장악하였다. 미국에 존재하는 주민자치기구에서 유일하게 한인이 과반수를 장악한 곳이다. 주민의회 의원은 비영리 봉사직으로 선거를 통해 선출한다. 주민들만을 위한 조직이 아니라 상가 및 단체들도 동시에 참여할 수 있도록 되어 있다. 이에 따라 주민대표 6명, 시민단체 대표 9명, 상가대표 13명이 뽑혔다. 처음에는 한인들이 별다른 관심을 가지지 않았지만 한인 언론에서 이를 문제화하자 한인회 등에서 적극 나서게 되었고 그래서 한인들이 대거 각 영역 대표로 출마하게 되었으며, 한인들이 대거 투표에 참여하게 되었다. 월셔센터는 코리아타운 북쪽의 동네로, 백인들이 많은 곳이고 코리아타운은 라틴계와 한인이 주거주자이다. 라틴계의 경우 불법체류자가 많고, 유권자 등록을 별로 하지 않는 데다가 후보 지원도 별로 하지 않아 처음부터 출마하지 않았다. 한인들이 이 지역의 사업체를 장악하고 있고 또한, 시민단체 중 가장 적극적으로 활성화되어 있어 상인이나 단체 대표로도 적극 나서게 되었다. 주민대표로도 적극 나서게 되어 2005년에는 총 33명의 이곳 의원 중 28명이 한인이고 5명이 백인이었다. 이러한 상황이 지금까지 이어져 2019년 선거에서는 총 26명 중 16명의 한인이 당선되었다. 주민대표 7명, 상인대표 7명, 기타 2명이 당선되었으며 주민의회 의장에는 LA 한인회 이사인 스티브 배(Steve Bae)씨가 당선되었다. 한인회와 언론들의 적극적으로 주민의회 선거 참여를 독려한 결과이다. 또한, 한인 사업가들이 라틴계 종업원들을 동원하여 투표에 참여토록 하였다. 다른 지역 주민의회에서는 한인이 드물게 당선되기는 하지만 소수에 불과하다.

4. 뉴욕에서의 정치진출

뉴욕시에서 한인의 정치진출 노력은 뉴욕에서 한흑갈등이 심했던 1990년 브루클린과 할렘의 한인 상인 보이콧이 심하게 행해지면서 한인들이 자극을 받아 본격적으로 나타나기 시작했다. 1991년 플러싱 한인회장과 뉴욕 한인 인권위원장 등으로 활동하던 변천수가 한흑갈등 해소를 위한 시민운동을 조직하여 9·18 평화대회를 성공적으로 개최한 것을 계기로 직접 선거에 뛰어들었다. 한인들이 많이 거주하는 플러싱(Flushing), 뉴욕시 시의원 제20구 선거구에 출마하였지만 떨어졌다. 아직 시민권을 가진 사람이 많지 않아 한인 유권자 수도 70여 명에 불과하였고, 민주당 지역에서 공화당 후보로 출마하였기 때문에 처음부터 가능성이 없었다. 하지만 당시 공화당 뉴욕시장 후보 등의 지지를 받아 한인 후보의 존재감을 알렸다. 같은 지역에서 테렌스 박(Terence Park)이 현역 시의원이 임기 제한으로 출마할 수 없게 되자 민주당 예비선거에 출마하였지만 결국 중국계 후보에 패했다. 이후 민주당의 대의원과 지구당 대표를 역임하다가 2006년 뉴욕주 하원의원 선거에 출마하였으나 다시 중국계에 근소한 차이로 패했다. 표차가 적어 뉴욕의 한인들이 정당에 진출하여 주류 정치 후보로 출마하여 승리할 수 있겠다는 자각을 확산시켰다.

2009년 공석이 된 플러싱 시의원 자리에 주지사 보좌관인 론 김(Ron Kim), 존 리우(John Liu)의 보좌관인 존 최(John Choi), 민권센터 회장 정승진이 민주당 예비선거에 출마하였고, 애커맨(Ackerman) 연방하원의원 보좌관이며 맨하탄 커뮤니티 보드 위원인 케빈 김(Kevin Kim)이 제19지구 시의원 민주당 예비선거에, 그리고 뉴욕니즈유 사무총장 김진해가 제1지구 민주당 예비선거에 출마하였다. 제19지구의 케빈 김이 아시아계의 표를 결집하고 유대인 표를 얻어 백인 후보들을 물리쳐 민주당 후보가 되었다. 민주당 지역이라 당선이 무난하리라고 생각했지만, 공화당의 백인 후보가 계속 무차별적인 인종 관련 네거티브 선거전을 감행하여 인종 대결 양상으로 흘러가 아시아계의 수가 적고 이탈리아계와 아이리시계가 공화당 후보를 찍어 케빈 김은 낙선하였다. 제20선거구의 한인 후보는 결국 중국계 후보에게 패했다. 차이나타운을 포함하는 제1선거구에서도 김해진이 뉴욕타임스와 데일리 뉴스 등 주류 일간지의 공식 지지를 받으며 주목받았으나 결국 중국계 후보에게 패했다. 2010년에는 민주당 지구당 대표로 한인들이 출마하여 당선되었다. 지구당 대표는 민주당의 지역 모임과 후보선정 등에 중요한 역할을 미치는 자리이다. 2010년에는 한인들 중에 주 하원의원으로 출마하려는 사람들이 있었지만, 가능성이 적어 포기했다(뉴욕 한국일보, 2011.6.9).

론 김은 2012년 플러싱을 포함한 지역에서 주 하원의원으로 출마하여 중국계 공화당 후보를 물리치고 당선되었다. 중국계의 인구가 한인보다 2배 이상 많지만, 플러싱이 민주당 아성이기 때문에 민주당 후보로 선출된 것이 승리의 가장 커다란 요인이었다. 민주당 조직에서 일하면서 인맥을 넓혀 왔고 주지사의 퀸즈 담당관으로 일하면서 정치를 배웠다. 예비선거에서 중국계가 여럿 나와 결국 중국계를 이길 수 있었고, 민주당(조셉 크롤리(Joseph Crowley)연방하원의원 등)과 중국계 유력정치인(존 리우 뉴욕시 감사원장, 그레이스 맹(Grace Meng) 연방하원의원, 피터 구(Peter Koo) 시의원[11])의 지지를 얻어 중국계의 중국계 후보로의 몰표를 막았으며, 한인의 절대적인 지지로 승리할 수 있었다. 플러싱의 주 상원 16선거구에서는 한인 변호사 제이디 김 공화당 후보가 7선의 토비 타비스키(Toby Stavisky) 민주당 의원과 맞붙었으나 패했다. 플러싱 지역의 연방하원에 도전한 그레이스 맹(민주당)은 승리하여 연방의회에 입성하였다.[12] 뉴욕주에서 연방의원에 당선된 최초의 아시안 아메리칸이다.

론 김은 2012년 주 하원의원에 도전하여 당선되었고 같은 해 한국계 남편을 둔 대만계 그레이스 맹이 플러싱 지역에서 연방 하원의원으로 당선되었다. 정승진은 2016년 뉴욕주 상원의원에 도전하였으나 실패하였다. 2016년 퀸즈에서 뉴욕주 하원의원에 재선으로 출마한 론

---

11) 2012년 피터 구 시의원은 론 김의 선거대책 본부장을 맡았다. 그러나 관계가 나빠져 2017년 선거에서 론 김의 아내가 피터 구 시의원과 맞붙었다.
12) 그레이스 맹의 남편이 한인 치과의사여서 뉴욕 교포들이 그레이스 맹을 '한인들의 며느리'라고 부르기도 한다.

김은 70%의 득표율로 다시 당선되었고, 그레이스 맹도 쉽게 다시 연방 하원의원으로 당선되었다. 맨해튼 민사법원 판사로 주디 김(Judy Kim) 변호사가 출마하였고, 뉴저지에서 시의원 및 교육위원으로 6명이 출마하였고 1명이 주 상원의원으로 출마하였다. 1.5세인 수전 신 앙굴로(Angulo, 신소영·44) 뉴저지주 체리힐(Cherry Hill) 시의원, 론 김(김태석·34) 뉴욕주 하원의원. 초중고 대학 모두 미국에서 나왔다. 론 김은 그는 "작은 채소가게를 하던 부모님은 외아들인 나에게 더 나은 기회를 제공하기 위해 휴가 한번 없이 1년 365일 쉬지 않고 일했다"고 말했다. 그는 "(나중에야) 열심히 일하는 문화가 한국인 특유의 인내와 끈기, 투지의 역사적 산물이란 걸 깨닫게 됐다"고 말했다 (동아일보, 2015.1.3).

2017년 11월 선거에서 뉴욕시의원 선거에서는 대체로 히스패닉계와 흑인이 시의원으로 많이 당선되었다. 한인이 밀집하여 거주하는 플러싱 지역에서 한인 주 하원의원의 아내가 예비 경선에 출마하였으나 중국계의 인구 비율이 훨씬 높아 현역 중국계 시의원에게 패배했다. 중국계 시의원은 원래 공화당원이었는데 민주당으로 이적한 사람으로 보수적인 입장을 가지고 있다. 이 둘의 경선은 주 하원의원의 아내가 현역 중국계 시의원에 대한 비판을 적극적으로 하면서 여론의 관심도 높았고 경선이 매우 치열하게 이루어졌다. 한인 주 하원의원은 뉴욕시의 민주당 아시아계 후보 여러 명(특히 차이나타운 지역 후보를 포함하여)을 연결하여 연합전선을 펼치도록 하였다. 한인 주 하원의원은 뉴욕시의 네일숍 규제를 강화하는 정책에 적극적으로 반대해왔고 플러싱 지역의 중국계 시의원은 규제를 찬성하여 이들 사이의 갈등이 심해진 것으로 알려졌다.[13] 이러한 치열한 선거의 결과, 퀸즈 민주당의 인사들이 화가 나서 이러한 대결을 주도한 한인 주

하원의원 론 김을 대체할 인물을 찾으려 노력하였다.[14] 하지만 선거에서 론 김이 계속 주 하원의원에 당선되었다.

한인이 많이 거주하는 뉴욕시 제19선거구에서는 그동안 한인과 지속적인 관계를 맺어왔고 한인을 보좌진으로 채용하고 한인 단체들과 긴밀한 관계를 유지하던 현역 시의원이 겨우 재당선되었다. 이 후보를 위하여 한인들은 적극적으로 후원금을 모았으며, 한인 단체장들과 함께 기자회견을 하여 한인의 표를 얻기 위하여 노력하였다. 이 후보는 지난 4년 간 한인 단체들이 뉴욕시의 예산을 받을 수 있도록 적극적으로 노력하였다. 한인사회를 주류사회에 연결해주는 역할을 해왔다고 할 수 있다. 중국계 시의원도 한인사회를 시에 적극적으로 연결시켜줬지만, 한인계 후보가 출마하자 한인계를 더 지지하게 되었다. 한인도 뉴욕시 제2선거구(맨하탄 남동부로 서민 주거지이고 백인이 과반이 넘고 아시아계는 10여%이다)에서 시의원 민주당 경선에 출마하였지만 8.5%를 얻는 데 그쳐 민주당 유력정치인들과 진보진영의 지지를 얻은 히스패닉계 후보에게 패했다.[15]

2016년 뉴욕시 권역에 아시아계가 188만 명이 거주하여 총인구의 9.9%를 차지하고 있다. 2010년 뉴욕시 권역에 한인 인구수는 22만 명으로 주로 퀸즈 지역과 뉴욕 인근의 뉴저지에 거주하고 있다. 2017년 뉴저지의 지방선거가 있었는데 한인 유권자들의 영향력이 크게 성장

---

13) 뉴욕시의 네일숍의 70% 이상을 한인들이 운영하고 있기에 네일숍에 대한 규제는 한인에 직접 연결된 이슈로 간주된다. 한인 주 하원의원(론 김)은 네일숍 주인인 한인들의 이해관계를 고려하여 규제강화를 강력하게 반대하고 있다.

14) 뉴욕 중앙일보 2017.09.19.

15) 뉴욕 중앙일보 2017.08.21., 2017.09.13. https://en.wikipedia.org/wiki/District_2_(New_York_City_Council)

하였다. 시 인구의 30% 이상을 한인이 차지하는 팰리세이드 파크(Palisade Park), 포트 리(Fort Lee), 잉글우드 클립스(Englewood Cliffs)의 지방선거에서 한인들이 대거 당선되었다. 민주당 지역에서 민주당 후보를 누르고 당선되거나 민주당 후보로 나와 연속 당선되는 등 시의원에 5명이 출마하여 4명이 당선되어, 한인 자체의 표수로도 선거에 커다란 영향을 미쳤다(뉴욕 중앙일보, 2017.11.2.). 이들은 한인들이 가장 커다란 민족집단인 지역에서 당선되어 한인 경찰과 한인 공무원을 늘리는 공약을 하는 등 한인 커뮤니티를 기반으로 한 선거운동을 하였다. 그러나 아직 아시아계가 많지 않은 뉴저지 남부지역에서는 민주당 주 하원의원 후보로 출마한 재니 정이 낙선하였다. 빌 클린턴 전 대통령이 와서 선거운동 해주는 등 민주당의 팀플레이가 이어졌지만, 공화당의 아성이라 결국 주 상·하의원 모두 현역인 공화당 후보가 당선되었다. 윤여태가 저지시티 시장으로 선거운동을 하였지만, 현역 시장이 재출마를 결정하자 출마를 포기하였다.

2011년부터 한인 2세인 데이비드 오(David Oh)가 필라델피아에서 아시안 아메리칸으로서는 처음으로 시의원에 당선되어 연임하고 있으며, 공화당의 원내대표를 맡고 있다. 미국으로 이민 온 아버지는 목사였고, 데이비드 오는 아시안 아메리칸을 위한 봉사를 해오면서 무료 법률 서비스도 제공하였다. 이라크에서 미군으로 복무하였다. 다양한 지역 주류단체에서 이사나 위원으로 활동하고 있다. 시민권 상, 시 아시안협회 공로상과 봉사상, 중국계 공로상, 기독교 및 유대교 협회 인본주의상, 뉴욕 중앙일보의 올해의 인물, 필라델피아 흑인 협회 인본주의 상 등 인종과 관련된 다양한 활동을 적극적으로 해왔다. 1991년 필라델피아 시장 인수위원으로 일했으며, 1999년 주지사의 방한을 조직하였고, 2003년과 2007년 공화당 후보로 시의원에 출마하여 떨어졌다. 2007년 유력정치인의 별다른 후원 없이 9만8천 표를 얻어 근소한 차로 낙선하였지만 2011년도 선거에서 유력정치인들의 후원과 재향군인회의 지지까지 확보하면서 당선되었다. 특히 민주당의 주지사였던 렌델(Rendel)은 "데이비드 오는 아주 훌륭한 시의원으로 독립적이며, 영리하고, 아주 열심인 리더이다. 필라델피아를 위한 좋은 비전을 지녔고 주민들에 진짜 관심을 쏟고 있다. 데이비드 오를 재당선시켜야 한다."라며 지지하였다. 오는 펜실베니아 필라델피아의 경제발전과 일자리창출과 관련된 이슈들을 중심으로 공약을 제시하였다. 한국을 방문하여 현대, 삼성, 대한항공, 아시아나항공이 필라델피아에 투자하도록 권유했다. 한인 유권자가 극소수인 지역에서 주류 공화당 정책을 내세워 시의원에 당선되었고, 그러한 방향으로 의정활동을 해오고 있다.[16]

2010년대에 들어와서 뉴욕시와 인근 지역에서 한인들의 밀집 주거지를 중심으로 정치참여가 크게 늘어나고 있다. 1.5세, 2세를 중심으로 커뮤니티 보드, 교육위원, 정치인의 보좌관으로 진출하는 경우가 많고 이들은 이러한 경험을 발판으로 다양한 선출직에 도전하고 있다. 뉴욕권에 한인이 30만 명 정도 사는 것으로 알려졌지만, 중국계는 81만 명이 살고 있다. 뉴욕시에는 한인 10만 명, 중국계 57만 명이 살고 있어, 중국계가 압도적으로 많다. 따라서 뉴욕 주변의 아시아계 정치는 중국계가 주도하고 있다. 차이나타운과 플러싱을 포함하는 주상·하의원에 중국계가 많고 한인이 주 하원의원 한 명에 불과하다. 또 관련 연방의원에 중국계가 당선되었다. 아시아계 정치인들끼리 대체로 협조하는 관계이지만 때로는 격렬하게 선거에서 대립하는 경우

---

16) https://en.wikipedia.org/wiki/David_Oh

가 나타나고 있다. 특히 한인들이 중국계와의 민주당 예비경선에서 패배하는 경우가 자주 나타나고 있다. 남편이 한인인 그레이스 맹 연방하원의원도 플러싱 지역구에서 다시 당선되었다. 한인들이 주로 거주하는 퀸즈 플러싱이나 뉴저지 포트리 인근의 시의원, 연방의원, 시장 등도 대부분 민주당 후보가 승리하였다(뉴욕한국일보, 2016.11.5.).

아시아계의 경우 2018년 중간선거에서의 투표율은 미국 출생자보다 귀화 시민권자가 더 높았다. 아시안 귀화 시민권자 투표율이 42.7%였던 것에 비해 미국 출생자 투표율은 36.7%였다. 2014년 중간선거에서는 아시안 귀화 시민권자의 투표율이 29.6%, 미국 출생자의 경우 22.4%였다. "2018년 중간선거에서 아시안 투표자는 전체의 3.5%로 집계돼 2014년의 2.7%에 비해 소폭 늘었다. 1990년 중간선거에서 전체 투표자 중 아시아계의 비율은 1.1%였으며 그 후로 꾸준히 조금씩 늘어나는 추세다. 백인 투표자 비율은 1990년 이래 계속 조금씩 줄어 2018년에는 72.8%로 집계됐다. 2014년 백인 투표자 비율은 76.3%로" 계속 감소하고 있다(뉴욕 중앙일보, 2019.5.2.).

2018년 20년 만에 두 번째로 한인이 하원의원에 진출하였다. 첫 번째로 진출했던 캘리포니아 다이아몬드바 시장을 역임했던 김창준은 1992년 한인으로서는 처음으로 연방 하원의원이 되어 임기를 세 번 하였고 1998년 네 번째 선거에서 패했다. 공화당에서 유일한 아시아계였지만 민주당의 인종적 공격을 극복하기는 쉽지 않았다. 2018년 두 번째 한인 연방 하원의원이 탄생하였다. 앤디 김은 뉴저지 3지구에서 민주당 후보로 1.1%의 차이로 당선되었다. 백인 지역이기에 인종적 함의를 지닌 공격이 강하게 이루어졌다. 캘리포니아에서 행해진 하원의원 선거에서도 영 김이 근소한 차로 졌는데, 백인이었다면 당선되었을 것이다. 백인들이 많은 선거구에서는 비백인 후보들인 인종적 공격을 많이 당한다. 특히 아시아계 후보를 쉽게 떠날 수 있는 낯선 이방인이라는 이미지로 공격하는 경우가 많다. 그렇지만 계속 도전을 하고 있다. 2018년 선거에서 앤디 김(뉴저지, 민주당), 아슬아슬하게 떨어진 영 김(캘리포니아, 공화당), 경선에서 2위로 떨어진 데이비드 김(조지아, 민주당), 검사 출신인 펄 오(Pearl Oh, 펜실베니아, 공화당), 하와이주 상원의원인 도나 김(Donna Kim, 하와이, 민주당), 보스턴 시장 비서실장 출신인 댄 오(Dan Oh, 매사추세츠, 민주당) 등이 연방 하원의원에 도전하였으나 한 명만 당선되었다. 이들 중 여러 명이 이미 2020년 하원의원 선거를 위해 뛰고 있다. 한인의 인구수가 너무 적기 때문에 한인이 아닌 표를 대거 흡수하지 않으면 당선되기 쉽지 않다. 미국식 선거가 인종적 함의도 강하게 가지고 있어 이를 넘어서기 위한 전략과 실천이 필요하다. 한인들은 이들을 위해 전국적으로 모금을 하고 투표등록과 투표를 적극적으로 지원하고 있다. 더 강력한 정치인을 배출해야 한인에 대한 차별에 대항하고 넘어서는 데 도움이 된다고 생각하기 때문이다.

5. '시 정부를 장악한 뉴저지 팰 팍(Pal Park)의 사례

뉴욕에서 허드슨강을 건너면 바로 있는 뉴욕권의 뉴저지에는 더 작은 시들이 많고 한인들이 50%를 차지하는 작은 도시도 있어, 비교적 쉽게 시의원 등에 진출할 수 있었다. 뉴저지의 2만 8백 명의 인구를 지닌 팰리세이드 파크에는 한인이 만여 명 거주하여 시 인구의 51%를 차지하며, 라틴계가 21.1%, 백인이 18.5%, 라틴계가 18.5%, 흑인이 2%를 차지하고 있다. 외국 태생이 63.6%나 차지하여 소수인종이나 이민자가 압도적으로 많은 도시임에도 불구하고, 그동안 계속 백인이 시장을 차지해왔다. 시의원은 소수민족에서도 계속 배출해왔지만, 시장으로 당선되는 데는 많은 시간이 걸렸다. 인근 지역인 레오니아(Leonia)에는 한인 인구가 2,300여 명으로 시 인구의 26%, 리지필드(Ridgefield)에는 한인 인구가 2,800여 명으로 26%, 포트리(Fort Lee)에서는 한인 인구가 8천여 명으로 23%를 차지하고, 클로스터(Closter)에는 한인 인구가 1,700여 명으로 21%, 잉글우드 클립스(Englewood Cliffs)에는 한인 인구가 1,000여 명으로 20%를 차지하여, 한인의 비중이 높은 지역이다, 이들 지역에서는 한인 시의원들이 한두 명씩 배출되고 있다.[17]

팰리세이드 파크에서 교육위원이었던 제이슨 김(Jason Kim)이 2004년 출마하여 동부 지역의 최초로 한인 시의원으로 당선되었다. 이곳에 한인 인구수가 계속 증가하면서 제이슨 김은 2011년부터 부시장직을 수행하여 지역의 한인들에게 도움이 되는 행정을 많이 하였다. 시장에 도전하였으나 민주당 주류에 밀려 낙선하였다. 2009년 팰리세이드 파크에서 이종철이 시의원으로 당선되어 부시장으로 일하였고, 크리스 정은 시의장직을 수행하고 있다. 2014년 뉴저지 5선 거구에서 로이 조(Roy Cho, 당시 32살, 변호사, 한국명 조동휘)가 민주당 후보로 뉴저지 북부의 연방하원의원에 도전하였다. 민주당 예비선거에서는 90%의 득표로 경선을 통과하였다. 여론 조사에서 현역인 공화당 스캇 가렛(Scott Garrett) 후보보다 앞서는 결과(조 46%, 가렛 36%)도 나온 적이 있어 당선 가능성이 있다는 평가가 나왔다. 조 후

---

17) https://en.wikipedia.org/wiki/List_of_U.S._cities_with_significant_Korean-American
_populations 2015년 기준(2018.10.26. 접근)

보에 정치자금을 지원하기 위한 한인후원회가 뉴욕과 뉴저지에서 계속 열렸다. 2014년 6월 28일 한인 아름다운재단 이사장의 집에서 열린 후원회에는 뉴저지의 연방상원의원인 밥 메넨데즈(Bob Menéndez)도 참석하였고 선거기금으로 5천 달러를 기부했다. 뉴욕 퀸즈 한인 지역인 플러싱의 연방 하원의원인 그레이스 맹(대만계, 남편은 한국계)도 참석하였다. 하루 전인 27일에는 맨하탄 로펌에서 후원회를 열었는데 뉴저지 연방하원의원인 프랭크 팰론(Frank Pellone)이 참석하여 지지연설을 하였다. 6월 28일까지 가렛은 현역이라 이미 300만 달러를 모았고 조 후보는 60만 달러만 모았다. 결과적으로 로이 조는 6선의 공화당 하원의원의 벽을 넘지 못해 57% 대 41%의 큰 표차로 떨어졌다. 하지만 선거에서 젊은 나이에 강력한 인상을 남겨 앞으로 좋은 기회들이 있을 것으로 보인다(미주한국일보, 2016. 11. 5.).

뉴저지 포트 리 인근 도시에서 데니스 심(Dennis Shim) 릿지필드 시의원, 피터 서(Peter Seo) 포트리 시의원, 대니얼 박(Daniel Park) 테너플라이(Tenafly) 시의원이 활동하고 있다. 잉글우드 클립스에서도 민주당 글로리아 오(Gloria Oh), 엘렌 박(Yellen Park), 그리고 공화당 박명근 시의원이 활동하고 있다. 위 도시들과 달리 한인이 거의 없는 저지시티에서 윤여태가 시의원에 당선되었다. 2014년 로이 조가 연방 하원의원에서 낙선하였으며, 2015년 주 하원의원 선거에 임원규가 참여하였지만 역시 낙선하였다. 2017년 한인 후보 제니 정(Jenny Jeong) 클로스터 시의원이 뉴저지 주 하원의원으로 출마하였지만 패배했다. 뉴저지의 작은 도시에서 여러 명이 시의원으로 계속 당선되어 일하고 있다. 2018년도 선거에서 잉글우드 클립스에서 1명, 릿지필드에서 1명, 클로스터에서 1명, 레오니아 1명, 뉴몬트 1명, 오라델 1명 등이 시의원으로 당선되었다. 뉴저지의 2018 교육위원 선거에서 9명이 당선되었다(뉴욕한국일보, 2018.11.8.; 2019.1.17.).

한인의 인구가 총인구의 반절이 넘는 팰리세이드 파크에서는 2018년 선거에서 한인이 시장으로 당선되었고 시의원도 6명 중 3명을 차지하게 되었고 교육위원은 9명 중 7명을 차지하여 시 정부를 한인이 장악하게 되었다. 2018년 11월 선거에서 팰 팍 시장에 당선된 정 시장이 타운홀 미팅 형식의 주민들과의 간담회를 여는 등 시정 현안문제에 대해 주도적으로 이끌고 있다. 팰 팍 타운은 현재 세금 인상, 공립학교 노후화와 과밀학급 해결 등 교육수준 제고, 5,600만 달러 학교개보수 예산 관련 주민투표, 시급한 상권 활성화 대책, 주차문제 해결, 법규를 지키지 않는 듀플렉스 건설 인허가 등을 놓고 시 정부와 업소 경영자들, 노년층과 학부모, 학군과 주민단체, 건축 인허가 부서와 주택소유자들 사이의 갈등구조가 심화되고 있어 한인 시장이 이를 어떻게 해결해나갈지 시민들이 주목하고 있다. 팰 팍의 스테파니 장(Stephany Chang) 교육위원은 "지난 2007년에 학생 수가 1,000명 정도였을 때 예산이 1,700만 달러 정도였는데 현재는 학생 수가 1,850명 정도인데 전체 예산이 2,400만 달러라는 것은 정말 심각한 이야기"라며 "학교 예산 부족으로 교사들과 학생들에게 좋은 교육환경을 제공하지 못해 교육위원으로서 정말 미안한 마음이 들 정도"라고 말했다(뉴욕 중앙일보, 2019.5.8.).

뉴저지 팰리세이드 파크타운의 한인 유권자위원회는 조그만 도시에서 밀도 있게 활동하여 한인 유권자 수와 한인의 투표수를 대폭 늘려 팰리세이드 파크의 시의회와 시 정부를 결국 한인들이 주도할 수 있게 만들었다. 2012년 실시된 대선과 본 선거 당시 팰 팍 내 전체 유권자 3,228명 중 한인 투표자는 1,065명, 팰 팍 전체 유권자 대비 투표율은 32.99%에 불과했다. 그러나 팰 팍에 한인 유권자위원회(회장 권혁만)가 구성되고 활동한 이후인 2016년 대선과 본 선거에서 전체 유권자 4,673명 중 한인 유권자 1,988명이 투표에 참여하여 투표율 42.54%를 나타냈다. 한인의 투표자가 대폭 늘어나면서 한인 시의원이 시의회의 과반수를 차지할 수 있게 되었다. 박명근 시의원은 "이민자 사회인 미국에서 정치력, 참여 없는 주민은 차별받기 마련이다. 팰팍 유권자협의회를 중심으로 한인들의 자발적인 행정참여가 타운을 변화시키고 있어 기쁘다. 이 운동이 이웃 타운으로 번지기를 바란다"고 말했다. 한인단체들은 이러한 흐름을 다른 타운으로 확산시키기 위하여 노력하고 있다(뉴욕일보, 2017.3.9.).

뉴욕시 인근 뉴저지 지역에서 이렇게 한인 유권자의 비율이 높아지자 한인의 후보 출마가 계속되고 있고 타인종 후보들도 한인 커뮤니티의 지지를 얻기 위해 적극적으로 노력하고 있다. 인근 지역에서도 한인들의 비율이 높아지며 영향력이 커지고 있다. 인근 지역인 잉글우드 클립스에서는 한인이 인구의 20% 정도를 차지한다. 아시아계 전체는 총인구의 40%를 차지한다. 이러한 인구를 바탕으로 시의회에 글로리아 오, 엘렌 박, 지미 송(Jimmy Song) 시의원 등 3명의 한인민주당 정치인이 진출하였다.

2017년 12월 15일. 시민참여센터와 뉴저지 한인회를 비롯하여 총 21개의 뉴저지 한인단체는 성명서를 통해 버겐 아카데미 교사가 "한국인을 증오해 I hate Koreans"라고 발언한 사건에 대한 입장을 발표했다. 해당 학군은, 한인사회가 지난 11월 29일 성명서를 통해 발표한 요구사항의 대부분을 받아드렸으며, 해당 교사의 파직요구는 수용하지 않았다. 그는 학군 내 다른 보직으로 전보되었다. 시민참여센터 김동찬 대표는 "인사 조치를 떠나서, 학군이 아직도 이 사건을 인종차별로 인정하지 않는다는 것이 가장 근본적인 문제"라고 밝혔다. 시민참여센터는 버겐카운티(Bergen County) 군수 제임스 테데스코 (James Tedesko) 등 카운티 정부 관계자와 해당 사건에 대해 면담하여 카운티 정부와 다음의 합의에 도달했다. 1) 한인사회가 요구한 문화적 편견과 민감성 훈련(cultural bias & sensitivity training)의 준비 단계부터 한인사회의 참여를 통해 해당 훈련을 진행. 2) 한인사회와 카운티 정부가 해당 사건 관련 정책을 공동 수정하여 유사 사건이 재발할 경우, 더 나은 대처방안 수립. 3) 한인사회의 요구에 따라, 카운티 정부가 해당 학군의 사건 처리 여부를 재조사 고려. 4) 한인사회의 요구에 따라, 카운티 정부가 해당 교사를 버겐카운티 내의 교단에서 파면할 수 있는지를 검토할 것(KACE 시민참여센터, 홈페이지 2017.12.15. 성명서). 특히 시민참여센터는 한인 차별에 대한 적극적인 시위와 시정 노력을 통해 한인들에게 정치적 자신감을 심어주고 더욱 적극적으로 정치에 참여할 수 있도록 자극하고자 한다.

뉴저지의 뉴욕 인근에서 시의회에 계속 진출하고 있으나 주의원에 진출하는 것은 아직도 매우 어렵다. 뉴저지의 주 상원 40명, 주 하원 80명 중 아시아계는 단 2명에 불과하다. 뉴저지 인구 중 아시아계의 비율이 9.8%이지만 주의회의 아시아계 비율은 1.6%에 그치고 있다. 그 결과 한인사회의 요구사항은 주의회에서 거의 고려되지 못하고 있다. 따라서 아직 정치적으로 약자이어서 한인들과 관련된 이슈를 한인에게 유리하게 만들기 어려운 상황이다. 한인들은 대체로 선거에서 민주당 후보로 나오는 경우가 많다. 트럼프 대통령 취임 후 한인들의 민주당 지지율은 계속 높아졌다. 아시아계의 민주당 지지도가 2014년에는 49%였지만 2018년에는 77%까지 증가했다. 한인 유권자의 경우 60%가 민주당을 지지, 공화당(26%)을 압도하고 있다. 아시아계 유권자들의 높은 민주당 지지율은 도널드 트럼프에 대한 반감과 관련되어있다. 설문참여자 중 '트럼프 정부에 만족하는가'에 대한 질문에 58%가 '반대한다'고 답했고, 36%가 '찬성한다', 4%가 '모른다'고 답했다. 한인의 경우 66%가 반대, 32%가 찬성, 2%가 모른다고 답해 전체 트럼프에 대한 반대한다는 응답 비율이 일본계(72%), 중국계(70%), 인도계(66%)에 이어 가장 강하게 나타나 트럼프에 대한 반대가 계속 높아지고 있다(AAPI, 2018).

6. 한국계 미국인, 아시아계 미국인으로

사람들은 구체적인 경험이나 사건을 매개로 자신의 위치, 정체성, 문화, 역할을 반추하고 추론하고 해석하고 재구성하게 된다. 재미 한인 2세들도 자신의 맥락에서 자신의 경험을 반추하고 어떤 문화를 어떻게 활용하고 공존할 것인지 정한다. 2차 세계대전부터 추세가 되어 1970년대 이후 미국에서 자신의 민족적 뿌리를 드러내는 것을 점차 당연한 것으로 받아들이게 되었다. 따라서 한인이라는 특징을 드러내면서 미국문화를 혼성하여 활용하는 것이 한인이라는 특징을 숨기는 것보다 사회적으로 더 높이 평가를 받는다. 백인우월주의가 사라진 것은 아니지만 그만큼 한국문화를 드러내는 것은 또 다른 장점을 하나 더 가진 것으로 평가받을 수 있다. 2세에게는 이렇게 한인이라는 점을 드러내고 한국문화를 전략자원으로 작동시킬 줄 아는 것이 바로 미국인이 되는 과정이다. 미국인들이 모두 자신의 민족적 배경을 가지고 있고 그것을 드러내는 것이 본인과 미국을 더 풍요롭게 만든다는 생각도 상당히 널리 퍼져 있다. 미국 사회의 통합과 발전에 기여하면서도 민족적 정체성을 지니고 민족문화를 드러내는 것이 민족성을 정치화하고 미국문화의 커다란 흐름의 하나가 되도록 하는 것이 미국식 문화정치이다. 미국식으로 민족을 드러내고 여러 문화와 공존하도록 만드는 것이 미국의 문화정치 문법을 익혀 수행하는 것이 된다.

200명을 대상으로 한 한인 2세에 대한 조사에 따르면[18] 한인 2세들은 2/3 이상이 한국학교에 다닌 적이 있었으며, 37%가 한국어를 잘하는 편이라고 대답했고, 48%가 조금 한다고 대답했으며, 한국어를 못 한다고 대답한 비율은 15%에 불과하였다. 한글을 쓰는 것도 잘하는 편이 18%, 조금 한다가 61%이고, 아예 못 쓰는 경우가 21%여서 대체로 한글을 쓸 줄 안다. 한국어를 집과 한국학교에서 배우고, 한국 신문이나 방송, 인터넷 등을 통해 한국어 실력을 증진시켰다. 특히 한국 TV 프로그램을 매달 1회 이상 보는 경우가 71%이고, 매주 보는 경우는 48%에 달했다. 월 1회 이상 한국음악을 듣는 경우가 62%로 케이 팝을 많이 듣고 있다. 91%가 한식을 매주 먹고 있어 미국에서 태어났어도 여러 한국문화에 익숙해져 있다. 2세의 82%가 한국을 방문한 경험이 있으며, 한국 방문이 모국을 이해하는 데 도움을 주었지만 동시에 82%는 문화나 언어 등에서 불편했다고 대답했다. 2세의 93%가 스스로를 코리안 아메리칸으로 인식하였고, 코리안으로 인식하는 경우는 2%, 미국인으로 인식하는 경우는 1%로 한국계 미국인이라는 인식이 매우 강하다. 자신을 코리안 아메리칸으로 인식

---

18) 이곳에서는 한인 2세의 범주에 5세 미만일 때 이민 온 사람까지 포함하였다. 200명을 대상으로 조사하였으며 이 중 160명이 미국에서 태어났고 40명은 5세 이전에 이민을 온 사람이다. 초등학교 입학 이전에 이민을 오면 학교에서 미국식 교육을 받기 때문에 미국에서 태어난 경우와 비슷한 의식을 갖게 된다고 생각된다.

하게 된 시기는 초등학교 때가 59%, 중고등학교 때가 23%, 대학생일 때가 13%, 직장에 다닐 때가 2%로 대체로 학교에 다닐 때 코리안 아메리칸이라는 정체성이 형성되고 있음을 보여준다(뉴욕한국일보, 2018.10.03.).

위의 설문에서는 아시안 아메리칸에 대한 조사하지 않았지만, 한인 2세들은 갈수록 스스로 코리안 아메리칸이면서 동시에 아시안 아메리칸이라고 느끼고 있다. 미국에서 아시안 아메리칸이 하나의 인종처럼 구성되었지만 원래 아시아에서 하나의 인종이 존재하지 않았다. 인종적으로 동아시아인과 인도인이 다르고 인도인과 중동사람들이 다르다. 아시아에서 거주할 때는 아시아인들이 같은 집단이나 같은 인종이라고 느끼지는 않는다. 하지만 미국에서는 아시안 아메리칸이라는 범주가 인종범주처럼 일상적으로 사용되고 그렇게 분류되고 간주하기 때문에 결국 아시아계라는 정체성을 자신의 정체성의 하나로 인식하게 된다. 아시아라는 지역 명칭이 미국에서는 점차 인종범주로 만들어지고 있다. 물론 이들은 아시아라는 명칭이 부여된 지역에서 왔다는 점과 일부는 외모가 좀 더 비슷하다는 점 외에 인종적으로 유사점이 없다. 아시아에서 한국인이 중국인이나 베트남인이나 인도인이나 중동인과 같은 집단이라고 생각하지 않는다. 그러나 미국에서는 같은 집단이라는 의식이 형성되고 있고, 그 같은 집단이라는 의식은 미국식 인종적 범주로서의 같은 집단이라는 의식이다. 일상생활에서나 정치적으로나 같은 범주로 분류되고 같은 집단으로 다뤄지는 경우가 아주 많기 때문이다. 이러한 상황에서 인종차별에 대응하고 집단의 힘을 키우기 위해서라도 아시아인들도 아시아계라는 용어가 일상적으로 대부분이 영역에서 사용되고 있고 그렇게 분류하고 있기 때문에 결국 이를 받아들여 이러한 범주 안에 있는 집단들끼리 공동의 정체성을 느끼고 결집하여 함께 일하고 대응하려는 노력이 많이 증가하고 있다. 이미 일상생활에서 한 집단으로 묶였고 그렇게 대우받고 있기 때문이다. 같은 집단으로 다루어지고 대체로 다 비슷해 보인다고 하니 그에 대한 대응으로 같은 집단이라는 정체성을 가지게 되는 것이다(Ahn, S. J. 2001: 7).

한인이 어떻게 활동하든 어떠한 문화를 가지고 있든 외모 때문에 타인종과 만나게 될 때 아시아 인종으로 계속 분류된다. 그런 다음 이야기가 더 진전되면 보다 상세한 자기 민족(ethnicity)을 이야기하게 된다. 물론 아시아계들 사이에서는 인종이 아니라 자기 민족을 먼저 이야기하게 된다. 한인이라는 측면은 아시아 인종의 하위범주로 간주하기 때문에 아시아계와 만났을 때는 아시아의 하위범주로서 민족이 바로 부각이 되지만, 타인종과의 관계에서는 인종이 먼저 부각이 되고 그다음으로 이야기가 진전되면 민족에 대해 이야기하는 경우가 많다. 특히 평균 이민의 역사가 짧은 아시아인들은 어떠한 행동을 해도 조금 전 이민을 온 이방인으로 간주하고, 따라서 끊임없이 미국인이라는 점을 증명해야 할 상황에 빠진다. 이에 비해 이민의 역사가 짧아도 유럽인들이나 백인들은 당연히 미국인으로 인식된다. 미국에서 인종적으로 범주화되고 분열된 상황에서 의식하지 못하면서도 인종적인 측면이 작용하는 것을 아래 사례는 잘 보여주고 있다.

[Maggie] : "내가 학교 내 새로운 기숙사 건물로 옮겨갔다. 그곳에는 30% 정도가 아시아계였다. 점심이나 저녁을 먹을 때 나는 내가 아시아 학생들의 테이블에 앉아 있는 것을 발견하였다. 내가 아는 아시아계가 하나도 없어도 아시아계가 앉아 있는 곳으로 가는 나를 발견하였다. 어떤 테이블이 아시아계의 것이고 어떤 테이블이 백인의 것인지 나는 전혀 몰랐다. 내가 평생 미국에 살았는데 그런 것을 느끼지 못했

다는 점에 내가 깜짝 놀랐다. 내가 그렇게 하고 있다는 것을 나중에야 깨달은 것이다. 내가 나도 모르게 아시아계 테이블에 앉고 있었다. 만약 내가 백인들 테이블에 가서 앉는다면 이들이 왜 내가 아시아계 테이블로 가지 않는지 의아하게 생각할 거라고 나는 상상했었다. 모든 사람이 내가 그렇게 행동하도록 기대하고 있다고 상상하고 있었다.(Ahn, S. J. 2001: 8)

2세들이 성장하여 고등학교나 대학교에 다니고 졸업한 다음 취직하는 과정에서 타인종으로부터 아시아계라는 스테레오 타입으로 인식되면서 또한, 다양한 차별을 경험하면서 백인이나 흑인과 다르다는 인식을 강화하게 된다. 대체로 교외에서 백인들이 많은 학교에 다니면서 한인은 별다른 의미 부여를 받지 못하고 아시아계로 인식되는 과정을 경험한다. 한인과 아시아계로 스스로 인식하게 되지만, 백인들과 사귀고 주류의 일원이 되고 싶어 한인이나 아시아계와 거리를 두는 경우도 생긴다. 또는 한인의 의식을 더욱 강화하면서 한인들의 커뮤니티와의 유대감을 강화하거나 한국과의 연계를 강화하는 모습도 나타난다. 한국어를 잘 못하여 1세가 주도하는 한인 커뮤니티와 괴리감을 느끼기도 하지만 점차 한인 2세들이 많아지면서 한인 커뮤니티와 동일감이 커지고 한인 커뮤니티를 주류와 연결하거나 또는 한인 커뮤니티의 권리를 강화하는 데 적극적으로 참여하기도 한다 (Min, P. G. & Chung, Thomas, eds., 2014).

푸코가 보여준 것처럼 우리는 담론의 질서(범주) 속에 쉽게 빠지고 그 밖을 제대로 상상하지 못한다. 스스로 아시아계라는 미국식 인종 범주에 무의식적으로 빠진다는 것은 미국식으로 생각하고 미국식으로 살고 있음을 보여주는 것이다. 미국식으로 민족(ethnic)이 되어 미국식으로 일상 정치를 행하는 것이 된다. 미국문화를 배우고 익히고

자 하지만 미국인들과 무언가 다르다는 것을 느낀다. 그러면서 미국 정부가 다양한 민족들을 하나로 묶어 관리하기 쉽게 만든 범주인 아시아계라는 단어에 빠져들게 만든다. 한인을 넘어 기존의 인지체계에 없었던 인종범주가 자신의 정체성으로 자리 잡게 된다. 이러한 범주가 일상생활에서 관철되어 작동하기 때문에 이를 벗어나기 어려우며 또한, 같은 범주로 호명되는 사람들 사이에 문화적 유대감이 만들어 진다. 아시아계가 하나의 집합적 목소리를 지닌 집단인 것으로 정치화된다. 아시아계 스스로 같은 인종범주로 정치적 동원을 하게 되어, 스스로 아시아계라는 범주의 집단을 인종으로 인식하며 이를 정부 자원 접근통로로 적극적으로 사용한다. 국가가 아시아계를 제도화시키고 그렇게 구성된 아시아계도 능동적으로 이러한 범주를 활용하며 더욱 아시아계라는 정체성이 강화되어 간다. 이제 한인계 미국인이라는 개념이 어떤 상황에서는 아시아계 미국인으로 불리거나 기술되는 상황이 빈번하게 나타난다(Ahn, 2001: 10). 따라서 인종 차원에서 한인은 사라지고 아시아계가 전면에 부각되어 각종 통계와 설명이 아시아계라는 단어로 이루어진다.

퓨 연구소(Pew Research Center)의 2013년 자료에 따르면 미국에서 이민자 2세들은 백인 46%, 히스패닉 35%, 아시아계 12%, 흑인 4%로 총인구보다 히스패닉과 아시아계의 비율이 크게 높다. 이들은 대체로 부모 세대보다 더 많은 교육을 받았으며 부모(가구당 4.6만 달러)보다 높은 소득(가구당 5.8만 달러)을 올리며, 집을 가진 비율이 더 높고, 빈곤은 줄었으며(18%에서 11%로), 2세의 61%가 자신이 전형적인 미국인이라고 생각한다. 2세(43%)들은 시민권자 1세(37%)보다 더 많이 투표한다. 라틴계와 아시아 2세들은 미국 일반인들보다 더 근면과 성공을 강조하며 민주당을 더 지지하는 경향을 보인다. 1세보다 영어를 잘 사용하며, 자기 민족이나 인종 집단 외에서 결혼하는 비중이 높아졌다. 2세들은 1세에 비해 사무직, 관리직, 전문직에서 일하는 경향이 높다. 2세는 이민자보다 일반인들과 직업구조가 비슷하다. 특히 아시아계 2세가 다른 인종 2세들보다 더 교육을 받으며 보다 전문직에 종사한다. 1세들은 2세보다 자영업뿐만 아니라 서비스업, 운송, 건설, 농업에 더 종사하며 보다 열악한 근로환경에 있다. 아시아계는 결혼, 가족, 양육을 더 강조하는 경향이 있으며, 교육을 위해 희생을 감수하여[19] 미국 역사상 가장 높은 교육율과 대학 졸업율을 보여주며, 강한 노동윤리를 가지고 있다. 아시아계 10명 중 7명은 열심히 노력하면 앞서나갈 수 있다고 생각하며 93%가 자기 민족이 매우 근면한 편이라고 생각한다[20](Pew Research Center 2013).

이민자 2세들은 60% 정도가 자신들이 전형적인 미국인이라고 생각한다. 1세보다 2배 정도 높다. 전형적인 미국인이라고 하여 자기 민족이나 정체성을 잃어버리는 것이 아니다. 스스로를 특정 민족(멕시칸, 중국계, 한국계 등)으로 인식하거나, 이보다 상위의 인종(히스패닉, 아시안 아메리칸 등)으로 인식한다. 2세 중 소수만이(아시아계 27%, 히스패닉 37%) 자신을 단순히 "미국인"으로 인식한다고 답했다. 이민자들은 더 소수만이(아시아계 9%, 히스패닉 8%) 자신을 미국인으로 인식한다고 답했다. 아시아계 이민자들의 78%가 영어 소통에 지장이 없다고 대답했지만, 히스패닉은 48%만이 그렇게 대답했다. 히스패닉은 교육을 덜 받은 상태로 일을 하러 이민을 왔지만, 아시아계

---

19) 예를 들어 LA 인근에서 아시아계들은 자녀를 더 나은 학군의 학교로 진학시키기 위해 주택가격이 높아도 더 작은 집으로 이사 가는 것을 감수한다.

20) 같은 자료에 따르면 전체 미국인들은 57%가 그렇게 생각한다.

가 더 많은 교육을 받고 미국에서도 더 교육을 받는 경향이 있기 때문으로 보인다. 2세들도 아시아계가 더 영어를 잘하고 자신의 모국어를 덜 하는 경향을 보여준다. 히스패닉 1세는 멕시칸 등의 구체적인 나라의 출신으로 61%가 인식하고, 히스패닉으로는 29%, 미국인으로는 8%가 인식하지만, 2세는 38%만이 부모 나라의 출신으로, 20%가 히스패닉으로, 37%가 미국인으로 인식한다. 아시아계 1세는 출신 나라로 69%, 아시아계로 18%, 미국인으로 9%가 인식하나 2세는 부모 나라의 출신으로 45%, 아시아계로 23%, 27%가 미국인으로 인식한다. 아시아계 2세가 히스패닉 2세보다 좀 더 부모 나라의 출신으로, 아시아계로 인식하는 경향이 있다. 단순히 미국인으로 인식하는 경향도 아시아계 2세(27%)가 히스패닉 2세(37%)보다 상당히 낮다. 히스패닉 2세는 61%가 자신을 전형적인 미국인으로 인식하나 36%는 전형적인 미국인과 크게 다르다고 생각한다. 아시아계 2세도 61%가 전형적인 미국인으로 34%가 전혀 다른 미국인으로 생각한다. 이는 1세와 상당한 차이를 보여준다. 히스패닉 1세는 33%가 전형적인 미국인으로 생각하나 59%가 미국인과 크게 다르다고 생각하고, 아시아계 1세는 30%가 전형적인 미국인으로 생각하나 60%가 미국인과 크게 다르다고 생각한다. 따라서 자신을 미국인으로 인식하는 정도는 1세와 2세에서 커다란 차이가 나타나나, 히스패닉과 아시아계에서 별다른 차이가 나타나지 않고 있다(Pew Research Center 2013).

아시아계 2세들은 1세보다 다른 인종이나 민족들과 잘 어울린다고 대답하고 있다. 1세는 49%가 잘 어울리거나 어느 정도 어울린다고 대답했는데 2세는 64%가 그렇게 대답하였다. 또한, 1세보다 2배의 2세들이 타민족이나 인종과 결혼할 수 있다고 대답하였다. 타인종과 관련하여 아시아계는 다른 인종과 잘 지낸다는 비율이 백인 87%, 히스패닉 72%, 흑인 63%, 잘 못 지낸다는 비율이 백인 9%, 히스패닉 19%, 흑인 28%로 나와, 흑인과 잘 못 지낸다는 대답이 많았다. 세대별로 나눠보면 흑인과 잘 지낸다는 비율이 1세는 60%, 2세는 71%, 잘못 지낸다는 비율이 1세는 31%, 2세는 20%로 세대별 차이가 상당히 크다. 1세는 친구 대부분이 같은 나라 출신이라는 대답에 49%가 그렇다고 대답했지만 2세는 17%만이 그렇다고 대답했다(Pew Research Center, 2013, 5장).

직장을 구하거나 승진할 때 자신의 인종이나 민족이 긍정적인 또는 부정적인 역할을 하는가에 대한 질문에서 1세는 긍정 15%, 부정 16%, 영향 없다에 58%로 대답했고, 2세는 긍정 11%, 부정 12%, 영향 없다에 70%로 대답했다. 직업을 구할 때에 대한 질문에서 1세는 긍정 20%, 부정 13%, 영향 무 60%, 2세는 긍정 17%, 부정 10%, 영향 무 68%로 대답하여 승진에 비하여 긍정적 대답은 5~6% 높아지고 부정적 대답은 2~3% 낮아졌다. 학교에 입학할 때도 자기 민족/인종 배경이 영향이 없다고 대다수가 대답했지만(61%), 긍정적으로 보는 비율이 8% 더 높았다. 아시아계는 인생에서 중요한 것에 대해 좋은 부모가 되는 것(67%), 결혼 관계를 잘 유지하는 것(54%)에서 히스패닉보다 훨씬 중요하게 생각하는 경향을 보여주었고, 경력에서 성공(27%)하거나 집을 소유(32%)하는 것에 대해서는 히스패닉계와 비슷한 정도로 중요하게 생각하였다. 아시아계가 가족 가치를 상당히 높게 평가하는 것을 보여주고 있다(Pew Research Center, 2013, 7장).

이러한 과정에서 시민단체들은 국가나 지방정부나 정치인들뿐만 아니라 다양한 단체들이나 다양한 민족과 여러 차원에서 관계를 발전시켜온다. 한인들에게서 가장 많은 연대가 나타나는 집단이 다른 아시아인들이다. 미국에서 한인들은 중국인이나 인도인이나 베트남인들과 함께 아시아계로 분류되어 있다. 이러한 분류체계는 정체성과 연대 활동에도 심각한 영향을 미치며 이들은 같은 범주로 분류되면서 어느 정도 같은 운명공동체로 작동하고 있다고 느끼게 된다.

한인이 라틴계와 혹은 흑인과도 연대하지만, 아시아인과의 연대가 특히 강화되고 있다. 한인 단체들의 중국계, 일본계뿐만 아니라 동남아 출신이나 인도계와 함께 하는 아시안 아메리칸의 연대 활동이 크게 늘어나고 있다. 흑인이나 라틴계와의 연대보다 아시아계와의 연대가 훨씬 다양하고 더 오래, 더 많은 사람이 참여하는 경향이 있다. 특히 2세들에 있어서는 학교에서도 아시아계의 연대가 상당히 뚜렷하게 나타난다. 미국 사회가 수많은 아시아 민족들을 아시안 아메리칸이라는 인종으로 범주화하고 있어 각각의 아시아 민족들도 스스로 아시아인이라는 범주로 생각하는 경향이 늘어나고 있다. 이에 따라 스스로 아시아인으로 생각하는 경향이 늘어나고 있다. 한국에서는 전혀 상상하지 못했지만, 미국에 와서 인도계나 동남아계와 함께 묶이는 인종 집단으로 간주하며, 스스로 그렇게 생각하게 되는 것이다.

이러한 사회적 조건에 영향을 받아 한인들, 특히 2세들은 갈수록 스스로를 아시아계로 생각하는 경향도 점차 강해지고 있다. 따라서 점차 아시안 조직들에 참여하는 한인들이 늘어나고 있다. 타 아시아 집단들도 한인을 아시아계로 연대해야 할 집단으로 생각하여 흑인이나 라틴계보다 더 가까운 집단으로 생각한다.

강건영, 2002, 『하와이, 멕시코, 남미로의 한인 이민』, 도서출판 선인.

강준만·강지원, 2016, 『빠순이는 무엇을 갈망하는가?』, 인물과 사상사.

권은혜, 2013, 「2012 미국 오바마 정부, '불법' 외국인의 자녀들, 그리고 드림법안의 현재」, 『호모미그란스』 7: 55-58.

김찬희, 2002, 「미주내 한인 개신교회 100년의 발자취」, 『미주 한인이민 100년사』, 한미동포재단·미주 한인이민 100주년 남가주기념사업회.

김현희, 2014, 「인종·종족적 이민지의 내부적 생산과 유통에 대한 연구: 뉴욕 한인사회의 법률 서비스 시장을 중심으로」, 『비교문화연구』 20(1): 43-86.

김현희, 2016, 「미국시민권으로의 길: 뉴욕 한인 변호사의 무료 법률 서비스」, 『한국문화인류학』 49(1): 109-164.

김현희, 2019, 「불법과 합법 사이의 경계에서: 미국 이민법제의 변동과 한인 미등록 청년의 삶」, 『비교문화연구』 25(1): 95-135.

나성한인연합장로교회, 1976, 『나성한인연합장로교회 70년사』.

로버타 장·웨인 패터슨, 2008, 『하와이의 한인들: 사진으로 보는 미주 한인 이민사, 1903-2003』, 이주영 옮김, 눈빛.

민병갑·주동완, 2010, 「뉴욕 플러싱 – 베이사이드 지역의 한인 타운」, 『글로벌 문화콘텐츠』 5: 7-39.

박원석, 2015, 「미국 LA 지역 한인 인주민의 정착 경로 및 주거입지 특성」, 『한국경제지리학회지』 18(1): 17-44.

신지연, 2014, 「트랜스이주 시대의 뉴욕 한인 타운의 재구성과 민족간 관계 연구」, 이화여자대학교 석사논문.

안종철, 2013, 「하와이원주민 문제의 역사적 쟁점과 미 연방대법원의 관련 판결분석」, 『법사학연구』 48: 275-305.

연효진, 2019, 「강영승의 재미민족운동」, 서강대학교 석사학위논문.

웨인 패터슨, 2002, 『아메리카로 가는 길, 한인 하와이 이민사, 1896~1910』, 정대화 옮김, 들녘.

유의영, 2002, 「남가주 한인사회: 1903-1964」, 『미주 한인이민 100년사』, 한미동포재단·미주 한인이민 100주년 남가주기념사업회.

이경원·김익창·김그레이스, 2018, 『외로운 여정: 육성으로 듣는 미주 한인 초기 이민사, 하와이에서 유카탄, 쿠바까지』, 장태한 옮김, 고려대학교 출판문화원.

이덕희, 2003, 『하와이 이민 100년: 그들은 어떻게 살았나?』, 중앙M&B.

이덕희, 2013, 『하와이 대한인국민회 100년사』, 연세대학교 대학출판문화원.

이선주·로버타 장, 2014, 『하와이 한인사회의 성장사, 1903~1940』, 이화여자대학교 출판부.

이소희, 2016, 「조용한 오딧세이: 역사의 주체로서 삶 쓰기」, 『영미문학페미니즘』 24(2): 115-158.

조혜영, 2000, 「재미한인 2세와 민족정체성」, 『재외한인연구』 9: 45-93.

주동완, 2011, 「뉴욕 플러싱 코리아타운 디지털화를 위한 기본연구」, 『재외한인연구』 23: 223-280.

하우아니 카이 트라스크, 이일규 역, 2017, 『하와이 원주민의 딸』, 서해문집.

한승미, 2010, 「국제화 시대의 국가, 지방 자치제 그리고 '이민족 시민(ethnic citizen)': 동경도(東京都) 정부의 '다문화주의' 실험과 재일 한국/조선인에의 함의」, 『한국문화인류학』 43(1): 263-305.

홍석경, 2013, 『세계화와 디지털 문화 시대의 한류: 풀하우스, 강남스타일, 그리고 그 이후』, 한울 아카데미.

AAPI(Asian American & Pacific Islanders) Data, 2016, "Inclusion, not Exclusion: 2016 Asian American Voter Survey."

AAPI(Asian American & Pacific Islanders) Data, 2018, "2018 Asian American Voter Survey."

Abelmann, Nancy and John Lie. 1995, "Mapping the Korean Diaspora in Los Angeles,"

In *Blue Dreams: Korean Americans and the Los Angeles Riots*, Cambridge: Harvard University Press.

Adamson, Fiona, 2012, "Constructing the Diaspora: Diaspora Identity Politics and Transnational Social Movements," In *Politics from Afar: Transnational Diasporas and Networks*, Terrence Lyons and Peter Mandaville (eds.), London: Hurst & Company.

Ahn, Sang Ja, 2001, "Putting the 'American' into 'Korean-American': The Social Identity of a Second Generation," Sheffield Online Papers in Social Research. (https://www.sheffield.ac.uk/polopoly_fs/1.71445!/file/2sangja.pdf, Retrieved on Oct. 26, 2018)

Al-Ali, Nadje, Richard Black and Khalid Koser, 2001, "The Limits to 'Transnationalism': Bosnian and Eritrean Refugees in Europe as Emerging Transnational Communities," Ethnic and Racial Studies 24(4): 578-600.

Alba Richard D. and John R. Logan, 1991, "Variations on Two Themes: Racial and Ethnic Patterns in the Attainment of Suburban Residence," Demography 28: 431-453.

Allen, James P and Eugene Turner, 1996, "Ethnic Diversity and Segregation in the New Los Angeles," In *Ethnic City: Geographic Perspectives on Ethnic Change in Modern Cities*, C. Roseman et al. (eds.), Lanham: Rowman & Littlefield Publishers, Inc.

Anderson, Benedict, 1991, *Imagined Communities: Reflections on the Origin and Spread of Nationalism*, London: Verso.

Appadurai, Arjun, 1988, "How to Make a National Cuisine: Cookbooks in Contemporary India," Comparative Studies in Society and History, 30(1): 3-24.

Appadurai, Arjun, 1996, *Modernity at Large: Cultural Dimensions of Globalization*, Minneapolis: University of Minnesota Press.

Baker-Cristales, Beth, 2009, "Mediated Resistance: The Construction of Neoliberal Citizenship in the Immigrant Rights Movement," Latino Studies 7(1): 60-82.

Basch, Linda, Nina Glick Schiller and Christina Szanton Blanc, 1994, *Nations Unbound:*

Transnational Projects, Postcolonial Predicaments and Deterritorialized Nation-States, Langhorne: Gordon and Breach Science Publishers.

Baser, Bahar, 2014, "The Awakening of a Latent Diaspora The Political Mobilization of First and Second Generation Turkish Migrants in Sweden," Ethnopolitics, 13(4): 355-376.

Bourdieu, Pierre, 1984, *Distinction: A Social Critique of the Judgement of Taste*, Cambridge: Harvard University Press.

Brackman, Harold and Steven P. Erie, 2003, "Beyond 'Politics by Other Means'?" In *Asian American Politics*, Don T. Nakanishi & James S. Lai (eds.), Lanham: Rowman & Littlefield Publishers, Inc.

Brettell, Caroline B. and Faith G. Nibbs, 2010, "Immigrant Suburban Settlement and the "Threat" to Middle Class Statues and Identity: The Case of Farmers Branch, Texas," International Migration 49(1): 1-30.

Case, James H., 2017, *Hawaii Lawyer: Lessons in Law and Life from a Six Decade Career*, North Charleston: CreateSpace Independent Publishing Platform.

Castells, Manuel, 1989, "Space and Society: Managing the New Historical Relationships," In *Cities in Transformation: Class, Capital, and the State*, Beverly Hill: Sage.

Chan, Sucheng, 1990a, "Appendix A: The Historiographer's Role," In *Quiet Odyssey: A Pioneer Korean Woman in America*, Mary Paik Lee, Seattle: University of Washington Press.

Chan, Sucheng, 1990b, "Appendix B: Operating a Korean American Family Farm," In *Quiet Odyssey: A Pioneer Korean Woman in America*, Mary Paik Lee, Seattle: University of Washington Press.

Chan, Sucheng, 1990c, "Appendix C: Korean Rice Growers in the Sacramento Valley," In *Quiet Odyssey: A Pioneer Korean Woman in America*, Mary Paik Lee, Seattle: University of Washington Press.

Chan, Sucheng, 1990d, "Introduction," In *Quiet Odyssey: A Pioneer Korean Woman in America*, Mary Paik Lee, Seattle: University of Washington Press.

Chan, Sucheng, 1990e, "Preface," In *Quiet Odyssey: A Pioneer Korean Woman in America*, Mary Paik Lee, Seattle: University of Washington Press.

Chin, Soo-Young, 1999, *Doing What Had to Be Done: The Life Narrative of Dora Yum Kim*, Philadelphia: Temple University Press.

Chung, Angie, 1997, *Legacies of Struggle: Conflict and Cooperation in Korean American Politics*, Stanford: Stanford University Press.

Clark, William A. V., 1991, "Residential Preferences and Neighborhood Racial Segregation: A Test of the Schelling Segregation Model," Demography 28(1): 1-19.

Cohen, Anthony, 1985, *The Symbolic Construction of Community*, London: Routledge.

Crenshaw, Kimberle, 1991, "Mapping the Margins: Intersectionality, Identity Politics, and Violence Against Women of Color," Stanford Law Review 43 (6): 1241-1299.

Danico, Mary Yu, 2004, *The 1.5 Generation: Becoming Korean American in Hawaii*, Honolulu: University of Hawaii Press.

Das, Veena, 1995, *Critical Events: An Anthropological Perspective on Contemporary India*, Delhi & New York: Oxford University Press.

Desai, Jigna, 2005, "Planet Bollywood: Indian Cinema Abroad," In *East Main Street: Asian American Popular Culture*, Shilpa Davé, LeiLani Nishime and Tasha G. Oren (eds.), New York: New York University Press.

DeSoucey, Michaela, 2010, "Gastronationalism: Food Traditions and Authenticity Politics in the European Union," American Sociological Review 75(3): 432-455.

Dhingra, Pawan and Robyn Magalit Rodriguez, 2014, *Asian America: Sociological and Interdisciplinary Perspectives*, Malden: Polity.

El-Haj, Thea Renda Abu, 2009, "Imaging Postnationalism: Arts, Citizenship Education, and Arab American Youth," Anthropology & Education Quarterly 40(1): 1-19.

Enjeti, A., 2016, "Ghosts of White People Past: Witnessing White Flight from an Asian Ethnoburb," Pacific Standard, updated June 14, 2017, original: Aug. 25, 2016.

Espiritu. Yen Le, 1992, *Asian American Panethnicity: Bridging Institutions and Identities*, Philadelphia: Temple University Press.

Fishman, Robert, 1987, "The End of Suburbia: A New Kind of City Is Emerging — the 'Technoburb'," Los Angeles Times, August 02.

Flores, William and Rina Benmyor, 1997, *Latino Cultural Citizenship: Claiming Identity, Space and Rights*, Boston: Beacon Press.

Fujikane, Candace and Jonathan Y. Okamura, 2008, *Asian Settler Colonialism: From Local Governance to the Habits of Everyday Life in Hawaii*, Honolulu: University of Hawaii Press.

Fujita-Rony, Dorothy, 2013, "A Shared Pacific Arena: Empire, Agriculture, and the Life Narratives of Mary Paik Lee, Angeles Monrayo, and Mary Tomita," Frontiers 34(2): 25-51.

Garreau, Joel, 1991, *Edge City: Life on the New Frontier*, Anchor Books.

Glenn, Evelyn Nakano, 2011, "Constructing Citizenship: Exclusion, Subordination and Resistance," American Sociological Review 76(1): 1-24.

Glick Schiller, Nina, 2004, "Long Distance Nationalism," In *Encyclopaedia of Diasporas: Immigrant and Refugee Cultures around the World, Vol. I: Overviews and Topics; Vol. II: Diaspora Communities*, M. Ember, C. R. Ember & I. Skoggard (eds.), New York: Springer.

Glick Schiller, Nina, Linda Basch, Christina Szanton Blanc, 1995, "From Immigrant to Transmigrant: Theorizing Transnational Migration," Anthropological Quarterly 68(1): 48-63.

Gordon, Milton M., 1964, *Assimilation in American Life: The Role of Race, Religion, and National Origins*, New York: Oxford University Press.

Gupta, Akhil and James Ferguson, 1997, Culture, Power, Place: Explorations in Critical Anthropology, Durham: Dike University Press.

Green, Richard P., 1997, "Chicago's New Immigrants, Indigenous Poor, and Edge Cities," Annals of the American Academy of Political and Social Science 551: 178-190.

Hall, Stuart and Paul du Gay, 1996, *Questions of Cultural Identity*, Thousand Oaks: Sage.

Hannerz, Ulf, 1992, *Cultural Complexity: Studies in the Social Organization of Meaning*, New York: Columbia University Press.

Hing, Bill Ong, 1994, *Making and Remaking Asian America Through Immigration Policy, 1850-1990*, Palo Alto: Stanford University Press.

Howes, Craig and Jonathan K. K. Osorio (eds.), 2010, *The Value of Hawaii: Knowing the Past, Shaping the Future*, Honolulu: University of Hawaii Press.

Ichijo, Atsuko and Ronald Ranta, 2016, *Food, National Identity and Nationalism: From Everyday to Global Politics*, London: Palgrave Macmillan UK.

Jackson, Kenneth T, 1987, *Crabgrass Frontier: The Suburbanization of the United States*, Oxford University Press.

Jacobsen, Christine M. and Mette Andersson, 2012, "'Gaza in Oslo': Social Imaginaries in the Political Engagement of Norwegian Minority Youth," Ethnicities 12(6): 821-843.

Joppke, Christian, 1999, "How Immigration Is Changing Citizenship: A Comparative View," Ethnic and Racial Studies 22(4), 629-652.

Jung, Sun, 2011, *Korean Masculinities and Transcultural Consumption: Yonsama, Rain, Oldboy*, K-pop Idols, Hong Kong: Hong Kong University Press.

Kapai, Puja, 2012, "Developing Capacities for Inclusive Citizenship in Multicultural Societies: The Roles of Deliberative Theory and Citizenship Education," Public Organization Review 12: 277-298.

Kasinitz, Philip, Mary C. Waters, John H. Mollenkopf, and Merith Anil, 2002, "Transnationalism and the Children of Immigrants in Contemporary New York," In *The Changing Face of Home: The Transnational Lives of the Second Generation*, Peggy Levitt and Mary C. Waters (eds.), New York: Russell Sage Foundation.

Kim, Chang Hwan, 2014, "The Generational Differences in the Socioeconomic Attainments of Korean Americans," In *Second-Generation Korean Experiences in the United States and Canada*, Min P. G. & Noh S. (eds.), Lanham: Lexington Books.

Kim, David S., 1975, *Korean Small Businesses in the Olympic Area, Los Angeles*, School of Architecture and Urban Planning, University of California, Los Angeles.

Kim, Elaine H. & Eui-Young Yu, 1996, *East to America: Korean American Life Stories*, New York: The New Press.

Kim, Karen Chai, 2011, Review on *Preserving Ethnicity through Religion in America: Korean Protestants and Indian Hindus across Generations*, by Pyong Gap Min, American Journal of Sociology 117(1): 321-323.

Koresky, Michael, 2018, "Queer & Now & Then: 1932," (https://www.filmcomment. com/blog/queer-now-1932/Retrieved on May 15, 2019).

Kwon, Brenda, 1999, *Beyond Keeaumoku: Koreans, Nationalism, and Local Culture in Hawaii*, New York: Garland Publishing.

Kwon, Soo Ah, 2013, *Uncivil youth: Race, Activism, and Affirmative Governmentality*, Durham: Duke University Press.

Lai, James and Don T. Nakanishi, 2016, *National Asian Pacific American Political Almanac*, Los Angeles: Asian American Center, UCLA.

Lee, Mary Paik, 1990, *Quiet Odyssey: A Pioneer Korean Woman in America*, Sucheng Chan (ed.), Seattle: University of Washington Press.

Lee, Kyung, 1969, "Settlement Patterns of Los Angeles Koreans," M.A. thesis, University of California, Los Angeles.

Lee, Sangjoon, 2015, "From Diaspora TV to Social Media: Korean TV Dramas in America," In *Hallyu 2.0: The Korean Wave in the Age of Social Media*, Sangjoon Lee and Abé Mark Nornes (eds.), Ann Arbor: University of Michigan Press.

Leitch, Alison M., 2003, "Slow Food and the Politics of Pork Fat: Italian Food and European Identity," Ethnos: Journal of Anthropology, 68(4): 437-462.

Levitt, Peggy and Mary C. Waters, 2002, "Introduction," In *The Changing Face of Home: The Transnational Lives of the Second Generation*, Peggy Levitt and Mary C. Waters (eds.), New York: Russell Sage Foundation.

Ley, David, 2008, "Postmulticulturalism?" In *Immigration and Integration in Urban Communities Renegotiating the City*, L. M. Lanley, B. A. Ruble and A. M. Garland (eds.), Washington, DC and Baltimore: Woodrow Wilson and The Johns Hopkins University Press.

Li, Wei, 1998, "Los Angeles's Chinese Ethnoburb: From Ethnic Service Center to Global Economy Outpost," Urban Geography 19(6): 502-517.

Li, Wei, 1999, "Building Ethnoburbia: The Emergence and Manifestation of the Chinese Ethnoburb in Los Angeles' San Gabriel Valley," Journal of Asian American Studies 2(1): 1-28.

Li, Wei, 2000, "Ehnoburb versus Chinatown; Two Types of Urban Ethnic Communities in Los Angeles," Department of Geography, University of Connecticut.

Li, Wei, 2009, *Ethnoburb: The New Ethnic Community in Urban America*, Hawaii: University of Hawaii Press.

Lien, Pet-te, M. Conway and J. Wong, 2004, *The Politics of Asian Americans*, New York: Routledge.

Lowe, Lisa, 1996, *Immigrant Acts: On Asian American Cultural Politics*, Durham: Duke University Press.

MacKenzie, Molody K., 2011, "Ka Lama Ku O Ka Noeau: The Standing Torch of Wisdom," University of Hawaii Law Review 33: 3-15.

Manalansan, Martin, 2004, *Global Divas: Filipino Gay Men in the Diaspora*, Durham: Duke University Press.

Mandelbaum, David G., 1973, "The study of life history: Gandhi," Current Anthropology 14(3): 177-206.

Massey, Douglas, 1985, "Ethnic Residential Segregation: A Theoretical Synthesis and Empirical Review," Sociology and Social Research 69(3): 315-50

Matsuda, Mari J. (ed.), 1992, *Called From Within: Early Women Lawyers of Hawaii*, Honolulu: University of Hawaii Press.

Merry, Sally Engle, 1999, *Colonizing Hawaii: The Cultural Power of Law*, Princeton: Princeton University Press.

Migration Policy Institute, 2016, MPI Report.

Migration Policy Institute, 2019, "Korean Immigrants in the United States," by A. O'Connor and J. Batalova.
(https://www.migrationpolicy.org/article/korean-immigrants-united-states)

Millican, Anthony, 1992, "Presence of Koreans Reshaping the Region," LA Times, Feb. 2, pp.B3.

Millican, Anthony, 2001, "Residential Segregation and Neighborhood Conditions in U.S. Metropolitan Areas," In *America Becoming: Racial Trends and Their Consequences*, Volume I, Neil J. Smelser, William Julius Wilson, and Faith Mitchell (eds.), Washington, D.C.: National Academy Press.

Min, Pyong Gap and Dae Young Kim, 2005, "Intergenerational Transmission of Religion and Culture: Korean Protestants in the U.S.," Sociology of Religion 66(3): 263-282.

Min, Pyong Gap and Thomas Chung (eds.), 2014, *Younger-Generation Korean Experiences in the US: Personal Narratives on Ethnic and Racial Identities*, Lexington: Lexington Books.

Mintz, Sidney W., 1998, "The Localization of Anthropological Practice: From Area Studies to Transnationalism," Critique of Anthropology 18(2): 117-133.

Moore, Wendy Leo, 2008, *Reproducing Racism: White Space, Elite Law Schools and Racial Inequality*, Lanham: Rowman and Littlefield.

Morley, David and Kevin Robins, 1995, S*paces of Identity: Global Media, Electronic Landscapes and Cultural Boundaries*, London: Routledge.

Muller, Lauren and the Poetry for the People Collective (eds.), 1995, *June Jordan's Poetry for the People: A Revolutionary Blueprint*, New York: Routledge.

Nagel, Caroline R. and Lynn A. Staeheli, 2004, "Citizenship, Identity and Transnational Migration: Arab Immigrants to the United States," Space and Polity 8(1): 3-23.

Nakanishi, Don T. & James S. Lai (eds.), 2003, *Asian American Politics*, Lanham: Rowman & Littlefield Publishers, Inc.

Nelson, Robert L., Ioana Sendroiu, Ronit Dinovitzer and Meghan Dawe, 2019. "Perceiving Discrimination: Race, Gender, and Sexual Orientation in the Legal Workplace," Law and Social Inquiry 44(4): 1051-1082.

Ogawa, Dennis M., 2007, *First Among Nisei: The Life and Writings of Masaji Marumoto*, Honolulu: University of Hawaii Press.

Oh, David, 2015, *Second-Generation Korean Americans and Transnational Media: Diasporic Identifications*, Lanham: Lexington Books.

Okamoto, Dina and Kim Ebert, 2010, "Beyond the Ballot: Immigrant Collective Action in Gateways and New Destinations in the United States," Social Problems 57(4): 529-558.

Okamura, Jonathan Y., 2008, *Ethnicity and Inequality in Hawaii*, Philadelphia: Temple University Press.

Okihiro, Gary Y., 1991, *Cane Fires: The Anti-Japanese Movement in Hawaii, 1865-1945*, Philadelphia: Temple University Press.

Ong, Aiwa, 1996, "Cultural Citizenship as Subject-Making: Immigrants Negotiate Racial and Cultural Boundaries in the United States," Current Anthropology 37(5): 737-762.

Park, Jung-Sun, 2004a, "Korean American Youth and Transnational Flows of Popular Culture Across the Pacific," Amerasia Journal 30(1): 147-169.

Park, Jung-Sun, 2004b, "Korean American Youths' Consumption of Korean and Japanese TV Dramas and Its Implications," In *Feeling "Asian" Modernities: Transnational Consumption of Japanese TV Dramas*, Koichi Iwabuchi (ed.), Hong Kong: Hong Kong University Press.

Pew Research Center, 2013, "Second Generation Americans." (http://www.pewsocialtrends.org/2013/02/07/second-generation-americans, Retrieved on Oct. 26, 2018)

Pew Research Center, 2017, "Demographic Characteristics of U.S. Korean Population,

2015."(https://www.pewsocialtrends.org/chart/demographic-characteristics-of-u-s-korean-population/, Retrieved on Oct. 26, 2018)

Pham, Minh-Ha, 2015, *Asians Wear Clothes on the Internet: Race, Gender, and Work of Personal Style Blogging*, Durham: Duke University Press.

Portes, Alejandro and John Walton, 1981, *Labor, Class and the International System*, New York: Academic Press.

Portes, Alejandro, Luis E. Guarnizo and Patricia Landolt, 1999, "The Study of Transnationalism: Pitfalls and Promise of an Emergent Research Field," Ethnic and Racial Studies 22(2): 217-237.

Portes, Alejandro and Rubén G. Rumbaut, 2001, *Legacies: The Story of the Immigrant Second Generation*, Berkeley and Los Angeles: University of California Press.

Quinsaat, S. M., 2019, "Transnational Contention, Domestic Integration: Assimilating into the Hostland Polity through Homeland Activism," Journal of Ethnic and Migration Studies 45(3): 419-436.

Ram, Anjali, 2014, *Consuming Bollywood: Gender, Globalization, & Media in the Indian Diaspora*, New York: Peter Lang Publishing, Inc.

Rand, Christopher, 1967, *Los Angeles: The Ultimate City*, New York: Oxford University Press.

Ray, B. K., G. Halseth, and B. Johnson, 1997, "The Changing 'Face' of the Suburbs: Issues of Ethnicity and Residential Change in Suburban Vancouver," International Journal of Urban and Regional Research 21(1): 75-99.

Ridgley, Jennifer, 2008, "Cities of Refuge: Immigration Enforcement, Police, and the Insurgent Genealogies of Citizenship in US Sanctuary Cities," Urban Geography 29(1): 53-77.

Rmakrishnan, K., Janelle Wong, Taeku Lee, Jennifer Lee (eds.), 2016, Asian American Voices in the 2016 Election-Report on Registered Voters in the Fall 2016, National Asian American Survey.

Sale, Kirkpatrick, 1973, *S.D.S.* (*Students for a Democratic Society*), New York: Random House.

Sanchez-Jankowski, Martin, 2002, "Minority Youth and Civic Engagement: The Impact of Group Relations," Applied Developmental Science 6(4): 237-245.

Sassen, Saskia, 1991, *The Global City: New York, London, Tokyo*, Princeton: Princeton University Press.

Schuck, Peter, 1998, *Citizens, Strangers, and In-betweens: Essays On Immigration and Citizenship: Essays on Immigration and Citizenship*, Boulder: Westview Press.

Schwiertz, Helge, 2016, "Transformations of the Undocumented Youth Movement and Radical Egalitarian Citizenship," Citizenship Studies 20(5): 610-628.

Soifer, Aviam, 2011, "A Moon Court Overview: Rent for Space on Earth," University of Hawaii Law Review 33: 441-445.

Sokefeld, Martin, 2006, "Mobilizing in Transnational Space: A Social Movement Approach to the Formation of Diaspora," Global Networks: A Journal of Transnational Affairs 6(3): 265-284.

Stepick, Aleck, and Carol D. Stepick, 2002, "Becoming American, Constructing Ethnicity: Immigrant Youth and Civic Engagement," Applied Developmental Science 6(4): 246-257.

Sunoo, Sonia Shinn, 2002, "Mary Kwang Paik Lee," In *Korean Picture Brides: A Collection of Oral Histories*, Philadelphia: Xlibris.

Tarrow, Sidney, 2005, "Rooted Cosmopolitans and Transnational Activists," Rassegna Italiana Di Sociologia 46(2): 221-247.

Theiss-Morse, Elizabeth and John R. Hibbing, 2005, "Citizenship and Civic Engagement," Annual Review of Political Science 8: 227-249.

Thussu, Daya Kishan, 2007, "Mapping Global Media Flow and Contra-Flow," In *Media on the Move: Global Flow and Contra-Flow*, Daya Kishan Thussu (ed.), London: Routledge.

Ueda, Reed, 2002, "An Early Transnationalism? The Japanese American Second Generation of Hawaii in the Interwar Years," In *The Changing Face of Home: The Transnational Lives of the Second Generation*, Peggy Levitt and

Mary C. Waters (eds.), New York: Russell Sage Foundation.

Valverde, Kieu Linh Caroline, 2005, "Making Transnational Vietnamese Music: Sounds of Home and Resistance," In *East Main Street: Asian American Popular Culture*, Shilpa Davé, LeiLani Nishime and Tasha G. Oren (eds.), New York: New York University Press.

Van Dyke, Jon, 2007, *Who Owns the Crown Lands of Hawaii?*, Honolulu: University of Hawaii Press.

Vertovec, Steven, 1999, "Conceiving and Researching Transnationalism," Ethnic and Racial Studies 22(2): 447-462.

Wald, Kenneth D. and Bryan Williams, 2006, "Diaspora Political Consciousness: Variation in the Transnational Ethnic Alliance of American Jews," Nationalism and Ethnic Politics 12(1): 1-33.

Wearing, Michael, 2011, "Strengthening Youth Citizenship and Social Inclusion Practice – The Australian Case: Towards Rights Based and Inclusive Practice in Services for Marginalized Young People," Children and Youth Services Review 33(4): 534-540.

Xing, Jun, 1998, *Asian America Through the Lens: History, Representation & Identity*, Walnut Creek: Altamira Press.

Yu, Eui-Young, 1982, "Koreans in Los Angeles: Size, Distribution, and Composition," In *Koreans in Los Angeles: Prospects and Promises*, E. Y. Yu, Phillips, and Yang (eds.), Los Angeles: Center for Korean-American and Korean Studies, California State University, Los Angeles.

Yu, Zhou and Dowell Myers, 2007, "Convergence or Divergence in Los Angeles: Three Distinctive Ethnic Patterns of Immigrant Residential Assimilation," Social Science Research 36(1): 254-285.

Zelinsky, Wilbut and Barret. A. Lee, 1998, "Heterolocalism: An Alternative Model of the Sociospatial Behavior of Immigrant Communities," International Journal of Population Geography 4(4): 281-298.

"1.5세 단체들 '타운 노숙자 셸터' 조건부 수용," 「미주한국일보」, 2018. 6. 29.

나성한인연합장로교회 홈페이지, http://www.kupcla.com/cont/0103.php(2019.10.1
　　접근), http://www.kupcla.com/cont/0104.php(2019.10.1 접근).

미국 로스앤젤레스 한인회, 2018, "한인타운은 우리 손으로 지킨다!" 세계한인
　　회장대회 모범사례발표 자료(2018.10.3).

"방글라데시 타운 설정 주민의회 투표만이 최후의 보로," 「선데이저널」 2018.
　　5.31.(2019.7.6 접근)

"최근 미국에서 한국인이 방글라데시 사람한테 쫓겨나게 생긴 이유," Travel Tube
　　제작. https://www.youtube.com/watch?v=ckdLx-wboSk.(2019.10.6 접근)

유의영, 2016, 「한인 이민 역사로 본 미국 속의 한인 사회」, http://snuaa.org/
　　main/?p=2401

"Amid booing, Koreatown shelter plan moves forward at City Hall," *Los Angeles
　　Times*(2018.5.22 접근)

Korean American Coalition Summer College Internship Program, 2017, "Invisible
　　Neighbors: Homelessness in Koreatown, Los Angeles,"https://www.youtub
　　e.com/watch?v=2_htWWqFusA.

"Koreatown Stands Up In Face Of Proposed Neighborhood Council Split," HBO
　　Vice News, https://www.youtube.com/watch?v=MTmTvRTyvnM(2019.10.6
　　접근)

United Sates Copyright Office Catalog Database, https://cocatalog.loc.gov/cgi-bin/
　　Pwebrecon.cgi(2019.6.14 접근).

WHAT ARE NEIGHBORHOOD COUNCILS? Neighborhood Councils Empower
　　LA Homepage, http://empowerla.org/about-neighborhood-councils/ (2019.
　　5.22 접근)

한타지킴이 홈페이지, http://www.keepkoreatown.org/bcs.html(2019.5.21 접근)

"1.5세단체들 '타운 노숙자 셸터' 조건부 수용," 「미주한국일보」, 2018.6.29.

"Amid booing, Koreatown shelter plan moves forward at City Hall," *Los Angeles*

Times(2018.5.22 접근)

"Koreatown Stands Up In Face Of Proposed Neighborhood Council Split," HBO Vice News, https://www.youtube.com/watch?v=MTmTvRTyvnM(2019.10.6 접근)

"방글라데시 타운 설정 주민의회 투표만이 최후의 보로," 「선데이저널」 2018.5.31.(2019.7.6 접근)

http://www.kupcla.com/cont/0103.php(검색일 2019.10.1)

http://www.kupcla.com/cont/0104.php(검색일 2019.10.1)

https://cocatalog.loc.gov/cgi-bin/Pwebrecon.cgi(검색일 2019.5.28., 2019.6.14).

https://www.forbes.com/sites/kenroberts/2020/02/05/its-official-mexico-is-no-1-us-trade-partner-for-first-time-despite-overall-us-trade-decline/#43c91c303eab

Park, Juwon, "K-pop fans become an unexpected ally to American Protesters," AP News, June 8, 2020
https://apnews.com/09aaf5560b48385f5adf8ae7a6af3740(검색일 2020.7.5)

Donaldson, Maggy, "Online disruption of Trump rally highligts K-pop's political hustle," Yahoo! News, June 22, 2020,
https://news.yahoo.com/online-disruption-trump-rally-highlights-k-pops-political-014742601.html(검색일 2020.7.5.)

| 저자 소개 |

유철인

서울대학교 인류학과를 졸업하고 미국 뉴욕주립대학교(빙햄턴)에서 인류학 석사학위, 미국 일리노이대학교(어바나-샴페인)에서 미군과 국제결혼한 한인여성의 생애사 연구로 인류학 박사학위를 받았다. 한국문화인류학회장과 한국구술사학회장을 역임했으며 현재, 제주대학교 철학과 교수이다. 주요 논저로『인류학과 지방의 역사』(공저),「구술된 경험 읽기: 제주 4·3 관련 수형인 여성의 생애사」역서로『인류학과 문화비평』등이 있다.

한경구

서울대학교 인류학과 학부 및 석사과정을 졸업하고 국사학과 석사과정에서 수학하다가 미국 하버드대학교에 유학하여 일본 기업에 대한 연구로 박사학위를 받았다. 강원대학교 인류학과, 국민대학교 국제학부를 거쳐 서울대학교 자유전공학부 교수에서 가르치고 있다. 재외한인학회장과 한국이민학회장을 역임했으며, 저술로는『세계의 한민족: 아시아 태평양』,『일본 한인의 역사(상)』(공저), 공역서로는『국경을 넘는 방법: 문화, 문명, 국민국가』,『낯선 곳에서 나를 만나다』등이 있다.

정은주

서울대학교 학부, 대학원 및 미국 하버드대학교 인류학과에서 사회인류학을 전공하고 한국화교 디아스포라 형성의 특수성에 관한 연구로 박사학위를 받았다. 현재 인천대학교 중국학술원 교수로 재직하며, 동아시아인의 이주, 이주자시민권, 교육과 공간성의 정치에 초점을 둔 연구를 진행하고 있다. 주요 논저로『동아시아 연구 어떻게 할 것인가』(공저),『한반도화교사전』(공저),「이주 공간 연구와 이주민 행위주체성 담론에 대한 비판적 검토」,「'이방인'에 대한 시선: 해방 이후 한국 언론 담론에 재현된 화교」등이 있다.

이재협

서울대학교 인류학과를 졸업하고 미국 펜실베이니아대학교에서 미국학 박사학위, 미국 노스웨스턴대학교에서 법학 박사학위(J.D.)를 받았다. 현재 서울대학교 법학전문대학원 교수이다. 주요 저서로 *Dynamics of Ethnic Identity: Three Asian American Communities in Philadelphia*,『대한민국의 법률가: 변화하는 법조에 관한 경험적 탐구』(편저) 등이 있다.

박정선

연세대학교 사회학과를 졸업하고 미국 노스웨스턴대학교에서 인류학 석사와 박사 학위를 받았다. 현재 California State University at Dominguez Hills의 아시아 - 태평양 학과(Asian-Pacific Studies) 교수이다. 주요 논저로 『한류 그 이후: 한류의 저력과 향후 과제』(공저), *The Borders in All of Us: New Approaches to Three Global Diasporic Communities*(공저) 등이 있다.

김현희

서울대학교 법과대학을 졸업하고 미국 일리노이대학교(어바나 - 샴페인)에서 인류학 박사학위를 받았다. 현재 연세대학교 법학연구원 연구교수이다. 주요 논문으로 「불법과 합법 사이의 경계에서: 미국 이민법제의 변동과 한인 미등록 청년의 삶」, 「미국 시민권으로의 길: 뉴욕 한인 변호사의 무료법률서비스」, 「재미한인여성의 트랜스보더 시민활동과 정체성의 정치: 세월호 광고 캠페인을 중심으로」 등이 있다.

박계영

서울대학교 생물교육학과(인류학 부전공)와 동 대학원 인류학과를 졸업하고 미국 CUNY대학교(City University of New York Grad Ctr)에서 인류학 박사학위를 받았다. 현재 미국 UCLA대학교에서 인류학과와 아시안 아메리칸학과 교수이다. 주요 저서로 아시안 아메리칸학회 저술상을 받은 *The Korean American Dream: Immigrants and Small Business in New York City*가 있고, 최근 출간된 *LA Rising: Korean Relations with Blacks and Latinos after Civil Unrest*가 있다.

이정덕

인류학을 전공하여 전북대학교에서 문화인류학을 가르치며 글로벌융합대학의 학장을 맡고 있다. 주요 관심 분야는 미국 현대와 한국 근현대 문화로 문화의 현대화 과정과 제국/식민의 글로벌 상호작용에 초점을 맞추고 있다. 『21세기 한국의 문화혁명』, 『근대라는 괴물』, 『아시아의 압축근대, 성장 그리고 사회변화』(공저), 『한국의 압축근대와 생활세계』(공저), 『서구근대서사와 서구중심주의』, 『서구근대개념과 서구우월주의』, 『문화창조도시, 전주』(공저) 등을 저술하였다.

태평양을 넘어서

글로벌 시대 재미한인의 삶과 활동

초판 인쇄 2020년 12월 20일
초판 발행 2020년 12월 30일

엮 은 이 | 정은주
지 은 이 | 유철인·한경구·정은주·이재협·박정선·김현희·박계영·이정덕
펴 낸 이 | 하운근
펴 낸 곳 | 學古房

주   소 | 경기도 고양시 덕양구 통일로 140 삼송테크노밸리 A동 B224
전   화 | (02)353-9908 편집부(02)356-9903
팩   스 | (02)6959-8234
홈페이지 | www.hakgobang.co.kr
전자우편 | hakgobang@naver.com, hakgobang@chol.com
등록번호 | 제311-1994-000001호

ISBN 979-11-6586-127-8 93300

값: 23,000원